Rainer Maria Rilke

Briefe an seinen Verleger 1906 bis 1926

Salzwasser

Rainer Maria Rilke

Briefe an seinen Verleger 1906 bis 1926

1. Auflage | ISBN: 978-3-84603-118-6

Erscheinungsort: Paderborn, Deutschland

Salzwasser Verlag GmbH, Paderborn. Alle Rechte beim Verlag.

Nachdruck des Originals von 1941.

Rainer Maria Rilke

Briefe an seinen Verleger 1906 bis 1926

Salzwasser

RAINER MARIA RILKE

BRIEFE AN SEINEN VERLEGER
1906 bis 1926

HERAUSGEGEBEN VON
RUTH SIEBER-RILKE UND CARL SIEBER

INSEL-VERLAG ZU LEIPZIG
1941

VORWORT

Es gibt unter der Fülle der Rilkeschen Briefwechsel
nur wenige, die sich über Jahrzehnte erstrecken;
es sind die mit seiner Mutter Phia Rilke, mit Frau
und Tochter: Clara und Ruth Rilke, mit Lou Andreas-Salomé, der Fürstin Taxis, Karl von der Heydt
und mit Katharina und Anton Kippenberg. Nichts
anderes konnte Rilke veranlassen, immer wieder „zur
Brieffeder zu greifen", als die ständig ihn rufende
Kraft seines Gegenübers. Es ist bezeichnend, daß
Rilke in so vielen Briefen sich wegen langen Nichtschreibens entschuldigen muß. Er bedurfte jener Kraft
des Briefempfängers, die ja, war sie nur groß genug,
war sie Freundschaft oder Liebe, auch ohne Briefe
aus der Ferne immer wirkte.

Freundschaft war es, die Rilke mit seinem Verleger
Anton Kippenberg verband, und sie spiegelt sich aufs
schönste in den vorliegenden Briefen, deren Erscheinen wir bereits bei Abdruck des ersten Briefes an
Kippenberg im Briefband 1906 bis 1907 angekündigt
haben. Diese Freundschaft bedeutet für Rilke, den
Schaffenden, mehr als nur den Genuß, aufgehoben
zu sein in den sorgenden Gedanken eines anderen, sie

bedeutet für ihn die Ordnung, das Geordnete; hierin empfängt er nicht nur die materielle Sicherung seines Daseins, sondern auch mit dem Widerhall des gleichgestimmten Freundes die Bestätigung seiner Lebenspläne. Aus jeder solchen Ordnung ging Rilke gleichsam verjüngt hervor, gestärkt zu neuer Arbeit am Werke. Und über allem stand ihm sein Werk.

*

Als Anton Kippenberg im Jahre 1905 die Leitung des Insel-Verlages übernahm, fand er in dem kleinen Archivschrank der Insel nur wenig von Rainer Maria Rilke vor: in der Zeitschrift „Die Insel" das Gedicht „Die heiligen drei Könige", umrahmt von Vogelerschen Zeichnungen, und als einziges Buch „Vom lieben Gott und Anderes", das zu Weihnachten 1900 erschienen und unter dem Titel „Geschichten vom lieben Gott" 1904 neu aufgelegt worden war. Die „Geschichten vom lieben Gott" waren etwas Einmaliges, in sich Abgeschlossenes, das nicht Versprechungen für eine Fortsetzung in sich schloß. Es lag nichts Vollkommenes vor, sondern zu beurteilen war, wenn sich Kippenberg mit der Frage befaßte, ob er ein weiteres Buch für die Insel annehmen solle, ein Werdendes, bei dem immer die Gefahr der Unterschätzung besteht. Es war zwar inzwischen (1902) bei Axel Juncker das „Buch der Bilder" erschienen, aber in einer Auflage von nur 500 Exemplaren, und das war eigentlich keine Empfehlung für einen neuen Verleger. Als dann Rilke im April 1905 dem Insel-Verlag sein „Stunden-Buch" anbot, war wohl eher Zweifel an dem äußeren Erfolg des Buches am Platze als Zustimmung. Rilke schrieb: „Es handelt sich um einen großen, weithin gerundeten Gedichtkreis, in den fast alle Fortschritte und das Beste aller Arbeit, die ich seit meinem letzten, vor mehr als zwei Jahren veröffentlichten Gedichtbuche geleistet habe, eingegangen ist. Eine Reihe von Erhebungen und Gebeten soll damit zu einem Ganzen (zu dem es sich selbst gefügt hat) auch äußerlich vereinigt werden und in Erinnerung an die Livres d'heures soll dem Bande der Name Stunden-Buch gegeben sein, mit dem Untertitel: erstes, zweites und drittes Buch der Gebete." Darauf zu antworten: „Wir freuen uns, daß Sie die Güte haben wollen, unserem Verlag Ihre neue Schöpfung anzuvertrauen", dazu gehörte nicht Sicherheit des Urteils, denn Kippenberg hatte das Manuskript ja noch gar nicht gesehen, sondern es gehörte dazu weit mehr: Vertrauen zu einem fast noch Unbekannten. Rilke hat später einmal von der gläubigen und freudigen Kraft Kippenbergs gesprochen, und diese Kraft war nicht etwa nur dem berühmt gewordenen Rilke, sondern schon dem Dichter des „Stunden-Buches" gegenüber wirksam. Kippenberg fühlte, was im Tiefsten Rilkes lebte.

Rilke ergriff die ihm gebotene Hand mit der gleichen Freudigkeit, mit der sie gegeben wurde. Er hatte, das zeigen die schon erschienenen Briefbände, das Gefühl höchster Verantwortung gegenüber seinem Werk. Hieraus erklärt sich auch der Wunsch, seine Bücher in einem Verlag vereinigt zu wissen. So sehen wir Kippenberg in den folgenden Jahren bemüht, die früheren Werke Rilkes für den Insel-Verlag zu erwerben: vom Bonzschen Verlag die Novellenbände „Am Leben hin" und „Zwei Prager Geschichten", von Friesenhahn die Gedichtbände „Traumgekrönt" und „Advent", von Georg Heinrich Meyer „Mir zur Feier", von Axel Juncker den Novellenband „Die Letzten", „Das Buch der Bilder" und den „Cornet", von J. Bard die Rodin-Monographie und endlich von Albert Langen das Drama „Das tägliche Leben". Beglückt konnte Rilke eines Tages schreiben, er sei froh, daß sich nun alles im Schutz der Insel zusammengefunden habe.

Aber Kippenberg und seine Gattin und Mitarbeiterin Katharina Kippenberg hatten den Wunsch, den ihnen nun lange schon gemeinsam gehörenden Freund von Angesicht zu Angesicht zu sehen, und als für Rilke die Frage drängend wurde, seinen „Malte" zu diktieren, lud Kippenberg ihn ein, nach Leipzig zu kommen und die Arbeit dort zu leisten: „Natürlich wohnen Sie bei uns, und es steht außer Ihrem Schlafzimmer ein Turmzimmer zu Ihrer Verfügung, das sehr sonnig und hell ist und uns immer recht geeignet geschienen hat, um einmal einen Poeten aufzunehmen." Nach diesem ersten Besuch wurde das „Turmzimmer" für Rilke, wenn sein Aufenthalt irgendwo zu Ende ging, immer zum ersehnten Ort, wo ihm Ruhe und Frieden gegönnt zu sein schien.

Diesem Besuch folgten weitere, und es folgten Besuche von Katharina und Anton Kippenberg bei Rilke, die jedesmal für Rilke nicht nur die Bestätigung der Freundschaft brachten, sondern ihn auch die Fürsorge des „treuen Hausvaters" fühlen ließen. Daß Rilke so unbedrängt schaffen konnte (die Briefe nach den Besuchen bekunden jedesmal mit ihrem Dank, was Rilke empfand: das Gefühl des treu und gut Aufgehobenseins), das war Kippenbergs Freundeshilfe zu verdanken, von der Rilke einmal zu seiner Tochter sagte, es sei wohl noch nie zwischen einem Autor und seinem Verleger so wenig von Summen die Rede gewesen und habe sich alles so wie von selbst geregelt wie bei ihnen.

Es ist kein materieller Hintergrund in dieser Freundschaft, das zeigt vor allem die Tatsache, daß Kippenberg Rilke über die zehn schweren Jahre seiner fast völligen Unfruchtbarkeit hinweggeholfen hat, bis er Rilkes Jubel über die Segnung des Dichters mit den „Duineser Elegien" teilen durfte. Als eine wundersame Fügung ist Rilke diese Freundschaft erschienen, von der er nicht wußte, auf Grund welches Zutrauens sie ihm geschenkt war. Und sie bewährte sich am schönsten, als Rilke erkrankte. Nicht nur, daß ihm alle Sorgen des äußeren Lebens von neuem abgenommen wurden, auch die Gedanken der beiden Freunde waren sorgend und liebend um ihn.

Ein Besuch Katharina und Anton Kippenbergs in Muzot war wieder geplant, kam aber nicht mehr zustande; die Freunde sahen Rainer Maria Rilke erst im Tode wieder und brachten ihn mit wenigen anderen auf dem kleinen Friedhof von Raron zu Grabe.

*

Es bedarf nach dem Gesagten kaum noch einer Begründung für die Herausgabe dieser Briefe in einem besonderen Band; dazu berechtigen sie vor allem dem großen Zeitraum nach, den sie umspannen, um ihrer Geschlossenheit willen und wegen der Intensität, mit der Rilke diese Briefe schrieb. Und wenn wir sie nun vorlegen, so geschieht das in dem Bewußtsein, dem Leser mehr zu geben als die Briefe eines Autors an seinen Verleger, nicht nur literarhistorisch Interessantes, vielmehr die Briefe des Freundes Rilke an den Freund Kippenberg. Wenn der Empfänger der Briefe Bedenken getragen hat, sie uns bei seinen Lebzeiten zur Veröffentlichung zu übergeben, weil er fürchtete, eine solche könne mißgedeutet werden, so konnten wir diese Bedenken zerstreuen mit dem Hinweis darauf, daß auch diese Veröffentlichung zur höheren Ehre Rilkes geschieht; denn die Kenntnis dieser Dokumente vermittelt uns das Bild eines Rilke, wie es aus den bisher erschienenen Briefbänden nicht hervortritt. Und dann war auch zu bedenken, daß bei einer späteren Veröffentlichung der Kreis derer, die Rainer Maria Rilke nahegestanden oder am

Schaffen des lebenden Dichters Anteil genommen, schon sehr zusammengeschmolzen sein würde, und für diese ist der nun vorliegende Band besonders ergreifend. Für die Allgemeinheit aber ergibt sich zum ersten Mal die Möglichkeit, einen größeren Abschnitt von Rilkes Leben zu überblicken. –

Abgedruckt wurden etwa zwei Drittel des Inhalts aller an Kippenberg gerichteten Briefe. Weggelassen wurde außer rein Geschäftlichem und weniger Wichtigem vor allem, was sich auf noch lebende Personen bezieht und sich nicht zur Mitteilung eignet, und ferner die Briefe, die sich mit ganz persönlichen Angelegenheiten Rilkes beschäftigen, in denen der Freund zugleich Berater war. Dagegen wurde alles aufgenommen, was sich auf das Werk Rilkes bezieht, dessen Entwicklung diese Brieffolge klar überschauen läßt.

Eine wichtige Ergänzung würde dieser Band erfahren haben durch Mitteilung der Briefe an Katharina Kippenberg, die während der mehrjährigen Abwesenheit ihres Gatten von Leipzig im Kriege einen wesentlichen Teil auch des verlegerischen Briefwechsels mit Rilke führte. Aber es war nicht möglich und angebracht, aus den vielen Briefen, die Rainer Maria Rilke an Katharina Kippenberg geschrieben hat, einen Teil heraus zu lösen. Es ist unser Wunsch, daß diese Briefe dereinst in ihrer Gesamtheit und womöglich als Briefwechsel erscheinen.

Ruth Sieber-Rilke und Carl Sieber

RAINER MARIA RILKES BRIEFE
AN SEINEN VERLEGER

z. Zt. Grunewald bei Berlin, Hubertus-Allee 16,
am 10. November 1906

Sehr geehrter Herr Doktor,

Ihr sehr liebenswürdiges Schreiben kann ich nur mit der Versicherung beantworten, daß ich das freundliche und wertvolle Interesse des Insel-Verlages keineswegs zu übersehen oder zu unterschätzen beabsichtige; ich bin, ganz im Gegenteil, gewiß, daß es für meine Arbeit von recht wesentlicher Bedeutung sein wird, ob die so sympathisch eingeleitete Verbindung mit Ihrem Verlage zu Fortsetzung und Dauer sich wird entwickeln dürfen.

Mein aufrichtiges Bedürfnis, meine kommenden Bücher endlich einheitlich unterzubringen, würde in einer über alle Erwartung angenehmen Weise in Erfüllung gehen, wenn ich sie in denjenigen Händen versammeln könnte, zu denen ich vor allem Freude und Zutrаun habe.

Nach dieser offenen Aussprache meiner Gesinnung werden Sie nicht zögern, in dem Folgenden die kurze Aufklärung eines Mißverständnisses zu erkennen:

Es handelt sich nicht um ein Fortgeben neuer Bücher an einen anderen Verlag; das eine ist nur eine (etwas vermehrte) zweite Auflage meines Gedichtbuches „Buch der Bilder", die naturgemäß in den Händen bleiben mußte, in denen sich die erste Auflage befand. Ferner erscheint bei demselben Verleger ein kleines, vor sieben Jahren entstandenes Buch, dessen Herausgabe (falls sie eines Tages beabsichtigt werden sollte) ihm seit Jahren schon versprochen war.

Es steht seit dem „Stunden-Buch" für mich fest, daß ich Ihnen von jeder neuen Arbeit sagen würde, die etwa bei mir zum Abschluß kommt. Augenblicklich ist allerhand Wachsendes und Werdendes da, aber erst zu Anfang des nächsten Jahres wird, frühestens, wieder ein Ganzes druckfertig vorliegen.

Inzwischen werde ich nur für die Bardsche Kunstserie wahrscheinlich einen zweiten (Ergänzungs-) Band meines kleinen Rodinbuches vorzubereiten haben, noch ehe ich die Freude haben werde, mit Ihnen über eine neue Publikation zu verhandeln.

Empfangen Sie, Herr Doktor, den Ausdruck meiner wirklichen Hochschätzung und Dankbarkeit.

     Ihr
      Rainer Maria Rilke

    Capri (bei Neapel), Villa Discopoli (Italien),
         9. Februar 1907

Sehr verehrter Herr Doktor,

Sie können sich denken, wie sehr Ihre gute Nachricht mich erfreut hat; ich zweifle nicht, daß es die Umsicht und die Sorgfalt des Insel-Verlages ist, die in erster Linie dazu beigetragen hat, dem „Stunden-Buch" (das ja eigentlich auf einen großen Kreis nicht hoffen konnte) diesen überraschenden Erfolg zu bereiten.

Was ein Verlag tun kann – und es ist sehr viel –, um einem Buch die richtige Gestalt zu geben und um es den rechten Händen zuzuführen, das haben Sie am „Stunden-Buch" getan, und so ist dieser Augenblick für mich besonders geeignet, Ihnen nochmals danke zu sagen, und nicht das allein: Sie auf das herzlichste zu versichern, daß die dauernde Disposition, in der ich mich dem Verlage gegenüber befinde, die wirklicher und herzlicher Dankbarkeit ist . . .

Mein neues Prosabuch rührt sich nur langsam; die Arbeit am 2. Teil eines Rodinbandes für die Kunstmonographieen verzögert seinen Fortschritt. Wenn ich es Ihnen in diesem Jahr noch nicht sollte anbieten können, so wird, hoffe ich, ein neues, recht wesentliches Gedichtbuch gegen Ende 1907 Ihnen vorgelegt werden können. Das Material dafür wächst langsam an.

Noch ist da eine alte Unterlassung, die mich Ihnen gegenüber bedrückt. Ich habe mein Versprechen, die Briefe der Schwester Marianna zu beschreiben, nicht vergessen; aber daß ich es bislang nicht erfüllte, liegt daran, daß ich wahrscheinlich in den Zusammenhängen meines Prosabuches von diesen Briefen werde zu handeln haben. Ich möchte abwarten, ob es dazu kommt, und, was ich zu dieser Sache wüßte, noch ein wenig zurückhalten, um es nicht voreilig in einer Rezension fortzugeben. Ich wäre Ihnen dankbar, wenn Sie diesen, allerdings sehr persönlichen Grund würden gelten lassen.

Ihnen nochmals auf das aufrichtigste dankend, begrüße ich Sie, verehrter Herr Doktor, als Ihr
sehr ergebener
Rainer Maria Rilke

Capri, Villa Discopoli, am 28. Februar 1907
Sehr verehrter Herr Doktor,
... Die gute Zuversicht, mit der Sie an die Herstellung der neuen Auflage herangetreten sind, geht aus Ihren Wünschen auf mich über. Ich freue mich, daß Sie die Anbringung eines Verzeichnisses nach Versanfängen gutheißen, und stimme allen weiteren Anordnungen unbedingt zu.

Und nun herzlichen Dank für das präsumtive Vertrauen zu meinen werdenden Büchern. Es ist bei einem Gedichtbuch nicht leicht, sich zu einem Termin zu bekennen; Sie werden das verstehen. Aber ich weiß nun, daß es Ihnen lieb wäre, dieses Buch neuer Gedichte noch in diesem Jahre bringen zu können, und so werd ich Ihnen das Manuskript nach Möglichkeit im Laufe des Sommers zur Verfügung stellen. Wenigstens werd ich alles tun, es bis dahin abzuschließen.

In der kommenden Woche werde ich Ihnen einige Gedichte aus den neuen Zusammenhängen für den nächstjährigen Almanach vorlegen. Sollte sich etwas Prosa finden, die mir passend scheint, so werde ich sie mit beilegen. Sie hätten dann selbst zwischen beidem zu wählen.

Schließlich möchte ich nicht vergessen zu bitten, daß Sie mich für den Bezug der „Erzählungen aus den Tausend und ein Nächten" vormerken ließen...
Voriges Jahr las ich in Paris teilweise die schöne Ausgabe des M. Mardrus. So bin ich schon jetzt in der Lage, den Wert einer solchen ungekürzten Ausgabe des wunderbaren Dichtungskreises richtig einzuschätzen und mich auf diese neue kostbare Gabe des Insel-Verlages bewußt zu freuen.
Empfangen Sie, verehrter Herr Doktor, alle meine aufrichtigen und dankbaren Grüße.
Ihr sehr ergebener
Rainer Maria Rilke

Capri, Villa Discopoli, am 11. März 1907

Verehrter Herr Doktor,

Sie haben meinen Wunsch mehr als vollkommen erfüllt, indem Sie mir den Bezug der entzückend gebundenen Ausgabe der Erzählungen aus den 1001 Nächten durch so ungewöhnliche Bedingungen ermöglicht haben. Ich danke Ihnen herzlich. Sie können sich denken, wie mich dieser Band gefreut hat, bei dem schon das erste Sehen und Anfühlen von so großer Versprechung ist. Hingegen muß ich mich anklagen, Ihren Wunsch, das Jahrbuch betreffend, mit ein paar Tagen Verspätung zu erfüllen. Daß ich ihn aber doch wirklich erfülle, ist meine Hoffnung, und Sie werden mir sagen, ob sie berechtigt ist.

Ich wählte drei Gedichte; nicht nach ihrem Zusammengehören, sondern wie man Proben wählt: um mit ihnen, wie mit Maßen, Länge und Breite des Buches anzugeben. Wenn Sie eine Auswahl nach anderem Sinne vorziehen sollten, so will ich mich nochmals damit beschäftigen, andere Gedichte zusammenzustellen.

Aber vielleicht treten die Gedichte überhaupt zurück, um der Prosa willen, die ich Ihnen zur Verfügung stelle. Es ist eine Art Anzeige der Briefe der „Schwester Marianna", die ich am liebsten ohne anderweitige vorhergehende Veröffentlichung im Almanach untergebracht wüßte; wenn ich richtig verstehe, so widerspricht es nicht seiner Anlage, einen solchen Aufsatz zu bringen, auch wenn er nicht früher irgend welche Wirkung getan hat ...

Sollte er Ihnen aber nicht passend scheinen, so werde ich versuchen, eine andere Stelle für ihn zu finden, und es bedarf keinerlei Begründung, wenn Sie mir ihn dazu zurückgeben.

Die Folge der Gedichte wäre diese: Das Karussell / Abisag / Der Panther /. Scheint es Ihnen angebracht, wenn ich das bevorstehende Buch (vielleicht müssen Sie es jetzt schon anmerken können) nur einfach „Gedichte" nenne (etwa mit dem Zusatz „neue Folge")? Ich bin mir darüber noch nicht klar, doch würde ich gerne bei der Wahl des Titels eine gewisse Zurückhaltung anwenden, da ich immer mehr von der Neigung zurückkomme, für Gedichtbücher Namen zu erfinden. Ich dachte auch an „Gedichte und Gedichtkreise", welche Bezeichnung sich zum Beispiel auch für nachfolgende Bücher beibehalten ließe, indem ein nächstes als Band II unter diesem Titel später folgen könnte (was, wie ich glaube, dem voraussichtlichen Gange meiner Produktion angemessen wäre).

Die drei Gedichte, wenn ich sie richtig gewählt habe, müssen ja imstande sein, Ihnen wenigstens andeutend etwas über Art und innere Ausdehnung des Buches zu sagen. Und ich bin froh, das mindestens schon versuchen zu können.

In sehr herzlicher Einschätzung Ihres geneigten Vertrauens begrüßt Sie Ihr aufrichtig ergebener
Rainer Maria Rilke

Capri, Villa Discopoli, am 11. April 1907

Sehr verehrter Herr Doktor,

verspätet danke ich Ihnen für Ihren Brief vom 18. März und für die gütige Aufnahme der Almanachbeiträge. Was den Titel unseres nächsten Gedichtbuches angeht, so sind wir im Begriffe, uns auf das beste zu verständigen. Auch mir erscheint die Bezeichnung „Gedichte und Gedichtkreise", je mehr ich sie bedenke, desto unbeholfener und schleppender, und ich halte mich mit Freude an die Möglichkeit, daß die Durchsicht des Manuskriptes Ihnen vielleicht zu einer spontanen Synthese dessen verhelfen wird, was einfach sonst eben unter der Bezeichnung „Gedichte" am passendsten zusammenzufassen sein wird.

Aber ich bin froh, die Verspätung dieser Antwort wenigstens noch durch eine Mitteilung rechtfertigen zu können, die nicht früher möglich gewesen wäre. Ich habe gestern die Übertragung der vierundvierzig Sonette von Elizabeth Barrett Browning beendet, jener glänzenden Liebesgedichte, die Sie unter dem Namen der „Sonnets from the Portuguese" kennen. Ich halte es für denkbar, daß der Insel-Verlag (falls er nicht schon eine Ausgabe in anderer Übersetzung vorbereitet) sich geneigt fände, eine kleine sorgfältige Ausgabe meiner Nachdichtungen zu veranstalten. Ich weiß nicht zu sagen, ob sie imstande sind, eine entfernte erkennende Erinnerung an die englischen Gedichte heraufzurufen, aber ich schreibe den sehr persönlich erlebten Übertragungen eine Stelle in dem Zusammenhang meiner eigenen Arbeiten zu, die immerhin die Existenz derselben zu rechtfertigen vermöchte.

Das Manuskript der vierundvierzig Sonette ist ganz druckfertig. Ich überlege nur noch die Möglichkeit einer kleinen etwa voranzustellenden Anmerkung, welche die Gebärde, mit der das kleine Buch einigen Freunden und Bewunderern der rührenden Dichterin hingehalten und vorgelegt wird, einigermaßen präzisieren würde.

Ich warte mit großem Interesse auf Ihre Meinung und begrüße Sie, verehrter Herr Doktor, in herzlicher und ergebener Gesinnung als
                      Ihr   Rainer Maria Rilke

Paris VI, 29, rue Cassette, am 27. Juni 1907

Verehrter Herr Doktor,

... Mein neues Gedichtbuch ist im großen ganzen druckfertig. Dies ist es, was ich Ihnen vor allem mitteilen möchte. Allerdings, es wäre mir lieb, noch eine Weile mit dem Manuskript beisammen bleiben zu können, um es zu beobachten in seinem, mir selber noch neuen Zusammenhang und um, im Laufe der nächsten Wochen, noch die Möglichkeit irgend welcher Veränderungen zu haben.

Sie würden mich beruhigen, wenn Sie mir einfach einen Termin stellten (einen für Sie bequemen und für die Herstellung des Buches reichlich geräumigen), bis zu welchem die Handschrift abzuliefern wäre. Ich kann jetzt versprechen, mich genau danach zu richten, da alles Wesentliche beisammen ist ...

Für heute nur dies; ich erwarte nun Ihre Nachricht und wünsche Ihnen inzwischen einen guten Sommer. Ich werde voraussichtlich versuchen, ihn in Paris und bei der Arbeit zu verbringen, und das Wetter ist augenblicklich noch so kühl, daß diese Absicht sich recht durchführbar ausnimmt.

Empfangen Sie, verehrter Herr Doktor, alle Grüße meiner herzlichen Ergebenheit.

Ihr
Rainer Maria Rilke

Paris VI, 29, rue Cassette, am 27. Juli 1907
Sehr verehrter Herr Doktor,

Diesmal habe ich die Freude, Ihnen das abgeschlossene Manuskript des neuen Gedichtbuches anzukündigen; ich wünschte sehr, daß meine Frau (die augenblicklich auf dem Lande bei Hannover ist) es einmal durchsehen sollte, deshalb ließ ich es noch einen Umweg machen; aber zum ersten August wird es in Ihren Händen sein. Ich empfehle es Ihrer lieben Sorgfalt herzlich an und bin beruhigt über sein Schicksal, das Sie in jeder Weise zum Guten führen werden. — Alles ist, was nun kommt, Ihnen überlassen, die äußere Form und Ausgestaltung und Einrichtung des Buches, ja sogar (wie schon vorauszusehen war) der Titel; vielleicht stellt sich Ihnen der richtige Namen unwillkürlich ein, wenn Sie es kennen. Ich bitte um Ihre Vorschläge, zu denen wir uns rasch einigen werden, da wir sicher darüber einig sind, daß die Benennung die einfachste wird sein müssen, die sich denken läßt.

Was das Innere angeht, so kennen Sie meine Abneigung gegen absichtliche Ausschmückung; aber hier ist alle Erfahrung auf Ihrer Seite, und ich habe nichts weiter zu sagen und bin froh, daß es so ist.

Wenn ich einen Wunsch äußern dürfte, so wäre es der: zu versuchen, ob nicht die Titel wenigstens der größeren oder wichtigeren Gedichte auf der rechten Seite eigener leerer Blätter angebracht werden könnten (statt über dem Gedicht), wie es ähnlich oft in französischen Gedichtbüchern der Fall ist. Das Gedicht wird dadurch – so scheint es mir – besser angemeldet, und es fängt mit sich selber an, was ihm so sehr angemessen ist.

Dieses zu Ihrer freundlichen Erwägung. Wenn Sie mir schreiben, wäre es mir erwünscht, auch zu hören, für wann Sie das Buch etwa vorbereiten werden, und ob die Browning-Übertragungen zum Frühling oder zum Herbst 1908 folgen dürften?

Ich werde voraussichtlich diesen ganzen Sommer in Paris verbringen. Für die Mitte des Herbstes plane ich wieder eine Vortragsreise, die mich diesmal, allem Absehen nach, zwar vor allem nach Österreich führen wird; aber Leipzig ist so nahe Nachbarschaft, daß ich hoffe, den Weg so weit nach oben ausbiegen zu können, daß ich Sie sehen und Ihnen – dankbar – die Hand reichen kann.

In aufrichtiger Sympathie begrüßt Sie, verehrter Herr Doktor, auf das herzlichste

Ihr
Rainer Maria Rilke

Paris VI, 29, rue Cassette, am 19. August 1907

Verehrter und lieber Herr Doktor,

Sie legen alles so gut und klar vor mir auseinander, daß ich nicht lange zu überlegen habe; so soll meine Antwort nicht auf sich warten lassen.

Sie beginnt mit dem Dank für die sorgfältige Aufnahme meines Manuskriptes, für dessen nächstes Leben Sie schon vorgedacht haben, wie ich gleich sagen will, in mir so sympathischer Weise, daß ich eigentlich mit einem einzigen Ja alles zugeben und abschließen möchte.

Das sieht aber so bequem aus, daß ich doch noch weiterschreibe, die einzelnen Fragen mit Ihnen wiederholend.

Das Papier ist schön; (ich möchte allerdings bei diesem Punkte nicht unterdrücken, daß ich eigentlich so im allgemeinen geplant hatte, über das Format etwa des „Stunden-Buchs" künftig nicht mehr hinauszugehen. — Aber Sie werden Ihre Gründe haben, das größere Format zu bevorzugen, und ich habe so recht keine gültigen Gründe dawider aufzustellen, da ich rein gefühlsmäßig und vielleicht nur in Hinsicht auf das Nebeneinanderstehen meiner Bücher kleinere und möglichst ähnliche Verhältnisse gewünscht hatte.) Dies als einziges Bedenken.

Die Type: so entzückend ich die in dem Buche des Herrn v. Heymel angewandte Schrift finde, so neige ich doch, in unserem Fall, noch mehr zu der anderen Schriftprobe hin, die mir überaus schön und passend scheint.

Ein Pappband entspräche, was den Einband betrifft, auch meinem Gefühle am besten. Ein schön gezeichneter Titel wäre natürlich ein glücklicher Gewinn (zumal für das innere Titelblatt; den Einband selbst denke ich mir am liebsten immer völlig unverziert). Die Anbringung andersfarbiger (grüner) Überschriften wäre sehr belebend. Auf meinen Wunsch, die Einführung besonderer Blätter für einzelne Überschriften betreffend, bitte ich gar keine Rücksicht zu nehmen, falls er sich irgend störend benimmt.

Der Titel: Neue Gedichte ist jedenfalls der beste. Die Jahreszahlen sind dann überflüssig; hingegen würde ich folgenden Vorschlag machen: da ich nun einigermaßen absehen kann, daß eines Tages ein zweites Gedichtmanuskript vorliegen wird, aus ähnlicher Betrachtung und Bewältigung des Angeschauten erwachsen, so erscheint es mir passend, die jetzt erscheinenden Neuen Gedichte als I. Band zu bezeichnen. Es kommt darauf an, ob sich dies, von Ihnen aus gesehen, nicht anspruchsvoll und voreilig ausnimmt. Im Sinne meiner Arbeit wäre es mir lieb und gleichsam hülfreich beim Heranwachsen des folgenden Buches.

Um ein Beispiel dafür aufzuzeigen, wie sehr die Vorschläge Ihres Briefes mir zusagen, will ich noch erwähnen, daß ich Sie fragen wollte, ob nicht ein Teil des Honorars beim Erscheinen des Buches fällig gemacht werden könnte: worauf ich denn nun schon die günstigste Antwort im voraus erhalten habe. Natürlich bin ich auch mit den diesen Punkt betreffenden Einrichtungen ganz einverstanden.

Für die portugiesischen Sonette (deren Erscheinen zum Frühling in billiger Ausgabe mir sehr recht ist) werde ich Ihnen gelegentlich noch einen kurzen einleitenden Widmungsbrief übergeben, den ich den Übertragungen gerne voranstellen würde.

Und nun bäte ich Sie noch, verehrter Herr Doktor, auch an Ihre Frau Gemahlin meinen lebhaft empfundenen Dank weiterzugeben, dafür, daß Sie beide mir (auch mir persönlich) in so guter Erwartung entgegensehen.

In wirklicher Ergebenheit Ihr dankbarer
Rainer Maria Rilke

z. Zt. Oberneuland bei Bremen, am 13. Februar 1908

Mein lieber und verehrter Herr Doktor,

daß Sie noch einmal für einige Tage nach Leipzig zurückkommen würden, erschien mir als eine so glückliche Fügung, daß ich nun alle Mühe habe, einzusehen, weshalb ich sie nicht für mich ausnutzen soll. Meine Koffer stehen gepackt; denn ich hoffe immer noch im stillen, diese Nacht reisen zu können. Aber ich muß nachgeben: mein gestriger erster Ausgang nach der Stadt hat mich in einen Zustand so großer Erschöpfung versetzt, daß ich nicht über mich verfügen kann. Sei es, daß das influenzaartige Unwohlsein, mit dem ich mich während der letzten Wochen auseinandersetzte, doch noch nicht ganz überwunden war, sei es, daß diese momentane Unfähigkeit seinen eigentlichen Abschluß bedeutet, — jedenfalls bleibt mir nichts übrig, als mich noch ein paar Tage ganz stille zu halten und abzuwarten. Sie können denken, wie mir zumute ist. Zu meinem Bedauern und Betrübtsein kommt noch die Beunruhigung, daß ich durch Zu- und Absage Ihre Verfügungen irgendwie gestört habe. Können Sie mich darüber beruhigen und versuchen, mich bei Ihrer Frau Gemahlin zu entschuldigen?

Über das kleine Buch werden wir rasch einig sein. Ihre Vorschläge haben meine ganze Zustimmung. Die Druckbogen (die ich morgen zurücksende) werden Ihnen zeigen, daß ich mit dem Absetzen der Strophen ebenso einverstanden bin, wie mit der Verwendung der Kommata an Stelle der im Manuskript angewandten Cäsurstriche. Der Titel müßte wohl lauten: Elizabeth Barrett-Brownings Sonette einer Portugiesin, ins Deutsche übertragen von R. M. R. / Ich weiß nicht, ob es nötig ist: „aus dem Englischen" mit zu vermerken; das Wort „Nachdichtung" hat einen so anspruchsvollen Nebenklang; geht es nicht an, es zu vermeiden? ...

... Mit den besten Reisewünschen für Sie und Ihre Frau Gemahlin begrüße ich Sie, wieder nur schriftlich, als Ihr sehr herzlich ergebener

R. M. Rilke

z. Zt. Oberneuland bei Bremen, am 16. Februar 1908

Mein lieber und verehrter Herr Doktor,

Ihr Brief zeigt mir noch einmal, wie viel Grund ich hatte, über das Mißgeschick bestürzt und traurig zu sein, das meine Reise nach Leipzig verhindert hat. Haben Sie wenigstens Dank für alles, was mir vorbereitet war, an freundlicher Erfahrung und Wohltun und neuen schönen Begegnungen. Ich möchte das alles recht bald nachholen dürfen und werde es in gesunden Tagen aufmerksamen und frohen Gefühls zu eigen nehmen; jetzt bin ich (der geringste Anlaß zeigt es mir) kaum ich selbst: so nervös ausgegeben haben alle die schlechten Wochen mich zurückgelassen...

... Die Wünsche, die Sie und Ihre Frau Gemahlin mir auf den Weg mitgeben, sind mir ein gutes Geleite; wenn sie sich erfüllen, so schreib ich Ihnen hoffentlich bald aus voller Arbeit.

In der herzlichsten Ergebenheit
bin ich immer
Ihr
Rainer Maria Rilke

Capri, Villa Discopoli, 11. März 1908

Mein lieber und verehrter Herr Doktor,

es wird Sie überraschen, einen längeren Brief mit einigen Beilagen jetzt von mir zu erhalten; und es kommt mir, wie ich Ihnen zugebe, selbst unerwartet, daß ich ihn schreibe.

Indem ich aber hier, nach den letzten fast ganz ans Kranksein verlorenen Monaten, mein Leben bewußter und wollender wieder in die Hände nahm, um es für die Arbeit einzurichten, bekomme ich, ganz greifbar plötzlich, die Sorgen zu fassen, die mich zerstreuen und in Gefahr bringen.

Ich weiß nicht, wie weit ich irre, wenn ich in der Erfahrung Ihres Entgegenkommens, ja, wie ich fühle, Ihrer Freundschaft und im Bewußtsein der nun schon durch vier Bücher glücklich befestigten Verbindung, die zwischen uns besteht, — eine gewisse Berechtigung sehe, Sie in Kenntnis der Schwierigkeiten zu setzen, die das bedrohen, woran auch Sie einiges (und, wie ich dankbar empfand: so überzeugtes) Interesse haben: mein künstlerisches Durchdringen zu etwas Ganzem und Gültigem.

Ich weiß, da ich es unternehme, Ihnen etwas Einsicht in meine Lage zuzumuten, daß Sie diesem Vertrauen nicht einfach frei und persönlich gegenüberstehen, sondern Ihr Verhalten ganz von geschäftlichen Erwägungen werden müssen bestimmen und korrigieren lassen. Wie also Ihre Antwort sich auch schließlich absetzen mag, dies ist ganz ausgeschlossen: daß ich sie irgendwie mißverstehe.

Ich glaube mich nicht darüber zu täuschen, daß ich mich in gewissen entscheidenden Entwickelungen befinde, für die ich mit möglichst ungeteilter Kraft, blindlings sozusagen, müßte dasein dürfen, um, mitten durch sie durch, in den wirklichen unbestreitbaren Besitz meiner Kunstmittel zu gelangen und damit zu einer unbedingten frohen und elementaren Fruchtbarkeit, die von außen kaum mehr zu bedrohen ist.

Diese Einsicht hält mich dazu an, alles zu versuchen, um mir die geeigneten Bedingungen, unter denen die „Neuen Gedichte" entstanden sind, noch für ein bis zwei Jahre zu sichern; d. h. ich gedenke unter allen Umständen aus der Gastfreundschaft, in der ich mich nun erholen darf, sobald als möglich nach Paris zurückzukehren in die erprobte Arbeitseinsamkeit, zu der ich Freude, Zuversicht und Entschlossenheit fühle, wie schwer sie auch im einzelnen manchmal sein mag.

Bisher ist mir durch eine Reihe von Stipendien immer wieder, wenigstens für eine Anzahl von Monaten, eine ähnliche Zurückgezogenheit und Konzentrierung erleichtert worden; eine Staatsunterstützung, auf die ich in diesem Jahre hoffte, scheint aber für den Moment nicht erreichbar zu sein, und so muß ich versuchen, ob meine bisherigen und bevorstehenden Schriften, ob die zunehmende Realität meiner Arbeit nicht schon eine Garantie für mich zu bieten vermöchte.

Die Beziehung, die ich zu Ihrem Verlage habe und die ich jedesmal, sooft Sie mir die Hand dazu boten, so gerne befestigen half, erklärt hinreichend, warum ich mich sympathisch und gewissentlich gebunden fühle, vor jedem anderen ähnlichen Schritt eine Aussprache mit Ihnen herbeizuführen; Sie zu fragen, ob der Verlag irgend eine Möglichkeit sähe, unsere Verbindung in einer Weise auszugestalten, die mir in dem angedeuteten Sinne hülfreich sein könnte.

Ich bin mir bewußt, daß ein lyrisches Werk, geschäftlich gesprochen, als eine schwankende Sicherstellung anzusehen ist, auf die hin jede vorausgreifende Vereinbarung etwas Waghalsiges haben mag. Soweit man das absehen kann, ist aber meine lyrische Arbeit (so endgültig sie auch in einzelnen Verwirklichungen sich darstellt und immer wieder darstellen wird) ein persönliches Besitzergreifen, eine Bewältigung der Außenwelt, hinter der sich andere Aufgaben, Verdichtungen und Lösungen vorbereiten; denn wenn ich mir jetzt mit aller Sorgfalt eine intensive Arbeitszeit zu sichern wünsche, so denke ich nicht nur an den Abschluß des nächsten Gedichtbuches, sondern, mit ebenso großer Hingabe, an den Ausbau meiner Prosa und darüber hinaus an eine gewisse dramatische Notwendigkeit, die vielleicht eines Tages aus der bis zum äußersten angewachsenen künstlerischen Spannkraft entspringt.

Sie sehen aus dieser Anmerkung, eine wie große vorbereitende Wichtigkeit ich den Entwickelungen, in denen ich mich befangen und geführt fühle, zugestehen möchte, und wie ich mich deshalb darum sorge, daß sie heil und unentstellt sich vollenden dürften.

Falls Sie sich mit meiner Frage überhaupt abgeben können, müssen Sie über meine Verlagsverhältnisse nach rückwärts hin orientiert sein. Was an Verträgen von früher existiert, lege ich Ihnen mit diesem Briefe vor. Für die Zukunft hin beschränkend ist nur der erste Vertrag, von dem loszukommen ich mich schon vor

Jahren bemüht habe. Damals wurde die wenig erleichternde Abänderung, die Sie am Schluß des Vertrages angefügt finden, zustande gebracht. Ich ging seinerzeit, als ganz junger Mensch, auf die Bedingung ein (die, wie es scheint, nur durch Ankauf jener beiden alten sehr jugendlichen und geringen Bücher sich aufhübe), weil eine Persönlichkeit, die zwischen dem Verlage und mir vermittelte, mir zuriet, das Vertrauen der Verleger in dieser Weise zu erwidern; ich habe dieses überflüssige und unerfahrene Zugeständnis später sehr bereut und fürchte, man wird, wenn das neue zusammenhängende Prosabuch vorliegt, sich noch einmal gründlich mit dieser Schwierigkeit zu befassen haben.

Über die älteren Gedichtbücher bestehen keinerlei Abmachungen. Einige sind so gut wie verschollen; zwei davon hat, soviel ich weiß, der Verlag Axel Juncker neuerdings aufgekauft, wozu ich früher einmal meine prinzipielle Zustimmung gegeben habe. Die beiden letzten Junckerschen Verträge sind hier mit eingeschlossen. Mit diesem Verlage würde man sich vor allem zu verständigen haben, im Falle wir darangehen, jene Auswahl aus meinen Gedichten herauszugeben, für welche Herr v. Heymel mich kürzlich zu gewinnen suchte. Seine Gründe waren überzeugend genug, um mir diesen Gedanken freundlich und in gewissem Sinne lieb zu machen; so daß ich mir vornahm, nach Vollendung des nächsten Gedichtbandes die Anordnung einer solchen Sammlung zu bedenken und einzurichten.

Damit wären die beiden nächsten Publikationen bezeichnet, die wir eventuell ins Auge zu fassen hätten; ihnen würde endlich das Prosabuch folgen („Die Aufzeichnungen des Malte Laurids Brigge"), das ich, ungeachtet jenes alten Paragraphs, hoffe eines Tages in Ihre Hände legen zu können. Zwischendurch soll, im kommenden Sommer noch, eine Arbeit über Cézanne abgeschlossen werden, deren Wiederaufnahme auch von meiner Rückkehr nach Paris abhängig ist. Im übrigen steht das nächste Gedichtbuch (der Neuen Gedichte zweiter Band) so lebendig und verpflichtend vor mir, daß ich von allem, was sonst noch begonnen oder geplant ist, erst später, von Fall zu Fall, Ihnen berichten möchte.

Von älteren Arbeiten, die noch der Publikation harren, erwähne ich, der Ordnung halber, das szenische Gedicht „Die weiße Fürstin", das in einer älteren, von der gegenwärtigen sehr abweichenden Fassung früher einmal im „Pan" erschienen ist; die Buchausgabe seiner endgültigen Redaktion dachte ich eigentlich hinauszuschieben, bis ein angefangenes Gedicht von verwandter Art damit vereinigt werden kann. Doch ist jenes erstere Manuskript immer zu Ihrer Verfügung, falls Sie gelegentlich erwägen wollten, ob eine Herausgabe desselben einer späteren Zusammenfassung mit anderen Arbeiten vorangehen sollte.

Ich bin zu Ende, mein lieber Herr Doktor; wie sehr bedauere ich in diesem Augenblick, daß es nicht zu jenem Besuch in Leipzig gekommen ist; bedauere es auf eine neue Art. Denn die persönliche Begegnung, die wir beide entbehren, wäre eine sehr stabile Voraussetzung gewesen für die vertrauliche Frage, zu der ich mich nun ziemlich unversehens entschließe. Aber auch so werden Sie (ich kann es mir nicht anders denken) verstehen, daß weder Mißtrauen noch Neugier mich veranlaßt, dem Fortgang einer Beziehung in gewissem Sinne vorzugreifen, deren Bedeutung für mich ich gewiß nicht herabsetze, wenn ich ihr zumute, noch bestimmter und hülfreicher zu werden . . .

Leben Sie herzlich wohl für diesmal, lieber und verehrter Herr Doktor; ich muß keinerlei Versicherung anfügen am Schlusse eines Briefes, der, indem er anspruchsvoller ist als alle früheren, doch zugleich unbedingter voraussetzt, daß ich in wirklicher Ergebenheit und von Herzen der Ihre bin.

Ihr
Rainer Maria Rilke

Capri (Villa Discopoli), am 28. März 1908

Mein lieber und verehrter Herr Doktor,

ich will Ihnen gestehen, daß ich in den letzten Wochen nicht ohne die Besorgnis war, ich könnte durch die Art jenes langen Briefes die Entwickelung unseres natürlichen Verhältnisses irgendwie gedrängt haben: diese Beunruhigung zunächst hat Ihr ausführliches Schreiben mir ganz abgenommen, wie es überhaupt meine momentane Lage in vielem klären und bestimmen hilft.

Ich weiß nicht, wofür ich Ihnen mehr danken soll: für die sorgfältige Erwägung der Umstände, zu der Sie Zeit gefunden haben; für den neuen überzeugenden Beweis Ihrer freundschaftlichen Einsicht, – oder vor allem dafür, daß Sie es verstanden haben, unserer Beziehung, indem Sie sie in bezug auf die nächste Zukunft einrichteten, doch jene spontane Lebendigkeit zu erhalten, die von Anfang an mit ihr verbunden war: so daß sie uns auch weiterhin nicht als eine unpersönlich gewordene, schematische Bindung, vielmehr als ein von Fall zu Fall herzlich und stark eintretendes Einverständnis erscheinen mag, für welches nun noch ein paar Gründe mehr vorliegen.

Ich schicke dies voraus, um Ihnen zu sagen, daß ich Ihre Vorschläge nicht nur freudig annehme, sondern auch in gewissem Sinn bewundere: es ist gewiß eine seltene Erfahrung, Geschäftliches nicht abseits vom Freundschaftlichen, es nicht in völlig gesinnungsleerem Raum behandelt zu sehen –; und meine Natur ist ganz besonders darauf angelegt, diese Erfahrung zu schätzen und innerlich zu verwenden.

Besonders freundlich empfinde ich die Ausdehnung Ihres Interesses auf zwei meiner früheren Bücher; ich vermute allerdings, daß Herr Juncker sie wird festhalten wollen (zumal er kürzlich noch zwei kleine Bücher aus verschollenem Verlage hinzuerworben hat –); sollte er sich aber zu einer Abgabe derselben unter für Sie brauchbaren Bedingungen entschließen, so rechnen Sie ohne weiteres mit meiner unbedingten Zustimmung.

Was Sie mir in bezug auf den alten Vertrag mit Bonz schreiben, erleichtert mich sehr; die Hemmungen, die das Zustandekommen meines werdenden Prosabuches verzögern, sind vielfach innere; doch lag auch die Aussicht, das Manuskript Bonz anbieten zu müssen, recht drückend auf seiner Entwickelung: nun, da ich weiß, daß ich es werde in Ihre Hände legen können, auf jeden Fall, scheint mir die Vollendung um vieles näher und erwünschter.

Mir bleibt nur übrig, Ihnen für die guten Nachrichten vom Absatz meiner Bücher zu danken und im besonderen für die großmütige Festlegung der Verwertung dieser Tatsache in geschäftlicher Beziehung. Sehr überrascht hat es mich, daß wir an eine dritte Auflage der „Geschichten vom lieben Gott" denken dürfen: wir wollen sie ganz unverändert herausgeben.

Zum Schluß danke ich Ihnen, lieber und verehrter Herr Doktor (denn Dank ist nun einmal der natürliche Inhalt dieses Briefes), für Ihre Wünsche zu ruhiger Arbeit; Sie haben (das möcht ich noch einmal betonen) viel dazu getan, die Erfüllung solcher Wünsche zu ermöglichen und vorzubereiten.

In der herzlichsten Ergebenheit
Ihr
R. M. Rilke

Paris, 17, rue de Campagne Première,
am 18. August 1908

Mein verehrter und lieber Herr Doktor,

das Manuskript wird wohl zum 20., wie ich voraussah, in Ihren Händen sein; ich habe es gestern nachmittag abgeschickt. Sie finden dabei das Verzeichnis in endgültiger Folge aufgestellt, so daß es in jeder Beziehung als druckfertig gelten kann.

Nehmen Sie es freundlich in Schutz und Besitz und Zukunft.

Mehr habe ich kaum anzufügen; es sei denn, daß ich Sie bitte, den Titel auch dieses Mal wieder nach Ihrer Einsicht einzurichten. Einen Augenblick dachte ich daran, diesen Band nach der rosa Hortensie zu nennen, die er enthält, und den ersten später umzunennen nach den Versen, die die blaue aufrufen; aber gleich darauf verwarf ich diesen Einfall, dem niemand glauben würde, daß er so ungesucht und unwillkürlich auftrat, wie er mir in Wirklichkeit kam. Und wir werden wahrscheinlich wieder bei der sachlichsten Bezeichnung bleiben mögen.

Da ich die Gedichte ordnete, hatte ich den Eindruck, als ob der neue Band sich recht passend an den früheren anschließen könnte: der Verlauf ist fast parallel, nur etwas höher, scheint mir, und an größerer Tiefe hin und mit mehr Ferne. Wenn sich an diese beiden der dritte Band anschließen darf, so wird noch eine ähnliche Steigerung im immer sachlicheren Bewältigen der Realität zu vollbringen sein, woraus ganz von selbst die weitere Bedeutung und klarere Gültigkeit aller Dinge sich einstellt.

Vielleicht aber werde ich vorher imstande sein, das an diesen Gedichten Gelernte an meine Prosa zu wenden; es sind ja gerade diese Fortschritte, die auch sie sich zunutze machen muß . . .

Auf das herzlichste bin ich, und auf das dankbarste,
der Ihre   R. M. Rilke

Paris, 77, rue de Varenne, am 26. September 1908

Mein lieber und verehrter Herr Doktor,

es war eine rechte Verlegenheit für mich, mit dieser Widmungsfrage mich auseinanderzusetzen, ohne dabei Ihren Rat und Beistand mitzuverwenden. So sehen Sie mich nun recht froh, Sie zu lesen, früher als ich hoffte, und schon mit Ihrer vollsten Meinung.

Ich war durchaus nicht zufrieden mit dem Entwurf zu einer Zueignung, den Sie in Händen haben, ebensowenig wie mit anderen Entwürfen, die ich zurückbehielt. Was die Sprache betrifft, beruhigte ich mich zwar momentan damit, daß die dem Buche eigene Sprache, völlig im Kunstmaterial aufgegangen, nicht in erster Linie als deutsch gilt, sondern als Gedicht überhaupt, so daß sich eine andere fremde Sprache gebrauchsweise davor müßte verwenden lassen, ohne unmittelbar und unschön daranzustoßen.

Aber mir ist schon dieses Zu-Worte-Kommen selbst so peinlich, wie jedes Vor-den-Vorhang-Treten, das sich immer wie eine Absage der Vorstellung oder wie die Ankündigung einer Unpäßlichkeit ausnimmt.

Ich bin Ihnen herzlich dankbar, wenn Sie mir helfen wollen, das zu vermeiden; gerade dies erhoffte ich von Ihrem Rat.

Nun müssen wir bedenken, daß eine Widmung doch immerhin in erster Linie den angeht, an den sie sich richtet, und also sich nicht ganz gerecht wird, wenn der darin Gemeinte sie nicht verstehen und wirklich aufnehmen kann. Rodin liest nicht das kleinste fremdländische Wort; so hat meine Gabe an ihn ohnehin nur gleichnisweisen Wert, aber das Geben selbst, die Gebärde, Art und Notwendigkeit des Hinreichens: die müßte ihm doch wenigstens eindeutig zugänglich sein? — Wenn Sie es nicht für passend halten, zu schreiben: À mon grand Ami Auguste Rodin, so wär ich fast dafür, wir ließen einfach An Auguste Rodin setzen, um ihm nicht das Rätsel des „zu eigen" aufzugeben. Darin wäre ja dann schließlich alles und vielleicht mit um so größerer Expansion enthalten?!

Verzeihen Sie, daß ich im Augenblick Ihrer Rückkehr zu vielen wartenden Geschäften so ausführlich von dieser Sache handle und Ihre Zeit verbrauche; aber mir lag daran, mich ganz verständlich zu machen, um Ihrem Rat möglichst präzise vorzuarbeiten. Was Sie nun beschließen, wird mir recht sein.

Auf das aufrichtigste und herzlichste begrüßt Sie
    Ihr getreu ergebener R. M. Rilke

Paris, 77, rue de Varenne, am 28. September 1908
Mein lieber und verehrter Herr Doktor,
... Während Ihrer Abwesenheit hab ich mir überdies eine Angelegenheit angemerkt, von der ich Ihnen hier schreibe; doch möchte ich nicht, daß Sie aus dem Umstande, daß es gerade jetzt geschieht, schließen, daß ich auf die Zeit, wann Sie die Sache erwägen mögen, Wert oder Betonung lege.

Der Zufall, daß ich beim Ordnen einer lange nicht geöffneten Bücherkiste auf einige Gedichtmanuskripte von 1899 stieß, hat mir mein damals bei Georg Heinrich Meyer erschienenes Buch „Mir zur Feier" in Erinnerung gerückt. Es hat nach dem Aufhören des Meyerschen Verlages sich fast ganz verloren; vor Jahren einmal bot mirs irgend ein kleiner, wie ich glaube, medizinischer Verlag zum Kaufe an: als für seinen Geschäftsumkreis nicht geeignet. Dann ging es in die Hände eines Herrn Wunder über, mit dem (wie mir scheint) Herr Juncker vor zwei Jahren wegen Übernahme des Buches verhandelt hat; die Sache kam nicht zustande. Ich hatte damals den Eindruck (allerhand Details sprachen dafür), als ob jenes Gedichtbuch in den Händen des Herrn Wunder ungemein abgelegen und seinem natürlichen Umlauf fast ganz entzogen sei.

Die Gedichte, die ich neulich wiederfand, interessierten mich; sie hatten den Ton jenes Buches, das (so sehr ich ihm entwachsen bin) doch zu denen gehört, durch die meine Entwicklung mitten durch gegangen ist. Ich halte es nicht für unmöglich, daß ich einmal eine neue, etwas veränderte und ergänzte Ausgabe jener Gedichte mit Freude einrichten wollte. Deshalb liegt mir daran, „Mir zur Feier" von ferne in Ihren Gesichtskreis zu rücken, für den Fall, daß Sie irgend wann auf das Schicksal des halb und halb verlorenen Buches Einfluß nehmen mögen; sei es auch nur dadurch, daß Sie wissen, wo es sich jeweils befindet und verbirgt.

Sie werden es, lieber Herr Doktor, gewiß nicht als Unbescheidenheit anschreiben, wenn ich, in dem ebenso natürlichen als herzlichen Bedürfnis, meine Angelegenheiten unter Ihren Schutz zu stellen, diese Sache (wie ich nochmals betone, ohne alle zeitliche Konsequenz) zur Sprache bringe.

In immer gleicher Weise
Ihr herzlich verpflichteter und zugetaner
R. M. Rilke

[Paris,] 77, rue de Varenne, am 4. November 1908

Mein lieber und verehrter Herr Doktor,

diese raschen Zeilen begleiten ein Manuskript. Eine unerwartete starke innere Strömung hat mir in diesen Tagen die kleine Arbeit heraufgebracht, die ich Ihnen so schnell reiche, weil ich in meinem ersten Gefühl ihr gegenüber von Ihnen bestätigt oder bestritten sein möchte.

Dieses Gefühl ist etwa dieses:

Daß das Requiem nicht in einer Zeitschrift und später in einem Buchzusammenhang untergebracht sein dürfte, vielmehr ein einzelnes, wenn auch noch so kleines Buch sein und bleiben sollte.

Zufällig nahm ich die Ausgabe der „Neuen Lieder" des Fräuleins von Klettenberg in die Hand, die Sie besorgt haben; ich fragte mich, ob die vorliegende Dichtung nicht eines Tages in ähnlicher Form bestehen könnte?

Sollte Manuskript und Anfrage Sie schon in den vorweihnachtlichen Beschäftigungen finden und stören, so bitte ich Sie selbstverständlich, beides so weit, als Sie wollen, wegzulegen. Ich wollte meinen Vorschlag nur vorgemerkt haben im Moment, da er mir natürlich und lebhaft zum Bewußtsein kam.

Ich bin überrascht, schon das neue Jahrbuch der „Insel" in Händen zu haben. So wird auch der neue Gedichtband nicht mehr lange ausbleiben. Wie haben Sie übrigens in betreff der Widmung verfügt?

Inzwischen sehr viele Grüße von Ihrem aufrichtig zugetanen und ergebenen

R. M. Rilke

[Paris,] 77, rue de Varenne, am 6. November 1908

Mein lieber und verehrter Herr Doktor,

Ihr Brief ist voll guter Nachrichten. Und so sehr Sie mich auch darin verwöhnen (ich weiß keinen, der es nicht war), so schätz ich doch jeden einzeln und wie den ersten ein, nach seinem Wert.

Sie können denken, daß ich erst recht überrascht bin, unser neues Buch schon erschienen zu wissen. Die beiden Exemplare, die Sie mir anzeigen, sind noch nicht da, aber in ihrer Erwartung schon dank ich Ihnen herzlich für die Sorgfalt und Freundschaft, die Sie an den neuen Band gewendet haben . . .

. . . Daß Sie, trotz der sichtlich ungünstigen Bedingungen, das Buch „Mir zur Feier" übernommen haben, verpflichtet mich Ihnen weiterhin und vielfach. Nun denke ich gerne an die Einrichtung der neuen Auflage; ich werde mich damit beschäftigen und Ihnen Ende dieses Monats mein Handexemplar mit den entsprechenden Vermehrungen und Veränderungen vorlegen.

Was das Manuskript des „Requiem" angeht, das ich Ihnen am 4. November sandte, und das – wie ich mir vorwerfe – sicher recht zur Unzeit in Ihre starke Geschäftszeit kam, so will ich nur noch anmerken, daß dieselbe Arbeitsströmung noch ein zweites Gedicht dieser Art mir inzwischen zugetragen hat, das fertig vorliegt. Es wird für Sie auch insofern Interesse haben, als es ein Requiem für den Grafen Wolf von Kalckreuth darstellt, dessen Schicksal und Hingang mich dringend berührt hat. Die beiden Dichtungen ergänzen und bestärken einander, und die Idee, daß sie vielleicht eine Publikation für sich ausmachen müßten, ist nun, wie Sie verstehen werden, noch überzeugter in mir.

Seit lange hat meine Arbeit mich nicht so überrascht wie durch diese Welle, die so ruhig heraufkam und überholte, was ich unter den Händen hatte.

Nun leben Sie auf das herzlichste wohl; ich bin dankbar und aufrichtig

der Ihre

R. M. Rilke

[Paris,] 77, rue de Varenne, am 8. November 1908

Mein verehrter und lieber Herr Doktor,

unser neues Buch ist da, und ich habe die herzlichste Beziehung dazu. Es scheint mir gut angeordnet, und ich empfinde nun recht deutlich, wie es parallel über dem ersten Teil sich entwickelt und ausbreitet. Die Schriftverteilung auf dem Titelblatt ist reich und einfach, und das Grün der obersten Zeile steht auf diesem Papierton fast noch kostbarer als auf dem gelblichen des vorjährigen Bandes.

Besondern Dank weiß ich Ihnen für die Berücksichtigung meiner Bemerkungen in betreff der Widmung. Ich freu mich, daß diese Sache so zu lösen war.

So viel Anlaß ich in allen diesen Punkten habe, Ihnen dankbar zu sein, so werf ich es mir nun selber als eine Trägheit vor, den Verlag nicht ausdrücklich um eine zweite Korrektur gebeten zu haben. Mir sind gleich bei der ersten Durchsicht ein paar Fehler aufgefallen, davon einer mir so schmerzlich ist, daß ich Sie fast bitten würde, ihn auf einem einzulegenden Streifen zu verbessern (wenn das sich tun läßt; in meinen Exemplaren werde ich ihn handschriftlich korrigieren).

Der Zufall hat mir nämlich in der „Klage um Jonathan" (Seite 9, 4. Zeile der 3. Strophe) das schöne alte Wort löhren in „röhren" verwandelt. Es mag übertrieben sein, wenn ich diese Abänderung als wesentlich störend empfinde, aber es ist so: „löhren" enthält so viel von Tierklage, auch wilder Tiere, hat einen etwas anderen ö-Laut, und das l ist an dieser Stelle ebenso korrespondierend mit „Lagern" und dem „legen" der kommenden Zeile, wie das r schwierig und widerstrebend und nach „Lagern" geradezu unmöglich ist; überdies: röhren ist ein Fachausdruck, nur für bestimmte Wildarten gültig: Sie sehen, ich habe lauter Gründe dagegen, so wie ich sie aufrichtig aufzähle. Läßt sich da etwas tun? (In der Korrektur stand richtig: löhren.)

Ich will sagen, was ich sonst noch angemerkt habe...

Dies sind Kleinigkeiten; ich nenn sie nur mir zum Vorwurf und der Vollständigkeit halber. Nah geht mir nur der erste Fehler: er hebt für mein Gefühl den harmonischen Verlauf des Gedichtes auf und frißt von seiner Stelle aus in die gesunden Zeilen hinein.

Ich bin bekümmert, Ihnen so anliegen zu müssen, mit einer Sache, die um ein Haar eine Bagatelle gewesen wäre.

Und ich muß mich entschuldigen, daß ich sie nicht als solche empfinde. Läßt sich etwas tun?
Wie immer
    Ihr auf das allerherzlichste ergebener
                            R. M. Rilke

        Paris, 77, rue de Varenne, am 13. November 1908

Mein lieber und verehrter Herr Doktor,

es ist sehr gütig, daß Sie versuchen, die Schuld, die ich mir zuschreibe, auf mehrere zu verteilen; aber wahrscheinlich ist gar nicht genug Schuld da: es reicht knapp für einen.

Die Hauptsache ist die rasche und entschlossene Abhülfe, zu der Sie gegriffen haben und für die ich Ihnen gar nicht genug danken kann. Ich habe keinerlei Vorstellung, was so ein „Karton" an Kosten und Mühe mit sich bringt: vermutlich eine ganze Menge.

Heute kann ich Ihnen auch das Requiem für Wolf von Kalckreuth schicken. Ihr Vorschlag, diese neuen Arbeiten betreffend, entspricht mir so vollkommen, daß ich Sie bitten möchte, daran festzuhalten: Wir bringen die beiden Dichtungen im Februar in einer einmaligen kleinen Auflage heraus und stellen sie später in den nächsten Band Gedichte ein.

Ich bin wie immer, recht von Herzen, der Ihre:
                            R. M. Rilke

Paris, 77, rue de Varenne, am letzten Dezember 1908

Ein gutes zuverlässiges Jahr zunächst, mein lieber und verehrter Herr Doktor, für Sie und Ihre Frau Gemahlin; ein im ganzen und im einzelnen willkommenes.

Was mich angeht, so bin ich eben dabei, mein vergangenes abzuschließen.

Darf ich Ihnen die Verhältnisse, in denen ich das nächste beginne, die produktiven sowohl wie die praktischen, kurz mitteilen? Es scheint mir dies unserer Verbindung, so wie sie zu meiner Freude besteht, zu entsprechen. Mit der Zahlung, die nun am ersten Januar fällig wird, ist ja auch unsere, für mich so wichtige und freundliche vorjährige Abmachung abgelaufen. Ich weiß nicht, mein lieber Herr Doktor, wie weit Sie die Daten, die ich Ihnen im Folgenden vorlege, bei Aufstellung neuer Bedingungen berücksichtigen können. Gleichwohl liegt mir daran, Sie ganz unterrichtet zu wissen.

Lassen Sie mich erst den schwierigen praktischen Teil zur Sprache bringen . . .

Damit gehe ich auch schon zu dem anderen, für uns beide gewiß gleich angenehmen Teile meines Berichtes über. Es hat sich, über meine beste Erwartung hinaus, recht und rechtzeitig erwiesen, daß ich (wie ich Ihnen damals von Capri aus schrieb) besorgt war, mir eine lange Arbeitszeit vorzusehen: das neue Gedichtbuch, größtenteils das Ergebnis dieses Sommers, ist ja schon unter den Leuten; das „Requiem" bereiten wir vor, und die Veränderung und Vermehrung des Buches „Mir zur Feier" geht mir gut und herzhaft von der Hand.

Am meisten aber freut es mich, Ihnen heute von dem sehr glücklichen und soliden Fortschritt meiner Prosa, den „Aufzeichnungen des Malte Laurids Brigge" schon recht tatsächlich schreiben zu können. Ich habe die letzten Monate ganz in diesem Manuskripte verbracht, für das ich, wie mir nun scheinen will, bis zum äußersten vorbereitet war. Ich sehe nicht ab, wie lange es mich noch beschäftigen wird (vielleicht kann ich es Ihnen zu unserem gewohnten Augusttermin übergeben). Jedenfalls bin ich entschlossen, von dieser Arbeit, in der so viele Entwicklungen gleichmäßig zusammenkommen, nicht abzulassen; ich vollende sie denn. Um ihretwillen also bin ich besorgt: um sie gut fortzusetzen, hab ich nichts nötig, als die gegenwärtigen Umstände erhalten zu können: mit einem Wort, hier zu bleiben an meinem Schreibtisch, noch für eine Zeit ohne Nebengedanken und Nebenbeschäftigung. Es wäre herrlich, wenn sich das irgendwie erreichen ließe; denn sogar die Gesundheit ist heuer ziemlich brauchbar, viel besser als die letzten Jahre: aus lauter Freude über die Ansässigkeit und die schöne, glücklich-schwere Arbeit.

Hier, lieber Herr Doktor, ist meine momentane Konfession; die liebe Teilnahme, die Sie an mir haben, macht mich sicher, daß Sie sie nicht belästigend unwillig weglegen werden. Auch ist selbstverständlich, daß ich Ihre entscheidende Antwort nicht jetzt erwarte. Es hat völlig Zeit, wenn Sie mir dann, gegen den Apriltermin hin, sagen, welche Einrichtungen sich zwischen uns herstellen lassen. Bis dahin will ich versuchen, auf die Beunruhigungen nicht zu hören, und einfach und zuversichtlich in der Arbeit fortschreiten, ohne weiterzudenken als an den nächsten, noch gesicherten und gleichen Tag.

Leben Sie herzlich wohl, mein lieber und verehrter Herr Doktor; ich reiche Ihnen recht freundschaftlich und unbedingt die Hände.

Ihr
R. M. Rilke

PS.: Hat es Zeit, wenn ich Ihnen bis zum 15. Januar das veränderte Manuskript des Gedichtbuches „M. z. F." schicke? Ich dachte, wir nennen es in der neuen Ausgabe einfach „Die frühen Gedichte" zum Unterschied gegen eine Sammlung noch früherer, die wir gewiß später einmal einrichten können unter dem Titel: „Die ersten Gedichte". So bildet sich nach und nach auch die Vergangenheit dauerhafter um. Ich seh es mit Freude. –

Lange hab ich jetzt gar nichts gelesen und werde auch so fortfahren. Doch gerade in diesen Tagen mache ich eine Ausnahme mit dem Briefwechsel Brentano-Mereau, diesem leichtsinnig-verhängnisvollen Zwischenspiel, aus dem man sich so viel Wirkliches herausdeuten kann.

D. O.

Paris, 77, rue de Varenne, am 2. Januar 1909

Mein lieber und verehrter Herr Doktor,
Ihr so überaus herzliches Diktat vom 31. Dezember des alten Jahres ist mir noch ein Grund mehr, zu hoffen, daß mein Schreiben vom gleichen Tag, in all seinen unbescheidenen Voraussetzungen, Sie nicht befremdet haben kann. Nicht wahr, Sie verstehen, daß ein Mensch, dessen Kraft jeweils immer nur für Eines ausreicht, um dieses Eine zuweilen recht rücksichtslos und plump besorgt ist; in einem Augenblick zumal, da er daran so wunderliche Freuden und Fortschritte erfährt, wie sie mir meine jetzige Arbeit während aller dieser Wochen bereitet hat. Ich könnte Ihnen so viel Schönes von ihr erzählen. Manchmal kommt es mir vor, als könnte ich sterben, wenn sie fertig ist: so bis ans Ende kommt alle Schwere und Süßigkeit in diesen Seiten zusammen, so endgültig steht alles da und doch so unbeschränkt in seiner eingeborenen Verwandlung, daß ich das Gefühl habe, mich mit diesem Buche fortzupflanzen, weit und sicher, über alle Todesgefahr hinaus. Nun liegt mir nur das Eine, sehen Sie, am Herzen: leben zu können, solang es wird, und ganz nur dafür leben zu dürfen, eingeschlossen in diesem Werk und von außen durch ein kleines Schubfenster ernährt, wie ein Gefangener, für den nun erst recht alles zu Wert kommt, bis herunter zum Unscheinbarsten und Dürftigsten.

Und wenn ich so gelassen daran denke, nach dieser Arbeit nicht mehr zu sein, so ist es, weil ich mir die

Fülle noch gar nicht zu versprechen wage, die ich mir mit ihr nach und nach erwerbe: denn jetzt erzieh ich mir (dies ist gewiß, auch wenn ich sonst manches überschätze) eine massive dauerhafte Prosa, mit der rein alles wird zu machen sein. Es wäre herrlich, hernach fortzufahren oder täglich neu anzufangen mit des Lebens ganzer unbegrenzter Aufgabe ...

Inzwischen freu ich mich zu hören, daß der Satz des „Requiem" schon begonnen hat, und sehe voraus, daß wir sowohl in bezug auf die schöne große Fraktur, wie in betreff des Einbands recht unwillkürlich uns verstehen werden; ich habe in der Tat auch an einen violetten Pappband gedacht.

Die vielen schönen Geschenke, die Sie mir anzeigen, nehme ich dankbar mit herzlicher Freude in mein neues Jahr herein. Und wenn Sie zum Schluß von der Freude sprechen, die Ihnen unsere fruchtbare Verbindung bereitet, so hör ich aufmerksam zu und habe darauf nur zu erwidern, daß diese seltene, so unbeschreiblich zeitfällig eingetretene Beziehung für mich immer zu den wunderbaren, nicht wegzudenkenden Umständen zählen wird, die mir mein Leben so richtig in die Hände gelegt haben, daß ich ernstlich damit umgehen lerne.

Im herzlichsten Gefühl und in überzeugter Ergebenheit

der Ihre

R. M. Rilke

Paris, 77, rue de Varenne, am 5. Januar 1909

Mein lieber und verehrter Herr Doktor,

Sie legen es mir in Ihrer Umsicht nahe, einfach mit einer Bestätigung zu antworten, wo mir nach dem besondersten Dank zumute ist. Lassen Sie mich wenigstens sagen, daß ich ihn zurückbehalte und ihn, als Ihr Eigentum, hier in mir zu all dem anderen Dank lege, von dem ich Ihnen ja immer nur den vorläufigsten Teil andeutungsweise konnte zukommen lassen.

Gestern abend, ganz unerwartet, traf Ihr Brief ein. Er enthebt mich – dies darf ich Ihnen mindestens versichern – den zerstreuten Besorgnissen, mit denen ich mich in den letzten Wochen immer mehr einlassen mußte, und gibt mich im ganzen an die liebe lange Beschäftigung zurück, für die unsere Wünsche zusammentreffen.

Ich werde nun zunächst die Ordnung der „Frühen Gedichte" abschließen und danach immer über meiner Prosa zu finden sein, oder noch besser ganz unauffindbar in ihr ...

Ich bedauere nun recht lebhaft, daß die Sache mit Bonz & Co. nicht von mir aus ins reine zu bringen ist, und daß Ihnen vielleicht aus meiner alten Unüberlegtheit Mühe und Kosten entstehen könnten.

Was die beiden kleinen Gedichtbücher angeht, die die Firma Friesenhahn seinerzeit besaß, so habe ich Grund zu befürchten, daß Herr Juncker sie inzwischen erworben hat. Er hat früher wiederholt diese Absicht geäußert; in den sehr wenigen Briefen, die ich während der letzten zwei Jahre von ihm empfing, ist die Sache zwar nicht zur Sprache gekommen, aber ich glaube mich zu erinnern, daß der Buchhändler Heller in Wien im November 1907 etwas von einer Übernahme jener Jugendarbeiten durch den Junckerschen Verlag wußte.

Ich werde bei Herrn Juncker selbst danach fragen. Er hat mich kürzlich wissen lassen, daß meine Dichtung „Die Weise von Liebe und Tod des Cornets Christoph Rilke" vergriffen ist, und ich erwarte seine Vorschläge in betreff einer neuen Auflage.

Mit den Nachrichten über die Friesenhahnschen Bücher werde ich Ihnen gleichzeitig diese Vorschläge mitteilen, denn mir liegt daran, Sie auch über jene älteren Arbeiten soviel als möglich unterrichtet zu halten. Ich stelle mir zu gerne vor, daß irgend ein natürlicher Ablauf sie doch eines Tages in Ihren Besitz und Schutz hinüberbringt.

Aufrichtig und gern verpflichtet, bin ich sehr von Herzen
der Ihre
R. M. Rilke

Paris, 77, rue de Varenne, am 15. Januar 1909

Mein lieber und verehrter Herr Doktor,

ich soll nun doch, wie es scheint, diese Arbeit an den „Frühen Gedichten" für abgeschlossen halten;

ob sie zu Ende ist, weiß ich freilich nicht so bestimmt, wie ichs bei einem neuen Manuskript wüßte. Ich will Ihnen kurz zusammenfassen, worin meine Arbeit bestand.

Es werden Ihnen gleich auf der ersten Seite Veränderungen auffallen. Ich glaubte mich zu ihnen berechtigt, wo die Unklarheit im Ausdruck aus seiner Unzulänglichkeit sich ergab; wo ich jetzt besser sagen konnte, was ich damals meinte. Übrigens hab ich mir diesen Eingriff schwer und verantwortlich gemacht, und ich glaube, er rechtfertigt sich überall, wo er geschah, und tut der ursprünglichen Weise nirgends Abbruch.

Dieselben Maßstäbe hab ich angewendet, wo Gedichte fortgelassen worden sind; dies war ratsam denjenigen Strophen gegenüber, die sich nun als überzählig erwiesen, indem sie Gegenstände und Empfindungen, die an anderen Stellen des Buches schon vollkommen ausgedrückt sind, schwächer und weniger durchgesetzt, wiederholten.

Leider konnt ich nicht alle ausgefallenen Verse ersetzen. Es zeigte sich, daß vier oder fünf Gedichte, die ich noch einzuordnen beabsichtigte, obwohl sie ungefähr gleichzeitig waren, dem Ton des Buches widerstrebten. Die unter dem Namen „Mir zur Feier" damals zusammengefaßten Verse bezeichnen offenbar den äußersten Ausgang einer Entwicklungszeit, und was ich hier noch unter meinen Papieren habe, gehört schon in den Anfang einer nächsten Epoche, derjenigen, die durch das „Buch der Bilder" bezeichnet ist.

Dagegen schiene es mir so recht am Platz, das, auch in der Empfindung völlig gleichzeitige, szenische Gedicht „Die weiße Fürstin" zu einem Bestandteil der „Frühen Gedichte" zu machen, zumal diese Arbeit keine dramatischen Ansprüche machen kann und so unter anderen Gedichten verwandter Art am natürlichsten untergebracht wäre. Ich sende Ihnen daher auch dieses Manuskript. Diese Dichtung ist 1898 entstanden und erschien das Jahr darauf im letzten Hefte des „Pan". Doch hab ich sie vor etwas mehr als vier Jahren sehr verändert und ausentwickelt, und in dieser endgültigen Form ist sie bisher unveröffentlicht geblieben.

Wenn ich nicht irre, so würde diese Arbeit die „Frühen Gedichte" sehr glücklich ergänzen; sie ist wie ein Stück Teppich, dem die Gedichte wie Webversuche und Farbenproben vorangehen...

Was Herrn Juncker angeht, so hat sich mein letzter Brief mit seinen „Vorschlägen" gekreuzt, die ja nun von selbst hinfällig werden durch meine Absage, den „Cornet" betreffend (auf die ich noch ohne Antwort bin). Aber die Friesenhahnschen Bücher sind also in seinem Besitz. Ich hatte ihm gegenüber nicht von einer Neuausgabe gesprochen, wie Sie denken können, vielmehr nur zu wissen verlangt, unter welchen Bedingungen er die beiden kleinen Bücher übernommen hat. Da mit Friesenhahn kein Vertrag bestand, kann Herr Juncker Anspruch machen, weitere Auflagen jener Gedichte zu verlegen, oder ist es meine Möglichkeit, ihm das zu versagen?

Ich verlasse mich auf Ihren Rat und bitte um ihn; erst danach werde ich die Junckerschen Briefe beantworten, diesen und den zu erwartenden, den ich Ihnen gleichfalls vorlegen werde ...

Aber ich nehme Ihre Zeit mit alledem sehr eigenmächtig in Anspruch und schließe so rasch als möglich, erschrocken über meine Unbescheidenheit.

Seien Sie vielmals gegrüßt, lieber und verehrter Herr Doktor, und lassen Sie mich zu keinem anderen Worte mehr kommen heute, als zu diesem herzlichen Lebewohl.

Ihr

R. M. Rilke

Paris, 77, rue de Varenne, am 27. Januar 1909

Mein lieber und verehrter Herr Doktor,

ich fürchte, ich entwickle mich auf diese Weise zu einem rechten Sorgenkind Ihres Verlags, da Sie nun mit der Hartnäckigkeit der Firma Bonz zu tun bekommen und einen schlechten Handel voraussehen.

Wird mein nächstes Buch — so frag ich mich zehnmal tags — alles, was Sie da für mich tun, einigermaßen rechtfertigen? Ich nehm mich von weither dafür zusammen: möchte es uns zur Freude sich auswachsen ...

Daß Ihnen der Zusammenhang der „Frühen Gedichte" mit dem gleichzeitigen szenischen Gedicht günstig erscheint, freut und befriedigt mich sehr. Ihrer Absicht, das Äußere des Buches betreffend, stimme ich völlig zu.

Die Korrekturen des „Requiem" gehen morgen an den Verlag zurück.

Inzwischen hat die Gräfin Kalckreuth durch zwei uns gemeinsame Bekannte von dem Bestehen meiner kleinen Dichtung erfahren; sie wünscht, wie ich höre, sehr, meine Arbeit zu kennen und so bald als möglich. Ich werde heute oder morgen eine einfache Abschrift für die Gräfin herstellen, die in keiner Weise das Unbescheidne einer Widmung haben soll. Ich würde Ihnen dankbar sein, wenn Sie diese Blätter dann an ihre Adresse gelangen ließen.

Ich bemühe Sie, weil ich weiß, daß Sie die Gräfin Kalckreuth kennen, und weil Ihre Vermittlung diejenige wäre, die mich am meisten ausschaltet. Ein Kunstding ist rücksichtslos und muß es sein; mir läge daran, daß die Gräfin von vornherein nicht im leisesten gebunden sei, mir persönlich zu antworten. Irgend eine Wendung des Gedichts, die vielleicht ihrem Gefühl nicht wohltun kann, müßte solche Verpflichtung ihr über die Maßen lästig und schmerzhaft machen. Und darum soll auch keine Spur davon mit den Blättern gegeben sein.

Ihr von Herzen zugetaner und ergebener
R. M. Rilke

PS.: Vor mir steht für ein paar Tage ein Bild Wolf Kalckreuths, das mir gestern einer seiner Freunde, ein Baron Gebsattel, brachte; es ist voll schöner diskreter Mitteilung; seltsam deutlich ergreifend.

Paris, 77, rue de Varenne, am 3. April 1909

Mein lieber und verehrter Herr Doktor,

so ungern ich mit Kleinigkeiten Ihre Zeit beanspruche: ich möchte doch in meinen Sachen nicht das geringste veranlassen, ohne uns auch da im Einklang zu wissen.

Sie kennen vermutlich die Anthologie, von der beiliegender Brief handelt; ich habe den ersten Band dieser Ernte durchgesehen, er scheint mir sachlicher und brauchbarer als anderes Ähnliches. Sie wissen, daß ich mich sonst immer versage, wo es sich um solche Gedicht-Ansammlungen handelt. Hier würde ich vielleicht eine Ausnahme machen und den Abdruck einiger Stücke aus den „Neuen Gedichten" zulassen, wenn anders Sie dies nicht für überflüssig halten. Darf ich darüber ein Wort erbitten?

Zu den österlichen Tagen sende ich Ihnen und Ihrer Frau Gemahlin liebe Grüße: verbringen Sie sie recht sicher im Frühlingsvorgefühl.

Was mich angeht, so weiß ich unter den letzten Jahren keines, wo ich die Wendung zum Guten in aller Natur so hoffend erwartet habe; denn lange sind meine schlechten Monate nicht so herabsetzend für mich gewesen wie diesmal; ich hatte unrecht, sie durchaus hier in der feuchten, den Winter fortwährend wechselnden Stadt überstehen zu wollen. So war der Widerstand die einzige Arbeit, die geleistet ward, und schließlich gelang auch die nicht mehr. – Im nächsten Jahr will ich mir für Februar und März irgend einen Fleck in guter Sonne suchen, um ohne Havarie durch den Winter durchzukommen. Heuer steht meine ganze Zuversicht auf dem Frühling, für den hier im Garten schon die Amsel spricht und andere kleine, aber innig überzeugte Zeichen. Jetzt scheinen wenig Kräfte da zu sein, aber ich hoffe, sie zeigen sich, wenn ich erst wieder in der lieben täglichen Beschäftigung mich wiederfinde, von Tag zu Tag.

Inzwischen (mit diesem, noch etwas wehleidigen Bericht) alles Gute und Aufrichtige
Ihres sehr herzlichen
R. M. Rilke

Paris, 77, rue de Varenne, am 21. Mai 1909

Mein lieber und verehrter Herr Doktor,

vor einer Stunde sind die Pakete eingetroffen, und ich will Ihnen gleich sagen, daß ich mich an den „Frühen Gedichten" freue und die Form sehr bewundere, die Sie dem „Requiem" gegeben haben. Dies, im Zusammenhang mit den guten Nachrichten Ihres lieben Briefes vom 13. Mai, macht sehr viel Anlaß aus zu sehr viel Dank; lassen Sie mich den herzlichsten ausschreiben ...

Durch die Art, wie Sie schließlich nach dem Fortgang an „Malte Laurids Brigge" fragen, erleichtern Sie mir eine Mitteilung, die diesmal leider allen Ihren guten Mitteilungen nicht entspricht. Es ist ausgeschlossen, daß ich das Buch zum August abschließe. Von Woche zu Woche hoffte ich dazu zurückzukommen, aber die gesundheitlich arge Zeit, von der ich Ihnen, wie ich glaube, schrieb, hielt vor; ja sogar der Frühling hat mir bisher nicht wesentlich geholfen, so daß ich seit vier Monaten nahezu unbrauchbar bin zu jeder wirklichen inneren Anwendung.

Ich wage in dieser entmutigten Verfassung nicht einmal zu versprechen, wann ich das unterbrochene Prosabuch (von dem kaum mehr als die Hälfte seit Januar vorliegt) wieder werde aufnehmen dürfen; vielleicht nicht vor dem Herbst. Denn es ist möglich, daß ich, sobald ich gesundheitlich wieder über mich verfügen kann, erst eine Weile vor der Natur über Gedichten mich erneuern und üben muß, damit die innere Welt, aus der ich jenes Buch gewinne, sich unter dem Einfluß der äußeren erst wieder stärke und spanne.

Auch wird der Sommer unruhig werden durch den Umstand, daß mir (wegen Verkauf des Hauses) meine Wohnung gekündigt worden ist, so daß es mitten im Juli einen Umzug geben wird und was damit zusammenhängt.

Ich überlasse mich ungern und beunruhigt Ihrer Nachsicht und Geduld, um so mehr, als ich unter der Erfahrung dieses langen Kränklichseins und Versagens, das nicht abzusehen war, selber Nachsicht und Geduld mit mir längst verloren habe.

Ich bin recht von Herzen

Ihr sehr zugetaner und ergebener

R. M. Rilke

Paris, 77, rue de Varenne, am 7. August 1909

Mein lieber und verehrter Herr Doktor,

... Ich hätte mir denken können, daß Ihre Reise unter dem Wetter zu leiden hatte; denn es sah auch hier nicht nach der Jahreszeit aus. Erst seit drei Tagen nimmt es sich warm zusammen, und dies läßt mich hoffen, daß Ihr zweiter Reiseversuch besser gelingen wird.

Heute höre ich übrigens, daß im September der Komet von 1831 beim Sternbild des Stieres für uns auftreten soll: fast möcht ich mich, bei meiner immer noch äußerst schwachen und ungleichmäßigen Arbeitskraft, an allen diesen unruhigen Weltzeichen getrösten, wenn ich dadurch nicht verdächtig würde, mich solcher siderischer Beziehungen zu rühmen.

Ich bin, recht von Herzen,

Ihr

R. M. Rilke

z. Z. Bad Rippoldsau im badischen Schwarzwald,
am 5. September 1909

Mein lieber und verehrter Herr Doktor,

heute bemühe ich Sie noch in einer anderen Übersetzungsfrage: einer englischen. Würden Sie so gütig sein, auch diesmal nach Ihrem Ermessen zu entscheiden? Herr J. Bithell fragte zuerst kurz bei mir an; ich antwortete ihm mit meiner Abneigung gegen Anthologieen und dem höflichsten Mißtrauen gegen Gedichtübertragungen im allgemeinen. Den Brief und die englischen Textproben, die er mir daraufhin sandte, lege ich Ihnen nun vor. Lassen Sie ihm, bitte, schreiben, wozu Sie ihn berechtigen wollen.

Mir scheinen die Übersetzungs-Versuche nicht anfechtbar, aber kalt und schematisch ...

Mir selber kommt es sehr unerwartet, auf diesem Briefblatt die rue de Varenne zu streichen. Dienstag bin ich, mich blindlings entschließend, über Straßburg hierher gefahren zu den alten Heilquellen dieser Waldgegend. Das Aushalten am Schreibtisch, zu dem ich mich seit Monaten gezwungen habe, war so wenig fruchtbar, daß ich am Ende mehr Ehre darin sah, nachzugeben und einer kurzen Kur in ländlicher Umgebung das zu überlassen, wofür mein Wille nicht ausreichte.

Ich habe vor, höchstens vierzehn Tage fortzubleiben; es müßte denn sein, daß der Arzt hier darauf besteht, mich länger zu behalten. (Nun weiß ich doch wenigstens, wozu der Bauernfeld- „Preis" gut gewesen ist.)

Am meisten freut es mich, durch diese Reise vor das Münster und nach Straßburg gekommen zu sein; mein Rückweg soll zum Überfluß auch noch über Colmar führen.

Aber ich erinnere mich, daß das Briefeschreiben zu den untersagten Beschäftigungen gehört, und schließe im selben Augenblick, indem ich Sie, mein lieber Herr Doktor, auf das aufrichtigste und herzlich grüße.

Ihr

R. M. Rilke

z. Zt. Bad Rippoldsau im badischen Schwarzwald,
am 10. September 1909

Mein lieber und verehrter Herr Doktor,

der Arzt rät mir, ein paar Kurtage zuzugeben. Das macht, daß ich im ganzen mehr verbrauche, als ich von Paris aus vorgesehen habe. Ich bin nun ein wenig besorgt um meine Rückreise, die ich gerne (Grünewalds wegen) über das nahe Colmar gelegt hätte . . .

Ich habe während zwei Jahren keine ländlichen Sommertage gehabt —: so daß mich in diesen vielen Wäldern alles rührt, erstaunt und freut. Die Sonne glänzt schöner in die dunkeln Fichtenwege hinein, als ich noch wußte, und die Lichtungen sind frei und durchgewärmt. Das Glücklichste sind aber alle die lauteren Quellen; kaum bleibt eine zurück, so rauscht schon die nächste rein ins Gehör.

Verzeihen Sie, lieber Herr Doktor, die Unordnung meines heutigen Anspruchs und lassen Sie sich vielmals grüßen von Ihrem

herzlich zugetanen

R. M. Rilke

z. Zt. Bad Rippoldsau im badischen Schwarzwald,
am 12. September 1909

Mein lieber und verehrter Herr Doktor,

was täte ich ohne Ihr wirkliches Verständnis: beurteilen Sie selbst, wie es mir wohltun mußte, am selben gestrigen Tag, an dem ich (ungern genug) jenen Brief absandte, darin ich meine augenblickliche Beengtheit eingestand, — Ihr Diktat zu erhalten, das eine solche Möglichkeit zugab und im voraus entschuldigte. So will ich mir weiter nichts vorwerfen und darf ruhig die hier vorgenommenen Tage zu Ende bringen. Ich danke Ihnen von Herzen.

Auch die anderen Worte (den Kurerfolg und „Malte Laurids" angehend) waren ganz genau die, die ich brauchte; nichts hätte mir hülfreicher sein können als Ihr gutes Zureden.

Ich werde, wenn ich nun Mittwoch oder Donnerstag reise, im ganzen vierzehn Tage hier gewesen sein. Dies muß genügen für eine starke Nachwirkung. Ich gehe nach Paris zurück, aber ich werde mich wahrscheinlich nur einige Tage dort aufhalten; so sehr ich es noch nötig habe, ist es mir doch durch die viele schlechte letzte Zeit so verleidet, daß ich fürchte, mir diese Stadt ganz zu verscherzen, wenn ich es, eigensinnig, gleich wieder mit den Umständen aufnehme, an denen ich mich abgestumpft und ermüdet habe.

Auch klimatisch schon wird es (besonders da wir der schlechten Jahreshälfte entgegengehen) wichtig sein, eine Weile unter anderen Einflüssen zu stehen.

Ich habe mich hier im Walde von Tag zu Tag in dem Plane befestigt, mich langsam südwärts zu ziehen und fürs nächste in Avignon zu arbeiten. Dies läßt sich mit denselben Mitteln gut einrichten, da ich zugleich meine Pariser Wohnung aufgebe und höchstens ein kleines Zimmer im selben Haus behalte für meine Möbel. Diese Absicht ist alles, was ich über meine nächste Zukunft weiß; sie wird mir recht deutlich, da ich sie Ihnen schreibe; ich habe allerhand frohes Vertrauen dazu, und ich denke, auch Sie werden sie gut heißen.

Ihre Verfügung, Herrn J. Bithell betreffend, ist mir sehr recht: sein Unglück ging auch mir näher als seine Übersetzungen; da wir diese nicht ändern können, so beschränken wir uns darauf, ihn glücklich zu machen.

Wenn ich das nächste Mal nach Deutschland komme, so soll meine Reise vor allem nach Leipzig gehen. Wollte Gott, ich hätte dann den „Laurids Brigge" in der Reisetasche. Soll nicht seine Vollendung als Datum unserer Begegnung vorausgesetzt sein? Wenn mir das Leben nur einigermaßen wieder wohl will, so mein ich, sie damit eher näherzurücken als hinauszuschieben.

Ich bin, mein verehrter Herr Doktor, recht von aufrichtigem Herzen
der Ihre
R. M. Rilke

Colmar im Elsaß, am 17. September 1909
Mein lieber und verehrter Herr Doktor,
nun hab ich wirklich alle heutige Zeit bis zur letzten in dem Unterlinden-Museum vor den Grünewaldschen Bildern verbracht, und mir bleibt, vor dem Weg zur Bahn, gerade nur so viel, Ihnen von Colmar aus einen Gruß zu schreiben und den allerherzlichsten Dank, daß Sie mir nochmals mit so guter Beruhigung nach Rippoldsau geschrieben haben. Dieser Brief erreichte mich gerade noch am letzten Abend zu freundlichem Abschluß der dortigen Tage und zu gutem Geleite in die neuen, kommenden. Nun gilt die Pariser Adresse so lange, bis ich Ihnen eine nächste senden kann. Ich bin in aufrichtiger Herzlichkeit und Verpflichtung der Ihre
R. M. Rilke

Paris, 77, rue de Varenne, am 20. Oktober 1909
Mein lieber und verehrter Herr Doktor,
es ist völlig unwahrscheinlich, daß Sie mir in der Sache raten können, die ich Ihnen heute schreibe;

aber die liebe Gewohnheit, mich auf Sie zu verlassen, ist schon so stark über mich, daß ich nachgebe und Ihnen kurz berichte, um was es sich handelt.

Die Frage voraus: Wüßten Sie durch zufällige Verlagserfahrung hier jemanden, der gut und zuverlässig mit der Schreibmaschine deutsche Abschriften, teilweise Diktate, liefern könnte? Graf Kessler, mit dem ich die Sache vor ein paar Tagen besprach, ließ mir wenig Aussicht, daß eine solche Funktion hier aufzubringen sei, wenigstens eine wirklich verwendbare. Die ganze Angelegenheit sieht sehr nebensächlich aus, aber ich will Ihnen mitteilen, weshalb sie mir wichtig und ernst ist.

Von meinem Prosabuch ist die Hälfte da; vielleicht etwas mehr. Nun steht der Text in kleinen Taschenbüchern und einem älteren größeren Manuskript und ist schlecht zu übersehen; nicht das allein: im vergangenen Winter in zunehmender Erschöpfung und Unpäßlichkeit mühsam weiterarbeitend, habe ich, ganz gegen meinen sonstigen Gebrauch, mich zu nachlässiger und undeutlicher Aufzeichnung mancher Partieen gehen lassen; so daß eine gleichmäßige durchgehende Abschrift auch dadurch schon nötig wird. Sie fehlt mir immer mehr. Nun wäre es ja, gerade bei der teilweise schlechten Handschrift des Manuskriptvorrats, am natürlichsten, wenn ich mich selbst ans Abschreiben des Vorhandenen machte. Ich würde damit, seit ich hier bin, schon begonnen haben, aber meine Gesundheit ist immer noch halb, und ich fürchte, vielleicht mit Recht, in der mechanischen Kopistenbeschäftigung mich rasch und unfruchtbar zu ermüden. In dieser Besorgnis begründet sich die Wichtigkeit, die die vorliegende Frage für mich annimmt.

Zum Fortsenden des Manuskripts kann ich mich nicht recht zwingen; es hätte auch nicht vollen Sinn, da gewisse Seiten nur unter meiner Beihülfe oder nach meinem Diktat reproduzierbar sind. Was also tun?

Es würde natürlich die Weiterarbeit ungemein erleichtern, wenn ich das Bestehende klar und endgültig vorher sichern könnte. Ist aber keine Möglichkeit dazu (was mir fast ausgemacht scheint), so will ich meine Arbeit zunächst fortsetzen, unter der Vornahme, ehe ich wieder weiter fortreise, im Winter also, für etwan acht Tage nach Leipzig zu kommen, wo Sie mir sicher einen genauen Abschreiber empfehlen und an die Hand geben könnten. In gewisser Weise wäre ja dieser Ausweg der solideste und auch mir liebste, von den paar Vorzügen abgesehen, die eine nähere, gleich brauchbare Möglichkeit vor ihm momentan voraus hätte.

Lassen Sie mich, mein lieber Herr Doktor, Ihre Meinung in dieser Sache gelegentlich lesen; es beunruhigt mich ein wenig, Sie immer und in allem zu beanspruchen, aber fast meine ich, es würde mich noch mehr beunruhigen, eine Sache, die mir so lange und so beharrlich nachgeht, nicht wenigstens mit Ihnen besprochen zu haben.

Ich bin, recht von Herzen,

    Ihr Ihnen zugetaner und ergebener
           R. M. Rilke

   Paris, 77, rue de Varenne, am 26. Oktober 1909

Ihre Freundschaft, mein lieber und verehrter Herr Doktor, hat einen so glücklichen Griff, daß sie diese amorphe Sache, deren Oberfläche ich ganz zu kennen meinte, nur in die Hand nehmen mußte, um mir eine neue schöne Seite zuzukehren. So soll dieses Suchens Aussichtslosigkeit einen freundlichen Sinn gehabt haben —: ich muß gestehen, ich mag es gar nicht mehr anders sehen als in der herzlichen Konsequenz, die Sie ihm geben.

Glauben Sie also und überzeugen Sie, bitte, Ihre Frau Gemahlin davon, wie sehr ich mich von heute ab darauf freue, nächstens fast, einige Tage Ihr Gast zu sein.

Sie kennen meine Pläne. Meine Pariser Wohnung ist für den ersten Januar aufgegeben; erst im Frühling wollte ich mir eine andere suchen und bis dahin im Süden sein. Zwischen jenes Fortgehen von hier und diese Reise käme der Besuch und die Arbeit in Leipzig zu liegen; doch bleibt dieser Termin immer um Wochen verschiebbar und mobil genug, ihn so einzuordnen, wie er Ihnen paßt. Ergibt es sich dann überdies, daß Ihre, gewiß treffliche, Sekretärin Zeit und Lust für mich hat, so wäre das für den armen „Laurids Brigge" ein ganzer Segen. (Aber an so viel Gutes mag ich gar nicht auf einmal glauben.)

Sie können verstehen, um wie viel dringender noch ich mir nun wünsche, in den „Aufzeichnungen" fortzuschreiten, um recht viel Fertiges zu Ihnen mitzubringen.

Sie geben mir, mein lieber Herr Doktor, so oft Gelegenheit, Ihnen zu danken; mir bleibt nur zu hoffen, daß ich dabei meine Fähigkeiten, dankbar zu sein, wirklich entwickle und übe.

Ihr
sehr herzlicher und ergebener
R. M. Rilke

Paris, 77, rue de Varenne, am 11. Dezember 1909

Endlich, mein lieber und verehrter Herr Doktor, bin ich wieder, seit einer Weile, aufs offene Feuer gestellt: ich siede vor Arbeit, und so werde ich hier hoffentlich in Freude und Gewissen abschließen dürfen. Zwischendurch, wenn ich mal aufschaue, steht mir meine Reise schon recht lebhaft und gerne bevor. Es scheint, ich soll wieder ein paar Vorträge damit verbinden: Elberfeld und Jena hab ich angenommen; das erste, um es auf der Hinreise (am 10. Januar) zu erfüllen, das andere wird sich leicht von Leipzig aus machen lassen.

Nun wollte ich Sie fragen, ob ich Ihnen das Brigge-Manuskript voraussenden darf, vor mir her, nächstens? Ich bin immer etwas in Sorge darum, und so wär mirs das liebste, wenn Sie es, eh ich hier Abbruch und Unordnung einführen muß, in den festen Schutz Ihres eisernen Schrankes nähmen, daß es mich bei Ihnen erwarte. Mögen Sie mir diese Güte tun? Und wie schick ichs am sichersten: ist das bloße „Einschreiben" ausreichend? . . .

Leben Sie herzlich wohl. Ich bin, wie immer, im Geiste aufrichtig und dankbar

der Ihre
R. M. Rilke

Leipzig, Hotel Hauffe, am 12. Januar, Mittwoch [1910]

Es ist so weit, mein lieber Herr Doktor; ich bin in Leipzig, seit gestern abend etwas nach sechs.

Vorgestern, in Elberfeld, wußte ich noch nicht bestimmt, wann ich würde weiter können (so sehr ich das wünschte). Und gestern, erst vor der Abreise, mich für denselben Abend noch bei Ihnen anzusagen, schien mir unbescheiden und für Sie unbequem. Deshalb zog ichs vor, in Stille hier unterzukommen, und dies war auch insofern das Rechte, als ich erschöpft und erkältet hier ankam und gleich zu Bette ging. –

Nun, in jedem Fall, bin ich hier. Ist es Ihnen zu früh oder fürchten Sie meinen Schnupfen (den ich leider mitbringe), so nehme ich hier bei Hauffe, wo ich schon früher mehrmals war, ein kleineres Zimmer als das, in welches ich gestern geriet, und warte. — Bestimmen Sie, bitte, ganz von sich aus, von wann an Sie mich haben mögen. Nur Sie zu sehen und Ihrer Frau Gemahlin vorgestellt zu sein, dies wünsche ich mir für so bald als möglich, für heute, wenn es irgend geht.

Bis dahin sehr von Herzen

Ihr
Rilke

(PS.: Ich spreche nicht selbst ins Telephon, schreibe deshalb lieber, als durch jemanden hier ungefähr telephonieren zu lassen. Wenn Sie aber telephonisch antworten, so kann ja der Portier die Antwort für mich annehmen.)

Vom 13. bis 31. Januar wohnte Rilke bei Kippenbergs.

Berlin W, Hospiz des Westens, Marburger Straße 4,
Dienstag, den 1. Februar 1910

Mein lieber Dr. Kippenberg,

Berlin hat begonnen, es kommt mir vor, als wären wir mit einem Mal in alle Welt auseinander gestreut, da ich Ihnen diesen kurzen Gruß nach München adressiere. Ich wünsche, Sie haben es dort freundlich mit Menschen wie Dingen und bringen Nützliches und Angenehmes gleichzeitig weiter und mit zurück. Zurück in das schöne herzliche Haus, das mir nun eine recht feste Stelle erscheinen will, in allem Beweglichen, Ungewissen. Sie glauben nicht, wie sicher und ruhig mich die Erfahrung Ihrer Gastfreundschaft macht, die ich mir viel vergegenwärtige mit aller Erinnerung an weit vorausreichendes, fruchtbares Einverstehen.

Ihr

Rilke

NB.: Vergaß ich Ihnen Grüße für Wilhelm v. Scholz und Frau von Scholz aufzutragen?

Berlin W, Hospiz des Westens, Marburger Straße 4, am 7. Februar 1910

Mein lieber Dr. Kippenberg,

Sie kommen in ein paar Tagen, ich dachte, ich würde es erwarten können, von Zeit zu Zeit aber wird das Heimweh nach Ihrem Haus, nach gemeinsamen Abenden hinter gut gefüllten Malte-Laurids-Tagen so stark, wie etwa in diesem Moment: daß ich doch noch schreibe.

Lassen Sie mich doch einmal durch ein Diktat wissen, daß alles bei Ihnen gut geht. — Was Berlin angeht, so kommt es mir konfuser und rücksichtsloser vor, als ich es kannte; es war unvorsichtig, daß ich, zu allem, das Wiedersehen mit der kleinen Ruth vor so viel Unruh verlegt habe: jetzt mein ich, dies hätte im Sommer sein müssen, auf dem Land, wenn man draußen zusammen etwas tun kann: Erdbeeren ernten oder Blumen aus den Wiesen holen.

Wir verstehen uns ausgezeichnet übrigens; aber alles Wirkliche ist schwer, voller Wahl, ganz und gar unverantwortlich.

Hofmannsthal habe ich noch nicht gesehen, dagegen andere Leute zur Genüge. Sie müssen es so einrichten, daß Sie viel Zeit für die französischen Bilder haben: es gibt da sehr schöne Gobelins mit der Estherlegende, Watteaus, die gut sind, merkwürdige Fragonards und überaus aufklärende Chardins, in denen die sachliche Verwertung des sentimental Erworbenen überzeugend und konsequent vor sich geht. Ich denke, auch Ihre Frau Gemahlin wird an manchem Freude haben.

Darf ich ihr auf das aufrichtigste empfohlen sein; auch Jutta möcht ich gern sagen lassen, daß ich an sie denke und meinem kleinen Mädchen von ihr erzähle . . .

Alles andere bis zum Wiedersehen.

       Herzlich
                Ihr
                       Rilke

(PS.: Bitte um eine kleine Probe der Tapeten des Fremdenschlafzimmers.)

       Berlin W, Hospiz des Westens, Marburger Straße 4,
                     Mittwoch [9. Februar 1910]

Lieber, sehr werter Freund,

Sie sind mit Ihrer Beruhigung jedem Gerücht zuvorgekommen, und der glorreiche Eisenschrank wird durch solche Erlebnisse nur fester und selbstbewußter. Ich danke Ihnen für die gute Nachricht und alle anderen und freu mich, daß Ihr Kommen nahe bevorsteht. Wann ich nach Leipzig zurückkehre, besprechen wir; mit Ihnen wohl kaum, aber gleich hernach, wie ich hoffe.

Meine Frau hatte große Freude an dem versprochenen Hohen Lied und dem Rübezahl, der sich an ihre Erlebnisse im Hauptmannschen Riesengebirge wahrscheinlich aufklärend anreihen wird. Ich danke Ihnen für diese schönen Bücher.

Alles andere laß ich für die Begegnung. Sie bleiben doch dabei, im Fürstenhof abzusteigen? Falls Sie noch nichts anderes vorhaben, machen Sie uns vielleicht die Freude, Sonnabend mit uns zu frühstücken? Clara Rilke ist auch ganz ungeduldig, Sie beide kennen zu lernen.

Leben Sie wohl bis zum Wiedersehen.

In Freundschaft

Ihr

Rilke

Berlin W, Hospiz des Westens, Marburger Straße 4,
Freitag abend [11. Februar 1910]

Mein lieber Dr. Kippenberg,

der Inselverlag: ist es zu glauben, wie er wirkt; hier übergab mir der alte Portier schon die Einladung des Zahnarztes, morgen um eins bei ihm zu sein. Das hat mich in das günstigste Tempo versetzt, ich habe eben Juncker geschrieben, – wollte Gott, ich lernte das Inselgeheimnis, so von innen nach außen fortwährend weiter tätig zu sein.

Ich glaube, ich bin recht erbaut in mir von Ihnen gegangen, haben Sie Dank für alles, wenn mehr aus mir wird nach diesem Leben-Umblättern, auf irgend einer neuen Seite –: Sie werden sich das meiste zuzuschreiben haben, nächst dem Leben, das mit uns allen Wunder vorhat.

Ich las Goethe die ganze Fahrt über (alleingeblieben), die Tag- und Jahreshefte; von da aus, wie von den Tagebüchern her, komm ich ihm überaus nah, und er duldet mich dann, gleich als sollts so sein.

Nur dies; Ihrer Frau zum Trost: wie schlecht er sich nach Pyrmont fühlte und wie gut es darauf doch weiterging. (Nachzulesen, 1801, – etwa um Seite 359.)

Und Hausdank und -segen in den guten gastlichen Wohnort, der mir nachwirkt.

In Freundschaft
Ihrer beider:
Rilke

Berlin W, Hospiz des Westens, Marburger Straße 4,
Sonntag [13. Februar 1910]

Mein lieber Dr. Kippenberg,

vor allem beschäftigt mich der Wunsch, daß Ihre verehrte Gemahlin sich wieder von dem Influenza-

Zwischenfall erholt hat. Aus ein paar Zeilen, die sie mir gütig schrieb, erfuhr ich mit wirklicher Freude den Fortschritt der Schweizer Affäre und Ihre Reise nach Bern. Dies ist es, woran ich zunächst denke. Vielleicht darf Sie dieser Brief bei Ihrer Rückkehr empfangen, und ich hoffe, der Glückwunsch, den ich ihm, unausgesprochen, mitgebe, ist ganz und gar am Platz.

Die vier ersten Korrekturen sandte ich gestern, durchgesehen und angemerkt, an den Verlag; der Satz steht jetzt so wundervoll zum Inhalt, die Zeilenlänge und -verteilung könnte ihm nicht glücklicher angemessen sein. Ihrer Erwägung empfehle ich Blatt 59. „Ein Briefentwurf", so wie es jetzt, in Versalien, gesetzt ist, stört den Zusammenhang, unterbricht ihn für mein Gefühl. Da dies doch im eigentlichen Text nicht stand, gleichsam nur vom Herausgeber aufklärungsweise angefügt wurde, scheint es mir billig, nur durch eine Fußnote die betreffende Aufzeichnung als „ein Briefentwurf" zu bezeichnen. Geben Sie mir recht?

Wenn die Verzögerung, die damit aufkommt, nicht zu groß ist, würde ich doch gern nach dem Seitenumbruch noch eine zweite Korrektur lesen, in Italien...

Hier hörte ich übrigens neulich eine merkwürdige Tatsache, die ich Ihnen auf alle Fälle schreiben wollte. Man erzählte mir, einer der Herausgeber der Nouvelle Revue française (einer kleinen vornehmen Zeitschrift aus dem Kreise André Gides) wäre hier gewesen, um für ein Pariser modernes Verlagsunternehmen deutsches Kapital (zum französischen) hinzuzugewinnen. In diesem gewissermaßen deutsch-französischen Verlag sollen, wenn er zustande kommt, schöne Bücher gemacht werden; es sollen besonders auch Übersetzungen erscheinen; auch auf meine Bücher sei die Rede gekommen, und man habe einen hier wohnenden jungen Autor, Benno Geiger, für die Übertragung meiner Gedichte in Aussicht genommen. Ich weiß nicht, wie nah das alles an der Verwirklichung steht, hörte nur, daß der französische Werber für diese Ideen M. Schlumberger war (sprich den Namen französisch –), und erinnere, daß die Redaktion der Nouvelle Revue française in Paris, rue d'Assas, war. Dies alles zu Ihrer Kenntnis, Sie werden wissen, wieweit es Sie interessieren mag.

Hier war noch so viel in dem einen oder anderen Sinne Notwendiges zu bewältigen, daß ich gar nicht begreife, wie ich vor drei Wochen abreisen konnte, ein ganz unfertiges Berlin hinter mir liegen lassend. Diesmal rundet es sich ohne arge Mühe unter manchen guten Eindrücken und Ergänzungen.

Unter dem herzlichsten Gedenken an Sie beide bin ich
    dankbar und aufrichtig
          Ihr
            Rilke

Vom 21. Februar bis Mitte März wohnte Rilke wieder bei Kippenbergs.

Rom, Hôtel de Russie, Karfreitag [1910]

Wenn ich bedenke, mein lieber Dr. Kippenberg, wie nötig Sie Ihren Sonntag brauchen nach der langen Woche, so rührt es mich, daß Sie mir, nach dem Diktat vom 19., noch diesen Brief geschrieben haben, in dem ich alles das Gute wiedererkenne, das bei Ihnen zu Hause ist.

Es war eine rechte Erbauung für mich, Ihre lieben Seiten zu lesen. Wenn man es, wie ich bei Ihnen, eine Zeit lang überaus gut gehabt hat, so gibt einem die Fremde zuerst ihre teilnahmslose Fremdheit hart zu verstehen; ich war verwöhnt, merk ich. Aber es ist das nächste Stadium, die Vorräte an Kraft und Freude zu entdecken, die sich über solchem Verwöhntwerden in einem erspeichert haben; darauf wart ich nun geduldig, das wird nicht ausbleiben, und sowie es so weit ist, erweist sich hier Anlaß genug, Freudigkeit und Kräfte anzuwenden.

Ich bin nicht sehr wohl fürs erste, vergaß wohl auch, wie sehr ich ins volle Rom komme; selbst das schöne Hôtel de Russie, das mir von ein paar einsamen Sommertagen her in guter Erinnerung war, ist jetzt nur ein lauter Haufen von Unterkünften, mit Musik und anderem Lärm, und alles sonst ist überfüllt, wo man fragt; sogar in den Badezimmern stehen Notbetten, es ist eine Schande, und das alles für nichts, denn niemand von diesen viel zu vielen Reisenden sieht etwas, glaubt an das, was er sieht, oder hat es irgendwie nötig.

Verzeihen Sie die Stimmung, in der ich mich gehen lasse. Darunter ist eine andere, die nur noch keine Aussprache hat und die ganz im Bewundern besteht. Die Parke, die Fontänen, was man so davon im Gedächtnis behält, so sehr mans auch oft im sehnsüchtig zurückgewandten Gefühl übertreibt, ist nichts, nichts gegen das völlig Inkommensurable ihrer Existenz. Vielleicht auch bin ich im Anschaun wieder etwas vorgeschritten, daß mich alles so übertrifft; aber, denk ich immer wieder, wie alt müßte man werden, um wirklich genügend zu bewundern, um nirgends hinter der Welt zurückzubleiben; wie viel unterschätzt, übersieht, verkennt man noch. Gott, wie viel Gelegenheiten und Beispiele, etwas zu werden, – und gegenüber, wie viel Trägheit, Zerstreuung und Halbwillen auf unserer Seite. Eine Klage, eine Klage –.

Gestern sandte ich den Schluß der Malte-Laurids-Korrektur (der Fahnenabzüge) zurück, eingeschrieben auch (die früheren Bogen, ebenso, am 22.). Es war eigentümlich schwer, dieses Buch daraufhin durchzulesen: ich fühlte mich so traurig gekitzelt wie der Narr Karls des Kühnen, als er sitzt und sieht, wie man an seinem Herrn die groben Äußerlichkeiten feststellt. Die zweite Korrektur, die bis Seite 128 da ist, werd ich sorglos durchblättern, auf gewisse Stellen hin und wie man ein Buch liest, und von da ab mich auf die gute Fügung verlassen, daß alles ohne störende Fehler abgeht. Ich freu mich so sehr, an dieser zweiten Korrektur zu sehen, wie ausgezeichnet und entsprechend nun alles auf den kleinen Seiten steht; nicht wahr, es freut Sie auch, wir konnten doch nicht besser wählen; welche Seite man ansieht: es ist ein Buch, wie seit lange, ist nie was anderes gewesen. Bitte, lassen Sie mir in der zweiten Korrektur anzeichnen, wo der erste Band schließen soll; bestimmen Sie es womöglich selbst, oder, im Fall Zweifels, geben Sie mir zwei Stellen zur Wahl.

Sie sehen, ich schreibe das Geschäftliche so zwischen dem anderen, mangels innerer Ordnung; eigentlich müßte ich mehrmals schreiben, wie sehr ich wünsche, daß die Herrin von Haus und Insel sich rasch erholt von der lästigen Influenza, so oft kommt dieser Wunsch während des Schreibens neu und stark in mir auf. Bitte, empfehlen Sie mich ihrer Freundschaft zu guten Gnaden, und für Jutta einen schönen großen Wiedergruß.

Meine Frau scheint auch etwas erkältet zu sein, nach den letzten Nachrichten; aber sie hat den „Malte Laurids" zu lesen begonnen und schreibt mehr davon als von ihrer Gesundheit und ihren Verhältnissen. Es ist sehr schön, wie sie ihn von vornherein als Gestalt nimmt und gelten läßt und sein Dasein ganz weither begründet. Sie beide, liebe Freunde, und dieser erste Leser: es geht dem „Malte Laurids" nicht schlecht, er kommt tüchtig zu Herzen. Ich werde ordentlich gespannt dabei und ungeduldig, ihm nun auch ganz als Leser gegenüber zu kommen. Vieles wird sich nun in mir weiter vorstellen, denk ich; denn diese Aufzeichnungen sind etwas wie eine Unterlage, alles reicht weiter hinauf, hat mehr Raum um sich, sowie man sich auf diesen neuen höheren Grund verlassen kann. Nun kann eigentlich alles erst recht beginnen. Der arme Malte fängt so tief im Elend an und reicht, wenn mans genau nimmt, bis an die ewige Seligkeit; er ist ein Herz, das eine ganze Oktave greift: nach ihm sind nun nahezu alle Lieder möglich.

Und nun Dank, daß Sie mir die Goetheschen Verse aufgeschrieben haben; es läßt sich gar nicht sagen, wie lieb das gehandelt war. Ich glaube, ich hätte Ihnen sonst dieser Tage darum schreiben müssen, plötzlich, eines Nachts, hätten sie mir gefehlt heut oder morgen ...

... Bliebe noch viel zu schreiben, liebe Freunde. Aber es ist kalt, ich habe ein Ostzimmer, das am Morgen nur etwas leichte Sonne vorbeikommt, und drüben, jenseits vom Nachmittagswind, liegt nun der vollsonnige Hang: ich muß mich wärmen gehen.

Erzählte ich —? nein: daß Adele Schopenhauers Briefe meine Reiselektüre waren. Was für ein ernstes heldisches Mädchen darin erscheint, wie als Silhouette, zur Gestalt kommt es nicht.

Leben Sie wohl,

    sehr vom Herzen

                Ihr

                        Rilke

(Gutes Ostern.)

Venedig, Hôtel Regina (Rome et Suisse),
am 1. Mai 1910

Mein lieber Dr. Kippenberg,

... Duino verließ ich schon nach acht Tagen, schweren Herzens. Aber die Neigung war zu groß geworden, noch einige Tage für Venedig zu haben, um hier den Spuren meines Zeno nachzugehen. Die Bibliotheken und das Archiv öffneten sich ganz groß den ausgezeichneten Empfehlungen, die ich mitbrachte. Aber ich habe nur ein paar Tage und kann mich nur allgemein über das Material orientieren, das massenhaft ist und schwer: für gelehrte Verhältnisse eingerichtet; ich fürchte, ein armer Poet, der weder mittelalterliches Latein, noch altes Venezianisch lesen gelernt hat, wird, auch wenn man ihm alle Geheimnisse des 14. Jahrhunderts offen und weit aufgeschlagen auf den Tisch legt, nichts erfahren als seine eigene undatierte Unbeholfenheit (Bücher, Bücher, Bücher.) ...

Vorgestern empfing ich den angemeldeten Brief Ihrer verehrten Frau: ein wirklicher Brief, wie tut das gut in der Zeit, da niemand mehr einen schreibt. Vermitteln Sie inzwischen den meiner Freude entsprechenden Dank: ich schreibe bald und sorgfältig; hier ist nicht daran zu denken: der Tisch oben in meinem Zimmer ist drei Spannen lang, und hier im Schreibzimmer kratzen die Federn so laut, daß man nichts tut, als ihnen zuhören, wenn man sich nicht über den

Amerikaner ärgert, der seine Füße nirgends unterbringt und von Zeit zu Zeit herübersieht, ob er sie noch nicht auf den Schreibtisch legen könnte. (Diese ganze Reise hat mir eigentlich nichts gebracht als die endgültige Einsicht, daß diese Monate in Italien unmöglich sind, wenn man nicht Freunde hat, die einen bei sich verstecken und wie einen Augapfel vor den vielen Fremdkörpern hüten –.)

Adieu, mein lieber Dr. Kippenberg, Dank für alle Geduld, die Sie mit mir haben, und alle Freundschaft.

Ihr

Rilke

Paris, 77, rue de Varenne, am 25. Mai 1910

Mein lieber und verehrter Dr. Kippenberg,

es war noch keine ruhige Stunde, und was vollends die guten angeht, so muß man sich sie selber machen; daran war noch nicht zu denken. Ich bin vorgestern hier eingezogen, nicht in die alte Wohnung, sondern in eine, die im Nebengebäude des Palais frei war, oben über drei Treppen. Ich hoffe, ich sage nicht zuviel, wenn ich voraussseh, daß es nicht ihr einziger Vorzug ist, nur etwa die Hälfte der früheren zu kosten. Das einzige, aber breite und bis unten reichende Fenster meines Arbeitszimmers öffnet sich in der Höhe hoher Lindenkronen dem Himmel gegenüber; ein langer zugehöriger Gang trennt mich, schlecht leitend, von der zahlreichen übrigen Einwohnerschaft. Jeder Unparteiische, der ihn entlang kommt und da eintritt, wo das Fenster herrscht, würde sagen, daß es meine eigene, unvergebbare Schuld sei, wenn ich hier kein gutes Leben führe. Dazu hab ich auch, nach der fast verfehlten Reisezeit, allerhand Entschluß in mir. Allein sein, endlich allein sein und zu guter Mühsal kommen; nichts als das; nicht die Spur anderer Wünsche.

Ich bin glücklich, daß es einen Termin gibt, zu dem unser „Malte Laurids" so besonders zurecht kommt: den 1. Juni. Beiliegend das vorzuheftende Widmungsblatt. Ich hätte gern mehr geschrieben, am liebsten Verse: aber hier gehen noch Handwerker ab und zu, fragen, warten und tun sich um. Ich habe nur kurze Gedanken und kleine Stücke Gefühl.

Aber ich freue mich recht im ganzen und über alles Störende fort auf unser neues Buch ...

Was die Auswahl für den Almanach angeht, so werd ich nun erst, wenn das Buch da ist, Fassung und Übersicht haben, sie zu treffen. Aber ich muß immer wieder denken, wie schön es wäre, wenn die verehrte Inselherrin die Wahl träfe (wie einst bei den Browning-Sonetten). Ist das ein unmöglicher Wunsch? ...

Nur dies eilig, aber auf das herzlichste und in innerer Sorgfalt.

Immer Ihr
Rilke

Paris, 77, rue de Varenne. am 9. Juni 1910
Lieber und werter Freund,
seit zwei Tagen ist das Postpaket da; nun gibt es also wirklich die „Aufzeichnungen des Malte Laurids Brigge". Ich habe das Buch viel in der Hand; ich habe es besehen, befühlt, aufgeschlagen an vielen Stellen, schließlich ganz gelesen. Die Summe aller meiner Eindrücke ist diese: Wir haben jeder unser Teil getan, keiner hat sich etwas erspart: etwas Gutes ist so daraus geworden.

Und nun dank ich Ihnen nochmals für den Willen und die Überzeugung, die Sie von Anfang an zu dieser Arbeit gehabt haben. Die Form, in der Sie sie nun in die Welt bringen, ist ganz aus diesem Vertrauen hervorgegangen: sie schien uns im letzten Sinne altmodisch zu sein, und nun, verwirklicht, ist sie einfach nur der Ausdruck für ein Buch: es mag eben erschienen sein oder nur wieder aufgefunden in den Reihen alter Bücherschränke, darauf kommt es nicht an; aber wo man es hinlegt, liegt es auf seiner Stelle; man kommt auf den Gedanken, es könnte lange dort gefehlt haben.

Mein lieber Dr. Kippenberg, wer ein wenig ahnt, was es heißt, ein Buch herausbringen, der muß Ihnen Ehre geben, wenn er im Aufschlagen und Blättern sich bewußt macht, was an Überlegung, an verwendeter Erfahrung, an gutem Gewissen in der Verfügung und überaus endgültigen Ordnung dieser Seiten im Spiele steht. Das Titelblatt ist vollkommen in der Verteilung, und so alles im Innern mit Geistesgegenwart und Produktivität organisiert. Ich müßte verzweifeln, Ihnen genug danken zu können, wüßte ich nicht, daß Ihre eigene Freude an dem rein Erreichten Sie mehr belohnt, als mein Dank es je vermöchte.

Ich denke bei alledem an den grünen Pappband vor allem; die geheftete Ausgabe ist vorzüglich in ihrer Art; aber, das werden Sie verstehen, die andere geht mir am nächsten: ist für mich das Buch. Ich kann mir eigentlich nichts darüber hinaus vorstellen (es sei denn, daß noch ein Leseband hinzukäme) . . .

Nun lassen Sie mich nur noch kurz Ihrer verehrten Frau für die Güte danken, mit der sie die Auswahl für den Almanach auf sich nahm. Ich bin gespannt auf das Ergebnis. Ich hätte ihr schon geschrieben, aber es entstanden, aus den ersten, immer wieder neue Konstellationen von Unruh und Störung: durchkommender Besuch und schließlich eine bagatelle, aber lästige Unpäßlichkeit, die mühsam mit Umschlägen behandelt sein wollte und mich mürrisch und verdrießlich machte.

Mich wunderts nicht: man hat immer eine Art Prüfung durchzumachen, wenn man sich wieder mit Paris einläßt. Aber nun weiß ich ja auch immer besser, daß es einen Sinn hat, diese Prüfung geduldig und guten Willens zu bestehen. Wozu entschlossen, Sie mich denken müssen.

Sehr von Herzen, zugetan und dauernd dankbar
     der Ihre   Rilke

Paris, 77, rue de Varenne, am letzten Juni 1910

Mein lieber Dr. Kippenberg,

der erste Teil der „Neuen Gedichte", den Sie mir ankündigten, trifft eben ein; ich werde ihn aufmerksam durchsehen, ich weiß mich nicht zu erinnern, ob mir je ein Fehler darin aufgefallen ist . . .

Nun haben Sie wirklich in all Ihrer ernsten ununterbrochenen Arbeit mein Exlibris nicht vergessen. So unbescheiden es ist, darf ich vorschlagen, daß wir doch noch den Versuch machen, auf die richtigen Tinten zurückzugehen? Sie erinnern, die Farben des Blattes im „Cornet" sind falsch, es geht, dem alten Armorial zufolge, alles in Schwarz und Silber vor sich. Ich glaube, wir erreichen diese Korrektur, wenn wir einfach alles, was jetzt rot ist, schwarz drucken; das Grau gibt ja schon den Silberton. Oder aber wir beschränken uns darauf, die Farben heraldisch zu markieren, d. h. Silber einfach weiß lassen und schwarz durch senkrecht gekreuzte Schraffierung ausdrücken.

Beschließen Sie das, was weniger Mühe macht, bitte.

Ich überlege seit gestern, soll ich noch mit einem Anliegen an den Tag kommen? Ich bemühe Sie so viel, aber der Wunsch hat Aussicht, glaub ich, Sie nebenbei ein wenig zu freuen. Widmen Sie mir (recht schnell) einen „Volksgoethe" in der allergewöhnlichsten Ausgabe. Das hängt so zusammen. Ich ließ mich neulich (an einem verzweifelt schlechten Tage übrigens) mit der Auswahl aus den „Tagebüchern" ein, die ich Ihnen verdanke. Was da aus der ersten Weimarer Zeit steht, berührte und ergriff mich so unmittelbar, ging mich ganz und gar an. Es ist jetzt Zeit, daß ich mehr von dem Goethe jener Jahre (1775–1780) lese. Was fällt in diese Zeit? Späteres erschien gleich wieder in repräsentativer Distanz, aber da kam einiges von innen zu mir; Stellen, die atmosphärisch und vegetativ zu begreifen waren und nicht nur gewissermaßen geologisch wie der gewordene Goethe. Ich möchte mirs nicht wieder innerlich verreden, da und dort anknüpfen und zunehmen in ihm.

Leben Sie wohl; von mir erst, wenn Vernünftiges zu berichten ist. Die letzten Wochen waren sehr ungut gesundheitlich. Schlechtes und Trübes vom Körper bis weit in die Seele hinein. Auch Einfluß vom Wetter vielleicht, mit dem ich immer sehr lebe und das heuer so gar keinen Halt gibt.

Grüße und Dank, in Freundschaft

Ihr Rilke

Avignon (Provence), Hôtel de l'Europe,
am 14. Oktober abends [1910]

Mein lieber Dr. Kippenberg,

wir schreiben Sonnabend, es ist zwei Tage her, da stand das große geräumige Reiseauto der Fürstin Taxis vor einem gewissen Torbogen in der rue de Varenne, und dann fuhr man einfach aus dem Ganzen hinaus, über den Pont de Charenton usw., und nun hab ich zwei gelassene Tagreisen mit je 220 Kilometern hinter mir, eine Nacht in Avallon, eine in Lyon, mit diesem Abendwerden (und es wird zeitig Abend) kamen wir in Avignon ein, und hier bin ich wie zu Hause. Aber ob ich nun oben abwechselnd „man" sage (wie ich merke) oder „wir" oder „ich", zu lesen ist immer dieses Letzte, denn ich bin ganz allein mit meinem italienischen Chauffeur und der Verschwendung aller Umgebungen; die Fürstin mußte leider noch nach Wien, so überließ sie mir ihren Wagen, und wir treffen uns wahrscheinlich erst in Duino, wohin ich mich von hier weiter in langsamen Fortschritten durchziehe. Es ist seltsam, wie alles immer wieder anders kommt, als mans voraussieht, wer hätte gedacht, daß ich diese denkwürdige Fahrt, die in einiger Gesellschaft geplant war, allein machen würde; wenn das Wetter einigermaßen hält, so wird es unvergeßlich sein, jetzt gegen das Meer zu zu kommen und über die großen Gebirgsgrenzen ...

Wie's mit mir weiter geht, Gott weiß es, ich habe einen ganzen Andrang nach Einsamkeit gegen alle Seiten des Herzens; wenn in Duino, wie ich fürchte, mehr Menschen zusammenkommen, wird meines Bleibens nicht sein, aber etwas weiter rechts oder links wird schon die Stelle sein, an die ich gemeint bin.

Leben Sie wohl, beide, morgen ist Rast, ich freu mich, wenn es Tag wird, Avignon zu erkennen, heut abend träumt ichs nur, ich kam hinter dem Papstpalast herum, und sosehr ichs gefaßt war, er stieg so wider die Sterne an, trieb sie, möchte man sagen, tiefer in die Himmel hinein, ich sahs nicht, es war wie Wesen im Traum, wo die Dinge unser Herz nehmen und davon leben über sich hinaus. Gute Nacht.

Ihr

Rilke

Paris, 77, rue de Varenne, am 18. November 1910

Mein lieber und verehrter Dr. Kippenberg,

... Ja, auf den Jacobsen verzicht ich nun endgültig, vor einigen Jahren wärs vielleicht noch gerade möglich gewesen. Ich schicke Ihnen das Manuskript der Frau Mann zurück; es ist, wie ich schon sagte, sehr unvollständig, ich weiß nicht, nach welcher Edition sie übersetzt hat, mir liegt der Band „Digte og Udkast" vor (Gyldendalske Boghandels Forlag 1900). Die neue Diederichssche Auflage enthält ungefähr alle Gedichte dieses Bandes, es fragt sich nur, ob es nicht sehr bezeichnend für Jacobsen ist, daß gewisse Gedichte in so merkwürdigen Verhältnissen leben, wie z. B. die Gurrelieder und die schöne „Arabeske", die mit einer äußersten Schamhaftigkeit so gegeben sind, als ob sie in dem Zusammenhang von „Ein Kaktus springt auf", um das Warten hinzubringen, vorgelesen würden. Ob man diese eigentümliche Einfassung nicht beibehalten sollte?

Ich wollte doch noch, Sie fänden jemanden, der sich als Dichter daran entzückt, Benno Geiger könnt ich mir vorstellen ... Vielen Dank für alles, besonders auch für den Tschuang-Tse, ein Buch von wunderbaren Gültigkeiten ...

Ich steh ganz unter dem Eindruck von Tolstois Ende, das sich mir so ungeheuer ausnimmt, als käme das ganze Bild seines Lebens darin noch einmal kühn verkürzt, wie in einem Deckengemälde, vor: nur ganz aufschauend kann man es sehen. Leben Sie herzlich wohl und bringen Sie Ihrer verehrten Frau meine ergebensten Grüße nach Haus. Immer

Ihr   Rilke

Naples, Hotel Hassler, am 4. Januar 1911

Lieber und verehrter Freund,

Sie haben mich hier in Neapel mit einer großen Seite guter Nachrichten erwartet und mir damit den Eingang in das begonnene Jahr zuversichtlich und freundlich ausgeschmückt.

Was mich angeht, so hab ich mich nach einigem Zögern entschlossen, meine Reisegefährten noch weiter nach Ägypten und auf einer Nilfahrt zu begleiten; wir verlassen, falls alles programmgemäß geht, übermorgen den hiesigen Hafen ...

Algier und Tunis hat mir viel Eindrücke und Aufgaben eingebracht, doch ist in ihnen das Neue und unendlich Vertraute, Befremdliches und Erwartetes so eigentümlich verschlungen, daß ich noch zu gar keiner Aussage kommen kann. Alles, was ich vor der Hand absehe, ist, daß ich recht hatte, diesen fortwährenden Ersatz bisheriger Welt gegen anderes Seiende so dringend zu wünschen, wenn ich auch jetzt nichts bin als einer, der sichs gefallen läßt, irgend ein Reisender, der sich höchstens zum Zurückdenken und Grüßen fest und herzlich zusammen nimmt.

Immer auf das dankbarste und sehr freundschaftlich

Ihr   Rilke

Kairo, Shepheards Hotel, am 10. Februar 1911

Mein lieber Dr. Kippenberg,

es ist längst Zeit, daß ich Ihnen Nachrichten schicke, ich freue mich darauf, aber halten Sie mir noch ein paar Tage zugut, Kairo bringt dreifach Welt über einen, man weiß nicht, wie man alles leisten soll: da ist eine weite, rücksichtslos ausgebreitete Großstadt, da ist das ganze, bis zur Trübe dichte arabische Leben, und dahinter stehen immerfort, abhaltend und mahnend wie ein Gewissen, diese unerbittlich großen Dinge Ägyptens, mit denen man sich gar nicht einlassen sollte. — Selbst für einen, dessen Kräfte vollzählig wären, könnte das leicht zu viel sein, und ich bin nicht sehr tüchtig augenblicklich, obwohl sich, wie ich vermute, nachträglich, nach allem, eine Art gründlichen Erholtseins herausstellen wird. Die Reise war bisher mit mancherlei Unbillen verbunden, zum Glück sah ich die meisten voraus und nahm sie mit Fassung. Nun wünsch ich mir nur einen recht ruhigen

Ausgang, damit das unendlich zerstreute Erlebnis zu einer Art innerer Konstellation zusammenkommt.

Nun, wie gesagt, ich schreibe bald, nicht ohne auch den zweiten Teil der Gedichte mit zurückzuschicken. Der Anlaß dieses Schreibens (das ich für ganz vorläufig und eilig halte) ist Beiliegendes von Herrn Camill Hoffmann. Wir haben, wie Sie sich erinnern werden, vereinbart, daß in allen Anthologie-Anfragen Sie jedesmal die Entscheidung treffen sollen, da ich sonst unfehlbar Nein sage und diese simple Einseitigkeit doch ausnahmsweise einmal im Unrecht sein könnte.

Wollen Sie also die Güte haben, über Herrn Hoffmanns Ersuchen zu beschließen, und ihm, da er so lange, schon wegen meines Fernseins, warten mußte, den Beschluß gleich mitteilen lassen. Ich schreibe ihm gleichzeitig, daß er von Ihnen die Antwort zu erwarten hat.

Wie geht alles bei Ihnen? Von allem möglichen Ergehen in Ihrem Hause Nachricht zu haben, wäre mir sehr nach dem Herzen.

Nur dies für heute und alle Grüße Ihrer verehrten Frau und Ihnen, lieber Freund, von Ihrem

Rilke

Helouan bei Kairo, Al Hayat, am 25. Februar 1911

Mein lieber Freund,

bitte, lassen Sie uns nun beraten, es hat sich rasch gewendet, meine Reise ist so gut wie zu Ende, ich habe mich, angegriffener Gesundheit halber, von meinen bisherigen Reisebegleitern getrennt, zum Glück konnte ich hier, bei Knoops, in herzlicher Gastlichkeit unterkommen und darf mich nun in einigen ruhigen Tagen zusammennehmen und erholen, was not tut. Darüber hinaus steht mir nichts als die Rückkehr bevor, eine erwünschte liebe Rückkehr, zu der ich Freude habe. Ich kann wohl sagen, daß ich in der Fremde war, innerlich und äußerlich, die Umstände der Reise waren nicht durchaus die besten, allerhand Mißgeschick ist mir widerfahren, ich habe es keineswegs gut gehabt; und doch darf ich nicht klagen: ich habe mir ja ungenau doch nur gewünscht und vorgestellt, daß etwas sich auftürme zwischen gestern und heute und mich innerlich unterscheide –, nun hab ich meine erhöhte Grenze bekommen und werde gar nicht anders können, als nach der neuen Seite abfließen mit allen Kräften und Antrieben.

Aber nun, mein lieber Dr. Kippenberg, ich setze eine Menge Hoffnung auf Sie, auf Ihren Beistand. Ich will zurück nach Paris, aber ich muß doch gewissermaßen ganz von Anfang an anfangen; meine Ersparnisse, die noch vor einem Jahre ziemlich in Ehren waren, sind aufgebraucht, ich kann nicht einmal das bescheidenste Leben dort beginnen, ohne eine gewisse Hülfe. Bitte, sehen Sie nach, wie meine Dinge jetzt stehen, zeitweise ermutige ich mich an den guten Nachrichten, die Sie mir zuletzt von dem Abgang meiner Bücher gegeben haben, dann wieder sage ich mir, es wird nichts zu machen sein. In solchem Fall muß ich versuchen, irgendwo bei Freunden unterzustehen, aber ich weiß nicht, ob ich mir jetzt eine solche Zuflucht rasch aufdecken kann, und, wenn ich aufrichtig sein soll, sie wäre bitter: denn Sie können denken, wie stark jetzt mein Bedürfnis ist, in das engste Eigene zu kommen, nicht vor Gesichter, nicht in auferlegte gutgemeinte Verhältnisse, sondern einfach so vor den brachen Schreibtisch, an das eigene Fenster, in meine Welt, die wieder ganz wird zu erwollen und zu leisten sein Kreis aus Kreis, vom Geringsten ins Größte. Noch voriges Jahr, mein lieber Dr. Kippenberg, als wir uns trennten nach den guten einvernehmlichen Tagen in Ihrem guten Haus, wiederholten Sie mir Ihre und des Insel-Verlags treue Bereitschaft in jedem ernstlichen Fall: so hoff ich, erscheint Ihnen dieser Appell nicht ganz befremdlich, ich fühle mich wirklich so, als ob mir jetzt ein neuer und frischer Beginn bevorstünde, wenn ich in ein ruhiges Jahr heimkehren darf . . .

Sie werden sehen, was sich tun läßt. Telegramme hierher kosten, glaub ich, ein Vermögen, aber je rascher Ihre Verständigung mich hier erreichte, desto besser könnte ich diese Tage nutzen zu Vorsorge und Erholung: denn so bin ich in großen Sorgen, Sie werdens verstehen. Immer auf das dankbarste und herzlichste Ihr   Rilke

Viele Grüße Ihrer lieben verehrten Frau und den Kleinen im Hause.

Hotel al Hayat, Helouan bei Kairo,
am 28. Februar 1911

Mein lieber Dr. Kippenberg,

gestern spät abends erreichte mich Ihr Brief, seien Sie meiner Teilnehmung auf das herzlichste versichert, mir tuts an, sie Ihnen auf so langen Wegen schicken zu müssen, während ich sie so grad und unmittelbar empfinde.

Es ist im ganzen eine rechte Erschwerung, so fern zu sein, ich gestehe, daß es Augenblicke gibt, da ich nicht weit vom Heimweh bin, schon versteh ich den damaligen Menschen nicht mehr, der um jeden Preis hinausdrängte, selig, dreimal selig ist mir der, um dessen innere Welt eine stille Täglichkeit steht, ohne Überraschungen, ohne diese Übertreibung im Äußeren, die viel zu viel ist für uns, da wir doch des Einzelnen und Nahen und Unvermeidlichen Erziehung noch nicht überstanden haben.

Lieber Freund, ich will mit alledem nicht undankbar sein gegen diese Reise, die, trotz aller Trübe und alles Mißgeschicks, ein unbeschreiblicher Zuwachs für mich sein wird und eine neue Verpflichtung, ich sage damit nur, daß ich mir mein liebes Paris und die zusammengenommene Abgeschiedenheit meines dortigen Lebens nun wieder überaus zu schätzen wissen werde, – dies ist ja vielleicht der zunächst nützlichste Erfolg meiner Reise, wie es, sozusagen, der naivste ist.

Nun schrieb ich Ihnen vor drei Tagen von meiner Sorge: wirds denn möglich sein, jetzt nach Paris zu gehen? Abgesehen von meinem starken Wunsch dorthin, in mein kleines Eigene, zurückzukehren, mir bleibt eigentlich sonst gar kein Ausweg. Nun, da ich weiß, was für ernste, lange, wehmütige Tage Sie durchzumachen haben, werf ich mir vor, daß ich Ihnen gerade jetzt mit meiner Lage anliegen muß –, ich habe gleichzeitig an Prof. Sauer nach Prag geschrieben, ob man dort etwas für mich tun kann, aber ich weiß, das braucht Zeit und wird bestenfalls gegen den Sommer zu sich durchsetzen lassen.

Sowie ich Ihre Nachrichten habe, bestelle ich mir meinen Schiffplatz; wenn es sich machen läßt, möchte ich vierzehn Tage unterwegs am Meer bleiben, um meinen hartnäckigen Katarrh ganz los zu werden und nicht in Paris erst noch mit dem Heizen anfangen zu müssen; der Arzt hier rät auch ziemlich strenge zu einer kurzen Übergangsstation ...

Ich weiß, ich bin in dem letzten schlechten unsteten Jahr recht leichtsinnig mit meinen guten Ersparnissen umgegangen; ich muß nicht Besserung versprechen, sie wird sich von selbst ergeben, wenn ich nur meinem jetzigen Bedürfnis nach Stille und Stetigkeit mit aufmerksamem Gewissen nachlebe.

Ich vertraue mich ganz und gar Ihrer Erwägung an, lieber Dr. Kippenberg, Sie werden fühlen, daß ich wieder nur ganz für das Eine da sein möchte, das mir von Anfang an ans Herz gelegt ist, und ich bin sicher, daß Sie mich bei dieser Zuwendung, soweit es irgend geht, treu und herzlich unterstützen ...

Leben Sie herzlich wohl, mein lieber Dr. Kippenberg, viele Grüße in das gute Gohliser Haus, das wohl schon seinen Frühling vorbereitet.

Ihr

Rilke

NB.: Mir fiel eben noch ein, an die Fürstin Taxis zu schreiben, ob sie im März schon in Duino wäre; vielleicht könnte ich auf diese Weise in ihrer Gastfreundschaft ein paar Tage unterwegs günstig verbringen –, aber läßt sich das nicht machen, so ist mirs recht, geradeaus nach Paris zu gehen; schließlich ist mir doch jetzt nur das eine wichtig: dort zu sein.

Hotel al Hayat, Helouan (Kairo), am 22. März 1911

Mein lieber und verehrter Dr. Kippenberg,

ich danke Ihnen erst heute zugleich für die Freundschaft, die Sie mir durch Ihr Telegramm und durch Ihr Diktat vom 4. März so bereit und herzlich bewiesen haben: beides hat viel dazu beigetragen, daß ich die Tage hier noch mit einiger Sammlung ausnutzen konnte –. Nun gehen sie rasch zu Ende, ich reise Sonnabend mit dem Österreichischen Lloyd, der mich bis Venedig bringt. Sie wissen, Duino ist nahe dabei; falls die Fürstin Taxis dort ist, werde ich mich einige Tage bei ihr ausruhen dürfen –, sonst bleibe ich gerade nur so lange in Venedig, als nötig sein wird, um vier Tage Seefahrt körperlich zu vergessen. Und dann: Paris.

Hier fängt es an, heiß zu werden, die Schiffe sind schon sehr bestürmt, es war ungewiß, auf welchem ich noch Platz bekommen kann: darüber und über dem vielen Im-„Museum"-Sein und unterwegs, schreibe ich Ihnen erst jetzt, obwohl mir sehr zumute war, Ihnen gleich auf Ihr Schreiben hin das Dankbarste zu erwidern. Ich weiß, lieber Freund, daß Sie mit Ihrer Zusage das Unmögliche möglich machen –. Es war und ist eine schwere und schwierige Zeit für mich, aber da ich nichts vorhabe, als mich ruhig und ohne Veränderung in Paris zusammenzuhalten, muß alles bald wieder besser und gleichmäßig werden. Die Hauptsache ist, daß ich mich jetzt in Paris im alten erprobten Leben halten kann –: und dazu helfen Sie ja in Ihrer nahen und treuen Einsicht.

... Nur dies für heute; ich schreibe wohl noch von unterwegs, jedenfalls gleich, sowie ich in Paris bin. Sie glauben nicht, wie mir not tut, dort zu sein.

Von Herzen und dankbar

Ihr

Rilke

Paris, 77, rue de Varenne, am 26. April 1911

Also, mein lieber Dr. Kippenberg, das nenn ich eine Nachricht, die man so, wie sie ist, zu Herzen nehmen kann: ich habs getan und freu mich nun recht aus einem Stück, Sie beide endlich nächstens hier zu haben.

Was Paris angeht, so tut es schon seit zehn Tagen alles, sich zu übertreffen. Jetzt steht es in seinem klarsten, noch fast durchscheinenden Grün, glasfensterhell, das dunkelt schnell, — aber dafür versprech ich Ihnen in den Anhöhen der Kastanienkronen Städte, Türme, Turmstädte aus purer Blühung.

Wenn ich nur die gute Hand habe, Sie unterzubringen, ich fürchte, da überschätzen Sie meine Kenntnis und Übersicht. Ich hab mir heut alles im Vorübergehen neu vorgestellt, nun wiederhol ichs kurz, dann sagen Sie selbst:

Das Hôtel du Quai Voltaire, in dem ich mehrmals gewohnt habe, hat seinen Stolz, Beardsley, Pissaro... es hat sich im vorigen Jahr restauriert, hat seinen altmodischen Gang ungefähr herübergerettet, entbehrt aber aller Nebenräume bei den Zimmern und hat auch unten keinen recht brauchbaren Schreib- und Leseaufenthalt; nur eben den Ausblick, der nicht zu vergessen ist, über den Fluß ins Licht der Tuileriengärten hinein, unter sich den Quai, die Bücherkästen, die kommenden Platanen, die Brücken in überzeugender Verkürzung. Dies ist das bei weitem billigste, nicht sehr still, eine elektrische Bahn kommt in ganz raschen Abständen rasend vorüber.

Im Hôtel Sainte-Anne hat Kassner mal gewohnt, er fand es brauchbar, aber eng und laut.

Louvois und Mirabeau: eben, nach Hause kommend, neig ich fast dazu, das erste vorzuraten; die enge, sehr pariserische rue Richelieu, die vom Théâtre français nach den großen Boulevards drängt, gibt links einen runden grünenden Square frei, eine schön spielende Fontäne schafft eine ordnende Mitte, dahinter, etwas aus dem Getriebe gestellt, sehen Sie das Haus und stehn dabei, eh Sie die Straße überschreiten, vor dem ernsten Eingang der Bibliothèque Nationale, die sein angenehm abgerücktes Gegenüber ausmacht. Es ist ein sachliches Haus, scheint mir, mit gewissenhaftem, nicht übertriebenem, Publikum und (wie Sie beiliegend lesen können) begreiflichen Preisen...

Bitte, überlegen Sie an der Hand dieser raschen Daten, so gut es geht; Antwort telegraphisch nicht vonnöten, da man mir überall zusichert, Vorbestellung in vier- bis fünftägigem Abstand genüge. Schreiben Sie mir, und falls Sie noch andere Auskünfte brauchen, so nehmen Sie mich kurz in Anspruch, das ist selbstverständlich.

Viele und herzlichste Grüße.

Ihr

Rilke

Paris, am 27. April 1911

Lieber Freund,

ich gestehe, ich war nicht ganz zufrieden gestern mit meinen Auskünften, nun bring ich, im Nachtrag, noch eine Möglichkeit, fast würd ich meinen, die beste. Ich verdanke sie meiner Nachbarin, Fräulein von Scheel (die übrigens voller Bedauerns vermutet, daß sie Sie wird versäumen müssen – sie soll dieser Tage fort, noch nicht wissend, für wie lange). Sie nannte mir gestern abend das kleine Hôtel Roosevelt, in dem van de Velde öfter, glaub ich, gewohnt hat, – ich war eben draußen: draußen, denn dies ist, wenn man so will, der einzige unmittelbar auffallende Übelstand, daß es (bitte, kontrollieren Sie auf dem Plan in Ihrem Baedeker) verhältnismäßig entfernt liegt; ein paar Schritte vom Triumphtor des Étoile und von der Mündung der Champs Élysées, am Anfang der links abgehenden Avenue de Jena, Nr. 63. Nun sind allerdings Verbindungen von jeder Auswahl da, und andererseits läßt sich auch wieder keine Situation denken, die freundlicher, reicher, gesünder wäre als dieser Platz nah am Bois, am Ausgang breiter Straßenzüge und am Abfluß der großen strahlenden Avenue, die auf die schimmernde Stadt zuströmt.

Das Wichtigste aber ist, daß das kleine und geräumige Haus von trefflicher Haltung ist (ich komme eben von dort), man versprach mir, nächster Tage etwas zeigen zu können... Ich empfing aus Gespräch und Umgebung einen so sympathischen Eindruck, daß ich meine, keiner oberflächlichen Stimmung zu folgen, wenn ich Ihnen fast nur noch die Entfernung zu bedenken gebe. Außerdem würden Sie, als Freunde van de Veldes, alles erdenkliche Entgegenkommen in der taktvollen Gastlichkeit des kleinen Hotels finden, in dem Sie auch von dem aufdringlichen Kommen und Gehen dieser Reisezeit wenig merken müßten...

Ich schreibe sehr eilig, den Brief dem anderen nachzutreiben, und schließe schnell unter vielen Grüßen und Wünschen zur rechten Entschließung.

Ihr
Rilke

Anton und Katharina Kippenberg waren mehrere Wochen in Paris und viel mit Rilke zusammen.

Paris, 77, rue de Varenne, am 23. Juni 1911

Mein lieber Dr. Kippenberg,

nichts leichter als das, der „Kentauer" ist durchgesehen, kann jeden Augenblick abgehen, geht spätestens morgen; was mich warten ließ, war die gewisse Anmerkung über Maurice de Guérin, ich wollte sie doch nicht zu leicht nehmen, las, las —, darüber komplizierte sich der Fall, puisque ce Diable de Barbey d'Aurevilly y est mêlé à tout moment, ich weiß nicht, was das wird, schlimmsten Falles gebe ich doch nur Daten eins, zwei, drei, alles andere soll man sich selber suchen, der Kentauer ist die Hauptsache, verwickeln kann ich mich nicht in die Sache, da wird im Umsehen und Umdenken ein halbes Jahr daraus. Ich denke, das wird Ihnen so recht sein.

Dann kam hinzu: (ach die schönen Zeiten, da Sie da waren) die Maurerleute kamen schließlich doch über meinen Plafond, und geschehen wars um mich, um meine „segensreiche" Ordnung; wirtschafteten wie Nagetiere, Gott verzeih ihnen, ließen Mull und Anorganisches zurück, Mörtel zwischen Ersch und Gruber, eine Heillosigkeit, nicht zu sagen, und vertrauten zum Schluß (diese Übermütigen) dem Concièrge an, dieser Plafond hätte so fest gesessen als das solideste Firmament, es wäre ein wahres Kreuz gewesen, ihn loszukriegen. Schicksal, Schicksal, Sie sehen, womit die Zeit hingeht. Wundern Sie sich deshalb nicht, daß nichts Sie und Ihre liebe Frau in Leipzig begrüßt hat; dies war natürlich gemeint, aber ich war meistenteils auf der Straße wie ein Abgebrannter.

Dies alles eiligst. Ich erinnere mich vieler Gemeinsamkeit, freue mich, daß Sie nun so gut wissen, von wo so ein Brief ausgeht, selbst so ein schneller schlechter Stehbrief.

Wäre es wohl denkbar, daß Sie mir ein paar Bände Shakespeare besorgten, recht entscheidende, Sie haben sicher die beste Übersetzung bei sich, überlegen Sie, bitte, beide, an welcher Stelle ich in ihn einbrechen soll.

Tausend Grüße, im selben Tempo,
                herzlich und immer Ihr
                          Rilke

Der letzte Goetheband kam trefflich zurecht, ich nährte mich mit der „Natürlichen Tochter".

Paris, 77, rue de Varenne, am 28. Juni 1911
Lieber und werter Freund,
heute wollte ich Ihrer Frau schreiben, für zwei Nachrichten danken, erzählen —, aber, nach Hause kommend, finde ich Post, der Stoß unter der kleinen Lupe, der Ihnen Angstvorstellungen eingab, hält sich kaum mehr aufrecht vor Höhe, trotzdem ich jeden Tag etwas wegschreibe, oft sogar bis lang in meine sonst so schlafene Nacht hinein. Also, es wird nichts daraus, erreichen Sie mir Verzeihung. — Der Kronleuchter sollte am Tage, da früh die Nachricht von Ihrem Funde kam, verpackt werden, schade, ich bin sicher, ein Kronleuchter fühlt sich ungemein deplaciert in einem weggestellten Kückenkorb, und bei Ihnen hätte er von Herzen geleuchtet; aber die weimarische Provenienz und der eigene Fund sind natürlich gottgegebene Überlegenheiten, gegen die mein Familienstück nichts aufbringen kann. Ich bin gespannt, Ihre Erwerbung im richtigen Licht, d. h. in ihrem eigenen, zu bewundern: Wann? Wann?

Ich weiß nicht, das Leben ist hier augenblicklich recht dicht um mich geworden, wie wird das werden, ich werde mich vielleicht recht hart abbrechen müssen. Nous verrons.

Zu meinen späten Abendbeschäftigungen gehören die herrlichen Konfessionen des heiligen Augustinus, ich lese sie jetzt lateinisch, mit dem unbeschreiblich erbärmlichen französischen Text nebenan, die lahmste und lächerlichste Paraphrase, die sich denken läßt.

Wenn es sich mit dem Petrarcabrief auch so verhielte, so dürfte man ihn freilich nur nach dem Lateinischen bringen. Hat Dr. Buchwald die Originalausgabe entdeckt? Meine französische, die ich in Avignon fand, hat die Überschrift: François Petrarque / à Denis Robert / de Borgo San Sepolcro / Salut. / Il raconte son ascension du Mont Ventoux. Ein kleines lateinisches Lexikon, das ich muß besessen haben, findet sich nicht unter meinen Büchern, würden Sie die Güte haben, mir irgend ein ganz einfaches, gegen Verrechnung, besorgen zu lassen, ebenso wie eine deutsche Ausgabe der Bekenntnisse des Augustinus, falls es eine ehrlich brauchbare gibt? Ich habe Bitten, aber das ist, hoff ich wenigstens, diesmal ein gutes Zeichen.

Die Note über Guérin ist noch nicht geschrieben, lassen Sie sich aber durch die Zeit nicht spannen, es kommt gewiß aus diesem ausführlichen Kreißen die gewisse lächerliche Maus heraus, und diese wahrscheinlich totgeboren. Der Fall ist so merkwürdig unübersichtlich, liegt doppelt, dreifach, zehnfach, in ganz dünnen Blättchen. Und Barbey d'Aurevilly hat das alles durchtränkt, es duftet nach ihm und hält in ihm zusammen.

Wie Sie aus Beiliegendem sehen, haben Sie sich M. Henri Albert mit der „Tätigkeit"... gewonnen, er tanzt ein paar Quadrilletakte auf den Insel-Verlag zu und verbeugt sich nicht ohne Anstand, wie er es gelernt hat...

Ich schließe schnell, unter tausend Grüßen, eh mir noch etwas einfällt, was Sie weiter bemüht und beansprucht, danke für Ihre Geduld und die Folgen, die sie haben wird und auf die ich mich im einzelnen und ganzen freue.

Von Herzen Ihr

Rilke

Prag, Blauer Stern, am 10. August 1911 (Donnerstag)
Mein lieber Freund,

aus Lautschin habe ich ausgezeichnete Nachrichten, die Eitelheit der Krankheitsnamen hat wieder einmal die Ärzte hingerissen, es wird weder das eine noch das andere gewesen sein —, ein blinder Schreckschuß hat uns auseinander getrieben. Wenn die Nachrichten so weiterlauten, geh ich voraussichtlich Anfang nächster Woche wieder nach Lautschin zurück und komme von dort gegen den 20. (ohne über Prag), wie es vorhin bestimmt war, zu Ihnen.

Vor der Hand fahr ich heute nach Janowitz, denn diese Stadt ist nun genug, und freu mich, das alte Schloß, in dem ich vor einem Jahr so merkwürdige Herbsttage verbracht habe, wiederzusehen . . .

Ich bin immer noch recht konfus und traurig über diese unvorhergesehn zerrissenen Tage, ich fürchte, alles Nächste wird davon beeinflußt sein, erst die Richterstraße wieder ganz, aus einem guten Stück. Nur schade, daß ich Sie mit alledem beunruhigt habe.

Bei Neugebauer, in dem einen seiner unbeschreiblichen Schaufenster, erkannte ich gestern von weitem eine Gruppe neuer Inselbücher; man kann vornehmer nicht von einer unwürdigen Umgebung absehen, als sie es taten, ausgezeichnet benahmen sie sich.

Adieu, viele herzlichste Grüße

Ihres

Rilke

Schloß Janowitz, Bez. Selčan,
am Tage Himmelfahrt Mariens 1911

Mein lieber Dr. Kippenberg,

es fehlt nicht viel, so könnte dies schon ganz eine Anmeldung sein, nun aber geht mir doch noch der genaue Tag ab, immerhin ist es Zeit, ich bitte also ernstlich: halten Sie mir die liebe Gastfreundschaft offen, über wenigen Tagen hoff ich bei Ihnen zu sein, vielleicht Sonntag, vielleicht Montag. —

Ich gehe nochmals zurück nach Lautschin (wo alles wieder wohlauf ist), aber man sagt mir, daß ich dann von Nimburg (der Bahnstation Lautschins) einen ausgezeichneten Zug nach Leipzig habe, — so mache ich nun keinen Schritt mehr, der nicht schon auf Sie zuginge. Ich hoffe, die verehrte Hausfrau ist sehr erholt aus Pyrmont zurückgekehrt, ich schrieb nicht mehr dahin; auf die erschreckte Abreise von Lautschin und die bösen maroden Tage in Prag folgte eine Reaktion purer Erschöpfung, der ich zum Glück hier ausführlich nachgeben konnte. Nur daß man zu spät schlafen geht, bei Ihnen werd ich bitten, mich früh zurückziehen zu dürfen, ich brauche Vormitternachtsschlaf, keine Träume, nur einfach das Stärkste, Dichteste, Solideste, was es an Schlaf gibt.

Dank für die beiden erbetenen Büchersendungen. Ihr kurzes Diktat traf mich den Tag vorher noch in Prag und war ja nun, wie meine Pläne standen, genau das Rechte, ja indem es zum Schluß mich sogar über einen gewissen schwebenden Punkt freundlich beruhigte, war es von jener Vollkommenheit der Vorsehung, mit der Sie mich, bester Freund, verwöhnen.

Adresse also nach Lautschin bei Nimburg und von dort das letzte Wort.

Sehr von Herzen
Ihr
Rilke

Schloß Lautschin bei Nimburg,
Freitag früh [August 1911]

Mein lieber Dr. Kippenberg,

in Eile, Ihnen zu sagen, was eben besprochen worden ist.

Voilà: ich komme per Auto von hier nach Leipzig, die Fürstin Taxis bringt mich mit, Sonntag fahren wir; in Leipzig treffen wir den Fürsten, und ich begleite beide Montag bis Weimar, um Montag abend von dort nach Leipzig zurückzukehren: zu Ihnen.

Wir steigen in Leipzig Hotel Hauffe ab, nicht wahr? es gibt doch nichts Besseres?

Wollen Sie mir noch ein paar Rate für Weimar mitgeben, Unterrichtetster: wie soll man wenige Stunden gut und reich einteilen? Vielleicht hat ihre liebe Frau die Güte und entwirft uns schlagwörtlich einen Stundenplan, den wir dann Sonntag abends im Hotel Hauffe fänden.

Ich habe vor der Hand keine Ahnung, wann wir mit dem Auto in Leipzig ankommen: es dürften etwa 7 Stunden sein von hier; wenn es nicht zu spät ist, komm ich einen Augenblick zu Ihnen, das wäre trefflich, wir besprechen dann mündlich den Weimarer Tag und sehen uns einen Moment, im guten Vorschmack langen und tätigen Wiedersehens (auf das ich mich so freue).

Ich sende wahrscheinlich Sonntag noch ein Telegramm, unser Ankommen betreffend, – aber, bitte, sich in nichts zu stören. Ich freu mich sehr auf die Fahrt...

Nur dies, auf Wiedersehen – meinen Brief, am 16. in Prag aufgegeben, erhielten Sie wohl?

Tausend Grüße

Ihr

Rilke

Vom 21. August bis 8. September wohnte Rilke bei Kippenbergs.

Grand Hotel Continental, München
am 22. September 1911

Mein lieber Dr. Kippenberg,

... Hier fand ich die Literatur, frühstückte am Tage nach meiner Ankunft mit Hofmannsthals, er las mir eine der Pantomimen, die er für die Grete Wiesenthal geschrieben hat, und die besonders Hofmannsthalsche Einführung ins Pantomimische, die er in demselben Textbuch untergebracht hat. Mit Annette Kolb war ich viel beisammen – gestern verbrachten wir eine angeregte Dämmerung bei Ricarda Huch –, den guten G. Ouckama Knoop nicht zu vergessen. Genug. Ihr Brief kam gerade so, daß ich noch im Geiste an Bettinas Tauftag mich beteiligen konnte, und tats herzlich. Alle Grüße Ihnen beiden.

Freundschaftlich
Ihr
Rilke

Paris, 77, rue de Varenne, am 27. September 1911

Ihre Bereitschaft, bester Freund, hat schon wieder das nahezu Unmögliche geleistet ...

Ich weiß nicht, wann die Erleichterungen, mit denen Sie mir in unserem letzten Gespräch so weit entgegenkamen, in Kraft treten; vielleicht lassen Sie mich mal darüber eine Zeile lesen, zu meiner Beruhigung und im Interesse aller meiner Pläne, die davon abhängen. Ich werde zwar voraussichtlich, wenn alles gut geht, für das nächste Vierteljahr versorgt sein, aber nun kommt es so, daß meine Frau Ruth von ihrer Großmutter fort und ganz zu sich nimmt, eine Veränderung, von der ich mir für das kleine Mädchen und seine Mutter das Glücklichste verspreche. Ruth soll in München zur Schule gehen, ich habe alle meine dortigen Bekannten auf sie vorbereitet – nun möcht ich bei diesem Übergang recht beiständig sein, was ich ja in diesem Vierteljahr, je mehr ich noch Gast bleibe, desto eher kann. Deshalb meine Frage in bezug auf die Vereinbarungen jenes letzten Gespräches, über dem mir, nach und nach, ein ganzer Steinbruch vom Herzen fiel . . .

Die letzten Nachrichten aus Weimar hatte ich eben in München noch mündlich durch Gebsattel, der an dem Analytiker-Kongreß teilgenommen hat und mir von dort Grüße alter Freunde und Nachrichten über die merkwürdigsten Menschen mitbringen konnte. Ich fühle mich Weimar doch seit unseren drei Tagen und den denkwürdigen Mappenabenden sehr zugezogen, beinah hätt ich Gebsattel hin begleitet, nur um dort zu sein . . .

Viele und herzliche Grüße dem ganzen Haus.

Ihr

Rilke

Paris, 77, rue de Varenne, am 28. September 1911

Mein lieber Dr. Kippenberg,

was ist der Verkehr lebhaft auf unserer Straße: wenns Ihnen nur nicht zu viel wird, mich schon wieder kommen zu sehn. Aber wie sollte ich mich nicht zeigen und verbeugen beim Empfang der Gustchenbriefe; eben sind sie mir in der Hand, nein, nein — beinah glaub ichs kaum, ist doch der ganze Knäul Erwartung, den ich mir, ihnen entgegenzuspinnen, angeschafft habe, kaum noch angegriffen. Und nun sind sie da, ein genau solches kleines Buch wie das ich so schweren Herzens im Turmzimmer zurückgelassen, und ich kann sie so hin und wieder lesen durch gute und schlechte Zeit und mich in die Strahlung dieses Jungseins rücken, das darin in einem jubelt und verzweifelt.

Weiß Gott, daß ich Ihnen danke; und zum Guten deut ichs aus, daß der kleine grüne Einband mit kam, vielleicht, hoff ich, bis in seine neuen Blätter beeinflußt davon, nun beinah herausfordernd...

Genug; ich nehme mir vor der Hand vor, Ihnen morgen nicht zu schreiben, ausnahmsweise.

Von Herzen
Ihr
Rilke

Paris, 77, rue de Varenne, am 4. Oktober 1911

Mein lieber Dr. Kippenberg,

Ihrem Diktat, obwohl an einem vollen Montag geschrieben, geht nichts ab, was zu meiner Beruhigung und Ermutigung nötig wäre, und ich lasse keine Stunde vergehen, Ihnen auf das herzlichste für Ihren treuen und starken Beistand zu danken und für die zuverlässigen Aussichten, die Sie mir vorbereiten.

Ich bin nicht ohne Vorgefühl, daß mein Loskommen von diesem alten und wunderlichen Hause mit zu den Vorbedingungen aller möglichen Fortschritte gehört und daß ich, sowie hier alles Rückständige und Anhängige geordnet ist, in den wirklich freien Verhältnissen, die Sie mir für eine Weile schaffen wollen (sei es wo immer), mich recht aufatmend und geräumig bewegen werde.

Gestern war der Packer bei mir und bereitete mir den Schrecken, daß ich für meine Bücher 6–7 Kisten brauche; in solchen Augenblicken bin ich stets nahe daran, auf alles Eigentum zu verzichten, und fast versucht, dem bittern alten Strindberg recht zu geben, der herausfindet, daß der Lebensfluß in keinem Verhältnis steht zu dem, was er fortwährend Schweres, Materielles, Niederschlägiges absetzt und zurückläßt.

Sie, als Sammler und Seßhafter, werden es nicht zulassen mögen, aber ich, den (wie ich immer mehr vermute) alle nichtgeistige Realisation erschreckt, möchte Bücher wirklich verschlingen können, selbst auf die kleine Unpäßlichkeit hin, die das zunächst, sogar beim Evangelisten, zur Folge hatte.

Und dabei machen wir gerade wieder eines, und gerne, so ist die Welt. Ich bin auf den ersten Blick für die mit Rotstift bezeichnete Probe; sie hat, gerade im Hinblick auf die „Magdalena", alle Eignung, indem Zeilen und Zeilenzwischenräume wie aus dem Lautgesprochenen des Sermons projiziert erscheinen. Wenn Sie also nicht irgend Gegengründe haben, verwenden wir diese Type in derselben Art . . .

Hier ist der Herbstsalon eröffnet, ist trostlos, und das Wetter, ausgegeben wie es war, hat sich ohne Übergang auf den armseligsten Winter verlegt, diesen Pariser Winter, der ein Sichgehenlassen ist in Regen und Indifferenz.

Ihnen beiden treueste Grüße

Ihr

Rilke

Duino bei Triest, österreichisches Küstenland,
am 7. Dezember 1911

Mein bester Dr. Kippenberg,

ich glaube, ich nehme gleich den größesten Bogen, es kommt hundert und eins zusammen.

Ich war ein paar Tage in Venedig, fand hier Ihr Diktat vom 29. November vor und stürze mich ins Antworten. Unrecht ist mirs, daß Sie Ihre Ferien zu einer Influenza verwendet haben (ich hoffte Sie irgendwo auf einem Sankt Bernhard, wo man Sie divinatorisch erkannte und auf wunderbare Weise unmittelbar mit Gottes Brot ernährte), nun muß es das Gute haben, daß Sie für den ganzen Winter alles Influenzaähnliche vorweg genommen und abgetan haben; hoffentlich hat Sie in dem inzwischen eingewinterten Haus alles gut und gesund empfangen.

Ich beginne der Reihe nach mit den Sachen Ihres Schreibens, um dann auf alles Weitere vor- und zurückzugehen.

Verhaerens „Rembrandt" kannte ich nicht, bin dabei, ihn zu lesen, und zufrieden, dieses leidenschaftlich aufgefaßte Zeugnis, darin ein Schaffender von sich aus das Genie einsieht und im tiefsten Sinne billigt, kennen zu lernen. Aber zu einer Übertragung kann ich mich nicht entschließen, es ist etwas im Ton, was ich nicht träfe, und so wie es jetzt mit mir steht, müßte ich mir mehr als eine Gewalt antun, um auch nur einigermaßen bei der Sache zu sein. Sie nehmen mir dieses Versagen nicht übel, nicht wahr, Sie selbst haben mich angeleitet, diese Dinge meiner Natur nach von innen her anzutreten: und ich weiß nur zu gut, daß ich auf andere Weise nichts Wirkliches hervorbringe. Darf ich die Vermutung aussprechen, daß Herr Zweig, der, von einer gewissen Seite her, dem Ton und der Richtung Verhaerens recht nahe gekommen ist, auch für diese Arbeit geeignete Äquivalente fände, um so mehr, als ihm, der (wie ich glaube) in Holland gereist ist, das Werk Rembrandts im einzelnen viel vertrauter ist als etwa mir; mir steht ja die „Nachtwache" erst noch bevor, manches, wie die Bilder in der Eremitage, sah ich zu früh, ganz gegenwärtig sind mir nur die Pariser Sachen, das letzte Selbstbildnis, das jetzt in München ist, und der „Samson", aus der Schönbornschen Sammlung, den ich kurz nach seiner Aufnahme in das Frankfurter Museum gesehen habe ...

Was die Ausgabe der „Marie Madeleine" angeht, dachten Sie wohl auch daran, sie recht billig zu machen; ich weiß nicht warum, ich bilde mir ein, dieses Heft müßte leicht in viele Hände kommen können ...

Die Gustgenbriefe haben hier schon großen Einfluß gehabt, an jeden kam die Reihe, sie zu lesen, ganz erfüllt davon aus seinem Zimmer zu treten; auch Kassner las sie in meinem Exemplar wieder und erholte sich einen großen früheren Eindruck, der ihm über Jahre und Jahre nie ganz ungenau geworden war. Da Sie mir dieses kleine Buch ausgefunden haben, und ich weiß, daß Sie in steter Bereitschaft sind, Antiquare für mich in Bewegung zu setzen, gebe ich Ihnen heute eine andere Bitte auf. Bei Schuster & Loeffler ist 1895, ein einziges Mal nur, ein „Musenalmanach Berliner Studenten" erschienen, in dem eine ganz frühe (die einzige) Novelle Kassners steht: der Verlag antwortet mir, daß die Auflage ganz vergriffen sei; vermutlich aber wärs nicht ohne Aussicht, das Buch antiquarisch suchen zu lassen: wollen Sie mir das zuliebe tun?

Vielleicht ist jetzt auch der Moment, mir meine in der Hinterstube des Verlags zurückgelassenen Bücher herzusenden: einschließlich des Shakespeare, den ich Ihnen so gern verdanke; wollen Sie ganz großmütig sein und mir die „schöne Seele" und Balzacs Briefe an Mme. de Hanska beilegen: ich glaube, das erstere haben Sie mir wirklich einmal in Aussicht gestellt...

Ist dies alles? Ich weiß nicht; immerhin entschließ ich mich, diesen enormen Brief für komplett zu halten, und ende, alles von mir für ein anderes Mal aufschiebend; es wäre vor der Hand auch nichts zu berichten. Gott gebe mir viel Zeit, je mehr je besser, Tage und Nächte, nichts als das, ich weiß wohl, womit ich sie fülle.

Viele Grüße Ihrer verehrten Frau und den Kleinen, die nun in die rechte Zeit kommen. Weihnachten, Weihnachten, sogar mir knisterts ein wenig im Herzen. Adieu, lieber verehrter Freund.

Herzlichst der Ihre
Rilke

Schloß Duino bei Nabresina (österreichisches Küstenland),
Freitag [20. Dezember 1911]

Mein lieber Dr. Kippenberg,

es ist gerade noch Zeit, ich schicke Ihnen und Ihrer verehrten Frau die herzlichsten Weihnachtsgrüße: ein frohes Fest um die beiden kleinsten Herzen in dem vertrauten Haus, in dem ich mich mit einem guten teilnehmenden Gedanken übermorgen zurechtfinden werde.

Hier in dem großen festen Schloß, in dem ich allein das Regiment führe, ist Stille, Stille über Stille: das ist weihnachtlich, und die frühe Dämmerung ist es; aber die Tage, soweit sie offene Himmel haben, gehn schon ganz, über alles hinaus, nach dem Frühling zu, möcht man sagen. Immerhin, alles in allem, ists mehr Weihnachten für mich als vor einem Jahr auf afrikanischer

Erde, schon um der Einsamkeit willen, die ja eher als alles andere feierlich werden kann und dann auch überall an jeder Stelle gleich feierlich. Ich bin zufrieden mit meinem Alleinsein.

Meine „Kentauern" sind herumgeschickt, die einzige Weihnachtsgabe, die von mir ausging. Läßt sichs machen, daß ich gelegentlich noch drei bekomme? Es eilt nicht, bei nächster Sendung einmal.

Seit lange bekam ich auch wieder mal Ellen Key zu lesen neulich: ihr Essay über meine Bücher steht nun „teils eingeschränkt, teils erweitert" in ihrem neuen Buch, ich schicke es an den Verlag fürs Archiv, denn mir liegt nicht daran, es zu behalten. Ellen Key versicherte mir, wie unzufrieden sie mit mir sei, ich beeilte mich, sie dafür meiner geradezu leidenschaftlichen Unzufriedenheit mit ihren jetzigen Büchern zu versichern: so befinden wir uns auf einem Niveau der Übereinstimmung, wie es sich genauer gar nicht hätte verabreden lassen, und dürfen fortab wieder die überzeugtesten Freunde sein, außer aller Gefahr...

Genug, lieber verehrter Freund, ich bin, herzlichsten Gedenkens, Ihrer beider treu ergebener

Rilke

Duino bei Nabresina, österr. Küstenland, Dreikönigstag 1912

Mein lieber Freund,

die berühmte Kippenbergsche Kollektion geruhe die Glückwünsche desjenigen ihrer Habitués anzunehmen, dem die glorreiche neue Erwerbung überaus nahe geht.

Über diese Versicherung steige ich sofort in die Beantwortung der nächsten Punkte Ihres Diktats.

Heinrich Vogeler kommt da auf einen ganz alten Plan zurück, den ich, offen gestanden, für aufgegeben hielt, um so mehr, als ich seit Jahren die Fühlung mit seinen Arbeiten verloren habe, wie auch er das, was ich jetzt mache, wahrscheinlich völlig an sich muß vorübergehen lassen. Diese Tatsache hat freilich an den alten Grundsätzen der Freundschaft, die uns verbindet, nichts verdorben, und da er uns mit diesem Vorschlag kommt, so fühle ich mich mindestens angetrieben, seine Intention mit Ihnen auf das genaueste zu bedenken.

Dazu bitte ich Sie, mir umgehend die Abschriften der beiden Gedichte aus Vogelers Manuskriptbuch: „Verkündigung über den Hirten" und „Rast auf der Flucht" zuzusenden; denn ich habe nur die allervageste Vorstellung von ihnen. Auch müßte Vogeler uns selbst sagen, an welche Verse er denkt, wenn er von „10 Marienliedern" spricht; es kann sich nur um längst Veröffentlichtes handeln, Handschriftliches ist nichts da. Wahrscheinlich meint er die „Verkündigung" und „Die heiligen drei Könige" aus dem „Buch der Bilder"; diese beiden Gedichte werden, wie ich vermute, ihrer Art nach mit den zwei Gedichten aus seinem Buche zusammenstimmen; sollte er aber im weiteren an die Mädchenlieder aus „Mir zur Feier" gedacht haben, so könnt ich nicht seiner Meinung sein: diese sind zweifellos aus einer ganz anderen Schichte, ebenso wie die Mariengedichte des „Stundenbuches" nicht verwendet werden können. Ich sehe also im ganzen nur vier vorhandene: Verkündigung über den Hirten, Verkündigung (B. d. B.), Die heiligen drei Könige (B. d. B.) und Rast auf der Flucht; und selbst angenommen, daß diese vier sich untereinander vertragen, so ist es von da noch recht weit zu einem, unserem einstigen Plan sich nähernden Marienleben: dieses müßte unter allen Umständen noch enthalten: eine Geburt, eine Heimsuchung Mariä (das Magnifikat aus den Neuen Gedichten käme ja auch kaum in Betracht), eine Maria mit dem Kind, eine Pietà, Tod und Himmelfahrt Mariens: lauter Dinge, die Vogeler nicht bei mir kann gefunden haben: denn soviel ich weiß, hab ich sie nie gemacht. Ich schreibe ihm vielleicht nächstens, wäre Ihnen aber dankbar, wenn Sie ihn schon jetzt wissen ließen, daß ich mich für die Sache interessiere und ihn bitte, uns möglichst genau alle Gedichte anzugeben, die in seine Absicht hineinreichten.

Die Vogelersche Kunst ist vielleicht nie mehr gewesen, als sie jetzt ist, nur daß wir sie eben gleichsam immer unter der verschwiegenen Bedingung hinnahmen, daß sie noch etwas mehr werde. Darum scheint sie uns nun, in ihrem Stehengebliebensein, gleich unzulänglich, und, unter uns gesagt, auch ich halte es für möglich, daß sein Marienleben, soweit es nicht auf alte Entwürfe zurückgeht, vieles bringen wird, was einfach nicht ausreicht. In solchem Fall aber sind Sie Diplomat genug, um ihn zu bewegen, gewisse Blätter noch einmal vorzunehmen oder durch andere zu ersetzen, und auch ich würde da, soweit als möglich, versuchen, meine Stimme auf ihn wirken zu lassen. Unter diesen Bedingungen könnten wir vielleicht doch etwas Gutes und in sich Berechtigtes an den Tag geben.

Was die nächste Angelegenheit betrifft, die der „Ersten Gedichte", so behalt ich sie natürlich im Auge, glaube aber, wir tun gut, uns doch noch mehr Zeit zu lassen. Da ich, wie Sie wissen, von der Idee abgekommen bin, Arbeiten, die in festen Händen sind, mit einzubeziehen, so haben wir für die Zusammenstellung des Buches nur die folgenden Quellen: Larenopfer, Traumgekrönt, Advent, die Gedichte, die Herr Dr. Hünich da und dort entdeckt, und was etwa noch handschriftlich unter meinen Papieren sich findet. Meine Frau, die eben in Oberneuland ist, wollte eine gewisse Truhe zu diesem Zwecke durchsehen und mir alles mögliche herschicken. Ich glaube aber, daß außer den Christusvisionen nichts Brauchbares dabei sich ergeben kann. Und diese großen Gedichte, die ich so lange nicht wiedergesehen habe, müßte ich unbedingt eine Weile um mich haben und auf meinem Gewissen, bevor sie (fast fünfzehn Jahre nach ihrer Entstehung) mit den anderen alten Sachen unter die Leute kommen ...

Vorgestern, gestern und heute saß ich schon am Schreibtisch, Ihrer verehrten Frau für einen Brief zu danken, der mir Ihr Fest so lebhaft vorstellte, als ob das Haus selbst ihn geschrieben hätte —; aber jedesmal, als ich gerade angesetzt hatte, kam die Post und brachte etwas Lästiges, was sich aufdrängte und vorgehen wollte. Ich komme aber sicher nächste Woche in Ruhe zur Antwort.

Auch ich erinnere mich nicht, ob ich in meinem Brief vom 22. Dezember das Neue Jahr zur Sprache gebracht habe. Ja, es ist unnötig zwischen uns, unsere Wünsche halten einander im Gleichgewicht und gehen von einem Jahr ins andere aufeinander zu und miteinander in derselben Überzeugung und Richtung. Es genügt, sich im Geiste die Hand zu reichen, wie wirs immer tun, alles andere ist tief miteinverstanden.

Adieu, lieber Freund.

Ihr

Rilke

Schloß Duino bei Nabresina, österreichisches Küstenland,
am 15. Januar 1912

Mein lieber Freund,

die Post bringt mir heute Ihr herzliches Diktat vom 13., es überkommt mich sofort die unmittelbarste Lust zu antworten, nämlich, daß:

die Idee, den „Cornet" in den „Fünfzig-Pfennig-Büchern" zu bringen, bei mir stark eingeschlagen hat:

ich fände, nichts könnte besser am Platze sein, und sehe einen, der sich lärmend freut: Heymel.

Jrs. Natur macht mir Sorge, wirklich. Da wir doch noch einige Operationen an ihm vorhaben ... Ich fühle mich immer ein bißchen schuldig an diesem „schweren Fall", dessen Behandlung Ihnen so teuer wird. Bitte, lassen Sie mich den Ausgang wissen.

Ich habe eben eine merkwürdige halbe Stunde mit dem Lesen der Gedichte aus Vogelers Besitz verbracht. Es sind sehr schöne darunter, die mir noch ganz gradaus nahegehn, aber die beiden Mariengedichte gehören nicht zu den besten. Je mehr ichs bedenke, es wird bei einer Zusammenstellung solcher Marienlieder, wie er sie vorschlug, nichts Gutes herauskommen: sie werden kein Ganzes ergeben, nicht mal einen ganzen Bruchteil, denn es werden immer je zwei aus einem anderen Dutzend sein. So sind z. B. schon diese beiden, die völlig auf Vogelers Haus und Umgebung beruhen, fast unverträglich mit den zwei anderen aus dem „Buch der Bilder". Und andere? Woher? Ich sehe keinen Ausweg. Hingegen überrascht mich das, was in seinem Buch allmählich zusammengekommen ist, durch seine Einheit, und ich stehe diesen Moment unter der Eingebung, ob es nicht recht angemessen und von besonderem Reiz wäre, diese für ihn entstandenen Verse, so wie sie sind, von ihm ausgestattet, als aus seinem Besitz, herauszugeben? Der Gedanke hat viel für sich, auch in meinem Gefühl tritt manches hinzu, was ihn unterstützt, manche Erinnerung lebt darüber auf und legt ihre Stimme ein. Ich schreibe Vogeler davon, — dies hätte mehr Natur als ein Zusammenholen von Mariengedichten; hier ist etwas Fertiges. Und was seine zeichnerische Beteiligung angeht, so hätte es das Schöne, daß man vielleicht wirklich das und jenes aus dem „alten großen Skizzenbuch" bringen könnte, auf das einzelne Gedichte sich berufen? —

Sie tun mir wirklich alles mögliche Liebe, wenn Sie die „Ersten Gedichte" noch ein kleines hinausschieben. Ich würde nämlich die Redaktion dessen, was da in Frage kommt, nirgends besser und gewissenhafter vornehmen können als in einem gewissen Turmzimmer: darf ich die Sache anstehen lassen, bis ich wieder einmal dessen Wohltun atme und solange nur alles zusammenlegen—?, (hélas, es wird doch nur ein kleiner Hügel gutgemeinten Papiers.)

Bis nächstens.

Herzlichst und dankbar
Ihr
Rilke

Schloß Duino bei Nabresina, österreichisches Küstenland,
am 25. Januar 1912

Mein lieber Freund,

inliegend finden Sie den nunmehr ungültigen Vertrag über den „Cornet", den ich mit Freude gegen den neuen austauschen werde... So findet sich doch langsam alles unter Ihrem Schutze zusammen: aus den alten verstreuten Provinzen wird nach und nach das Reich Ihrer guten klugen Verwaltung ...

Sie fragen nach meinen Plänen, alles schwebt noch, ausgenommen meine Möbel und Kisten, die mit ganzer Schwere in einem Garde-Meuble in Paris aufruhen. Noch kann ich nicht sagen, weder wie lang ich noch in Duino bleibe, noch wohin ich von hier aufbreche. Das Zu-Ihnen-Kommen befindet sich jedenfalls unter den (mich bremisch auszudrücken) Kladden meiner Pläne, ist sogar der einzige, der schon sozusagen „in Reinschrift" vorliegt. Nur sind die einzelnen Blätter noch nicht numeriert, die Folge, in der sie schließlich an die Reihe kommen werden, ist noch nicht gegeben, und ich mag sie nicht zwingen.

Für heute nur dies und alle aufrichtigen und herzlichen Grüße

Ihres

Rilke

Schloß Duino bei Nabresina, österreichisches Küstenland,
am 26. Januar 1912

Mein lieber Freund,

da sie grade wieder einmal schmerzt, bring ich schnell eine Sache zur Sprache, die ich Sie schon oft fragen wollte:

Darf eigentlich jeder Komponist alles Gedicht, was ihm grade paßt, nehmen und in seinen Musikkonserven einlegen? Nämlich, es vergeht kaum ein Vierteljahr, ohne daß ich solche ungefragt vertonte Verse zugeschickt bekomme, und ich bin sicher, daß es ihrer viel mehr sind, von denen man nichts erfährt. Der heutige Anlaß, der mich, in der Eile, darauf bringt, ist mir besonders peinlich: ein Herr Dr. Victor Junk (Wien I, Universitätsplatz 2) schickt mir eine Nummer des „Merker".

Am Schluß in der Musikbeilage finden sich die mir besonders lieben Verse aus dem „M. L. Brigge" (Bd. II 169/170) von Herrn Junk mit Musik ausgestattet: das hat an sich (mag die Musik nun mehr oder weniger gut sein) schon keine Aussicht, mir wohlzutun; nun zeigt sich aber, daß der Text, teils wohl aus Flüchtigkeit, teils um mit der Musik sich zu vertragen, rücksichtslos verändert ist —, und ich frage mich, ob man nicht diesen Anlaß aufgreifen müßte, um zu diesem und ähnlichen Vorfällen Stellung zu suchen und zu überlegen, was etwa sich künftig dagegen bewirken ließe. Denn ein ungehöriger Eingriff ist es doch auf jeden Fall, nicht wahr?

(Anbei eine Abschrift des Gedichts mit dem „Text" nebenan, wie ihn Herr Junk verwendet.)

Dies zu gelegentlicher Erwägung, und nur schnell das Allerherzlichste

Ihres

Rilke

Gedicht, aus M. L. Brigges Aufzeichnungen, S. 169/170 des 2. Bandes.

Du, der ichs nicht sage, daß ich bei Nacht
weinend liege,
deren Wesen mich müde macht
wie eine Wiege.
Du, die mir nicht sagt, wenn sie wacht
meinetwillen:
wie, wenn wir diese Pracht
ohne zu stillen
in uns ertrügen?

Sieh dir die Liebenden an,
wenn erst das Bekennen begann,
wie bald sie lügen.

„Text" des Liedes: („Du, der ichs nicht sage"
überschrieben) von Herrn Dr. Victor Junk. („Der
Merker", 2. Jahrg. Heft 29. 1. Dez.-Heft 1911).

Du, der ichs nicht sage, wenn ich bei Nacht
weinend liege,
deren Wesen mich müde macht
wie eine Wiege,
du, die mir nicht sagt, wenn sie wacht
meinetwillen:
Wie wenn wir diese Pracht
ohne zu stillen
in uns ... trügen? (statt: ertrügen)

Sieh nur die Liebenden an
Wenn ... das Bekennen begann (erst: ausge-
Wie bald sie lügen.   [lassen)

Kommentar zu beiliegendem Briefe:

Gestern, ziemlich früh am Morgen, da ich in mein Arbeitszimmer trete, steht vor mir ein Herr, der (die Türen waren noch von der Nacht her fest verschlossen) nur auf eine nicht gerade anempfohlene, eindringliche Art konnte eingetreten sein. Er verneigte sich und hielt mir sofort etwa diese Ansprache:

„Guten Morgen. Erlauben Sie mir, Sie meiner größten Verehrung zu versichern. Keine Widerrede, keine falsche Bescheidenheit: ich bin eigens dazu gekommen. Es ist vielleicht auffällig, daß ich mich gerade hier befinde? Ja. Einige meiner Kollegen halten Sie auch für direkt uneinbrechbar. Ich schmeichle mir, dies mit meinem bescheidenen Versuch widerlegt zu haben. Es wird Ihnen nicht entgangen sein, daß Sie am Abend Ihre Fensterläden nicht zu schließen pflegen. (Ich glaube sogar, Sie haben keine.) Der — wie ich Ihnen nicht verbergen will — für mich ungemein appetitliche Schein Ihrer Arbeitslampe kommt demnach draußen jedem zugute, der sich ihn zu Herzen nehmen mag. Ich konnte nicht widerstehen: ‚Wie Du mir, so ich Dir‘ sagte ich mir: ‚hinaus wie hinein‘ und ähnliche stärkende Sentenzen und habe, wie Sie sehen, die Sache in diesem Stile gehalten, der sich, bei einiger Gründlichkeit, wohl der ‚stimmungstrunkene‘ nennen ließe."

Hier trat er einen Schrltt zurück, blickte gegen meinen Schreibtisch zu, mit einem kleinen kurzen Aufwink des Kopfs, etwa wie ein Kapellmeister, der den Flötisten ersucht, sich bereit zu halten –, und kam so zum Schlußsatz.

„So," sagte er gütig, „und nun vertrauen Sie mir ungeniert an, wie ich Ihnen in Ihrer Umgebung gefalle, selbst auf die Gefahr hin," ergänzte er, da er mich mit der Antwort zögern sah, „daß es ein Mißfallen sein sollte –." Und nun lächelte er großmütig, durchaus großmütig, es läßt sich anders nicht nennen.

*

(Lieber Freund, inzwischen hat der Herr Dr. Junk, über den ich mich bei Ihnen beklagte, auch noch geschrieben: hier sein Brief, wörtlich, und daneben die Übersetzung in meinen Eindruck davon. Nur dies heute, nebst vielen Grüßen:

Ihr

R.)

Schloß Duino bei Nabresina, österreichisches Küstenland,
am 12. Februar 1912

Mein lieber Freund,

ich bin ein wenig beunruhigt, so lange nichts von Leipzig zu hören, und wenn ich nun anpoche, so soll dies unter keinen Umständen unbescheiden aussehen. Ich nehme an, meine Sendung vom 23. Januar, meine Briefe vom 25. und 26., sowie was ich Ihnen am 6. d. M. schrieb, ist gut in Ihre Hände gekommen; mit den Abschriften des Marienlebens hat es selbstverständlich keine Eile, nur Vogeler, glaub ich, erwartet die seine mit etwas Ungeduld ...

Heute bittet mich ein junger Ungar, ihm, um Gottes willen, zwei aus den „Geschichten vom lieben Gott" zu erklären, und Herr S., W., will mir durchaus ein neues Buch widmen. Welche Betriebsamkeit. Einzelne Fragen nach der „Liebe der Marie Madeleine" stellten sich ein: wann etwa kann man auf sie rechnen?

Genug; ich hoffe, daß alles bei Ihnen in Haus und Werkstatt zum besten steht, besonders daß die Gesundheit von klein und groß nichts zu klagen und zu besorgen gibt. Gefreut hätt es Sie beide, zu sehen, wie ich diese letzten Tage mit Goethes Harzreise im Winter lebte; diesem großartigen Gedicht, das ein Zufall mir entdecken half.

Adieu, alles Getreue und Herzliche

Ihr

Rilke

Schloß Duino bei Nabresina, österreichisches Küstenland,
am 9. März 1912

Lieber Freund,

ich weiß, die „Weiße Fürstin" und Umgebung können am unmittelbarsten zum „bösen Beispiel" ausschlagen, möchte aber (zu meiner Entschuldigung) glauben dürfen, daß im gegenwärtigen Fall die „Sitten" schon vorher nicht mehr ganz gut waren.

Das Manuskript geht gleich wieder zurück; vielleicht lassen Sie's, vorsichtshalber, noch jemanden sehen, für dens nichts Anzügliches hat. Mir macht es einen recht schlechten Eindruck: Vage, in acht Zehnteln seiner Bilder ausdrücklich falsch, ohne einen einzigen Kontur: eine Erschütterung aus Watte, ein Herumsteigen auf Federbetten. (Aber vielleicht bin ich zu grob.)

Ich freu mich, daß Sie diesen rührenden großen Verhaeren nun kennen, groß, ja, man kann es von ihm sagen, in dem Sinne, in dem Cézanne von Pissarro versicherte, daß er groß sei: mit Tränen in den Augen.

In Wien, vernahm ich, freute sich alles auf ihn. (Sind Sie denn schon dort gewesen?)

   Sehr von Herzen
        Ihr
          Rilke

Schloß Duino bei Nabresina, österreichisches Küstenland,
am 16. April 1912

Sehen Sie nur, lieber Freund, sehen Sie: es nimmt kein Ende. Ich sah mit Schrecken schon alle die voraus, die sich wieder auf Herrn Wiener berufen werden, wenn wir im geringsten nachgeben. Finden Sie, bitte, das rechte Wort Absage, gegen das es keinen Widerspruch gibt.

Herr Paul Leppin (Prag) schrieb mir zugunsten dieser neuen Plage; ihm zu antworten, nahm ich auf mich, wenn Sie's nur dem Herausgeber ausreden wollen. Es geht doch wirklich nicht an, nicht wahr?

Ich bin recht erfrischt aus Venedig zurückgekommen, aber jetzt hat ein jäher Wettersturz mit Stürmen und dem Schnee-Einfluß von den Bergen herüber mir wieder schlechte Tage verschafft; sie werden vorübergehen. Dies ist die Ursache, daß ich Ihrer lieben Frau noch nicht für ihren Brief dankte, für die guten Nachrichten vom Rilke-Baum. Glauben Sie mir, es ist meine herzlichste Ambition in Ehren, hinter ihm nicht zurückzubleiben.

Voraussichtlich geh ich, wenn die Campanileste vorüber sind (wehe, wehe, der Campanile, von jener „Ähnlichkeit", die gewisse bekannte Persönlichkeiten im Wachsfigurenkabinett auszeichnet), nochmals für eine Zeit nach Venedig. Anfangs Mai aber bin ich noch auf Duino, sicher.

Nur dies heute mit den, wie immer, treusten und freundschaftlichsten Grüßen

Ihr

Rilke

Venedig, Zattere, Ponte Calcina 775, am 13. Mai 1912

Lieber Freund,

nicht viel hätte gefehlt, so hätten unsere Briefe sich gekreuzt, denn ich wollte mich Ihnen gerade unter der neuen Adresse melden, als Ihr großer Brief erschien; auf ihn hin verhielt ich mich noch ein paar Tage, um in allem Gefragten gewissenhaft zu Rat zu gehen; lassen Sie mich der Reihe nach antworten.

Daß der „Rodin" in Ihre Hände kommt, ist mir eine herzliche Freude, den Grafen Kessler eine Auswahl von Abbildungen treffen zu lassen, ist die beste Idee, die bei dieser Gelegenheit kommen konnte; bleiben wir dabei. An meinen Texten wird, wie ich Ihnen schon sagte, nichts zu rücken sein, dieser Gegenstand geht mir weit über den Mut, ich habe gegenwärtig gar keine Einsicht von Rodin, mir fehlt Richtung und Maß, etwas zu verändern; einmal, später, wird vielleicht ein dritter Teil möglich sein, der meine beiden früheren Aspekte derjenigen Perspektive unterstellt, in der sie gültig bleiben. Vor der Hand bin ich dazu noch nicht fähig, wirklich, ohne alle Wehleidigkeit, es geht noch nicht. Die Durchsicht, die Sie für richtig halten, will ich natürlich gern vornehmen und wann Sie es wollen – obzwar ich dafür am liebsten erst wieder in Paris wäre. Eine billige Ausgabe für viele dürfte wohl eher am Platz sein, bei einer Arbeit, die ohnehin schon längst unter die Leute gekommen ist; es wäre ein Zurück, kommt mir vor, sich damit erst noch wieder rar und kostbar zu machen: nicht?

Die „Elegie", lieber Freund, ich freu mich, daß Sie sie in Wien kennen gelernt haben; es ist noch eine zweite da, Kassner bekam sie in Duino vorgelesen, und die Fürstin Taxis und er hatten die stärkste Überzeugung auch für diese zweite, gaben ihr vielleicht sogar den Vorzug vor der früheren. Für mich sind diese Arbeiten, was seiner Zeit das „Stundenbuch" war in seinem Entstehen, ein wirklicher Anhalt; der erste Teil des „Stundenbuchs" hat Jahre und Jahre in Freundeshänden gelegen, ehe er mit den späteren Abschnitten zu dem Buch zusammen- und herauskam, ähnlich möcht ich es mit den Elegieen halten, schön im geheimen, ich fühle, es soll so sein, und Sie werden mich, weiß ich, gewähren lassen und mirs nicht zur Laune anschreiben. So bin ich schlecht für den Almanach zu verwenden; aber wär es nicht das gegebenste, drei, vier Gedichte des „Marienlebens" zu bringen, wir könnten noch überlegen, welche?

Dem „Cornet" seh ich mit herzlichster Stimmung entgegen, nur beunruhigt michs ein wenig, daß man, wie Dr. Buchwald mir schrieb, auch den Abdruck in der „Deutschen Arbeit" berücksichtigt hätte; zufällig fand ich ihn einen der letzten Tage in Duino, er ist einer älteren Fassung nachgedruckt, fehlerhaft in bezug auf die Namen, unbedingt war die Buchausgabe, die Juncker gemacht hatte, ihm gegenüber überall im Recht: hat man so verfügt? Darüber sorg ich mich ein bißchen.

Über Pläne heute zu sprechen, bin ich noch nicht imstand, nur wars nicht denkbar, nach diesem langen Wohnen am Eingang Italiens nicht doch noch einzutreten. Vielleicht bleib ich nun wirklich eine Zeit lang hier, so lange wenigstens, bis die ärgsten Fremden sich verlaufen, und seh, was mir Venedig noch gibt; — denn wir werden nicht fertig miteinander von einem zum anderen Mal, und es wär gut zu wissen, was wir uns wollen, eines vom andern. Die Wärme benimmt sich nicht aufdringlich, und der Lido ist immer da. Aber über alles das nächstens, wenn ichs übersehe. Viele herzliche Grüße nach Badenweiler, wenn Sie Ihrer Frau schreiben, im Juni sehen wir uns wohl kaum, aber Sommer oder Frühherbst führt, hoff ich, zum Wiedersehen. Sehr von Herzen

Ihr

Rilke

Venedig, San Vio, Palazzo Valmarana, am 3. August 1912

Lieber Freund,

seit vier, fünf Tagen schon will ich Ihnen danken für diesen Vorrat guter Nachrichten; ich bin es gewöhnt, von Ihnen aufs treuste unterstützt zu sein, aber Sie finden immer noch Wege, mich mit Besserem zu überraschen, so daß das Gute nicht zur Gewohnheit wird.

Danke, also. Sils Maria war ein so lieber Vorschlag, um ein Haar wär ich gekommen, unter andern Umständen auf jeden Fall. Aber stellen Sie sich vor, was damals auf dem Spiele stand: Eleonora Duse wünschte mich zu sehen, es ging von ihr aus, ich hatte meinen großen Wunsch, ihr zu begegnen, durch fast zehn Jahre in mir erhalten, ohne (wie es mir in den größesten Bedürfnissen immer mehr zum Gesetz wird) das geringste dafür zu unternehmen. So kam also auch dies, von selbst, ohne Gewalt, und hat mir viel Eindruck gemacht, viel an mir gebildet; denn wir haben uns fast jeden Tag gesehen, es war immer für mich gedeckt an ihrem Tisch, ich konnte kommen und bleiben, wie michs drängte.

Das allein schon, mögen Sie denken, konnte mich hier halten; nun kommt manches andere, was zu erzählen zu umständlich wäre, dazu, – kurz: ich bin noch hier, die Hitze ist zwar durchaus force majeure; aber, wenn auch in vielem verlangsamend und aufhaltend, schadet sie mir doch im ganzen nicht, ist etwas Ständiges, täglich das gleiche, man paßt sich an, und innerhalb eines gewissen Mimikry lebt sichs dann leise weiter. Auch denk ich nicht, die Sache zu übertreiben, ich will jetzt bald fort, nur sind zu viel Möglichkeiten da, an mehreren Orten versichert man mir, erwünscht zu sein, aber welcher ist der, der mir not tut? – ich muß einmal die Augen schließen und das herausfinden.

Leipzig, die Richterstraße, ist natürlich eine Sache für sich, aber ob früher oder später, wag ich noch nicht zu entscheiden. Nein, Sie schrieben mir nie vom „Marienleben", wir müssen darüber sprechen, sowie über die Gedichtauswahl und so vieles. Eine kleine billige Ausgabe des „Requiem", wie Sie sie planen, hat allen meinen Beifall. Ich meinte schon, ein durchgesehnes Exemplar der Neuen Gedichte II an Sie geschickt zu haben, vielleicht bild ich mirs ein, ich seh rasch noch eines an und schicks nächster Tage. Die „Geschichten vom lieben Gott" mögen in Gottes Namen bleiben, wie sie sind, auch die Widmung; sie hat etwas so naiv Definitives, ich seh kein Mittel, sie aufhören zu machen in diesem Leben.

... kennt wirklich keine Grenzen — und dabei ist doch der „Cornet" auf dem Gaul, den er ihm zur Verfügung gestellt hat, sehr wenig weit gekommen, lieber Freund, was haben Sie diesen guten Christoph Rilke beritten gemacht. Wer hätte das gedacht.

Aber, bitte, lassen Sie mir noch drei oder vier Exemplare der „Gustgenbriefe" schicken, was für eine Herrlichkeit, ich lese sie ein Mal übers andere, — ob man noch so einen Moment im Leben haben kann, auch später, denn ach, ach, gehabt hat man ihn nicht, und so wars nie das Ganze, und man treibts vor sich, stückweis, recht als ein armer Teufel. Dank und tausend Grüße Ihnen beiden.

Ihr Rilke

Venedig, San Vio, Palazzo Valmarana, am 9. August 1912

Sie werken nach Herakles-Maßen, lieber Freund, was soll ich sagen? Mich erschreckt fast die Kühnheit, mit der Sie nun auch das „B. d. B." befreit haben, den Drachen in einem Goldberg verschüttend.

Dank — daß doch das alles recht dazukäme, Ihnen Freude zu machen.

Bei einem Neudruck das Format des „Stundenbuchs" zum Maßstab zu nehmen, schiene mir durchaus das richtige, wenn wir einig sind, später auch die „Frühen" und die „Neuen Gedichte" auf diese Proportion zu bringen (was ja, wie ich glaube, Ihre Absicht war).

Sie wissen, Juncker hat immer noch jenen kleinen Drei-Novellen-Band „Die Letzten"; hat er davon nichts verlautet? Ich bat neulich den Insel-Verlag, mir ein Exemplar davon aufzubringen, — es scheint aber schwer zu sein, eins zu finden. Das kleine Buch ist recht belanglos, eine seiner Geschichten spielt („spieluhrt" hätt ich beinah gesagt) in Venedig, deshalb hätt ichs gern wiedergesehn, da ich jetzt genau den Kaminplatz habe, der darin angeträumt war.

Aber daß wir das „B. d. B." haben, ist wirklich eine Freude; denn dies ist wichtig auf meinem Weg un carrefour, la „patte d'oie", rendez-vous de chasse; vielleicht sogar eines Tages aufs neue nötig dorthin zurück und von dort noch einmal auszugehn in der entgegengesetzten Richtung oder ohne, dem Einhorn, dem ewigen Einhorn nach. —

... Dank für die weiteren Gustelbriefe; reißt man sich nicht darum? Man müßte, man soll.

... Dienstag abends war Moissi hier bei mir und sprach wunderlich über Shakespeare, ich fürchtete schon, er wäre ganz Akteur geworden, aber da, einen Augenblick, triebs wieder in ihm und gab ihm eine reine Bewegtheit, die Berufung schlug durch an seinem ganzen Wesen, wider die kein Wehren ist.

Ich schreibe bald,
      Dank, viele viele Grüße.
           Ihr   Rilke

Schloß Duino bei Nabresina, österreichisches Küstenland,
am 2. Oktober 1912

Lieber Freund,

...wenn ich...noch hier bin, so hängt das mit der verhältnismäßigen Größe der Pläne zusammen, die mehr und mehr alles andere Vorhaben überwogen und nun endlich so weit sind, daß ich selbst anfange, an sie zu glauben und in ihrer Richtung zu handeln. Ich gedenke nämlich, diesen Herbst und soweit als möglich einen Teil des Winters in Spanien zu verbringen, wie Sie gleich verstehen werden, nicht als Tourist, der sich eilt, sondern ich meine, mich in Toledo niederzulassen und dort zu wohnen. Sie wissen, daß Greco zu den größten Ereignissen meiner letzten zwei oder drei Jahre gehört; das Bedürfnis, sich gewissenhafter mit ihm einzulassen, sieht beinah wie eine Berufung aus, wie eine tief innen eingesetzte Pflicht; – aber weit darüber hinaus, bis in jene römischen Tage, da ich, ohne es zu wissen, den „Malte Laurids" begann, reicht der Antrieb zu einem Aufenthalt in Spanien, – und über dem Gang der Jahre seither, während eines sich erfüllte, ein anderes abfiel, ist mir dieser Wunsch so rüstig und lebhaft geblieben, daß er jetzt fast der einzige ist, auf den ich mich in mir verlassen kann. Vielleicht übertreibe ich: aber mir will scheinen, als ob diese Reise von ähnlicher Bedeutung für meinen Fortschritt sein würde, wie es einst die russische war; als ob sie die Vollmacht vieles Ausdrucks, der jetzt noch nicht gewährt ist, mit sich bringen sollte; – der immer noch abwartende Zustand, in dem ich mich seit Abschluß der letzten großen Arbeit finde, mag auch dazu beitragen, daß ich mich aufmerksam an diesem Neuen versuchen möchte, darin die verschiedensten Richtungen meiner Arbeit, wie ich vermute, zusammenkommen.

Ein äußerer Anlaß kommt dazu. Im nächsten Jahr soll Toledo, hör ich, der Schauplatz einer großen Greco-Ausstellung werden: nicht nur, daß ich diese Veranstaltung sorgsam vermeiden möchte, ich fürchte, daß dieses bisher noch so ununterbrochene irdische Sternbild, das Toledo ist, nach diesem Andrang verändert, verallgemeinert zurückbleiben wird, so daß dieses fast der letzte Moment ist, es in seiner Entlegenheit zu überraschen.

Nun widerstrebt es mir, lieber Freund, diesem bedeutenden Entschluß nachzugeben, ohne mich ganz im Einverständnis mit Ihnen zu wissen; Sie werden es mir, glaub ich, nicht vorenthalten ...

Ich denke hier nur noch abzuwarten, wie weit der Streik in Spanien sich verbreitet und wie er verläuft, um dann, wahrscheinlich über Genua, Marseille, Bordeaux und Irán den Weg nach Madrid zu nehmen; es wäre etwas näher, über Barcelona zu gehen, aber die katalonischen Linien sind die aufgeregtesten, und ich halte auch darauf, bei Fontarabie in Spanien zum ersten Mal einzutreten.

Soweit davon. Nun nur noch ein Brief Heinrich Vogelers, den ich Ihnen einlege, damit Sie sehen, auf welchen Ausweg er in der Angelegenheit des „Marienlebens" seine Hoffnung setzt. Sie kennen die Geschichte dieser Arbeit und den Anlaß ihres Entstehens: halten Sie es für möglich, den Vorschlag, so wie er ihn jetzt formt und einschränkt, zu berücksichtigen, so wärs mir lieb, da er doch nun einmal mit der Abstammung dieser Gedichte in Beziehung ist und seit so lange im Vertrauen der aufgegebenen und wiedergewonnenen Sache.

Dem Abdruck jener in seinem Manuskriptbuch eingetragenen Verse („Du blasses Kind, an jedem Abend soll...", später im „Buch der Bilder" aufgenommen) in den Worpsweder Blättern würde ich auch am liebsten zustimmen, eben im Gedächtnis von Paula Becker-Modersohn, auf das er sich mit Recht beruft.

Das Haus ist etwas unruhig, ich werde jeden Augenblick unterbrochen, wir erwarten heute den jungen König Manuel zu Besuch, mit ziemlicher Gelassenheit unsererseits, aber auf Dinge und Dienerschaft wirkt doch die Nähe des königlichen Magnets, alles zittert, benimmt sich polar und stellt sich ein.

Genug denn, Sie werden sich ja auch nicht mehr verlangen, vor der Hand, als meine reichliche Neuigkeit. Ich erwarte Ihre Meinung dazu und wünsche mir, von Ihrer beider Vertrauen begleitet, meine Wege zu unternehmen. Viele herzlichste Grüße dem ganzen lieben Haus

                Ihr   Rilke

München, Hotel Marienbad, am 18. Oktober 1912

Lieber Freund,

... Je mehr ich hier die kleinen Bändchen der „Insel-Bücherei" in Gebrauch und Umgang seh, desto mehr frag ich mich, ob wir nicht am besten täten, dem „Marienleben" gleich diese zugänglichste Existenz zu geben, die seiner Art nicht schlecht entspräche? Es würde als ein solches kleines Buch recht bereit unter die Leute gehen und sich wohl fühlen (will mir scheinen).

Dagegen ist die sehr schöne Ausgabe vom „Buch der Bilder", die Sie vorhaben, diesem durchaus angemessen, ich freu mich darüber und stimme dankbarst zu. Die Druckprobe und das durchzusehende Exemplar gehen nächster Tage an Sie zurück.

In Eile, wie Sie sehen, ich bin, wie immer, rechts und links erwartet hier, aber Ruth hat das Vorkaufsrecht bei allen meinen Unternehmungen; Hofmannsthal sah ich einige Mal, er wohnte natürlich auch im Marienbad – habe nun noch Gleichen-Rußwurm vor mir, Knoop, Bruckmanns wiederum und Annette Kolb – hoffe, es kommt nichts Neues dazu.

Freu mich auf meine Reise und daß auch Sie einige Reisegedanken recht ins Freie denken für den November.

Tausend Grüße, lieber Freund,

Ihr

Rilke

München, Hotel Marienbad, am 25. Oktober 1912
Mein lieber Freund,
mit dem spärlichen Zeichen, das ich von hier aus gegeben habe, ist nicht einmal Ihr Brief vom 8. Oktober recht beantwortet gewesen, und Sie warten sicher auf meine Meinung in Sachen „Marienleben".

Also: ich schrieb Vogeler eben, und, um es kurz zu sagen, mir scheinen seine Zeichnungen nicht recht brauchbar und dem Text, den sie begleiten sollten, unangemessen; nicht einmal sein Vorschlag, eines von den Blättern (und am ehsten wärs noch die in dem einen Engel hinabweisende Engelgruppe) verkleinert im Innentitel zu verwenden, will mir als ein Ausweg einleuchten. Einesteils war mirs schwer, aber ich sah keine Möglichkeit als die, ihm das offen mitzuteilen — es ist ja schade, daß er sich zu so viel eingelassen hat, obwohl ihm die Verse nicht unmittelbar anregend waren. So ist ein recht ungleiches Teil auf uns gefallen: während ich ihm die Entstehung meines „Marienlebens" danke, wurde dies die Veranlassung zu Zeichnungen, mit denen er nun ohne Unterkunft bleibt. —

So würd ich (seine Zustimmung vorausgesetzt) in jedem Fall das kleine Buch vom „Marienleben", wenn es sich eines Tages, ohne Zeichnungen nun, verwirklicht, Heinrich Vogeler widmen, um wenigstens so beim Gedächtnis unseres alten gemeinsamen Planes zu bleiben und innerhalb des Buches mit ihm beisammen zu sein. In diesem Sinne schrieb ich ihm heute und hoffe, damit auch Ihnen diese schwierige Sache abgenommen zu haben. Wie wird das „Marienleben" nun zu bringen sein? Hat Ihnen meine Idee, es in der Insel-Bücherei zugänglich unterzubringen, zugesagt? ...

Meine hier so weit verlängerten Tage brachten mir reichlich Begegnungen; München selbst ist versehen mit Bekannten, und außerdem nahmen die meisten Stuttgartpilger diesen Weg und stärkten sich an meinem Unbeteiligtsein. Ich dagegen habe nur drei spanische Stunden nötig, und dann geh ich (Montag) und seh mich nicht mehr um. Alles Allerherzlichste.

Ihr

Rilke

Toledo, Hôtel de Castilla, am 4. November 1912

Bester Freund,

schnell, lassen Sie sich erzählen, wie am Ende in München nichts nötig war, als nur dringend, nicht dort zu sein, sondern hier –, ich bin gereist, gereist, ohne Rücksicht, und nun, nun darf mans sagen – ists Toledo, ists Toledo. Ich merke jetzt, wie ich, seit lange, allen Dingen unrecht tat, indem ich von ihnen dies hier erwartete, ja forderte; und es rührt mich, wie sie sich weit herbeiließen, mir dies zu bedeuten und zu versprechen, aber ich lebte in lauter Vorgefühl, und nun erst ists wieder das Fühlen selbst.

Liebe teilnehmende Freunde, Ihr erwartet nicht, daß ich beschreibe —: wie denn? Nur so viel: vollständig rein, mit der ganzen Prägung, wird mir wieder einmal mein Grundsatz ins Herz gedrückt, daß es keine Enttäuschung gibt; hier hab ich doch nun wirklich Erwartung auf Erwartung gehäuft, Anspruch auf Anspruch — vom obersten, meint man, müßte nun alles klein aussehen, überschätzt, anders: aber dies ragt und ragt und denkt nicht daran, irgend etwas zu erfüllen, und hat seine Natur, als ob wir nicht mehr da wären.

Es wurde mir ... mitgeteilt, daß in dem Atelierhaus 17, rue Campagne Première (demselben, in dem ich den guten arbeitsamen Sommer verbrachte, bevor ich in die rue de Varenne zog), endlich etwas frei wird; dies kommt selten genug vor, und nach meiner Erfahrung gibt es (insofern Paris doch noch in Betracht kommen soll, und ich weiß schließlich immer noch nichts anderes) kein Haus, das mir durch seine Lage und Einteilung ähnlich entspräche; auch erwog ich schnell, daß es mir nach der spanischen Reise — mag sie nun länger oder kürzer dauern — ganz besonders wichtig sein wird, eine eigene unabhängige Arbeitsstelle vorzufinden, — dies alles zusammen führte den Entschluß herbei, der rasch gefaßt sein mußte (der Concièrge wartete), und nun wird die Zukunft zu erweisen wissen, ob dies ein Leichtsinn oder eine Vorsicht war. Ich versuch es jedenfalls, mir vor der Hand keine Gedanken darüber zu machen ...

Die Schätze der letzten Insel-Sendung haben mir auf der Reise sehr gute Begleitung erwiesen und haben mir auch hier mein Zimmer vom ersten Moment an eigener gemacht. Ob nicht auch die neue (von uns geplante) Übertragung der Fünf Briefe der portugiesischen Nonne für die „Bücherei" passen würde? Aber wie viel und wie Schönes ist schon da, ich bewundere, wie Sie da unermüdlich eins nach dem andern durchsetzen, und möchte Sie nur auch erinnern, daß Sie vorhatten, um die Mitte des November eine kleine Reise und Erholung zu halten, vergessen Sie das nicht. Damit Schluß für heute, viele viele Grüße Ihnen beiden, alles Herzlichste und Dankbarste.

Ihr

Rilke

Toledo, Hôtel de Castilla, Spanien, am 9. November 1912

Lieber Freund,

zweierlei in Kürze:

Heinrich Vogeler hat meinen Brief überaus freundschaftlich aufgenommen und verstanden, er schreibt mir, es schiene auch ihm das richtigste, wenn das „Marienleben" ohne seine Zeichnungen erscheint. So können wir also bei der Insel-Bücherei bleiben, und es wäre dann nur noch eine passende Zueignung an Heinrich Vogeler zu bedenken, die ich wohl erst gelegentlich der Korrektur Ihnen zu geben brauche. — Vogeler hat die herzliche Idee, mir von den Zeichnungen diejenige, die mir am liebsten war, zu schenken: das Blatt mit der Gruppe, die sich in dem einen, senkrecht herunterweisenden Engel zuspitzt. Bitte, legen Sie dieses als mein Eigentum zurück (es herzusenden wäre riskiert und hätte keinen Zweck); die übrigen Blätter bittet Heinrich Vogeler, ihm an seine gegenwärtige Berliner Adresse zurückzuschicken.

Damit ist diese Angelegenheit erledigt.

Beiliegend den gutgemeinten Brief eines Herrn Radlow aus Petersburg. Ich würde ihm ja gern entgegenkommen, nur weiß ich nicht recht, was ich ihm erzählen soll, wenn ich nicht die Biographie, die er sich vornimmt, an seiner Statt schreiben will. Gibt es irgend einen Aufsatz mit Daten, den man ihm zur Verfügung stellen könnte? Im übrigen scheint mir, darf man ihn auf die Bücher verweisen, die doch schließlich alles enthalten, was er wissen muß, – ob dann der Apollo oder eine andere Revue ihm den Gefallen tut, seine Arbeit zu publizieren, vermag uns ja nicht sehr aufzuregen. Sie werden sehen, ob man ihm etwas schickt, eine Wichtigkeit hat die ganze eifrige Unternehmung wohl zuletzt vor allem nur für Herrn Radlow, nicht wahr?

... Ich glaube, das ist alles für heute. Ich werde, wie Josua, die Sonne hier festhalten müssen, denn sowie sie nachläßt, fühlt sich die Stadt sehr kalt an; aber noch ist sie da.

Viele Grüße

Ihr   Rilke

Toledo, Hôtel de Castilla (Spanien), am 20. November 1912
Mein lieber Freund,

... Ja, das ist gewiß, daß dieses alles hier eine eigene Wichtigkeit für mich hat, aber es ist natürlich herrlich, daß Sie das selber sagen und mich im Hiersein so generös beruhigen und bestärken. – Freilich, wenn Sie fragen, wie lang ich in Toledo bleiben werde, so bin ich um die Auskunft verlegen – nun, da ich herumgehen kann, als ob ich die Stadt kennte, laß ichs so kommen, wie es mag. Nur hab ich nun schon erfahren dürfen, wie streng sich die Kälte hier zu verstehen gibt, und dieses Experiment war von der Art, daß ichs doch für wahrscheinlich halte, daß ich nach einer Weile Sevilla oder Granada, sei es auch nur als Unterbrechung des hiesigen Aufenthalts, ins Programm hereinnehme.

Was die Briefe der portugiesischen Nonne betrifft, ja, so werd ich mir diese Aufgabe – samt Nachwort – sehr angelegen sein lassen. In einer meiner Pariser Kisten liegen zwei der französischen Ausgaben, aber ich werde mir, an der Hand der bei Larsen zusammengestellten Daten, doch wohl noch eine andere verschaffen: es handelt sich darum, nicht nur den reinsten und vollständigsten Text, sondern auch nur die wirklich echten fünf Briefe in der möglichst richtigen Folge herüberzubringen. Das endgültige Manuskript werd ich Ihnen aber jedenfalls erst von Paris aus geben (selbst wenn ich hier zur Übersetzung kommen sollte), weil ich die Vorsicht gebrauchen will, mich an den dortigen Bibliotheken noch einmal in dem ganzen Material umzusehen; damit unsere Ausgabe sich nicht das geringste vorzuwerfen habe. Ich hoffe, es ist Ihnen nicht eiliger damit.

Adieu, lieber Freund. Übersehen Sie nicht, daß nun auch der „Museumsdirektor" den rühmlichsten Anspruch auf einen Urlaub hat — und lassen Sie sich alles Dankbarste recht von Herzen versichern

von
Ihrem
Rilke

Hôtel Reina Victoria, Ronda, Spanien,
am 18. Dezember [1912]

Lieber Freund,

nun müssen Sie mich noch ein wenig weiter gegen Süden suchen, auf Gibraltar zu, von dem ich kaum drei Stunden Postzug entfernt bin, in Gesellschaft einigermaßen großer Berge, am Rande einer der ältesten und seltsamsten spanischen Städte, der gegenüber ich mir nichts vorzuwerfen habe, als daß ich in einem neutral europäischen Hotel wohne, das die Engländer vor ein paar Jahren eingerichtet haben, in Rücksicht auf die Sommergäste, die Algeciras und Gibraltar jährlich heraufsenden, — das aber auch jetzt im Gange ist. Zu einer anderen Jahreszeit hätte ich gewiß versucht, spanischer (und billiger) zu wohnen, aber die starke klare Bergfrische ist auch hier am offenen Kaminfeuer (das ich leider nie sehr gut vertrage) noch empfindlich genug, und ich habe wieder ein paar weniger günstige Wochen, gesundheitlich, durchzumachen gehabt, meine alten Schmerzen in Stirn, Schläfen, Augen, durch Blutzudrang hervorgerufen, und ein paar andere Übelstände hinzu, außerdem war Sevilla mir merkwürdig unangenehm, ich sehe schon, daß auch hier die Dinge, die offenkundig im Ruf der Schönheit stehen, mir weniger bedeuten —, und so trifft es sich wunderbar, daß ich Ronda gefunden habe, in dem alles Erwünschte sich zusammenfaßt: die spanischste Ortschaft, phantastisch und überaus großartig auf zwei enorme steile Gebirgsmassive hinaufgehäuft, die die enge tiefe Schlucht des Guadiaro auseinanderschneidet; die starke reine Luft, die über das weiterhin geöffnete, von Feldern, Steineichen und Ölbäumen freundlich ausgenutzte Flußtal aus den, die spannendste Ferne bildenden Gebirgen herüberweht—; schließlich das bequeme, geläufige Hotel, in dem ich vor der Hand sogar ganz allein bin (was indessen, wie ich höre, nicht von Dauer ist): Sie werden begreifen, daß alles das mich bestimmt hat, ohne zunächst weiterzuplanen, Weihnachten, womöglich auch das neue Jahr, innerhalb dieser Umstände abzuwarten ...

Aber nun lassen Sie sich, beste Freunde, gute frohe Weihnachten sagen, sehr von Herzen. Lassen Sie sich Fest und Feiertage recht rein geschehen, von den kleinen Herzen aus, die die Herrschaft darüber haben. Dem Museumsdirektor schickte ich einen kleinen, in Sevilla getanen Fund, nicht erinnernd, ob das Inventar der Goethe-Bibliothek diese Nummer aufweist; schlimmsten Falls ist sie dem Sammler auch als Duplikat zu gelegentlicher Tauschung erwünscht, nicht wahr?

Und nun alles Gute und Liebe.

Ihr
Rilke

Hôtel Reina Victoria, Ronda, Spanien,
am 7. Januar 1913

Lieber Freund,

wie jede Nachricht davon, daß das Geschäftliche Ihnen zuweilen (viel zu selten) aus eigener Vollmacht eine kleine Erholung anlistet, hab ich Ihren Ausflug nach Köln, Antwerpen und Brüssel mit Freude vernommen; gewiß werden Ihnen beiden diese wenigen Reisetage als eine unbestimmt lange Zeit, ausgedehnt durch die Zahl der Eindrücke, sich nun im Gefühle einrichten. Ich kenne weder Antwerpen (trotz Plantin-Moretus) noch Brüssel, aber an die kleineren belgischen Städte zurückzudenken, ist hier manche Veranlassung, sie sind spanischer, als man denkt, wie überhaupt Spanien, durch die Habsburger durch, vielen Ländern recht ausdrücklich ins Blut gegangen ist: so daß man hier vieles, was man schon kennt, nur heftiger und entschiedener, wiederfindet.

Aber ich schiebe das Erzählen ganz aufs künftige Mündliche ab, um nur von mir zu reden, so hab ich einige recht schlechte Wochen hinter mir; gleichwohl bin ich hier geblieben, denn Luft, Wohnung und Verpflegung könnten nirgends annehmlicher sein. Meine Übelstände liegen nicht am Klima, sind nur ein neuer Abschnitt in dieser eigentümlichen Überwindung oder Erneuerung, die meine ganze Natur, wie ich glauben muß, in diesen Jahren zu leisten hat; meine hoffnungsvollste Einsicht ist etwa die, daß im Körperlichen wie im Seelischen seit dem „Malte" dasselbe vor sich geht, ein Prozeß des Umgrabens im ganzen Erdreich meines Wesens, wobei das Oberste zuunterst kommt: Zeiten, da es am günstigsten wäre, überhaupt kein Bewußtsein zu haben; denn der fortwährende Umsturz solcher Vorgänge kann sich dort nicht anders denn als Qual und Preisgegebenheit ausdrücken. Das Auftreten der Elegieen voriges Jahr hat mich ein wenig ins Vertrauen dessen einbezogen, was sich unsäglich langsam, unter dem Vorwand so großer Verheerung, ordnen mag, und ich finde in den schlechtesten Tagen doch immer wieder einen Rest Geduld, nicht Geduld mit mir (die ist längst aufgebraucht), aber Geduld zu Gott, wenn man so sagen kann, eine stille entschlossene Lust zu seinem Maßstab.

Es ist unbeschreiblich viel, lieber Freund, daß Sie mich, ich weiß nicht auf Grund welches Zutrauens, in diesen schweren rätselhaften Jahren in den Stand setzen, in diesem Sinne geduldig zu sein, nichts von meiner Natur zu verlangen, so daß sie ihren inneren und abgekehrten Beschäftigungen, wo ich sie nicht selber störe, in allen ihren Verkleidungen nachgehen kann. Wenn es mir bestimmt ist, die nächste Phase meines Daseins zu erreichen, so werd ich, dank dieser Schonung, in ihr heiler sein und vollzähliger, als ich jemals war. Was die jetzige Reise angeht, so hat sie's natürlich schwer, sich über so verschobene und ungleich hohe innere Verhältnisse zu verteilen, gleichwohl bin ich keinen Moment im Zweifel, daß gerade sie diesen Veränderungen den dringendsten Dienst tut, indem sie gewisse Gebiete, die noch alt dalagen, in den Bereich dieser Bewegungen einbezieht.

... Was tun? Manchmal faßt mich die Ungeduld, schon in Paris zu sein, nur um zu sehen, daß es geht —, bin ich erst über diesen Übergang hinaus, so glaub ich, Ihnen eine ruhige Zeit und geringere Ansprüche versprechen zu dürfen: nicht umsonst liegt das Atelier genau über jenem, in dem ein großer Teil der „Neuen Gedichte" entstanden ist und in dem ichs während einiger Frühlings- und Sommermonate verwirklichte, mit sehr wenigem Geld vergnügt, ohne fühlbare Einschränkung hauszuhalten, so daß ich mich, wie in der Arbeit, so auch im leidlich äußern Dasein, damals, recht voreilig, schon für gerettet halten mochte. Mit einem Wort, bis in den Mai hinein wirds eine schwierige Zeit geben; wie bald ich von hier aus diese Schwierigkeiten antrete, wag ich noch nicht auf Tag und Stunde zu entscheiden, jedenfalls hab ich nichts als die Rückreise vor mir, Granada lasse ich bleiben, höchstens daß ich mich, wenn sichs tun läßt, einige Tage in Madrid aufhalte, da, ohne die Greco des Prado-Museums und des Eskorial, ganz wesentliche Punkte meines Reiseplans unerfüllt und das Ganze vielleicht, an einer Stelle wie abgebrochen, im späteren Rückblick an sich selber zu leiden begänne.

Hier fällt mein Blick auf die Nachschrift Ihres Briefes. Nicht von einem „Unterbleiben" der Rodin-Publikation schrieb ich dem Grafen Kessler, der sich entschuldigt hatte, die Auswahl der Photographieen mit Rodin noch nicht verabredet zu haben: wohl aber war ich öfter nahe daran, Sie um einen Aufschub der neuen Ausgabe zu bitten, weil es etwas Vorwurfsvolles für mich hat, daß diese neue auffallende, mit einem Vorrat schöner Abbildungen ausgerüstete Edition sich nur als ein stattlicheres Gefäß der beiden abgestandenen Texte herausstellen soll, mit denen man sich längst abgefunden hat. Meine Stellung zu Rodin ist nicht weniger als mein sonstiges Innere in den Kreis der großen Veränderungen gerückt, die ich durchmache, — aber, wie überall in mir, ist auch da noch kein nächster Zustand erreicht, von dem ich etwas Gültiges aussagen dürfte; und da Rodin, wie ich begreife, selber eine jahrelange Krisis durchkämpft, vielleicht die Krisis seines Lebens, so wird, abgesehen von meiner Lage, von ihm erst wieder an seiner nächsten Wendung und Klärung einiges Zeugnis zu geben sein. Ich kann es nicht lassen, mir vorzustellen, wie schön es wäre, wenn wir diesen Zeitpunkt, der bei der Höhe seiner Jahre nicht mehr weit ausbleiben kann, abwarten würden, um dann in einer neuen Zusammenfassung Sachlicheres und Endgültigeres zu geben und durch einen neuen Vordergrund von vielleicht auch nur wenigen, aber köstlichen Seiten die bisherigen Ausführungen ins Perspektivische zu verschieben, wo sie immer noch bedeutend und wahr wären, während, an erster Stelle, jeder Neuling sie Lügen strafen kann.

Die Poststunde drängt, liebster Freund. Nehmen Sie, in gewohnter Nachsicht, dieses Rohmaterial von Sorgen und Verhältnissen in Betracht und lassen Sie sich wärmstens die Hände reichen

von
Ihrem
Rilke

Hôtel Reina Victoria, Ronda, Spanien,
noch am gleichen 7 ten abends

Ich mußte mit einem Ruck aufhören heute gegen zwölf, Poststunde, die erst vierundzwanzig Stunden später wiederkommt; eilig wars ja im Grunde nicht, aber hätt ich den Brief einen ganzen Tag länger im Haus gehabt, wer weiß, obs noch zur Absendung gekommen wäre, im beständigen Bedenken, daß Ihnen mein verspätetes Homunkeln, dieses Reden aus der Retorte, doch am Ende beschwerlich werden möchte. Er ist fort . . .

... Larsens „Schwester Marianna" wäre mir hier nun noch ganz erwünscht, aber seit ein paar Tagen hat sich noch ein anderer richtiger Wunsch herausgebildet: Stifter, lieber Freund, möchten Sie mir ein paar Bände Stifter schicken lassen? (aber als Drucksache, Pakete sind unendlich unterwegs), ich habe plötzlich eine Art Instinkt nach seiner Prosa, von der ich kaum mehr kenne als (seit zwei Jahren) die großartige Luftschiffergeschichte, an die ich lange nicht gedacht habe und die wiederzulesen ich nun auf einmal begierig bin ...
     Viele Grüße
        Ihr Rilke

      Hôtel Reina Victoria, Ronda, Spanien,
         am 14. Januar 1913
 Lieber Freund,

bei aller lieben Überzeugung von mir müssen Sie mich, nach der Stifter-Bitte, für haarsträubend unbescheiden halten, wenn Sie nicht wissen, daß die beiden Bücherpakete, von denen ich keine Ahnung hatte, erst gestern, den 13. (und das nur durch besondere Protektion, sonst hätten sie von Bobadilla hierher, versichert man mir, noch ein paar Wochen nehmen können) bei mir eingetroffen sind, wundervolle Bücherpakete, lieber Freund, die Sie unter Einfluß einer besonderen Eingebung angeordnet haben, ich kann Ihnen nicht beschreiben, wie sehr mich der

Inhalt befriedigt – ich muß schon fast einfriedigt sagen: so sehr ist mir das Bedürfnis rundherum erfüllt worden. Und ich hatte diesmal wirklichen Lesedurst, eine gewisse Trockenheit dort, wo die Augen schlukken, also es ist ein Triumph, auf einmal so versehen zu sein über Nacht, während ich immer zählte, wann mein Brief (die Brief-Nachschrift neulich) Sie erreichen und wann frühestens der Stifter hier sein kann. Der fällt nun natürlich weg, es wäre viel zuviel, und die schöne Sammlung der „Deutschen Erzähler" (was für köstliche vier Bände schon dem Äußern nach) breitet sich ja genau über die Stellen aus, die ich mit seiner Prosa zu beruhigen gedachte. (Überdies steht ja der „Hagestolz", den ich noch nicht kenne, im vierten Band.)

Was für eine solide große Arbeiterin ist doch die Ricarda Huch, ein kolossales Werk – ich las in Toledo viel in ihren „Liebesgedichten", deren Schönheit mir erst jetzt ganz fühlbar wurde, und nun auch gleich so eindringlich, daß ich mich angetrieben fand, ihr ein paar Worte der Bewunderung zu schreiben.

Dank ferner für die „Margaretha von Valois", die in München, im Herbst, bei Jaffe nicht zu kaufen mich einen Ruck voll Überwindung gekostet hat, – Dank für die Aufzeichnungen des Fürsten August Taxis (Sie haben ihnen eine treffliche Erscheinung gegeben) und was an Dank noch da ist (eine Menge) zum Schluß für den Jacobsen-Band. Ich habe die Novellen in der Reclam-Ausgabe mit, las sie in der Weihnachtsnacht mit ganz neuer Hingerissenheit und Einsicht und wünschte sehr, etwas von seinem Sonstigen wiederzusehen: da ist nun alles, was ich kannte, und das Naturwissenschaftliche (sicher in Deutschland völlig neue) obendrein. Mit einem Wort, es war eine meisterhafte Überraschung und ein herzlicher Beweis für die Genauigkeit Ihrer treuen Teilnehmung an Ihrem

entlegenen
Rilke

Hôtel Reina Victoria, Ronda, Spanien,
am 21. Januar 1913

Mein lieber Freund,

ich wollte Ihnen gerade schreiben, daß, wenn mir um Weihnachten gar nicht weihnachtlich zumute war, Sie mich dagegen jetzt in einen Zustand frohester Beschenklichkeit versetzen, durch die Bücher, wie sie fast täglich bei mir eintreffen —; dies wollte ich Ihnen gerade schreiben, da kam, gestern abend, Ihr guter Brief, fünfhundert außerordentliche Mark enthaltend, und nicht allein die, sondern alles an Freundschaft und Tröstlichkeit, was keiner Zahl, man mag sie annehmen, so lang man will, ausdrückbar wäre. Lassen Sie sich gleich beide Hände reichen, soweit das mittels eines Briefes angeht, jedesmal, wenn mir klar wird, wie treu und unvergleichlich sicher ich in allen meinen Kümmernissen unterstützt bin, erstaun ich, daß ich überhaupt klage, statt nur die große und liebe

Menschlichkeit zu beschreiben, die mein zögernder Zustand mir zu erfahren gibt.

Mit dem Rodin-Buch, lieber Freund, halten Sie's, wie's Ihnen gut dünkt: das Erscheinen der Publikation, in der von Ihnen beabsichtigten Art, hindert ja nicht, daß wir sie später um jenen Vordergrund bereichern, den ich eines Tages hoffe davormalen zu können. Betreiben Sie also die Sache in Ihrem Sinn und rechnen Sie in allem auf meine Zustimmung.

Den „Kondor" in den Stifter-Bänden hab ich gleich wiedergelesen, mit einem von dem früheren aufs merkwürdigste sich unterscheidenden Eindruck: ich kann ihn heute nicht für „meisterhaft" halten, aber es ist in seiner Unbefangenheit gewiß der Grund zu jener Meisterschaft gelegt, die ein rein entschlossenes Herz der Welt gegenüber besitzt, selbst wo es nicht dazu käme, sich anders als staunend und zustimmend anzuwenden. Wunderbar, wie ein Ereignis, wie das Durchs-Fernglas-Schauen, für eine ganze Entwicklung bedeutend werden kann: fast als wäre hier, im neugierigen Überraschtsein dieser Erfahrung, der letzte entscheidende Antrieb zu aller seiner Produktion.

Und das schöne „Heiligen-Leben" —: danke. Wer aber ist Severin Rüttgers, der in diesen Dingen so zu Hause ist und sich so nebenbei daran anbringt, kaum, daß man den Namen entdeckt — von ihm müssen Sie mir mal (mündlich) erzählen. Alles Liebe Ihnen beiden.

                     Ihr

                                  Rilke

Paris, 17, rue Campagne Première, am 6. März 1913
Mein lieber Freund,
dies wird, zwischen Handwerkern, Kisten, am neu zusammengeschraubten staubigen Tisch geschrieben, ein flüchtiges Gegenstück zu Ihrem Auktionsbrief damals. Es wird noch ein paar Tage dauern, eh ich von hier aus geordnet und richtig mich mitteilen kann, so nehmen Sie inzwischen dies, – mich drückts, daß ich Sie mit meinem Telegramm alarmieren mußte, verzeihen Sie, es war wie die Schiffssirene durch den Nebel; diese erste Pariser Woche war groß in Hoffnungen und Sorgen: einerseits wars so völlig Paris, ein Wiedersehen ohnegleichen, für mich ists doch der wunderlichste, bestimmendste, bildendste Ort, dieses erste durstige Durch-die-Gassen-Gehn, anderthalb Jahre war ich fort, und nun den vielen Bekannten zu begegnen, die man nicht kennt und die man ein bißchen gealtert findet und doch so redlich im Aushalten; so genau kennt man diesen oder jenen, von den Bettlern angefangen, daß man weiß, welcher Zug in seinem Gesicht hinzugekommen ist, Posten zu Posten, da stehts untereinander angeschrieben, und keiner, soviel ich ihrer bis jetzt sah, keiner hat addiert, hat die Summe gemacht, durch die Gott endlos zum Schuldner würde – jeder läßts offen und geht seinen täglichen Weg, ohne Abschluß, es ist unendlich viel Demut hier im Selbstverständlichen.

Auf der anderen Seite war dann sofort die Sorge da, das Nichtauskommen, ärger, als ichs voraussah, denn ich war acht Tage in Madrid geblieben, hatte zum Schluß den Leichtsinn, ein paar schöne Greco-Photographieen und das Greco-Werk Cossios, das ich zur Not spanisch las, zu kaufen, so kam ich ziemlich arm hier an, saß und konnte tagelang nichts für meine Installation tun (die rasch durchzusetzen ich mich sehr sehne) und merkte nur, rechnend und zählend, daß viel dabei zusammentreffen würde: das Auslösen der Möbel aus dem Depot, Übersiedlung, zahlreiche Reparaturen, dringende Anschaffungen, Bettdecken, Handtücher; alles, dessen Fehlen im Fortgehen eine Erleichterung war, ist jetzt dringend von einem Tag auf den andern; es hilft nichts. Gestern kam das Geld, seither hab ich alles in Gang gebracht, war im Bon-marché, hatte schon Tapezierer, Tischler hier, kurz, nun wird in ein paar Tagen die neue Stelle anzutreten sein.

Ich wünsche nichts, nichts, als daß ich auf ihr endlich zu ruhiger Leistung komme, auf das bescheidene regelmäßige Leben zurück, das vor den Tagen der rue de Varenne in diesem selben Hause möglich war, und dann weiter, weiter. März und April wird schwierig sein, trotz allem . . .

Aber von da ab hoff ich im Geleise zu sein, und dann endgültig und stetig. Denn was mein Herz an Wünschen hat, ist von den Wünschen der Natur, köstlich, nicht kostspielig.

Leben Sie wohl, liebe Freunde, und Dank für allen geistigen und greifbaren Beistand –   Ihr Rilke

PS.: Ich schreibe wieder und wirklich, sowie dieser große Tisch, den Sie kennen (Rodins) wirtlich geworden ist.

Paris, 17, rue Campagne Première, am 10. März 1913

Mein lieber Freund,

... Zum ersten Mal heuer lese ich an allen Anschlagflächen eine Aufforderung zu begünstigter Reise „à la foire de Leipzig" – gerne käme ich mit diesem französischen Zug und bezöge für ein paar Tage die Turmwohnung: denn wie vieles wäre da fürs Gespräch der Abende; aber das wäre noch ein Kostenpunkt mehr trotz des billig eingerichteten Vergnügungszugs, und dann bin ich sehr reisemüde und habe alle Hoffnung aufs Stillsitzen und aufs Sichbesinnen so vieler überhäufter Dinge in mir.

Es ist trefflich, wieder in diesem Quartier zu sein, ein paar Schritte vom Luxembourg, der schon Miene des Frühlings macht, ich merke erst recht, was für ein großer Fremdkörper die rue de Varenne in meinen Gewohnheiten war. Hier ist alles anders vorbereitet auf ein Arbeitsleben, ach, Sie glauben nicht, wie ganz ich meines dazu machen möchte, könnt ich Frische haben und so naiv mit dem Frühling mittun ... Hoffnung.

Ist etwas aus der Veröffentlichung in jenen Heften geworden? Claudel versteh ich nicht, auch nicht die Annonce faite à Marie, die, ich glaube, dort deutsch veröffentlicht worden ist. Morgen kommt Gide zu mir wegen der Portugiesischen Briefe, über die ich mit ihm sprechen wollte.

Adieu, lieber Freund.

Ihr
Rilke

Paris, 17, rue Campagne Première, am 13. März 1913

Mein lieber Freund,

gestern mittag, gerade nachdem ich endlich hier ganz eingezogen war, ist mir Ihre telegraphische Postanweisung ... ausgezahlt worden, nachmittag bekam ich Besuch, abends war ich zu müde, konnte nicht schreiben, aber ich war tatsächlich zerstreut von allem fort, so ganz beschäftigte mich der vorhandene, nicht ausgesprochene Dank an Sie. Ich habe es eigentlich zu gut, ich sehe andere und finde mich über die Maßen bevorzugt, und andere leisten mehr und leisten ununterbrochen und sind gar nicht riskant und unzuverlässig, enfin, peut-être tout de même que je suis une terre en repos et que je me mettrai un jour ou l'autre à suivre l'entraînement des saisons ...

Danke, lieber Freund, ich bin gerührt durch Ihren Beistand, den Sie mir so geben, als ergäbe er sich von selbst, ich habe meine erste stille Nacht hier verbracht in dem kleinen Lit-cage, den wir vor Zeiten von einer Art Indianerin kauften, und so fängt das Leben hier an; dürfte man vertraulich schreiben das „neue"

Leben, Vita nuova, im alten war ich so weit herum, ich meine immer, ich hätts eigentlich aufgebraucht. Ich muß doch schließlich den vergrabenen Schatz Kräfte in mir finden, der vielleicht nur verhehlt worden ist, da die Feinde kamen; wenn man zur rechten Stunde am Kreuzweg gräbt, und dann ruhig einen reinen Aufblick haben in den nächsten Morgen...
  Von Herzen
      Ihr
         Rilke

     Paris, 17, rue Campagne Première,
      Sonnabend vor Ostern [1913]
 Mein lieber Freund,
mit Freude erkannte ich gestern abend auf meinem großen Tisch Ihren Brief im Handarbeits-Format, und da er mir zugleich mit dem Übel Ihre Herstellung meldet, so darf ich alle seine Nachrichten unter die guten zählen. Eine um diese Zeit aufrichtig geleistete Influenza ist ja fast wie eine kleine Kur, man darf sicher sein, daß die durchgesehene Natur die Rekonvaleszenz ausnutzt, um sich recht eifrig an den Frühling anzuschließen. Und die Matthäus-Passion[1] und ein paar Tage auf dem Land, — und darüber hinaus wünsch ich Ihnen Rom, mir kommt wieder erst zum Bewußtsein, daß Sie's nicht kennen.
 Stefan Zweig veranlaßte Montag eine Karte an Sie, auf der Sie unsere Namen mit denen Verhaerens,

---
[1] Ich hörte Donnerstag und gestern die Sänger von St. Gervais Palestrina und Viktoria singen.

Romain Rollands und Bagalgettes vereint gefunden haben werden; es war ein gemeinsames Frühstück, oben im Bœuf à la Mode (Sie erinnern unsern Abend dort?); ich sprach gerne und interessiert mit Romain Rolland, der eine sehr reine menschliche Gestalt vor einem bildet vom ersten Moment an, aber vor allem rührte und ergriff mich der große Verhaeren, bei dem ich tags zuvor in St. Cloud gewesen war, einen ganzen Nachmittag und Abend recht bestärkt in seiner Güte und unserem, trotz seltenen Sehens, so konstanten und gründlichen Zusammenhang.

Ich ringe noch immer ein wenig mit der Einrichtung. Heute erst bringt man aus dem Garde-Meuble den Rest meiner Kisten, die Bücher vor allem, ich hatte noch nicht, wohin sie stellen, — die schönen Wandschränke der rue de Varenne fehlen mir sehr empfindlich, es war unvermeidlich, ein paar Möbel anzuschaffen, noch fehlt mir eines mit geräumigen Schubladen. Es ist ein Kummer, wie die amerikanischen Einflüsse die Preise selbst gewöhnlicher alter Möbel übertrieben haben.

... Und nun leben Sie wohl für heute, gute Ostern Ihrer lieben Frau und Ihnen, bester Freund,

Ihr   Rilke

Paris, 17, rue Campagne Première, am 7. April 1913

Lieber Freund,

Monsieur Fabrice Polderman (Villa Alma, Porte de Gand, Bruges) bittet mich, ein gutes Wort dafür einzulegen, daß die von der „Société Nouvelle" („importante revue française de Belgique") vor etwa drei Wochen bei Ihnen angebrachte Bitte um meine Bücher („en vue d'une étude") gütige Berücksichtigung fände. Ich kenne weder Herrn Polderman noch die Revue, aber da er sich auf Verhaeren berufen darf, scheint die Sache Nachgiebigkeit zu verdienen.

Wie fühlt sich die Patientin, und denken Sie an Rom? Es ist jetzt herrlich dort, ich habe allerhand Nachrichten, und eine ist entzückter als die andere von dem heurigen Frühling der Campagna und der erhabenen Stadt. Andere Briefe sprachen mir, weither, vom „Cornet"; es scheint, er streifte in Holland umher und reitet jetzt durch: Argentinien. Tausend herzlichste Grüße

Ihres

Rilke

Paris, 17, rue Campagne Première, am 11. April 1913

... Für den Almanach lassen Sie mir, bitte, noch etwas Zeit; nicht, ach, weil die Wahl zu groß wäre: sondern weil ich, gewissermaßen, unter die Schränke kriechen muß, zu sehen, ob sich beim Staub in den Ecken noch etwas fände. Geduld. Ich schrieb vorgestern an Ihre Frau, ihr schnell zu erzählen, wie die Fügung mir einen „Messias" von 1781 zugetragen hat, mit, denken Sie, einer Inschriftseite von Gustgen Stolberg! Quelle chance!

Ihr Rilke

[Paris,] Donnerstag mittag [8. Mai 1913]

Lieber Freund,

ich bin trostlos, komme eben vom Hôtel Regina, man hat, dem Andrang nachgebend, trotz aller Zusage und Versicherung, das Zimmer nicht gehalten; man versichert mir, Sie hätten für ein oder zwei Tage ein ausgezeichnetes im Hôtel Impérial an den Champs-Élysées, das derselben Gesellschaft gehört, und bekämen dann gleich das Erwünschte im Hôtel Regina selbst. Ich bin ärgerlich und so unwillig als möglich über diese alberne Zauberei. Leider hab ich heut nachmittag nicht Zeit, im Impérial vorzugehen, um nachzusehen. Was werden Sie sagen über diesen Empfang? Es erweist sich, daß ich alles denkbar schlecht gemacht habe, ich Schaf. Auch bin ich beunruhigt, die Stunde Ihrer Ankunft nicht zu wissen. Bitte gleich Nachricht.

Viele Grüße Rilke

Vom 10. bis 16. Mai war Kippenberg bei Rilke in Paris.

II. Petit-bleu, [Paris,] Sonnabend (7¹/₂ abends)
[10. Mai 1913]

Lieber Freund,

(nochmals Postfeder:) Ich habe, ohne nachweisbare Hoffnung zwar, zwei Züge an der Gare de l'est abgewartet, nun weiß ich nicht weiter und hoffe auf morgen. Ein erster Petit-bleu, den ich neulich, als Sie kommen sollten, ins Hotel sandte, gilt nicht mehr, dieser hier begrüßt Sie von Herzen und wünscht Ihnen die beste Nacht und nicht zu großes Erschöpftsein. Ich hoffe, Sie haben ein gutes Zimmer, gesehen hab ichs nicht, es war bei diesem Andrang alles unabsehbar; aber man hat mir alles Erdenkliche zugesagt und zugeschworen.

Jedenfalls komme ich morgen gegen elf guten Tag sagen und Willkommen. Ihnen beiden

herzlich R.

[Paris,] 17, rue Campagne Première,
Dienstag [13. Mai 1913], nach vier

Lieber Freund,

es stimmt vortrefflich: schon ist Rodins Antwort da, er erwartet uns morgen vormittag in Meudon: demnach bin ich etwa zwanzig Minuten nach neun in Ihrem Hotel, und wir nehmen dann den Zug von 9 [44] an der Gare des Invalides.

Gutes Ausruhen und gute Nacht, ich freu mich, daß alles so schön fortschreitet.

Ihr

Rilke

[Paris, Postamt, abends nach sieben, 14. Mai 1913]

Ich vergaß zu sagen, lieber Freund, falls es morgen still entschlossen und eindeutig regnet, müssen wir Marly-le-Roi aufschieben: die Sachen stehen im Freien, und die ganze Fahrt ist sehr auf Ländlichkeit angewiesen; in diesem Fall tun Sie kurz etwas anderes, Innenräumiges. Das Musée de Cluny, möcht ich erinnern, ist unter dem Schönsten und Wichtigsten, ebenso wie die Sammlung Moreau-Nélaton (Louvre, Musée des Arts décoratifs, Eingang Rue de Rivoli), wo Manets Déjeuner sur l'herbe und anderes sehr Schöne aufbewahrt wird. Aber ich hoffe, die Nacht genügt dem geschwätzigen Himmel, und wir finden uns zu 9^{45} Gare St-Lazare. Gute Nacht. Ihr Rilke

Paris, 17, rue Campagne Première, am 17. Mai 1913

Lieber Freund,

das unerwartete Auftreten gestern neuer Personen hat mir Ihr Fortgehn fast plötzlich und ungenau gemacht; als ich diesen Morgen aufwachte, fragte ich mich, was wir für heute verabredet hätten, und konnte mich nur langsam daran gewöhnen, daß Sie nicht mehr hier sind.

Wenn ichs bedenke, so hab ich gar nichts getan, Ihnen Paris annehmlich und unterhaltsam zu präsentieren: halten Sie das meiner Ungeschicklichkeit zugute und dem vielfachen Zerstreut- und Besuchtsein, in dem Sie mich gefunden haben.

Sie indessen haben mir lauter gute Nachrichten gebracht und die Beweise treuester Fürsorge und Freundschaft.

Ich war diesen Vormittag noch einmal bei Druet, d. h. Faubourg Saint-Honoré in der Photographieabteilung, um an die „liegende alte Frau" zu erinnern, die wir gerne bringen würden; der Geschäftsleiter war nicht da, ich ließ ihm, aufgeschrieben, das Nötige zurück.

Zu den mitgenommenen Sachen noch folgende Anmerkung: mit den Abschriften der Sonette der L. L. und der Portugiesischen Briefe (von jedem also zwei Exemplare, nicht wahr?) erbitte ich zunächst die beiden Manuskripte noch mal zurück, damit ich die Kopieen mit ihnen vergleichen kann; ist dies geschehen, so kommen sie in Ihr Archiv, um dort zu bleiben.

Was die Übertragung des Journals der Eugénie de Guérin angeht (falls Sie sich dazu entschließen mögen), so werde ich das Gefühl nicht los, als müßte mir die rechte Übersetzerin dafür noch einfallen; sind Sie also nicht schon von vornherein für jemanden überzeugt, so lassen Sie michs noch eine kurze Zeit bedenken.

Sehr von Herzen, mit einem Nachtrag freundschaftlichster Grüße

Ihr   Rilke

Paris, 17, rue Campagne Première, am 29. Mai 1913

Lieber Freund,

ein paar Tage Unwohlseins, ein kranker Daumen an der rechten Hand, darauf (Trostes wegen) ein Sonnabendabend und ein Sonntag in Chartres, wo es uns

gegeben war, auf zitterndem Gerüst neben den von
den Läutern getretenen Glocken, oben oben im Getös
eines Weltgerichts zu stehen, während unten in den
kleinen schattigen Gassen still und bildhaft die Pro-
zession einzog —; alles das, dazu manche Sorge, die
plötzlich mit aller Gegenwart des Sommers einge-
brochene Hitze — nehmen Sie's zusammen: Sie werden sehen, es ergibt hinreichend Grund, wieso ich
Ihnen nicht Brief, nicht Sendung noch bestätigt habe.
Das „Marienleben" ist schön, und da Ihre Beruhigung
über die hinten eingehängten Seiten noch vor dem
Buch da war, so war die erste Freude daran recht vollkommen. Und die schönen andern kleinen Bände,
ich freute mich sehr, das „Wunderhorn" — eine Herrlichkeit, ich will damit ein paar Tage aufs Land,
vielleicht gleich . . .

Lieber Freund, noch ein Wenig-Erfreuliches, Rodin, im letzten Augenblick wieder mißtrauisch, hat
uns die schönen Photographieen, die er uns anvertrauen wollte, bis auf das Apollonpostament wieder
fortgenommen, und Druet redet sich dahinter aus,
diese Sachen nur besonders für Rodin vergrößert zu
haben (es ist nicht mehr in nichts auf ihn zu rechnen);
ich sende Ihnen heute, was er uns gelassen hat, mit den
Zeichnungen und bitte um möglichst baldige Rückgabe dieser Sachen an ihn.
Aber wissen Sie denn, daß Kessler eine sorgfältige
Auswahl von, ich glaube, 60 Photos für uns gemacht
hat, kurz vorher, Druet schreibt es mir. — ? — . . .

Alles Liebe für Ihre Frau, die sicher wieder zu Hause ist, und von Herzen recht der Ihre
                                    Rilke

Paris, 17, rue Campagne Première, am 3. Juni 1913

Mein lieber Freund,

Sie haben, bei der herzlichen Einstellung Ihres Blicks, meinem letzten Brief die Beunruhigung angesehen, aus der heraus ich Ihnen eilig schrieb; ach, als ich in dem stillen, eingekehrten April den Mai, der sich mit vielen Beunruhigungen und Unregelmäßigkeiten ankündigte, fürchtete: wie sehr war ich nicht im Recht; ich bin so gar nicht für solche Ausnahmen gemacht; als neulich die meisten Menschen fort waren, fand ich mich in einem Zustand von solchem Ausgegebensein physisch, materiell, ja dem ganzen Wesen nach, daß meine Lage einem kleinen Zusammenbruch nicht ganz unähnlich war: die Hitze, die plötzlich über Paris zusammenschlug und die Stadt, mit allen ihren Weiten und Gärten, über Nacht so unbrauchbar machte, wie sie sonst zuweilen Ende August sein kann, verringerte meinen Widerstand, und zwei schmerzliche Ereignisse lähmten das, was mir an innerer Gegenbewegung blieb: letzten Mittwoch der plötzliche Tod meines guten Freundes Johannes Nádherný (im dreißigsten Jahr!) (des Bruders der Baronin N., die Sie hier sahen), und eben vorher ein neues Zerwürfnis mit Rodin, ebenso unerwartet wie jenes vor acht Jahren, aber, da es dazu kommen konnte, wohl endgültiger und nicht wieder gut zu machen —. (Vielleicht werden Sie auch dies aus meinem Brief kürzlich schon erraten haben.)

Ich war mit Clara Rilke und Frau Dr. Stieve in Senlis dieser Tage und sah mich dort in den Wäldern nach einer stillen Stelle um; seit vorgestern abends wieder hier, scheint es mir nun doch richtiger, bis Straßburg zu fahren und von dort aus nach Rippoldsau zu gehen zu einigen Wochen Ausruhens mit wirklicher Kur; ich war dort so sehr gerne vor einigen Jahren, die Wälder sind herrlich, der Arzt sympathisch und die Entfernung verhältnismäßig gering, so daß ich (was mir wichtig ist) das Gefühl behalten darf, jeden Augenblick an diesen Schreibtisch zurückkommen zu können . . .

Daß das Stück am Kleinen Theater in Berlin gespielt werden soll, gereicht mir allerdings nicht gerade zur Freude, aber es wird sicher ein recht vorübergehendes Ereignis dort abgeben, viel zu vorübergehend, als daß man sich anstrengte, etwas dawider zu tun.

Lieber Freund: daß Ihnen und Ihrer Frau die „Feldpredigt" der Regina Ullmann gefallen hat, so sehr, daß Sie dem kleinen Buch am Ende eine Auferstehung in der Insel-Bücherei bereiten möchten, ist mir eine sehr liebe und rührende Nachricht. Ich kann da nur von Herzen wünschen, daß es dazu käme: denn einmal bin ich von dieser kleinen Arbeit seit Jahren mit gleicher Stärke überzeugt, und dann kann ich mir nichts

Schöneres vorstellen, als der guten ernsten Regina Ullmann diese Fügung mitzuteilen, die ihr den größten und glücklichsten Eindruck machen wird.

Wollen Sie mir die Freude lassen, ihr davon zu schreiben? aber ich tue es erst, wenn die Sache getan und gesichert ist, und kann ihr dann zugleich vielleicht auch sagen, welche von den drei Gedichten, die ich Ihnen mitgab, Sie im Almanach bringen wollen; denn auch davon schrieb ich ihr noch nicht.

Daß der Grimm da ist, ist ein Wunder, und das Turmzimmer steht mir immer froher und herzlicher bevor.

Ich schließe, lieber Freund, diesen multiplen Brief, den ich mit Mühe schreibe, ganz belagert, rund um den Kopf herum, von einem barbarisch ausgeübten Klavier gegenüber.

... Leben Sie wohl, und, wenn es nicht zuviel erbeten ist, ein einziges Ja oder Nein, telegraphisch.

Dankbar Ihr

Rilke

Bad Rippoldsau (Bad. Schwarzwald), am 10. Juni 1913

Lieber Freund,

gestern abend erreichte mich hier, über Paris, Ihr guter Brief mit allen seinen Beruhigungen, wie Sie sie, herzlich und überzeugend, immer zu geben wissen, wo es not tut. Diesmal tat es not.

Ich frage mich vergebens, wann, an welcher Wendung, Ihr einsehender und einfach-bereiter Beistand am wichtigsten war; jedes einzelne Mal ist er das Entscheidende, wirklich Unterstützende, ohne das es nicht weiterginge; nun will er mir aber in dieser Lage ganz besonders hülfreich scheinen; ich habe von so vielem auszuruhen, meine ganze Natur nimmt die Ruhe mit einem Durst, mit einem Bedürfnis hin, das fast leidenschaftlich schiene, wenn anders zur Leidenschaft nicht eine Aktivität gehörte, die ich vorläufig nicht aufbringe.

Ich freue mich übrigens, wie richtig ich meine Wahl geleistet habe: Rippoldsau ist ganz so altmodisch in seiner äußeren Art, wie ich es vor vier Jahren kannte, dabei in seinen Kuranwendungen nicht verspätet, auch sind vor der Hand kaum mehr als sechzig Gäste da; von einer innozenten Kurmusik abgesehen, die ihre Aufheiterungen dreimal täglich in die um so unendlich vieles heiterere Natur hinaus verschwendet, ist die Stille, die die Wälder von allen Seiten in das verläßliche Kurtal hinein atmen, unbeschreiblich, über alles Maß, über die Maßen. Und man geht nur ein paar Schritte den nächsten tannichten Weg hinein, und schon bekehrt sich das Herz zu der vertraulichsten Größe...

Wenn ich mit so viel rechnen könnte, dürfte ich auch ein paar Wagenfahrten durch die Wälder unternehmen, eine Neigung von mir, die mir aus meiner Kindheit her nachgeht und zu der hier manche

Verlockung ist, da man, der Tradition nach, noch gute Wagen und Wagenpferde hält und das Auto auf diesen inneren Waldwegen noch keine so ausschließliche Rolle spielt; nicht nur muß man keines benutzen, es wird einem auch erspart, ihrer viele zu begegnen.

Ich seh voraus, daß mir „Daniel", das kleine Buch, das Sie mir kürzlich im Auftrage Dr. Bubers sandten, auf meinen Wegen ein sehr bedeutender Begleiter werden wird, — aber ich hätte noch zwei Dinge gerne hier zu einsamem Umgang: Goethes Gedichte und seinen Aufsatz über die „Natur": ich betrat kaum den Wald, als mich deutlich danach verlangte. Mein schönes Exemplar von „Über die Natur" ist mir voriges Jahr durch eine eigene Fügung entzogen worden, und in dem kleinen handlichen Goethe, der Ausgabe, die ich Ihnen verdanke, sind bisher weder die Gedichte noch jene Aufsätze an die Reihe gekommen; vielleicht kann ich aus irgend einem Goethe Ihrer Bibliothek die beiden Bände ausleihen? Da ich doch auf dem Wege in das gastliche Turmzimmer bin, streben sie, im Augenblick, da sie hier eintreffen, auch schon wieder auf ihren Ausgang zu.

Ich denke sehr viel an Regina Ullmann: denn ich weiß, von welcher Bedeutung diese Anerkennung und Hervorhebung ihrer „Feldpredigt" für ihr ganzes Leben sein wird; wenn nur jener Verleger sich brieflich erreichen läßt; ich erinnere, Rega Ullmanns Mutter erzählte mir, wie er auf alle Anfragen nichts mehr von sich hören lasse, und das seit Jahren. „Katzenzeiten" sind obstinat.

Ich schreibe Ihrer lieben Frau heute noch ein paar Worte Dankes und bin, lieber Freund, recht von diesem hoffenden Herzen

Ihr

Rilke

Bad Rippoldsau (Bad. Schwarzwald), am 14. Juni 1913

Mein lieber Freund,

ich kann mir niemanden denken, der Wünsche vollkommener erfüllt, ja der ihnen so im stillen zuvorarbeitet: kaum wünsch ich mir die Worte über die „Natur", schon ist eine Ausgabe da, und ich bin der erste, sie in der Hand zu halten.

Haben Sie Dank. Und für die Leihgabe von vier Bänden Goethescher Gedichte. Und für das so heimlich mit dem Ganzen überkommene Geld. Ich bin nun versehen, komme, was mag.

Der erste schöne kühlbewegte Morgen nach Regentagen; auf einer hochgelegenen Bank neben Blumen, Waldwiesen und Fichtenhöhn gegenüber, las ich die wundervollen Worte wieder, ich weiß nicht, ob Sprache je weiter gegangen ist: hier gibt sich alles und nimmt sich wieder zurück, genau wie im Brausen des Hochwalds, wo das Rauschende selbst die Stille bildet —. Ich staune, staune. Es ist wie auf fließendes Wasser geschrieben, wie im Traum hingesprochen, aber dieses

Wasser ist ewig, und das Wachsein ist eine kleine Stelle in diesem Traum.

Etwas angegriffen heute und gestern, kann ich nicht mehr schreiben, versag mirs überhaupt soviel als möglich. Aber dies sagt Ihnen ja auch alles, was das Paket mir bereitet hat, großmütig.

Nochmals Ihnen beiden und den Kindern alles Gute für Bad Steben, Ihr
dankbarer
Rilke

Rippoldsau im badischen Schwarzwald,
am 20. Juni 1913

Mein lieber Freund,

... Genug; ich lese zum dritten Mal „Pandora" und nebenan das schöne Buch von Martin Buber. (Wie doch das, was in Kassner am lakonischesten und gedrängtesten ist, in anderen breiter sich aufregt, und ist doch dasselbe, ist das, was not tun wird, wenn die vielen täuschenden Überflüsse, von denen sich die Leute jetzt nähren, zu nähren meinen, fortfallen.)

Alles Herzlichste
Ihr
Rilke

Ostseebad Heiligendamm, am 12. August 1913

Lieber Freund,

mit Freude sehe ich, daß wir also die schönsten Van-Oostschen Abbildungen verwenden dürfen: sie gehen Ihnen, beiliegend, gleich wieder zu. Namen füge ich keine bei: verwenden Sie, bitte, vielmehr die im Cladel-Buch angegebenen Titel, die ich auswendig nicht erinnere (außer bei der kleinen „Pomona").

Einzureihen wären diese vier Abbildungen am Schlusse der Skulpturenfolge, vor den Zeichnungen; der „Kopf des Bürgers von Calais" zuerst, dann, vielleicht so, wie ich sie lege, die kleinen Akte.

Schon gestern machte mir unser Vorrat von Bildern den glücklichsten Eindruck; er hat sich nun aufs wünschenswerteste ergänzt, und wir dürfen ihn für abgeschlossen halten. Die Einordnung der Blätter gestern ergab sich mir mit äußerster Leichtigkeit: das wäre nicht geschehn, wenn sie nicht einen, in gewissem Sinne vollzähligen Zusammenhang ausmachten und durch alle Wendungen des Werkes hin weiterführten.

Mit den allerherzlichsten Grüßen

Ihr
Rilke

Vom 21. bis 31. Juli wohnte Rilke bei Kippenbergs.

Ostseebad Heiligendamm, Sonnabend [16. August 1913]

Mein lieber Freund,

eben trifft Ihr Telegramm ein mit der Adresse des Prof. Steindorff (dem ich sofort schreibe) und der Aussicht auf einen Ihrer guten Briefe, von dem ich weiß, daß er (mit meinen Bedrängnissen ruhig rechnend) das Möglichste möglich machen wird ...

Falls Prof. Steindorff mir irgend eine Empfehlung geben kann, so werde ich ein recht großes Gegengewicht gegen den Zahnarzt in den ägyptischen Dingen haben, nach denen mir nun wirklich ganz besonders deutlich zumute ist. Es sollen dann gut ausgenutzte Tage werden. Die folgenden bei Ziegelroth werdens, hoff ich, nicht minder sein; meine Natur ist gewiß in der richtigen Richtung bemüht, und wo ihr einer nur ein bißchen reinlich beistünde, wärs eine Freude, zu sehen, wie sie zugreift und leistet. Und dies von der einfachen Behandlung in Krummhübel zu erwarten, ist nicht ganz aus der Luft geholt.

Für München steht mir dann, wenn ich ein bißchen organisiert und bestärkt hinkomme, viel Schönes bevor —; auch dort würde ich wieder (mit Bissing) an ägyptische Gegenstände nahen Anschluß suchen, und wenn unser Steindorff indessen Glück hat, so solls an meinem Einsehen nicht fehlen, zu dem Gloriosen, mit dem er in sein Museum zurückkehrt ...

Ihnen beiden alles Herzlichste.

Ihr

Rilke

Berlin, Hospiz des Westens, Marburger Str. 4,
am 20. August 1913

... Unter so guten Eindrücken habe ich, was hier zu leisten sein möchte, heute, mit frühem gleich eifrig aufgegriffen. Der Zahnarzt hat nicht viel Arbeit gefunden und ist schon an seinem (mir durchaus sympathischen) Werke, und Steindorffs Anempfehlung an den hiesigen Direktor der ägyptischen Sammlungen hat, gleich darauf, schon zum ergiebigsten Vormittag geführt, der sich nur denken läßt. Es ist herrlich, wie diese Dinge mich jetzt angehn und wie mir die mindeste Hülfe zu ihnen gedeiht und fruchtet ...

München, Hotel Marienbad, am 7. September 1913

Mein lieber Freund,

ankommend heute morgen, erfuhr ich, daß Sie gestern hier waren, schade, wie gern hätt ich Sie wiedergesehen, wie freundlich hätte das sich um ein Haar gefügt. So sind Sie also schon in Leipzig, so früh, mich beunruhigts ein wenig, daß Sie Sils Maria vorzeitig verlassen haben. War das Wetter nicht das rechte? In Berlin (wo mancherlei mich festhielt, wenn ich täglich zu reisen gedachte) war ein verschwenderischer Sommer die ganze Zeit —. Ich habe viel Ägyptisches gesehen, einige erwünschte Menschen und den Anfang der Theater, die nicht gerade überwältigend, aber ganz rührig einsetzten.

Die „Münchner Neuesten" schlug ich heute bei der Todesnachricht des guten G. Ouckama Knoop auf, der mir jetzt bei meinen jährlichen Münchner Aufenthalten zu den wichtigsten und entscheidendsten hiesigen Begegnungen zählte; noch diese Nacht hatte ich viel Vorfreude im Gedanken an ihn; nun ists anders verfügt. Er starb gestern in Innsbruck.

Nur dieses Wenige als Gruß zu Ihrer Rückkehr, lieber Freund, und mit dem Herzlichsten an Sie beide.

Ihr
Rilke

München, Hotel Marienbad, am 16. September 1913

Mein lieber Freund,

nächst dem Tode Knoops, der mir eine Entbehrung auferlegt, die größer ist, als ich wußte, schmerzt mich noch eines, daß ich meinen Münchner Aufenthalt nicht noch dafür anwenden darf, Fräulein Regina Ullmann einige gute Nachrichten zu bringen: oder haben Sie inzwischen etwas in Sachen der „Feldpredigt" getan?

Die Dinge stehen nämlich so, daß ein derartiger „Erfolg", wenn Rega Ullmann ihn ihrem Vormund mitteilen dürfte, gerade jetzt für eine gewisse erhoffte Reise und weiterhin für manche Wendung in ihrem Schicksal entscheidend werden könnte. Es steht mir fern, Sie zu drängen, wenn aber Ihr gutes Gefühl für die kleine Dichtung noch so besteht, wie Sie es empfanden, so wäre der Moment vortrefflich, um den Griff zu tun: eine Übernahme der „Feldpredigt" in die Insel-Bücherei. Lassen Sie mich, bitte, wissen, wie Sie sich entschließen, und ob ich Fräulein Ullmann eine gewisse Hoffnung in diesem Sinne ins Herz legen darf, ich täte es gern, und je eher und je sicherer, desto lieber. Alles Gewicht meiner überzeugtesten Fürsprache sei noch einmal auf Ihre Waage gelegt ...

Wie schade, daß Sie dieses jetzige Wetter nicht in den Bergen fanden, aber ich hoffe, es geht zum besten, und sende Ihnen und Ihrer lieben Frau tausend herzliche Grüße.

Ihr   Rilke

München, Hotel Marienbad, am 18. September 1913

Mein lieber Freund,

das Nachwort des Herrn Dr. Bergemann gibt den Briefen der portugiesischen Nonne die entsprechendste Begleitung, besser als jede Auslegung, die mein sich verschiebendes Verhältnis zu diesen Dokumenten mit sich brächte.

Nur scheint mir zum Schluß der Satz: „Auch ihren Seelenfrieden fand sie wieder, im andächtigen Verkehr mit Gott und in dienender Nächstenliebe" reichlich viel zu behaupten; ich weiß nicht recht, wo die Belege für diese Annahme beruhen. Mir scheint, es wäre vorsichtiger, etwa so zu schließen:

„Ob sie Seelenfrieden fand, wissen wir nicht. Ehrenstellen des Klosters sind ihr nie zuteil geworden. Als sie aber 1723 im Alter von dreiundachtzig Jahren verschied, rühmte ..." usw.

Es ist dies ein Vorschlag, denn ich möchte mir natürlich einen Eingriff in den Text des Herrn Dr. B. nicht erlauben.

Lieber Freund, eben kommt Ihr Diktat von gestern. Haben Sie Dank für die Aussicht in bezug auf die „Feldpredigt" und den Schritt, den Sie Anfang November dafür unternehmen wollen. Sie werden, denk ich mir, nicht verfehlen, bei besagtem Demuth durchzusetzen, was Sie durchsetzen wollen, und persönlich wird alles natürlich am raschesten zu erreichen sein. Ich werde also Fräulein Ullmann von Ihrem Vorhaben Mitteilung machen, mit aller Reserve dem fraglichen Ausgang gegenüber, auf den einige Hoffnung zu setzen sie wohl immerhin wagen darf.

Haben Sie tausend Dank.

Wenn ich meinen eiligen Zeilen neulich noch keinen Termin für die Turmzimmerzeit anschloß, so liegt das daran, daß mein Kommen noch immer um einige Wochen sich verschieben kann. Gestern faßte ich den Beschluß, zur Claudel-Premiere am 5. Oktober mit einigen hiesigen Freunden nach Hellerau zu reisen; das wahrscheinlichste ist, daß ich von dort unmittelbar in Ihre herzliche Gastlichkeit weitergehe, doch könnte es immerhin sein, daß mir noch ein anderer Umweg bevorsteht, der Leipzig erst als Übernächstes von dort ab an die Reihe kommen ließe. Daß das gute, treue Ziel lebhaft leuchtend in allen meinen Plänen steht, das muß ich Ihnen beiden nicht erst versichern.

In herzlichster Freundschaft
Ihr
Rilke

[Dresden,] am 17. Oktober [1913]

Mein lieber Freund,

ich sehe eben im Schaufenster der Tittmannschen Buchhandlung den Rodin: er sieht herrlich aus – und ich habe wahre Freude, ihn bald zu bekommen: mit allem, was ich selbst hätte im Turmzimmer in Empfang nehmen sollen; ich bin müde und erfrischt zugleich, müde der Menschen, des Reisens, – gespannt und neu zu mir selbst; so wirds (Gott helfe!) das Rechte sein, schnell, schnell rue Campagne Première sich einzufinden, eh der Raum, vorwinterlich grau und erkältet, aufhört, auf seinen Wirt zu rechnen. Schön, daß mir das Turmzimmer freundlich bevorbleibt, in jedem Augenblick (nicht wahr?), da ich mich danach sehne, möglich; jetzt hätt ichs schnell, im Tempo der letzten Wochen hingenommen, später komm ich ganz rein, frei nur zu ihm und Ihnen. Und alles bleibe.

Das Briefpaket, das mir der Insel-Verlag, laut Karte, am 9. Hôtel Bellevue, Dresden, gesandt hat, hat mich in Krummhübel nicht erreicht. Wahrscheinlich kommt es an den Verlag zurück; mag manches Wichtige drinnen sein „en souffrance", wie es im Verkehr heißt, – also bitte alles das dann tunlichst entschlossen nach Paris. Ich bin morgen dort. Leben Sie herzlich wohl, liebe Freunde.

Dank, Grüße, ein herzlichstes Gefühl.

Ihr

Rilke

Paris, 17, rue Campagne Première, am 5. November 1913

Mein lieber Freund,

mein Nachbar (nicht der, der mich durch sein Klavier im Frühling wider sich gerüstet hat, sondern einer seiner Freunde, der ihn zur Zeit recht günstig vertritt), dieser ungarische Nachbar hat mir gestern den magyarischen Cornet zurückgebracht mit der Versicherung, daß man uns da eine äußerst ungeschickte und unzulängliche Übersetzung angeboten hat. Nach den paar Gesprächen, die ich mit dem sehr verständigen und künstlerisch unterrichteten jungen Menschen hatte, bin ich geneigt, ihm ein geltendes Urteil zuzuschreiben, und es dürfte sich demnach empfehlen, Herrn Singers Intentionen dankbar abzulehnen. So bekommen wir wohl fürs nächste nur die englische Version der geborenen Urenkelin „von" Herders.

Lieber Freund, da verschicke ich nun noch einzelne blaue Herzen des „Marienlebens" mit einzelnen roten der „Nonne" und sehe voraus, daß wir grünende für „Louize Labbé" werden verantwortlich machen.

Dank für alle die freundlichen kleinen Bände der Insel-Bücherei, eben ist mein alter guter Tischler bei mir, der von nichts weiß, so gut wie der heilige Joseph, und zimmert mir noch ein paar Brettreihen unter die Fenster: dort wird die vielfache Zunehmung zu stehen kommen und gegen das Wetter draußen warm halten.

Es ist nicht alles, was ich schreiben wollte, aber das Weitere fällt mir heute nicht mehr ein, und so schließ ich nur recht herzlich
   als der Ihre, dankbare
          Rilke

     Paris, 17, rue Campagne Première, XIVe,
        am 14. November 1913

Mein lieber Freund,

heute erst komme ich nach einigem Erwägen auf die Frage der Rodin-Abbildungen zurück. Im ganzen faß ich mich zu folgenden Anmerkungen zusammen: ...

Was die Héaulmière angeht, so täte es mir an, eine der Abbildungen fortzulassen: es war mir eine Genugtuung, daß wir sie uns nicht nur nicht erspart, sondern recht ausdrücklich von rechts und links vergönnt haben: in ihr macht die Rodinsche Entwicklung das 15. Jahrhundert so konsequent durch; was in den Totentänzen jener Zeit sich aussprach, war ja nicht fort, — hier ist es noch einmal unbestechlich zu Größe gekommen. Kurz, ich halte diese Arbeit für so merkwürdig, daß ich ihr gerne den einmal gewährten doppelten Platz erhielte ...

Ich denke um so mehr an diese damals so willkommene Leihgabe, als ich ein ähnliches Anliegen vorzubringen mich entschließe: würden Sie mir, für ein paar Wochen, einen vollständigen Kleist aus Ihrer

Bibliothek anvertrauen? Ich habe in der Bibliothèque Nationale neulich in der Ausgabe der „National-Litteratur" einiges zu lesen angefangen und ginge zur Fortsetzung auch gern wieder hin, wenn nicht solche Wege in dem maßlos triefenden Paris jetzt zu den peinlichsten Unternehmungen gehörten.

Die erbetenen „Rodin" und „Marienleben" sind eingetroffen, vielen Dank; überrascht und erfreut war ich, ein schönes „Marienleben" in Leder zuerst daraus in die Hand zu nehmen (es steht ihm eine ausgezeichnete Verwendung bevor) . . .

Ich schließe dieses von allen Seiten Zusammengekommene, das sich so wenig addieren läßt, wie, in der Schule, Äpfel und Stecknadeln, und bin auf das allerherzlichste

Ihr

Rilke

Vom 17. bis 20. November war Kippenberg in Paris. Den 19. verbrachte er mit Rilke bei Emile Verhaeren in St. Cloud.

[Paris] Mardi [November 1913]

Lieber Freund,

es geht mir, merk ich, doch arg wider die Natur, Sie so wenig zu sehen; am Ende verträgt es sich mit meinem Régime, daß ich morgen mit zu Verhaeren ginge, nachmittag. So hätte ich Sie und überdies ihn, den ich von allen Menschen hier am nahrhaftesten und herzlichsten empfinde. Sicher sag ichs noch nicht, werde morgen erst entscheiden; nur sagen Sie mir, bitte, in einem solchen Bleu, was er geantwortet hat, und ob er empfängt.

Für morgen abend die Plätze im Théâtre du Vieu-Colombier sind schon bestellt. Auf Wiedersehen also schon nachmittag (wo, bestimmen wir noch) oder abends etwas vor acht bei mir.

Ihr

Rilke

Paris, 17, rue Campagne Première, XIVe, am 22. November 1913

Mein lieber Freund,

Ihr Hiersein war eine rechte Freude und Erfrischung für mich und hat allerhand Bewegung in meiner Sphäre zurückgelassen.

Ich beeile mich heute nur, die Bücher zu notieren, von denen wir sprachen. Da ist vor allem der schöne Aufsatz über Mme. de Montcairzain, überschrieben Montcairzain Ste. 105 im Band IV (Quatrième Série) von G. Lenotres „Vieilles Maisons, vieux Papiers", wo auch eine schöne Miniatur der Mme. de Bourbon-Conti, aus dem Cabinet d'Estampes, aufgenommen ist. Diese Bände Lenotres sind eine höchst amüsante und reiche Lektüre, die das Paris der Revolution aufs vielfältigste gegenwärtig machen. Es existiert, wie ich sehe, von Lenotre auch ein Band „La Captivité et la Mort de Marie Antoinette" –, alles das bei Perrin et Cie., 35, Quai des Grands Augustins, Paris.

Der kürzlich neu erschienene Band indessen, Marie Antoinette betreffend, den ich gesprächsweise erwähnte, hat einen Heidenstam (wenn ich nicht irre, G. O. de Heidenstam) zum Verfasser und nennt sich: Marie Antoinette, sa Correspondance avec Fersen et Barnave (bei Calman-Lévy).

André Gides „Retour de l'Enfant Prodigue" ist tatsächlich „aus dem Manuskript übersetzt von Kurt Singer" in der Neuen Rundschau abgedruckt gewesen (Jahrgang 1907, Mai, 5. Heft). Die Übersetzung gab mir damals, da ich das Original nicht kannte, sehr viel. Jetzt, sie oberflächlich vergleichend, würde ich ihr vorwerfen, daß sie auf die eigene rhythmische Haltung der Gideschen Arbeit nicht eingeht; an beiliegender Probe mögen Sie ungefähr erkennen, wie weit man jener Textur im Deutschen etwa nahekommen könnte (wenn anders auch das wirklich noch deutsch ist?). Lesen Sie's in der Rundschau nach (auch die Herrin möge es tun), das kleine Werk Gides ist jedenfalls von großer Schönheit und glücklichster Ausbildung, dem Umfang und Geiste nach ganz eine Sache der Insel-Bücherei.

Sie denken daran, nicht wahr, mir Knoops Gedichte zu schicken? Ich beschäftigte mich gestern wieder mit einem seiner Bücher und wäre recht gestimmt, meine Vorstellung von diesem, in seinen Grenzen merkwürdig unabhängigen Geiste an manchem anderen Produkte zu erweitern.

Damit bin ich für heute, allerherzlichsten Gedenkens,

    Ihr dankbarer

        Rilke

     Paris, 17, rue Campagne Première, XIVe,
       am 29. November [1913]

Ich muß gestehn, lieber Freund, ich begreife beides: dieses, daß Knoop mit seinen Gedichten nie herausgetreten wäre, aber auch das andere: den Antrieb seiner Frau, alles Seine nun zu Ehren zu bringen, da auf jedes Wort der große Verdacht seines Nichtseins fällt, so daß darunter auch noch das Geringste schwerer und fühlbarer wird.

Ist sie nicht merkwürdig übrigens, diese Unzugänglichkeit der lyrischen Ausdrucksform? wie sie, mehr noch als die Prosa, keinen an sich wirken läßt, er sei denn ihr Meister. Von einem Ungeübten und Unkundigen überrascht, nimmt so eine Zeile zwar rasch eine gewisse poetische Haltung an, kaum anders indessen als ein Tier, das sich totstellt, um seinen Störer los zu sein. So kann es geschehen, daß ein Geist von der Applikation Knoops am Gedicht, mit dem er sich einläßt, nahezu spurlos bleibt. Nicht völlig indessen. Die schöne Stelle, wo, mit dem Bilde der in ihrem Gange angehaltenen Gestirne, das Dastehn der milesischen Venus so groß zur Anschauung tritt, wird sich auch Ihnen im Gefühl erhalten haben –, und dann ist doch dem Ganzen etwas von jener Bindung oder Einhaltung eingeprägt, die ich mir schon beim Soeker als eine besonders Knoopsche Eigenschaft angemerkt habe. Ich weiß nicht, ob es nicht seine entscheidende ist. Wenigstens wüßte ich keinen Schriftsteller zu nennen, bei dem der Mangel, der ihn innen begrenzt, von vornherein mit in die Produktivität aufgenommen scheint, in dem Grade, daß er, statt ein Hindernis zu bleiben, recht eigentlich als ihr Maß, ja vielleicht als ihr äußerster Anlaß zur Wirkung kommt. Die Beschränkung benimmt sich hier konturbildend, wie eine Art Schwerkraft; man könnte es so ausdrücken, daß an jedem Atom Knoopschen Könnens das reine Nicht-Können zieht und ihm die Stelle anweist, auf der es zu dauern hat. Ich sage mit Absicht dauern; denn durch diese innere Konstruktivität werden seine Bücher in der Tat dauerhaft, und sie werden sich später wunderlich abheben von den Produkten einer Zeit, die (weit entfernt, aus ihnen Nutzen zu ziehn) ihre Beschränktheiten nur zu beschämen und zu verstellen wußte. Diese seltene Konstante ist es, die die einzelnen Schriften Knoops zum Werk zusammennimmt; wenn ich mich recht prüfe, so ist der Begriff „Werk" mir schon längst, ganz unwillkürlich, an seinen Büchern geläufig geworden, und es bereitet mir eine Art Sorge, wenn eine seiner Arbeiten, abseits, im Manuskript verblassen sollte.

Es ist klar, daß sich die „Insel-Bücherei" (auf Intensitäten angelegt, wie sie ist) diesen Gedichten verschließt; sollten aber (außer dem ja vollkommen abgeschlossenen Buch „Das A und O") wohl durchgearbeitete Fragmente da sein – etwa jenes Werkes über den „Reichtum", das zu Knoops eigentümlichsten Perspektiven gehörte –, so könnte ich mir einem solchen Bande einige von den Gedichten im Anhang angeschlossen denken. Wäre es Ihnen übrigens recht, daß ich über die Gedichte, eingestehend, daß sie in meinen Händen waren, ein paar Zeilen an Frau Knoop schreibe? Das Knoopsche Manuskript folgt Montag oder Dienstag zurück.

In aller Herzlichkeit
Ihr
Rilke

Paris, 17, rue Campagne Première, XIVe,
am 2. Dezember [1913]

Lieber Freund, steht „Hymniker" etwa schon im Grimm? Als Erfindung des H. Lissauer spricht es mich wie ein österreichischer Judenname an, der nächstens geadelt sein wird, also auch steigerungsfähig wäre –, in jedem Fall seh ich nicht recht ein, daß man für die Gedichte von ... das schöne Wort nötig hätte, so es wirklich besteht und bedeutet. Es ist freilich bei diesem Hefte so gut wie nichts zu entscheiden; die vielen Rufzeichen des ersten Gedichts zeugen von einem gewissen Temperament, die metallischen Qualitäten der anderen Gedichte sind leicht wie Aluminiumgeschirr. Es ist keine Zeile da, die mich überzeugte, die meisten strengen sich so über sich hinaus an, und die sich nicht anstrengen, sitzen eigentlich auf der Erde. Summe: nein; vor der Hand eine kleine ein- bis zweistellige Zahl, aus der Kindersparkasse ausgeschüttet (möglicherweise hat man das Tonschwein dabei zerschlagen!). Ich lege das Heft zu dem Knoopschen Manuskript, so geht beides zusammen an Sie zurück.

Herzlichst
Ihr
Rilke

Paris, 17, rue Campagne Première, XIVe,
am 5. Dezember 1913

Mein lieber Freund,

eh ich dazukomme, Ihnen ein paar Anmerkungen zu dem „Camera-Work" (das gleichzeitig zurückgeht) aufzuschreiben, überholt mich der schon seit gestern ungeduldige Wunsch, Ihnen für die Zueignung des Herslebschen Stammbuchs zu danken, das, in dieser liebevollen und meisterhaften Wiedergabe, einen Besitz ganz eigener Art ausmacht. Zwischen Büchern und Dingen, Erhaltenem und Vorhandenem in der Mitte, schafft es sich einen besonderen Platz; die Spiegelbilder der kleinen, sonst eigentlich unbeweisbaren Sorgfalt und Fürliebe von Mensch zu

Mensch sind wie durch Zauber in diesen Blättern aufgehalten; auch das leise Benehmen ihres Verblassens und Hinschwindens, das mit wiedergegeben ist, scheint von vornherein in das Programm ihrer Liebenswürdigkeit zu gehören. Es gibt wenig Sammlungen, die, mit der Großmut der Kippenbergschen, sich herbeiließen, auch noch dem Entfernten einen so glücklich täuschenden Anteil an einem ihrer intimsten und gepflegtesten Stücke einzuräumen.

Um wieder zu unserem Rodin zu kommen, so will ich Ihnen nicht verhehlen, daß mir weder das Rodin-Bildnis aus dem Camera-Work noch die drei Balzac-Aufnahmen durchaus angenehm sind; ich befinde mich da im Widerspruch zu Rodin selbst, der mir diese Blätter wiederholt, halb geheimnisvoll, unter den Ausdrücken stärkster Bewunderung vorgeführt hat. In der Tat geht die Manier dieser Photographieen gewissermaßen parallel mit Rodins jetziger Bevorzugung des Effacierten und Eingehüllten; so erklärt es sich, daß sie ihm entsprechen; Wirkungen, wie sie in den Balzac-Bildern gemeint und gelungen sind, gehören ja, wenn man will, immer noch in das Bereich dieses geräumigen Werkes; aber sie scheinen mir an seine am schwächsten verteidigten Grenzen hinausverlegt, dorthin, wo die von außen einschleichende Interpretation am leichtesten die Oberhand bekommt. In dem ersten (von Ihnen ja auch vorgeschlagenen) geradeaus blickenden Balzac dürfte die Auslegung noch am ehsten in die wirkliche Richtung des Gegenstandes fallen, und wir können es vollauf verantworten, den Balzac Nr. 61 durch dieses herausfordernde Nocturno zu ersetzen, um so mehr als gerade dieses bestrittene und bekämpfte Standbild ein gewisses Recht hat, sich in einer Potenz seiner Pose beizubringen.

Ich bekenne, daß es mir mehr Sorge macht, ob wir das an sich ja schöne, aber durch seine „beabsichtigte" (ich kann mir nicht helfen) rêverie entfremdete Rodin-Bildnis für den Sargent ausspielen sollen? Wenn ich an den Rodin meines Buches denke, so meine ich, es steht ihm der von Sargent aufgefaßte immer noch näher, so retrospektiv er auch möchte zu werten sein —; ist doch, wenn ich nicht irre, dieses Bildes Zeit gerade die sehr entscheidende, in welcher der unerhört Arbeitende, durch Not und drohende Schwindsucht nicht aufzuhalten, jene Vorräte skulpturaler Verwirklichung um sich anhäufte, mit denen er viel später, so merkwürdig verliebt, spielen sollte.

Am Ende stehen uns aber, wenn wir schon wählen wollen, auch noch andere Porträts Rodins zur Verfügung; es sind in den letzten Jahren sehr viele Aufnahmen gemacht worden. Besonders gern erinnere ich mich auch der sehr schönen Büste, die Mlle. Claudel (Paul Claudels Schwester) von ihm gemacht hat; ich habe sie wiederholt abgebildet gesehen, wüßte freilich jetzt (da ich mich an Rodin selbst nicht wenden kann) nicht, wie eine Photographie davon herbeizuschaffen wäre.

Dagegen kann ich mich, was die Zeichnungen angeht, ganz kurz fassen; denn ich halte es für die glücklichste Fügung, daß wir die vortrefflichen Wiedergaben des „Camera-Work" für uns ausnützen dürfen, und ich wäre dafür, daß wir von dieser Chance einen großen Gebrauch machen... Die Tuschezeichnungen* vor allem sind herrlich, und wenn es möglich ist, die anderen vier Blätter farbig zu bringen, so geben wir in unseren Abbildungen das Vollzähligste, was sich denken läßt. Wie schön, daß Sie diese Publikation noch ausfindig gemacht haben...

Herzlichst und mit tausend Grüßen

Ihr

Rilke

PS.:* Sie lesen auf der wunderbaren zweiten getuschten Zeichnung sicher richtig: enfer; doch wäre das Blatt einfach als Tuschezeichnung oder gleich den anderen als Handzeichnung zu benennen, da dieses von Rodin hingeschriebene Wort nur einer jener vorübergehenden Titel ist, wie er sie seinen Arbeiten gelegentlich gibt und wieder abnimmt.

Donnerstag fand in dem Kleinen Théâtre du Vieu-Colombier eine Conférence Gides über Tagore statt. Gides Übertragung des „Gitanjali", die mir sehr schön scheint nach den von ihm enthusiastisch gegebenen Proben, erscheint dieser Tage als Buch im Verlag der Nouvelle Revue Française.

Paris, 17, rue Campagne Première, am 11. Dezember 1913
 Mein lieber Freund,
gestern empfing ich einen Brief von Frau Knoop, der mir insofern nachgeht, als sich in ihm, unter einer dünnen Oberfläche herzlichen Hinnehmens, eine so große Betrübnis und Besorgtheit verbirgt, daß ich innerlich immer wieder mit dem Eindruck beschäftigt bin, den diese zurückhaltenden armen sechs Briefseiten leisten konnten. Die Hoffnung, die Gedichte Knoops gedruckt zu sehen, hatte in dem Herzen dieser, noch immer bestürzten, kaum noch zur Trauer kommenden Frau wohl eine Menge leiser Nebenbedeutungen von Gelingen und Anerkennen; nur so erkläre ich mir, daß sie, selbst auf meinen Brief hin, erwartet haben mußte, daß Sie der Rücksendung des Manuskriptes doch noch irgend einen andern Rat würden beizufügen haben. Mein Ausweg ergibt sich als nicht brauchbar, dadurch daß, wie sie mir erklärt, nach Knoops Arbeitsweise, die von ihm hinterlassenen Vorarbeiten von rudimentärer und eher unpersönlicher Beschaffenheit sind, so daß es an Fragmenten fehlt, denen man die Gedichte, wie ich meinte, anschließen dürfte. Den Zeitpunkt, Briefe und Aphoristisches zu einem Bande zusammenzuordnen, hält Frau Knoop noch nicht für gekommen. Mit den Gedichten bis dahin zu warten, scheint ihr aber so schwer zu fallen, daß ich es (obwohl sie nichts dergleichen ausspricht) für möglich halte, sie könnte am Ende Versuche unternehmen, das Gedichtmanuskript

da oder dort anzubringen. Eine Anstrengung, die ich an sich namenlos traurig und in bezug auf den Ausgang riskiert und unerfreulich finde. Es scheint, als ob Frau Knoop sich sehr darauf verlassen hätte, beim Insel-Verlag, in allen ihren schweren Wendungen, den entscheidendsten Beistand zu finden, und als ob sie nun, mit Mühe, von dieser inneren Aussicht zurückkäme.

Ich schreibe Ihnen dies im Vertrauen, nur um durch diesen kleinen Beitrag an Tatsächlichkeit Ihre Stellung zu der Frage, soweit sie noch nicht abgeschlossen ist, zu unterhalten. So sehr mir selbst Knoops Andenken am Herzen liegt, ich wüßte nicht zu sagen, was Sie nun für ihn tun könnten: aber vielleicht veranlaßt Sie mein Brief, noch einmal alle Möglichkeiten durchzugehen. Das Buch vom „A und O" scheint doch, durch die früheren Kontrakte, so weit an Fleischel gebunden zu sein, daß es nur bei dem äußersten Entgegenkommen dieses Verlages dort auszulösen wäre –, ein Schritt, zu dem man nicht einmal raten kann.

Dies, lieber Freund, unter dem Diktat meines Gefühls.

Der Herrin, die wohl zurück ist, melden Sie, bitte, mit vielen Grüßen, meine Nachrichten für allernächstens an. Und von mir nehmen Sie das Allerherzlichste, wie immer.

Ihr

Rilke

Paris, 17, rue Campagne Première, XIVe,
am 15. Dezember 1913

Mein lieber Freund,

wir rühren einander, abwechselnd — und dies fällt auf mich, da ich nun einmal dieses inkommensurable Mittel in unsere Angelegenheit eingeführt habe. Auch Ihre beiden diesmaligen Fragen, die ich mir nun vorlege, schalten es nicht ganz aus, denn anders denn als eine Sache der Pietät ist die zu bedenkende Herausgabe der Knoopschen Gedichte kaum zu betrachten. Ich weiß wohl, das Inselschiff hat viel zuviel guten und immer neuen Wind im Gefühl seiner Segel, pour que la brise des larmes le poussât le moindre instant, — aber ist nicht (dies wäre zu bedenken) eine solche still vollbrachte Édition de piété längst, außerhalb des Gefühlsmäßigen (ich möchte sagen) selbständig geworden, ohne daß man sie zum Maß weder der rührend ergänzten Persönlichkeit noch des Verlages zu nehmen braucht? Anders wäre es, wenn andere Gedichte von Knoop schon vorlägen oder das Gedicht überhaupt irgendwie in den Bereich seiner Leistung gehörte: dann würde ein solcher notdürftiger Nachtrag durchaus zu vermeiden sein. So aber käme man sorgsam darauf hinaus, seinen Freunden, die zur Genüge mit der Festigkeit seiner Arbeit vertraut sind, das Liebevolle seines Otiums auf dem kürzesten Wege ins Angedenken zu geben. Wenn ich mich nicht irre und der Gebrauch einer derartigen Publizierung, den Freunden zuliebe, unabhängig von kritischen Erwägungen, bestand und als bestehend anzusprechen wäre, — ja, so würde ich mein kleines Wort, als ob es eines unter hunderten sei, zugunsten des Knoopschen Manuskriptes anlegen. Es käme am Ende zu diesem Argument noch hinzu, daß der Mangel anderer Bruchstücke und das Verpflichtetsein jenes wichtigen größeren Buchs an die Firma Fleischel dem Insel-Verlag schlechterdings keine andere Gelegenheit läßt, seiner Teilnehmung an dem schönen Knoopschen Gedächtnis Ausdruck zu geben. Der Witwe gegenüber müßte dies nicht einmal als ein Rückweg zur Bereitschaft auffällig sein, da eben die Tatsache, daß, wie wir erfuhren, andere Schriften nicht da sind, in deren Anhang die Poesieen hätten angemessen präsentiert werden können, Ihnen leicht zum Anstoß genügen konnte, sich des Manuskripts doch noch, so wie es ist, anzunehmen.

Dieses, mein lieber Freund, ist alles, was ich, aus Übereinstimmung von Herz und Gewissen, bei Ihnen, unmaßgeblich, anzubringen wüßte. Ich tat dies, um genau zu sein, lieber auf diesen überlegten drei Seiten, als in einem Telegramm, in dem das kleine Wort, völlig ununterbaut, zugleich zuviel und zuwenig gewesen wäre.

Und nun will ichs nicht noch einmal nachlesen, sondern schnell, unter den herzlichsten Grüßen, schließen und absenden.

Ihr

Rilke

Paris, 17, rue Campagne Première, XVIᵉ,
am 29. Dezember 1913

Zwar in Wirklichkeit zu Neujahr nicht bei Ihnen, lieber Freund, bin ichs doch in mehr als einem inneren Verstande und habe unzähligen Anlaß dazu: im Rückblick einerseits auf ein wunderliches, nicht gerade leichtes Jahr, in dessen Wendungen Sie mich so treu und stark unterstützt haben, daß ich, mehr als jemals, Grund habe zu glauben, alle Beistände, die mir das Leben nach und nach zu dem, womit es mir Ernst ist, geleistet hätte, kämen nun in dem Ihren wie in einem Elixier zusammen; und das, weiß Gott, in einer Zeit, da mir Stärke in Tropfen mußte eingegeben werden; hätt ich sie mir selbst aus tausend amorphen Umständen herausgewinnen sollen, ich hätte es am Ende nicht vermocht, bei der inneren Absorption, in der mein Wesen sich nun fast völlig verbraucht, ohne nach außen hin aufmerksam und findig zu sein.

Aber auch nach aller erdenklichen Zukunft hin (wenn man solche an einem Jahresabschnitt, unwillkürlich absetzend, neu in Gebrauch nimmt), auch nach dem Künftigen hin hab ich Gründe genug, von Ihnen auszugehen: denn nicht allein finde ich bei Ihnen die unmittelbarste Basis aller meiner Gebäude, ich darf sogar das Gefühl in mir gelten lassen, es würde das, wobei Sie mich gern unterstützen, immer das Richtige sein. Sowenig ich selbst abzusehen weiß, was noch von mir wird erfordert werden, ich kann mir nur vorstellen, daß meine Aufgabe und Ihre Erwartung immer in dieselbe Richtung fallen, von verschiedenen Voraussetzungen aus einem näheren oder entlegenern Schnittpunkt zulaufend, in dem wir uns dann jedesmal recht freudig aneinander gewahren und bestätigen dürfen.

So weit von Ihnen und mir, lieber Freund, und nun völlig zu Ihnen: Daß 1914 sowohl in der lieben Innenwelt der Richterstraße als auch in den immer mächtigern Werften des Inselschiffs vertraut, liebreich und verbündet sich benähme, Lust zum Neuen anregte und Lohn aus dem Früheren in schöner Reifheit ausschälte —: soweit nicht schon Ihr eigenes Arbeitsbewußtsein aus sich selbst die vollkommensten und reinsten Belohnungen ausbildet.

Der prächtige Katalog hat mich am Weihnachtsabend lange beschäftigt, in Stimmung und Staunen erhalten: ich kann mir um alles das herum das kleine wohlbekannte Haus gar nicht mehr zusammenschließen, mir ist, als müßte es Anbauten haben rechts und links, oder es geht eben mit Zauberei zu (mit der Sie sich ja auch seit frühester Jugend beschäftigt haben).

Meine Verfassung ist die, die ich in jenem Brief an die Herrin neulich nach der Natur gezeichnet habe. Ich kann nichts voraussagen, gehe darin auf von Tag zu Tag, mich im Stillsten und Ständigsten zu versuchen, seh niemanden, erwarte nichts von mir, wissend jetzt, ja recht eigentlich ahnend, welche Paläste innen erleuchtet sein müssen und fürstlich bewohnt, damit der mindeste Lichtschein hinaus ins

Ungläubige fällt auf die kleine Stelle eines künftigen Gedichts.

Und somit bin ich, in Dank und Wunsch,
        ausdauernd der Ihre
                      Rilke

PS.: Ein paar gute Zeilen von Frau Knoop waren gerade zum Weihnachtsabend hier: Sie haben ihr, mit jener Zusage, so viel Fest bereitet, als sie nur eben haben konnte.

                Paris, 17, rue Campagne Première, XIVe,
                                  am 3. Januar 1914

Mein lieber Freund,

das Jahr ist noch zu klein, um Ihnen zu sagen, was für Wünsche ich habe, es ist auch eine Schande, daß schon wieder welche da sind; ich habe, zu ihrer Entschuldigung, nur vorzubringen, daß sie schon aus dem Ende des vergangenen Jahres stammen; in den Tagen vor Weihnachten und der Oktave zwischen den Festen wollt ich Ihnen mit keinem Anliegen schwer fallen, und so kommt es, jetzt, da nur noch der Dreikönigstag bevorsteht, unerbittlich über Sie.

Ich weiß nicht, ob ich Ihnen schon geschrieben habe, wieviel mir Ihr Kleist geworden ist: eine ganze Reihe häuslichster Abende hat er mir innig und großartig gemacht, ich kenne nun jede Zeile, und wie viele sind darunter, die meine Bewunderung sich angeeignet hat. Das Guiskard-Fragment, der „Prinz von Homburg", einige von den Novellen und Aufsätzen (die das einzige waren, was ich schon kannte)—: ist es möglich, daß es eine Zeit gab, da einem das kein Dasein, keine bewegteste Erinnerung war? Und das „Ach", mit dem „Amphitryon" schließt, ist gewiß eine der köstlichsten und reinsten Stellen aller Literatur.

Gleich darauf hab ich, noch von einer anderen Seite her, mich dieser Zeit und der darauffolgenden angenähert, durch die „Bettina" wiederum, die mir, seit ihre Glut nicht mehr Feuerscheine des Vorwurfs über Goethes ruhige Thronung wirft, nun erst arglos unerschöpflich zu werden vermag. Daß er, Goethe, aus dieser Luft geatmet hat, hatte sie ihr (so seh ich es nun) zu einem höheren Element gemacht, darin ihrem Geist seine Leichtheit plötzlich ermöglicht war. An dem Gegenspiel mit Philipp Nathusius ist dieselbe Verlegenheit, die Goethe in seine große Haltung einbezog, zur Fassungslosigkeit geworden, und man gewahrt, zuschauerisch behaglich, wie schwer es sein mag, als der geliebte Vorwand zu solchen Absprüngen ins grenzenlos Aufgetane das rechte, ja nur irgend ein Benehmen zu finden.

Diese Einsicht, die mir leicht an dem aufgehen konnte, der zu unfertig und wohl auch zu nebensächlich war, um ihm, in einem von Bettina groß entworfnen Verhältnis, eine wirkliche Schuld zuzuschreiben, macht mich nur noch wärmer für sie selber. Bei aller Strukturlosigkeit, wie gewebbildend ist doch auch dieses Buch vom Ilius Pamphilius und der Ambrosia: wie großmütig ist es, wie zum Geben geneigt, wie hingebend, — hingebend aus Anlage, aus Nichtanderskönnen, und wie gibt es, über den wiederum kaum Empfangenden fort, jedem Künftigen, daß er nun, da Bettina nur noch in diesen Blättern Ansprüche macht, völlig unverpflichtet empfangen möge. Es war mir wie ein Abschied, als ich das zweite Bändchen dieses späteren Briefwechsels schloß, und ich wünsche mir —: hier meine Bitte: in dieser Richtung noch eine Weile unterstützt zu sein. Sicher sind im Insel-Verlag ein paar Bücher, auf die ich nun köstlich vorbereitet wäre, an den „Frühlingskranz" denke ich, den ich nie gesehen habe, an „Caroline", an „Jung-Stilling", von dem Sie mir öfter sprachen; ob etwa Arnims Werke und die Briefe Wilhelm von Humboldts in die Kreise der Aneignung, die ich mir da ziehe, mit hineinreichen, mögen Sie selbst entscheiden. Zu Jakob Grimms Kleineren Schriften hätte ich Lust, aber von denen liegt wohl keine neue Ausgabe vor. Lieber Freund, wüßte ich nicht, wie gern Sie mich zu diesen Dingen ereifert sehen, ich würde nicht ein Zehntel dieser Unbescheidenheit über mich bringen; es sind auch nur Vorschläge, die ich da mache; entscheiden Sie sich zu dem, was Ihnen am besten weiterzuführen scheint, sei's auch nur Eines, ich weiß ja doch auch nicht, wie michs dann weiter treibt und wozu.

Tausend herzlichste Grüße

Ihr

Rilke

Paris, 17, rue Campagne Première, am 17. Januar 1914
Lieber Freund,
ich habe Ihnen wieder eine große, eine ganze Erfüllung zu verdanken, zwei Bücherpakete; nun sind die damit gegebenen Wege und Eindrücke schon angetreten, und zwar von seiten Jung-Stillings her, den ich sehr empfand, obwohl ich zu ihm von den drei Bänden des Stifterschen Nachsommers kam; vor dieser nicht unverwandten Welt ist die andere, Stillings, möglicherweise noch stärker mit allen Halbtönen ihrer Unterschiede herausgetreten.

„Caroline" fängt an, mir sehr bedeutend zu sein; ich habe von alledem nichts gewußt, und nun geht es mich um und an.

Lieber Freund, ich vergaß immer, Ihnen zu schreiben, daß ich im November, gleich nach Ihrem Hiergewesensein, die Übertragung von Gides Enfant Prodigue unternahm und auch grad und munter zu Ende brachte; mit Aussparung allerdings von zwei oder drei Stellen, die die beiden Ausgaben des Gideschen Werkes in verschiedenen Fassungen bieten und über die ich mit Gide um so mehr mich auseinandersetzen wollte, als mir jedesmal die ältere Version den Vorzug zu verdienen scheint.

Nun war André Gide kürzlich bei mir: ganz ergriffen von der überraschten Freude an der Tatsache meiner Übersetzung und besonders Ihnen dankbar für die Aussicht, diese Arbeit (die ihm, als die erste damals nach langen Zeiten des Unergiebigseins, immer nahe bleibt) in der Insel-Bücherei aufgenommen zu sehen . . .

Der gewiß sehr liebevolle polnische Brief geht mir recht nahe, denn ich kann ihn nicht lesen und weiß vor der Hand auch niemanden, der die Übertragung des „Cornet" in dieser Sprache beurteilen könnte. Was tun? Ist nicht in Leipzig jemand (Student oder dergleichen) aufzutreiben, der mir erst mal den Brief übertrüge, ich ahne ihn stellenweise, kraft des Russischen, aber alle diese zarten kleinen Zeilen durchzuahnen, dazu fühl ich mich nicht eindringlich genug. Verfügen Sie, bitte, nach Ihrem Ermessen, und seien Sie mir, lieber Freund, aufs dankbarste tausendmal gegrüßt.

Ihr

Rilke

Paris, 17, rue Campagne Première,
Sonntag [25. Januar 1914]

Lieber Freund,

es ist dazu nichts anderes nötig, als daß ich Gide aufsuche, um die fraglichen Stellen zu besprechen; ich schreibe ihm heute, um zu erfahren, wann er mich draußen brauchen kann, und sehe voraus, welche Freude es ihm sein wird, daß die schöne Absicht so rasch in Wirklichkeit übergeht (denn daß Sie sich mit dem Verlag einigen, daran wird ihm selbst am meisten gelegen sein).

Der gute „Cornet" —: es wäre schön, wenn die polnische Übertragung verwendbar wäre; Sie irren übrigens in der Annahme, daß ich sie hier hätte, Herr Keller hat mir nur den Brief gesandt, den ich Ihnen neulich wiedergab, mit der Frage, ob mir das Manuskript der Übersetzung erwünscht wäre (mit dem ich ja nun leider mich nicht zu verständigen wüßte).

Nach meiner Rücksprache mit Gide werde ich wahrscheinlich, der Genauigkeit halber, den „Verlorenen Sohn" nochmal ins Reinste abschreiben, aber in etwa einer Woche kann er dann wohl längstens an Sie druckfertig abgehen.

(„Zwanzig Bände füllt Richard Wagner" —: wie hat man sich das vorzustellen?)

Adieu, lieber Freund, es herrscht eine Kälte, wie sie die Franzosen wohl der Stärke nach kannten, aber der Länge nach meinen sie, sie noch nie so empfunden zu haben: sie hält jetzt seit vierzehn Tagen vor. Sie zappeln vor Ungeduld und werden so auf ihre Art warm darüber.

Herzlichst (auf einem der Feder und mir fremden Papier, da das gewohnte ausgegangen ist)

Ihr

Rilke

J'espère vous n'allez pas tout à fait abandonner notre très chère Louize Labbé? Faut-il vous faire un bel épilogue pour vous toucher le cœur en sa faveur?

Paris, 17, rue Campagne Première, am 3. Februar 1914

Mein lieber Freund,

hier wäre nun Gides „Rückkehr...", ich hoffe, Sie haben sie nicht mit derselben Ungeduld erwartet, mit der ich wünschte, sie an Sie abzusenden.

Was mich ein wenig über die acht Tage hinaus verspätet hat, war nicht der Besuch bei André Gide, sondern einfach (ich geb es beschämt zu) meine Abscheu vor dem Abschreiben, es ist eine corvée für mich, da doch ohnehin, durch Korrespondenz und anderes, reichlich viel unproduktive Schreiberei aus der Feder muß. Nun hab ichs denn auch fast sein lassen, da mir das erste Manuskript hinreichend klar scheint, nicht leicht zu verfehlen – nur ein paar Seiten sind transkribiert worden –; hoffentlich ist es so übersichtlich genug für die Druckverhältnisse. Ich gedenke, gelegentlich der Korrektur, höchstens noch eine Widmungszeile voranzustellen, alles übrige halte ich, so wie es nun dasteht, für definitiv. (Was wird die Herrin zu der Übertragung sagen?)

Gide kann genug Deutsch, um daß man mit ihm einzelne Stellen wirklich erörtern konnte, das war schön und fruchtbar und ließ mich vermuten, daß ich recht gut im Sinne seiner Dichtung gehandelt habe. Er freut sich ungemein auf dieses kleine Buch; in der Nouvelle Revue erscheint seit Januar sein neuer Roman, ich merkte, daß er viel Wert auf diese Arbeit legte, – sollte das nicht etwas für die „Insel" sein?

(Ich wollte ihn eigentlich nicht während des stückweisen Erscheinens lesen, kann mich also darüber nicht äußern.) Stellen Sie sich vor, was ich in Gides vortrefflicher Bibliothek entdeckte — Sie erraten es nicht: Grimms großes Wörterbuch, ich war gerade hinter einem Ausdruck her und habe „geweidet" stundenlang.

Da einmal, um Gides willen, die Konstanz meiner Abgeschiedenheit unterbrochen war, hab ich den nächsten Tag auch den guten Verhaeren besucht, wir haben Ihrer gedacht—, er erzählte schön und überwältigt von Rußland, stand noch, wie unberührbar, unter dem Sturz von Herzhäbigkeit, der sich dort um ihn herum gebildet hatte. — Übrigens, er zeigte mir, in Gedanken an Ihre Absicht, seine Gedichte von mehreren übersetzen zu lassen, Traduktionen von Ludwig Scharf, ich konnte nur einen Blick tun, etwas hart in der Kontur, aber korrekt und gut — (nicht?); V. meinte, ob das nicht der gegebene Übertrager für die Campagnes hallucinées und die Villages illusoires wäre —? Und Zech: hat er sich dazu entschlossen?

In den „Weißen Blättern" vom Januar stehen wieder ein paar einfach herrliche Gedichte Werfels — ich bin wieder ganz, wo ich im Sommer war, und gehe für ihn durch alle Feuer. Nur „Der gute Mensch" ist weniger vollendet und transparent, — aber Hekuba, aber der Traum, aber Jenseits, aber der Abendgesang —

Sagen Sie, lieber Freund, läßt sich irgendwo nachsehen und können Sie mirs kurz andeuten, welche Stelle jene „Deutsch-Chinesischen Jahrzeiten" (woher der Titel?) in Goethes (offenbar spätester?) Produktion einnehmen? Es kommen die verschiedensten Elemente darin zusammen, will mir scheinen, die bedeutendste lyrische Ergreifung, wie sie seine mächtigsten Zeilen besitzen, und daneben, ja mitten drin, ein Spielend-Dekoratives... siehe z. B. das Achte. — Ich habe Ihnen noch gar nicht eingestanden, was ich mir zu Weihnachten oder nachträglich dazu geschenkt habe: die Ausgabe letzter Hand („unter des durchlauchtigsten deutschen Bundes..." von 1827—34, fünfundfünfzig Bände), können Sie sich das denken? Da fang ich nun an, mich als Eigentümer drin zu benehmen, und entdecke Wege, Sitzplätze, Brunnen, Wasserkünste und Labyrinthe, daß es seine Lust hat. Genug, seien Sie mir, beide, tausendmal gegrüßt.

     Ihr

       Rilke

Ein sehr bedeutendes Buch ist da, Marcel Proust, Du Côté de chez Swann (chez Bernard Grasset); ein unvergleichlich merkwürdiges Buch von einem neuen Autor, sollte eine Übersetzung angeboten werden, wäre sie unbedingt zu nehmen; freilich 500 Seiten des eigensten Ausdrucks und zwei ebenso starke Bände stehen bevor!

Paris, 17, rue Campagne Première, XIVe,
am 14. Februar 1914

Lieber Freund,

ich komme eben aus der rue Gassendi, 34, lassen Sie sich gleich Rechenschaft geben von meiner Causerie mit Mr. Dornach, die wirklich nicht eines gewissen ursprünglichen Reizes entbehrte. (Voilà encore un morceau de cet admirable Vieux-Paris, qui, un jour, s'en ira avec ce bonhomme.)

Also, es ist nichts vergessen, Mr. Dornach war sehr bestrebt, mir die gewaltigsten Vorstellungen von seiner Geschäftsordnung beizubringen, einen Augenblick durfte man glauben, es kämen in dieser Dachstube beständig die lebendigsten Affären zusammen, um, von ihr aus, im Handumdrehen, mit neuen Spannungen ausgestattet, in die sich unter ihrem Flug verwandelnde Welt hinauszustürzen; schnell mußte es auch zugehen in dem Gedräng, – denn es lag nur ein ganz kleines Stößchen unerledigter Briefe da, alles andere, versicherte Mr. Dornach, sei getan, immerzu getan, und dann wunderbar zusammengebunden (ja: ich möchte mir den Staub nicht in die Nase atmen, der sicher auf diesen Bündeln liegt.)

Genug: Ihr Besuch steht im glänzendsten Angedenken, Ihr Name in allen Ehren, Ihre Adresse könnte in Gottes Händen nicht besser aufgehoben sein: nur, es besteht eine momentane Differenz zwischen dem Manne, der ihm seine Abzüge macht, und Herrn Dornach in eigener Person – dies hätte die Verzögerung verschuldet, indessen würde sie nächstens behoben sein, und dann sollen Sie alles (in acht, in zehn Tagen) verabredetermaßen, genau und von Herzen erhalten.

Dies also mein Resultat; ich hoffe, es bestätigt in nächster Zukunft seine Realitäten.

Heute bekomme ich von der „Insel" die italienische Übertragung des „Cornet", so kehren wir, Gott sei Dank, zu den Sprachen zurück, über die ich eine Spur Einsicht habe; trotzdem werd ich vielleicht das Urteil italienischer Freunde zu Rate ziehen, um desto sicherer antworten zu können.

(Verzeihen Sie meine greuliche Feder, ich weiß nicht, was sie hat, sie geht wie in zu großen Hausschuhen über das Papier, ich glaube, ich muß sie entlassen.)

Alles Herzliche und Gute für die Reisetage und zur Heimkehr.

Ihr
Rilke

Paris, 17, rue Campagne Première, XIVe,
am 19. Februar 1914

Mein lieber Freund,

Sieht man, was so ein Gerücht alles kann, so tuts einem wirklich leid, keines zu sein.

Ich weiß leider keine Dame in München, der ich so schöne Dinge (gäbe es deren) zu Füßen legen dürfte –, aber vielleicht gibt es sie ja; nur weiß ich nicht, wer sie hier gefunden hat, und ganz sicher bin ich, daß ich sie nicht übertragen habe.

Daß, durch einen kleinen Aufschub, in Ihrem Schreiben so viele Punkte zusammentrafen, gab ihm ein stattliches Ansehn; fast fühlte der Empfänger sich un centre d'action, ob er gleich von der Kühnheit sich fernhält, dabei, vergleichendermaßen, an Mr. Dornach zu denken.

Und nun vor allem einen umfassenden Gesamt-Dank für die Erledigungen (gütige sorgfältige und freundschaftliche von jeder Art) der elf Artikel und, soweit sie's bedürfen, einzelne Anmerkungen dazu...

Bewahre, ich kann mir wirklich nicht anders vorstellen, als daß Grimm und Turmzimmer vor der Hand eines und dasselbe sind; schickten Sie ihn, das wäre geradezu die Erklärung, daß das Turmzimmer auf mich verzichte, und ich müßte ihn dann, zur Buße, auf der Stelle nach Leipzig zurücktragen; dabei käme ich allerdings hin, aber wie gebückt und beladen.

Gestern früh bekam ich von Gide die mir überaus liebe Mitteilung, daß er sehr damit umgehe, den „Cornet" zu übertragen. Er, bei seinem Gefühl für den Rhythmus, würde das sicher herrlich hervorbringen. Doch bleibe das noch ganz im Vertrauen unter uns, denn er mags, wie ichs ja auch tun würde, nicht versprechen und bekennen, bevor er nicht weiß, ob es ihn wirklich von einem Ende zum anderen trägt und ob es durchaus Sache seines Gewissens und seiner Freude sei.

Er schrieb mir auch, daß die „Insel" seinen neuen Roman „Les Caves du Vatican" zu bringen geneigt wäre, was ihn sehr zu freuen schien; nur war er in Sorge um den Übersetzer. Hat sich denn jemand bei Ihnen eingestellt? Gide sagte mir von einem Herrn Südel[1] (?), der es tun wolle, es sei ein Mann, der Charles Louis Philippe übersetzt habe, ob ich etwas davon wüßte? Ich konnte ihm nur schreiben, ich wisse nichts. Das versicherte ich ihm, daß es sicher in demselben Maße Ihre wie auch seine Meinung sein würde, daß man die höchste Anforderung an die Qualität der Übertragung zu stellen habe . . .

Die Gesellschaft zur Förderung Deutscher Wissenschaft, Kunst und Literatur in Böhmen hat mich am 12. d. M. zu ihrem korrespondierenden Mitgliede gemacht, eine Respektabilität, deren Vorrechte ich sofort angetreten habe, indem ich mir ein paar Bände von den Publikationen der Gesellschaft bestellte, auf die die Mitglieder sich dürfen vormerken lassen.

Ich bekomme auf diese Weise mehreres mir Unbekannte von Stifter und die Werke des Gf. Kaspar Sternberg (womit schon wieder eine Biegung zum Goethe-Kreis gebildet ist).

Aber genug, lieber Freund – und nie genug Dankes.

Ihr　　　　　Rilke

---
[1] Er habe Herrn S. nicht geantwortet, denn er hoffe auf die „Insel".

Paris, 17, rue Campagne Première, am 25. Februar 1914
        Mein lieber Freund,
    die Geistesgegenwart Ihres vorgestrigen, heute eingetroffenen Diktats hat nicht ihresgleichen, ich antworte im selben Schnellschritt, sagend, daß ich ganz gerührt bin über Ihre Absicht, nun selbst an Demuth zu schreiben, daß ich gespannt bin auf Ihre Stellung zu den neuen Werfelschen Gedichten, daß die „Weißen Blätter" im Märzheft schon (wenn ich recht unterrichtet bin) meinen Aufsatz über die Puppen bringen —, daß ich infolge gewisser Umstände, die ich weiter unten anreihe, zu Herrn Dornach zu gehen verhindert war, ihm aber vier Seiten des eingehendsten und wörtlichsten Inhalts auf der Stelle geschrieben habe, — daß ich: aber nun kommandiere ich „Halt!" und melde das im Stehen: eben für unbestimmt (vielleicht acht bis zehn Tage) nach Berlin gehe, wozu mehrere ganz unerwartete, aber mir freundliche Anlässe über Nacht sich konstellierten, daß ich mehreres dort vor habe (unter anderem auch eine besonders aufmerksame Beschäftigung mit Amenophis und seiner Familie, von der ich mehrere Mitglieder ja noch nicht kenne), daß ich Sie und die Herrin bitte, diesen Aufenthalt nicht sehr unter die Leute zu bringen, weil ich gerne nur für die paar Dinge dort sein möchte, an denen mir liegt: wie sich alles weiter ergibt, darüber schreibe ich von Berlin ein Genaueres, sowie ichs nur übersehe ...
            Von Herzen Ihr   Rilke

Berlin-Grunewald, Hubertusallee 16,
Pension Bismarckplatz, am 3. März 1914

Mein lieber Freund,

hier ist nun das Manuskript unseres italienischen „Cornets": ich habe meinen zuerst hinzugefügten Anmerkungen noch einige fragliche Vorschläge angeschlossen, auf die meine italienischen Freunde mich aufmerksam gemacht haben.

Am 8.

Erst heute, lieber Freund, schreib ich weiter; ich habe den „Cornet" noch einer gründlichen Durcharbeitung unterzogen, Satz für Satz; denn einzelne Stellen sind so lebhaft schön und nutzen das Italienisch so prachtvoll aus für sich, — daß ich die weniger guten, vielleicht ja wirklich gar nicht recht übersetzbaren —, doch noch mit fürsorglichen Hinweisen und Vorschlägen umgeben wollte, dem Übertrager einen oder den anderen Ausweg zeigend, den zu nehmen er zu befangen war. Allerdings ist nun meine Einmischung so stark geworden, daß ich mich bei Dr. Braschi in einem eigenen Briefe möchte entschuldigen dürfen. Ich habe seine Adresse, die der Insel-Verlag mir aufgab, in Paris gelassen: darf ich sie nochmals erbitten?

Lieber Freund, ein sehr, sehr schönes kleines Bändchen für die „Bücherei" steht mir vorm Herzen in einer wahrscheinlich auch Ihnen gleich sichtlichen

Künftigkeit. 1907 erschien in einem abgelegenen Triestiner Verlag ein kleines Buch von Busoni, das niemand kennt und das vielen seine Vorhandenheit recht gegenwärtig beizubringen hätte, – wie es mir dieser Tage sich wunderbar unentbehrlich macht. „Entwurf einer neuen Ästhetik der Tonkunst" nennt es sich (ein musikseitiges Gegenstück zu van de Veldes „Amo") – eine Reihe Anmerkungen aus innerster Erfahrung und vollzähligster Überzeugung heraus, nur in Beethovens Briefen noch, scheint mir, gibt es solches Bewußtsein um Musik. Ich suchte Ferruccio Busoni auf, hatte die schönsten Gespräche mit ihm, konnte es schließlich auch nicht lassen, ihm von dem Eindruck zu sprechen, daß sein kleines Buch eines Tages in die „Insel-Bücherei" übersiedeln sollte, – er nahm diese Idee (die ihm als Möglichkeit vorzustellen ich ja vor der Hand kein Recht habe) wirklich mit Glücklichkeit auf, – würde in diesem Fall den ganzen Text umarbeiten und um mehreres erweitern, es auch übernehmen, ihn dem Triestiner Verlag abzuringen – sagen Sie mir einmal, wie Ihnen das alles schiene, ich brächte ihm gerne die gute Nachricht; (übrigens sind Sie, glaub ich, schon mit ihm in anderen Sachen in Verbindung gewesen).

Dies und dann noch eines, weniger Nahegehendes, was aber am Ende auch möchte zu bedenken sein.

Fräulein Etta Federn – mir seit Jahren flüchtig bekannt, wohnt zufällig hier in der gleichen Pension –

geht mit der Absicht um, eine große sorgfältige Auswahl aus Andersens Korrespondenz zu übersetzen; sie brachte mir die beifolgenden Briefe, die eben nur irgendwelche jugendlichen sind, — aber mir will scheinen, sie sind nicht unbezeichnend und geben den Geschmack, daß Andersens Briefwechsel eine schöne und intime Ergänzung seiner sonstigen Schriftwelt böte und gleichsam die Entwürfe enthielte zu dem Märchen seines Lebens und die Vorbedingungen zu allen seinen Büchern. Ich wollte Ihnen auf alle Fälle davon geschrieben haben, denn mir schwebte etwas vor im Sinne der „Insel", ein köstlicher Briefband mit unedierten Bildnissen Andersens und einiger seiner Korrespondentinnen, von denen er überaus reizende durch alle Zeiten seines Lebens in seiner scheuen Zutunlichkeit sich scheint gepflegt zu haben . . .

Kam soeben wieder aus dem Ägyptischen Museum; unerschöpfliche Dinge. Und es scheint nun doch, als kämen die Leute (nicht nur einzelne Menschen) malgré eux zu einer Art Staunen davor. Diese Gesichter, wenn sie sich nur jenen Antlitzen aussetzen, können nicht mehr ganz aus dem übergehenden Einfluß zurück . . .

Dort freu ich mich, einige Nachricht zu erhalten, und bin, wie immer, im Herzlichsten und Besten, lieber Freund,

Ihr
Rilke

München, Hotel Marienbad, am 18. März 1914

Mein lieber Freund,

für zwei Briefe hab ich Dank und Nachricht auf dem Herzen, aber vor allem sei dies versichert, daß ein „schmerzliches Gefühl" meiner „Durchreise" gegenüber nicht in Frage kommen darf; ich war genötigt, den Weg über Jena zu nehmen, wo ich mit jemandem zu sprechen hatte, so kam Leipzig überhaupt nicht vor; wäre ich durchgereist, hätte ich Ihnen, das können Sie sich denken, die Hand aus dem Zug gehalten, ob Sie nun da gewesen wären oder nicht.

Von allen Ihren guten Antworten hat mich die Busoni betreffende ganz besonders gefreut; danke, lieber Freund, für Gehör und Augenmerk, das ich in solchen Fällen bei Ihnen finde. Busoni sah ich gestern, er hat hier gespielt, verriet ihm aber nicht Ihre schöne Disposition, um der Freude, die ihm Ihr Brief nun bereiten will, nicht zuvorzukommen ...

Über den sehr bedeutenden Vorschlag zur Ägyptischen Plastik möchte ich Ihnen Endgültiges erst vom Pariser Stehpult aus schreiben, denn es hätte ja da das beteiligteste Wort mitzureden: erst im Lichte meines Raums werd ich diese Aufgabe ihrer Form und Größe nach absehen, vor der Hand scheint sie mir nur ein Wogen und Schwingen auf mich zu, dem allerdings (so viel darf ich Ihnen verraten) ein freudiger Gegendruck in meinem Innern das Gleichgewicht hält. (Herrlich wärs, wenn man im höchsten Sinn könnte und dürfte!)

München, das immer eine freundliche Begegnung für einen vorbereitet, hat mich diesmal mit Kassner zusammengeführt, an dem ich mich ganzen Herzens halte und freue.

Der Herrin treue herzliche Grüße, Ihnen alles Beste und Dankbarste, in Freundschaft

Ihr

Rilke

Paris, 17, rue Campagne Première, am 28. März 1914

Mein lieber Freund,

Ihre Einstellung, in diesem Fall, ist wiederum eine zu gütige, jene „Reflexe" kamen noch einmal zu sich, da Sie sie lasen, aber das war, glauben Sie mir, lediglich der Schein Ihrer guten Meinung, mit dem sie spielten, — darüber hinaus hats wirklich nicht Sinn, sie aufleben zu lassen. Einmal, in Leipzig, wollen wir die kleinen Prosasachen durchsehen und ausmustern; es möchte eines oder das andere darunter sein, was sich bescheiden erhält, doch würde keine jener Arbeiten eine Stelle im Almanach wirklich ausfüllen können...

Seit vorgestern abend bin ich hier; das erste, was ich tat, war, Ihre beiden Briefe lesen und Fräulein Ullmann das überaus frohe Ergebnis, das der eine mitzuteilen hatte, nach Rom weiterzuschreiben; es wird in einer Zeit, in der sie innerlich sehr stark mit sich umgeht, von besonders glücklicher Wirkung und Förderung sein, und ich bin Ihnen von ganzem Herzen dankbar für diese Nachricht und für alles Durchgesetzte, von dem sie Zeugnis gibt.

Nur dies für heute – über A. L. in ein paar Tagen. Wie immer, auf die freundschaftlichste Art,

Ihr

Rilke

Paris, 17, rue Campagne Première, am 1. April 1914

Mein lieber Freund,

hätten Sie mir Ihr besorgtes Bedenken nicht in so guter Weise mitgeteilt, ich hätte es erraten und es Ihnen im stillen zugeschrieben. Glauben Sie mir nur das eine, daß es ganz genau mein Bedenken ist, so daß nicht genug gesagt wäre, wenn ich nur schriebe: ich verstehe es. Nein, es ist in einem noch weiteren Grade mein Bedenken als das Ihre.

Trotzdem, die Veröffentlichung in den „Weißen Blättern" macht mir Freude, auch jetzt noch, da sie vorliegt. Der Impuls zu dieser Übertretung meiner sonstigen Grenzen stammt aus meiner Freude an Werfel her, aus meiner seit dem vergangenen Sommer vielfach abgewandelten Überraschung, an einer nächsten Generation so viel Teilnehmung und Lust zu haben, wie ich sie, unvermutet, an seinen Versen, und seither da und dort, recht unbedingt erfuhr. Das mußte irgendwie aus mir herauswirken, und es wäre schlimm um eine Haltung und Selbstauferlegung bestellt, wenn man von einem gewissen Gewohnheitsmoment ab sich in ihr eingeschlossen fände. Meine „Enthaltsamkeit" will damit durchaus nicht aufgegeben sein, doch ist sie in mir, nicht um mich herum, und so geh ich nur scheinbar aus ihr heraus, wo ich ihr einmal temperamentvoll widerspreche. Daß man alles, selbst solche jahrelange überzeugte Einstellungen, in sich soll lebendig erhalten und beweglich, das scheint mir unsagbar viel wichtiger als die Vorsicht, immer genau so auszusehen, wie man im Sichersten ist.

Eine ganz andere Sache ist meine im Herbst vorschnell vergebene Zusage an die beiden Kurte auf ... sky, ich kann wirklich nicht sagen, was mich da hat zustimmen lassen, und wäre ein anständiger Rückweg möglich, so würde ich ihn erleichtert antreten. Geht es nicht, sich aus der überlauten Ankündigung höflich zurückzuziehen, so geb ich eben jene damals dafür gemeinte Arbeit preis und lasse die Sache von da ab ihre Wege gehen. Ich glaube, ich sah das Ganze, wie es mir seinerzeit vorgeschlagen wurde, im Lichte einer mir sympathischen Internationalität, während ich jetzt nur merke, daß es sich um eine der Erschleichungen handelt, mit der die heutige Publizität sich ein neues noch intim-geschlossenes Gebiet anzumaßen sucht. Und da gehör ich denn allerdings weniger dazu als jeder andere und schäme mich meiner Unvorsichtigkeit.

In diesem Moment, lieber Freund, trifft Knoops Roman ein – ich werde noch heute zu lesen beginnen, und in ein paar Tagen hoff ich Ihnen das Wesentlichste meines Eindrucks in einer für Sie brauchbaren Art mitzuteilen.

Sie fühlen, lieber Freund, sicher, wie sehr wir im Grunde einig sind und daß ich in Ihrer Aussprache wirklich nur einen Beweis mehr sehe für die treue Fürsorge, in der ich bei Ihnen geborgen bin.

Ihr

Rilke

Paris, 17, rue Campagne Première, am 7. April 1914

Recht mit Bestürzung, lieber Freund, lese ich Ihren heutigen, eigenhändigen Brief: ich kann, von meinem Standpunkt, gar nicht begreifen, wie mein Leichtsinn, der mir immer noch völlig nebensächlich scheint, so schwer und ernst zu nehmen sei; in Ihrem vorletzten Schreiben steht etwas von „Gefährdung meines Namens"; offen gestanden, ich kann mir nicht vorstellen, daß ich ihn anders gefährden könne, als durch eine schlechte Arbeit. Aber, wie immer die Sache für mich aussieht, ich muß Ihnen, so wie Sie's sagen, glauben, daß ich Ihnen eine Unannehmlichkeit, ja eine Art von Schmerz bereitet habe. Muß ich Ihnen versichern, daß mir nichts heftiger wider die Natur wäre als dies?

Ich will natürlich alles tun, meine Zusage aus dem Orion zurückzuziehen, und schreibe heute noch in dieser Sache.

Gestern frühstückte ich mit Stefan Zweig und ließ mir von ihm die Pläne der Verlaine-Ausgabe verständlich machen; auch von den möglichen Übersetzern des Gideschen Romans war die Rede, ich dachte nebenbei auch an Taube, aber ich fange „Les Caves du Vatican" erst dieser Tage zu lesen an und kann so gar nicht recht mitreden. Aus der Art nur, wie Gide diesmal um seinen Übertrager besorgt ist, läßt sich wieder ermessen, wie sehr ihm gerade diese Arbeit mag lieb und wichtig sein.

„Das A und das O" lese ich wohl noch heute zu Ende. Es ist eigentlich in gar keiner Weise einzuschätzen, denn es spielt unter und über allen möglichen Maßstäben, und so ist es (ich meine das jetzt schon aussprechen zu können) einer Buchexistenz überhaupt nicht gewachsen. Dieses seltsame Werk bringt seinen eigenen Raum (einen Zwischenraum) mit, in dem allein es haltbar ist, es ist die geborene Handschrift, ein Vermächtnis im eigentlichsten innerlichsten Sinn; ganz ohne Absicht, sich mitzuteilen, und insofern Kunstwerk, aber als solches wieder verzichtend auf jedes gründliche Dasein, — es ist weder für sich selbst da noch für andere, es hält sich in einer unbegreiflichen Schwebe in dem Leeren, das ein fast unbegreiflicher Mensch zurückgelassen hat, es ist ein Gespenst aus Worten, und man geht damit um wie mit einem Gespenst.

Ich sehe aus dem schönen langen Brief der Herrin, daß unsere Eindrücke sich in vielen Punkten decken;

was man eigentlich da gelesen hat, ist gar nicht gleich abzusehen, vielleicht nach Jahren wird man einzelnes auf eine unerwartet durchsichtige Weise erinnern –, jedenfalls scheinen mir diese Aufzeichnungen im bloßen Aufbewahrtsein und Verschwiegensein ihren eigentlichen Platz zu haben, wenn anders unsere Zeit solche Plätze noch auszusparen weiß.

(Recht bedrückten Vorwurfs gegen sich selbst)

Ihr

Rilke

Paris, 17, rue Campagne Première, am 9. April 1914

Mein lieber Freund,

... Regina Ullmann schreibt mir ihre große Freude über die Auslösung der „Feldpredigt" aus der Demuth-Gefangenschaft, dies ist einer der entscheidenden Umstände für ihr jetziges Leben, das viele Wendungen durchmacht und in allem seinem Ertrag schon voller Erneuung ist. Ich habe in München viel mit ihrer Mutter gesprochen, Regina kann noch bis über Ostern in Rom bleiben und wird bei ihrer Rückkehr nach München in Verhältnisse kommen, in denen sie, möglichst ununterbrochen, soweit man ihr das von außen bereiten kann, ihren eigenen Weg wird verfolgen können.

Gides Roman habe ich gestern zu lesen angefangen, er bietet allerdings der Übersetzung durch die ungeheuer eigenwillig genaue Prosa eine von Zeile zu

Zeile gewagte Aufgabe –, über seine Bedeutung habe ich, nach etwa fünfzig Seiten, noch keine Ansicht, immer wissenschaftlicher scheint mir Gides Verfahren, dem Menschlichen Sinn abzugewinnen, manchmal führt dies unmittelbar zu den erstaunlichsten Ergebnissen, oft freilich ists auch wieder ein Umweg, wenigstens vom Dichter aus, der ja die Freiheit hätte, aus der Beobachtung in die Einfühlung umzuspringen und zurück . . .

Diese Fragen und was hinter ihnen steht sprechen auch dafür, daß ich nun tatsächlich bald ins Turmzimmer kommen muß, und der Grimm spricht dafür und schließlich auch mein durch die jüngsten Vorfälle noch verstärktes Bedürfnis, mich mit Ihnen über meine Missetat rein auszusprechen, – und nicht am schwächsten der Wunsch, in Ihrer Gastfreundschaft wieder eine Weile aufgehoben zu sein. Vielleicht Anfang Sommers.

Immer vom gleichen Herzen

Ihr

Rilke

Paris, Hôtel du Quai Voltaire [April 1914]

Mein lieber Freund,

. . . Nun gehen morgen die beiden Manuskripte Knoop und . . . A. L. an Sie zurück, recht unbillig verspätet, aber was noch einen Ausschlag nach dieser

Seite hin gab, das war eine Grippe, mit deren Hinnahme und Erledigung ich seit dem Gründonnerstag fast durchaus und nicht aufs angenehmste beschäftigt war. Diese Heimsuchung verschuldet es auch, daß ich der Herrin noch nicht weiter über „das A und das O" geschrieben habe, über das ja immer noch manches weiter zu sagen wäre. Versichern Sie ihr vor der Hand nur, daß ich mich im wesentlichen einig mit ihr glaube, das Buch hat tatsächlich auch für mich zwei ungleiche Artteile, bis zu einem Punkte ist es gemacht, gepflegt, verantwortet, dann hat mans gewähren lassen, es durfte auf seine Weise überhandnehmen, ja sein Sich-überlassen-Sein wurde das Prinzip seiner Entstehung. Mir gilt auch jetzt noch im vollsten Maße, was ich Ihnen schon schrieb, daß ich mir sein Dasein nur innerhalb der Aufbewahrung vorstelle, eine nachgelassene Handschrift, ein engstes Vermächtnis. Es steht irgendwie über das Leben hinaus, wie die apokryphen Bücher über das Alte Testament hinausreichen, rücksichtslos im Vorausblick wie im Urteil, anders dimensional, Spiegelbild in einem unbekannten Strömenden.

Was den ... angeht, so gefiel er mir erst nicht übel, dann, über dem Lesen, ist er mir mehr und mehr verdächtig geworden, die Prosa ist weniger als genügend, und besonders ergeben Vers und Prosa, wenn man sie gegeneinander abwägt, gar keine proportionierte Person, in der zu dem einen wie zu dem andern der Anlaß läge.

Kurz, es kommt, soweit meine Meinung reicht, ein ziemlich leserliches „Nein" aus der unwillkürlichen Feder. Wahrscheinlich sind wir auch da übereingestimmt.

Nur dieses heute, lieber Freund, ich schreibe nächstens, es kann sein, ich gebe nach und gehe rasch für vierzehn Tage nach Duino, das wäre das Gründlichste wider das Nachgefühl einiger leidlich schlechter Tage.

Recht von Herzen
der Ihre
Rilke

Assisi, Hôtel Subasio (Umbrien), am 12. Mai 1914

... Heute ist der erste Tag voll umbrischen Lichts, wie ich mirs erwartet habe, eine sanfte Begegnung von Himmel und Erde in der Luft, als ob eines dem anderen ein Stück entgegenkäme, und, wie ichs eben sah, eine blühende Akazie vor dem Verblauen der versöhnten Hintergründe –: das ist schon Heiligenbild.

Ich mache, die Fioretti in der Tasche, einige Gänge außerhalb der Mauern und freue mich dann jedesmal auf das Umschauen zur Stadt zurück, wie ein Kind auf die schönste Kruste vom Kuchen, die es sich für zuletzt läßt.

Aber genug, alles Herzliche der Herrin und viele Grüße für Sie beide.

Dankbar
Ihr
Rilke

Paris, 17, rue Campagne Première, XIVᵉ,
am 26. Mai 1914

Lieber Freund,

eines will gleich gemeldet sein: ich bin seit heute, sieben Uhr früh, in Paris; es ist keine Tinte im Haus, aber der Schreibtisch steht fest und sicher da, wie nicht so bald einer, und alles hat mich gut empfangen, von der Kälte abgesehen, die hier noch einmal sich hervortut.

Kurz, ich bin hier, das soll nicht als ein neuer Umsturz verstanden sein, im Gegenteil, ich hoffe, es kommt damit alles wieder in sein eigenstes Element, – ich mache einen großen Strich unter die unruhigen, unvermuteten letzten Monate, die hätten unbeschreiblich viel Gutes bringen können – unter Umständen –, nun wird, daß sie's nicht gebracht haben, ehrlich zu verstehen und zu verwerten sein, und am Ende kommt daraus noch reinerer Nutzen, als aus allem töricht Erhofften hätte ausgehen dürfen.

Geographie kann ich keine, wie Sie wissen, so steht es mir frei, nichts für so nahe an Leipzig zu halten als eben (diesmal) Paris, ich werde aufs leichteste zu Ihnen hinüberfahren. Schreiben Sie mir nur mit etwas Geräumigkeit, wann das Licht Ihr Haus durchzweigt hat und von wann ab ich kommen dürfte. Hält mich jetzt hier einige Arbeit, so ist das ja das beste und wird nicht für sehr lange sein: denn Leipzig steht mir freundlich und nahe bevor. – Vor der Hand mußte ich zurück, ein wahres Heimweh trieb mich her ins

Verhältnismäßig-zu-Hause-Sein und in die Stille der eigenen Verhältnisse, darin recht rein zur Besinnung zu kommen . . .

Dank für alle Geduld und Langmut und Ihnen beiden die getreulichsten Grüße

Ihres   Rilke

Paris, 17, rue Campagne Première,
am 4. Juli 1914 [Sonnabend abend]

Mein lieber Freund,

(bei unversehens ausgegangenem Briefpapier auf einem Arbeitsblatt –)

ja, ich gedachte, um den 20. herum zu Ihnen zu kommen, tue es aber sehr ungern, wenn ich Ihnen damit eine Erholungsreise verschlage. Besonders da ich, wenn nicht noch ein kleines Wunder geschieht, nicht einmal versprechen kann, ein sehr erholender Gast zu sein. Ich bin wenig wohl diese ganze Zeit, und wenn meine Kraft gerade hinreicht, mich von Tag zu Tag zu ertragen, so möchte doch die Geduld selbst so nachsichtiger Freunde an einem so unverbesserlichen Klager und Aushalter am Ende knapp werden. So bitte ich Sie denn, bei Festsetzung Ihrer Pläne, ohne Rücksicht auf mich, von der Herrin und sich auszugehen, ich verspreche, mich passend einzuschieben, da oder dort; denn nicht nur, daß ich mich von Herzen darauf freue, wieder einmal bei Ihnen zu sein und am Schaffen und Behagen Ihres Hauses teilzuhaben: schon um der vielen Dinge willen, die uns wechselseitig im Sinne und auf dem Herzen liegen und die sich gewiß im Mündlichen wohler fühlen als auf dem Papier, ist mein Kommen diesmal ratsam und nötig. Über die Verwendung meines August werde ich Ihnen noch gelegentlich zu berichten haben; ich fürchte, der größte Teil dieses Monates käme für Leipzig nicht in Betracht, dagegen wieder der September oder eben jetzt die Zeit um den 20., aber nur im Falle Sie darüber nichts aufschieben oder aufgeben, was für Sie von Wohltat oder Wichtigkeit wäre ...

Ihre Hindeutung übrigens auf eine Angelegenheit „peinlichster Überraschung", von der Sie sich im Diktat nicht äußern mochten, versetzt mich in eine gewisse Unruhe. Da sind ja, Gott weiß, so manche Wolkenschatten über meiner geduldigen Landschaft; meine Sorge ist nur, daß es sich um eine Wolke handelt, die ich vielleicht selbst noch gar nicht kenne, denn ich war die letzte Zeit fast ausschließlich mit der Verfinsterung beschäftigt, die meine schlechten gesundheitlichen Zustände mir übers Herz und übers Handwerk breiten, und so hab ich vielleicht nicht gewahrt, was sich sonst am Horizonte herauflagert. Ich bin schreckhaft geworden, mehr, wie ich hoffe, aus schlechten Nerven, denn aus schlechtem Gewissen.

Damit schließ ich, lieber Freund, in altem Vertrauen und altem und neuem Dankgefühl

               als der Ihre   Rilke

Über den Sang der Sakîje mündlich; teilweise vortrefflich.

Paris, 17, rue Campagne Première, am 9. Juli 1914
Mein lieber Freund,
ein kleines gütiges Wort der Herrin, gleichzeitig mit Ihrem vielfach kalmierenden Diktat eben hier eintreffend, versetzt mich in bessere Zuversicht, jedenfalls in die möglichste Entschlossenheit, um den 20. Juli mich in Ihre herzlich versicherte Obhut zu begeben.

Haben Sie Dank für alles Wohlmeinen, Wohlwollen, Wohlhandeln, worüber viel zu sagen wäre.

Als ich Ihnen neulich schrieb, fiel mirs zu allem aufs Herz, daß Sie noch keine Beiträge für den kommenden Almanach von mir haben; ich habe diese Frage zeitüber nicht vernachlässigt, mich eher zuviel als zuwenig damit eingelassen, und so ist sie mir unter lauter Abwägungen und Bedenklichkeiten immer schwieriger geworden.

Es sind einige eigene Sachen da: doch scheinen sie mir, nicht allein der Form, sondern auch dem Geiste nach, so fragmentarisch, daß ich sie am liebsten in meiner Lade verhielte, abwartend, was eine spätere Zeit zu ihrer Verbindung, Beziehung und Begeisterung wird hervorzubringen haben.

So habe ich mich vor der Hand darauf eingeschränkt, die sauberen Abschriften der Michelangelo-Übertragungen herzustellen, die ich Ihnen heute übersende (das Madrigal: Selige, die ihr euch im Himmel freut... und neunzehn Sonette); vielleicht, daß ich mit einer Auswahl aus diesen (verantwortlichen) Blättern hinreichend und bezeichnend im Almanach vertreten wäre: dies wäre mir am willkommensten. Bestehn Sie aber auf Eigenem, so leg ich Ihnen nächstens das Passendste aus meinen Papieren selbst vor die Augen.

Bis dahin treib ichs noch in meiner Regelmäßigkeit und Eingezogenheit hier weiter, meine Stube fast nicht verlassend, es sei denn, um mir etwas Bewegung zu machen unter den betrübenden Bäumen des Luxembourg, die seit der letzten Hitze ganz abgekocht und fast abgeblättert dastehn.

Bringen Sie der Herrin, wenn Sie sie aus Bad Steben holen, meine Grüße entgegen, und sein Sie selbst, lieber Freund, aufs dankbarste gegrüßt.

Ihr

Rilke

Paris, 17, rue Campagne Première, XIVe,
am 12. Juli 1914 (Sonntag)

Da ist, lieber Freund, wieder ein Übersetzer, und, wie es scheint, der entschlossensten einer. Pole, „eingeborener", wie er sagt – aber (Rettinger): vielleicht polnischer Jude. Entscheiden Sie über sein nächstes und alle seine weiteren Vorhaben, er hat deren gleich alle auf ein Mal, und daß er beim „Cornet" den Anfang macht, vermehrt nur die vielen ausländischen Schicksale dieses, weiß Gott, immer wieder heiratsfähigen Buches. Lassen Sie alle gewohnte Strenge walten; freilich, verlangen wir, statt seiner Briefmarken, die Übersetzung zu sehen, so sind wir wiederum im Fall, niemanden zu haben, der die polnische Künstlichkeit zu durchschauen versteht. So weiß ich nicht, was zu tun sein wird, – aber Sie wissens ohne Zweifel. Grüße (aus der erschöpfendsten Hitze), einige, mühsame.

Ihr   Rilke

Vom 23. Juli bis 1. August 1914 wohnte Rilke bei Kippenbergs.

München, Pension Pfanner, Finkenstraße 2,
am 27. September 1914

Mein lieber Freund,

das muß ich nicht versichern, Bester und Treuester, wie sehr meine Gedanken in Gohlis waren und immer wieder bei Ihnen in den letzten schweren Wochen. Nur die Schreibstimme ist mir fast ganz verschlagen, wie soll man Nachrichten geben über das fortwährende Schicksal hinüber und Nachrichten von wem: ist man doch nichts Einzelnes jetzt, i s t n i c h t, und sieht nicht ab, was man sein wird, wenn die unsägliche Flut fällt und man, wie ein neues Kind, auf den Wiesen des Friedens erste Schritte versuchen wird, taumelnd vom überstandenen Dunkel, von den Wehen und Geburtsschreien der einen ins Nächste hinausgebärenden Zeit.

Ich erhalte soeben Ihren Brief von vorgestern, bin von Herzen dankbar, Ihr Ergehen zu wissen, und beneide Sie um die wirkliche Teilnehmung am Wesen des fortwährenden Ereignisses; wir andern, sosehr es uns erfüllt, sind doch schließlich auf das vageste Mitwissen, Mitfreuen, Mitleiden und schließlich Abwarten gesetzt, und das ist ein Zustand von solcher Ungenauigkeit und Formlosigkeit, daß man ihn nicht ohne Grauen jeden Morgen (seit wie vielen schon!) wieder antritt. So möcht ich jetzt auch gar nicht anfangen, von mir zu erzählen, im ganzen habe ich bisher meine Pläne eingehalten, Stauffenberg war bis zu meiner Übersiedelung nach Irschenhausen auf das eingehendste und aufmerksamste mit mir beschäftigt, sosehr die Arbeit im Hospital auch von Tag zu Tag überhand nahm. Es war uns beiden recht, daß die Untersuchungen schon in den ersten Tagen zu etwas körperlich Nennbarem führten, indem sich, unter genauem Zusehen, ein alter Lungenschaden herausstellte, unschädlich und unscheinbar durchaus, aber, bei der Nachgiebigkeit meiner Natur, doch vielleicht Grund genug für gewisse Erschöpfungen, denen ich in den letzten Jahren ausgeliefert war. So steht man nicht nur den anonymen Nerven gegenüber, sondern hat einen zwar minimalen, aber wirklichen Feind zu beobachten, der, wie mir Stauffenberg versichert, in keiner Weise ernst zu nehmen ist. Die drei Wochen Irschenhausen waren sicher schon ein kleiner Anfang, ihn einzuschüchtern; es war das herrlichste Wetter, und konnte man auch die sonstige arglose Hingabe nicht in sich aufbringen, so lag man eben doch in der Sonne und atmete das unvermeidliche Glück der Wälder in die wunderlich stumme Brust.

Bei Einbruch der Kälte vor ein paar Tagen bin ich in die Stadt gezogen, habe mich billig und ganz passend eingerichtet und lebe so, daß jeder Auftrieb Arbeit, der etwa doch kommen will, mich gefaßt findet. Bleiben oder Nichtbleiben, übers Allerkommendste hinaus, ist noch ganz Frage —; ich hoffe, der Winter wird auf alle Fälle den ägyptischen Sachen gehören, so daß es auch da in der von uns erwünschten Richtung weitergeht, so weit, als dann das Herz reicht. (Ja, die letzten Tage in der Richterstraße rechnen wir nicht, es kommen andere, gute.)

Was Verhaeren tun und denken mag, ich gehe diese ganzen Tage mit dem Drängen herum, ihm, über Holland, einen Brief zu schicken. Leben Sie wohl, lieber Freund, ich bin im gemeinsamsten Geiste der Ihre,

Ihr dankbarer

Rilke

München, Pension Pfanner, Finkenstraße 2,
am 6. Oktober 1914

Mein lieber Freund,

es ist heute genau eine Woche, daß mich jener kurze Brief erreichte, dessen Inhalt Sie kennen und den ich zeitlebens für einen der merkwürdigsten halten werde, den es möglich, nein, fast undenkbar ist, zu bekommen; es scheint, als sollte ich für meine in Paris verlorenen Briefschaften durch die erstaunlichsten Dokumente entschädigt werden. Obwohl das knappe sachliche Schreiben, das mir den Besitz von zwanzigtausend Kronen anbot und schlechthin anmeldete, sich eine Selbstverständlichkeit im Ausdruck zu geben wußte, die rein überzeugend war, schien mir die Tatsache doch, sooft ich sie nachdachte, so phantastisch, daß ich Ihnen von der unbegreiflichen Schenkung erst schreiben wollte, wenn das Geld wirklich, nachweisbar da ist. Nun aber sprechen Sie selbst mit aller Sicherheit die Realität des unglaublichen Vorfalls aus, und so zweifle ich nicht mehr, daß das Geld eines Tages da sein wird, im Grunde ist ja meiner Natur die Erscheinung eines solchen Schatzes nicht weniger befremdlich, als die Existenz des Einhorns — also: ich glaube.

Ihren Vorschlag, die unvermutliche Summe für mich in Leipzig „in mündelsicheren Papieren anzulegen und von seiten des Insel-Verlags zu verwalten", nehme ich mit der freudigsten Dankbarkeit auf; unter einer Einschränkung allerdings, die Sie gerade unter den gegenwärtigen Umständen nicht für bloßen Leichtsinn halten werden; Sie wissen, wie sehr ich die ganze Zeit wünschte, ein paar tausend Mark in unmittelbarster Zugänglichkeit hinter mir zu haben. Ich würde also von dem bedeutenden Betrage, den ich an die hiesige Filiale der Deutschen Bank überweisen ließ, ... Kronen abheben, um diese Summe hier als meinen Notbehelf für alle Fälle zu deponieren. Ich muß Ihnen nicht versichern, daß ich mir diesem Depot gegenüber die größte Vorsicht verspreche, wie das durch meine Verhältnisse geboten und von der gegenwärtigen Zeit besonders erfordert ist. Immerhin zwingt aber auch gerade sie mich zu gewissen Ausgaben —, meine Wintersachen sind in Paris, die für zwei Monate mitgenommene Wäsche fängt an, verbraucht und erschöpft zu sein, und überhaupt wird im irgend Ersetzlichen manche Ergänzung unvermeidlich werden. Dann will ich mich auch sofort mit einem Schlage aller meiner Schulden entledigen. Da Sie mir überdies die ausgezeichnete Nachricht geben, daß die zu meinen Gunsten eingeleitete Aktion trotz der Kriegsläufte nicht unfruchtbar geblieben ist, meine ich, mit der Verringerung des Kapitals um ein paar tausend Kronen um so weniger im Unrecht zu stehn, als mir aus diesem längst erwünschten Rückhalt eine tägliche unvergleichliche Beruhigung hervorzugehn verspricht.

Den großen Rest lasse ich sofort von der hiesigen Deutschen Bank aus an das angegebene Konto des Insel-Verlags einzahlen. — (Welches Wunder!)

Von ganzem Herzen verpflichtet und dankbar,

Ihr

Rilke

Berlin W 10, Bendlerstraße 6, am 17. Dezember 1914

Mein lieber Freund,

unsere Papiere sind höchst sicher, aber Sie kennen die ganze Unsicherheit Ihres Mündels; nämlich Geldsachen: ich muß infolge mehrfach verschobener Dispositionen unter die Obhut des guten Sachwalters greifen, der mir nachsichtigst gewähren möge...

Gestern sah ich Ihre Frau, leider nur einen Augenblick, und draußen im unbehaglichsten Regen. Sie hatte keine Zeit, meine Wohnung zu sehen, denken Sie, in einem von Messel gebauten, vortrefflichen kleinen Hause, in dem die Besitzerin, eine mir befreundete Dame, außer mir (Flüchtling) nur einige ostpreußische Flüchtlinge untergebracht hat...

Viele herzlichste Grüße und Dank, wie immer.

Ihr

Rilke

PS.: Gestern hörte ich von der russischen Grenze sehr Gutes, als stünde dort wirklich ein entscheidender Abschluß nahe bevor. Wärs doch!

Berlin W 10, Bendlerstraße 6, am 28. Dezember 1914

Mein lieber Freund,

bei mir, der ich seit Jahren keinen beherbergt habe, steht ein großer Baum, als ob ein Kind unsichtbar da wäre oder ich eines Kindes Freude leisten sollte —; liebe Freunde haben für mich gesorgt, ich nahms hin und empfands in Herzens Sehweite, hinein kommt so leicht nichts in diesen Tagen.

Ihr Fest war gut, so wie ich mirs vorstellte, von den Kindern aus, — ich habe an Sie gedacht. Gestern kam dann Ihr Brief, dem ich herzlich dankbar bin. Ich begreife durchaus, daß wir die zehntausend Mark realisieren müssen, sie sind da, und sie sind ja auch auf wunderbare Weise für diese unabsehliche Zeit uns geschenkt worden, daß sie hinüberhülfen. Und das sollen sie denn auch. Wenn es später, wenn die Welt wieder auf ihren normalen Stand eingeht, möglich sein sollte, jenes Kapital zu ergänzen oder zu restituieren, so wäre das natürlich schön; Sie scheinen diese Hoffnung irgendwie zu hegen, und ich erkenne darin Ihre alte treue Voraussicht und Fürsorge, die selbst die gegenwärtigen Umstände nicht beirren ...

Ich habe mir vor dem Fest noch einmal Mut genommen, in die Geschäfte zu gehen, und konnte Ruth schließlich ein sehr schönes Paket zurechtmachen, so daß ich von Ihrer Güte, unter den Büchern zu wählen, nun gar nicht mehr Gebrauch machen muß: denn es waren auch zwei schöne Bücher im rechten Augenblick da.

Das Turmzimmer bleibt meine Zuversicht und wirklich mein häuslichster Gedanke; wie hier alles wird, ließ sich während der Feiertage noch nicht abschätzen; nun kommts noch auf einen Versuch an, auch an der Universität, ob sie so unhandlich und widerspenstig ist wie das übrige Leben hier. Ich berichte dann bald darüber. Die Fürstin Lichnowsky wird nun erwartet, und ich hoffe, sie nächster Tage zu sehen. Aufs dankbarste und herzlichste, liebe Freunde,

     Ihr   Rilke

Berlin W 10, Bendlerstraße 6, am 4. Januar 1915

... Das neue Jahr war auch für mich gar kein fühlbarer Abschnitt; da doch das Kriegsjahr fortdauert, in dem wir wohnen, und allen übrigen Kalender aufhebt, bis weit in die Jahreszeit hinein. Ich habe die Nacht einsam hingebracht in mancher inneren Abrechnung und habe schließlich, beim Scheine meines noch einmal entzündeten Weihnachtsbaumes, die Psalmen gelesen, eines der wenigen Bücher, in dem man sich restlos unterbringt, mag man noch so zerstreut und umgeordnet und angefochten sein...

München, Finkenstraße 2 IV, am 11. März 1915

Mein lieber Freund,

vor allem hats mir den herzlichsten Eindruck gemacht, wieder einmal, wie in alten Zeiten, ein Ihriges Diktat zu lesen, aus dem Ihre unveränderte Sorgfalt für mich vielfach hervorgeht...

Daß Sie mir treffliche Nachrichten von Leipzig (Richterstraße, meine ich) zu geben haben, ist mir sehr nach dem Herzen, und daß Sie in Wien gewesen sind, überrascht mich ebenso, wie es mich freut. Denn es wird Ihnen, als Unterbrechung des Jetzigen und Fortsetzung alles dessen, was wir hoffentlich bald wieder aufnehmen dürfen, wohlgetan haben, die Wiener Inselfreunde und -genossen wiederzusehen und manches Ununterbrochene in ihnen walten zu fühlen.

Es soll also wirklich zu der Wiener Darstellung des „Cornet" kommen. Ich hatte nicht wieder davon gehört; nur daß ein schöner Saal im Palais des Fürsten Franz Auersperg da sei, ist mir angekündigt gewesen.

Über Ja und Nein des Brockhausschen Vorschlages zu entscheiden (und dann natürlich unter den von Ihnen gut geheißenen Bedingungen), möchte ich ganz Ihnen überlassen. Ich finde keine rechte Stellung dazu; wenn ich nicht irre, ist schließlich nur Herrn von Pászthorý ein Dienst damit getan, wenn Brockhaus seine Musik verlegt. Daß der „Cornet" nun noch melodramatisch herumkomme (nachdem er seine sonstige, unbegleitete Bewegung schon fast auf die Spitze getrieben hat), kann mir nicht allzu lieb sein, er sinkt damit in eine zwiespältige und zweideutige Kunstgattung, die ich für keine ganze, ehrliche halte, und nimmt, halb gelöst in seiner Musik, ein etwas zu flüssiges Entgegenkommen an, als gelüstete ihn nach immer noch mehr Popularität. Es bereitet mir einen leichten Schmerz, ihn so leutselig zu sehen, – aber ich will mich nicht wehleidig geben, wenn Sie finden, daß er auch so auf guten Wegen ist. Ermessen und entscheiden Sie also im Sinne seiner guten Ehre, lieber Freund, und fühlen Sie mich als den

Ihrigen, herzlichen

Rilke

München, Keferstraße 11, Villa Alberti[1],
am Allerseelentage 1915

Mein lieber Freund,

da Sie so gehandelt haben, wird es nicht nur der rechte, sondern wohl auch der einzige Weg über die Gefährdung hinüber gewesen sein, und was könnte Ihnen mehr Recht geben als der Umstand, daß Sie meinen, mich nun, trotz der fortgesetzten, schwierigen und außergewöhnlichen Lage, weiter mit meinen bisherigen Bezügen erhalten zu können. Die entscheidende, ganz große Beruhigung, die mir damit gegeben ist, will ich nun antreten und in ihr auf meine Weise tätig sein. Das wird am ehesten weiter führen. Was ich noch zu fragen hätte, mag einer mündlichen Aussprache vorbehalten bleiben; es mag sein, daß manche meiner Empfindungen einfach kindisch sind. Dessen will ich mich dann gerne, das wissen Sie, überweisen lassen. Übrigens hatten doch auch Sie (wie ich aus Ihren Briefen wieder lese) im vorigen Jahr, als das unvermutliche große Geschenk mir zufiel und Sie es zum größten Teile in Verwaltung nahmen, die bestimmte Intention, mir möglichst viel davon zu erhalten: so daß die Enttäuschung, es nun völlig in meinen Unterhalt aufgebraucht zu sehen, uns beide ungefähr gleich betrifft. Enttäuscht bin ich auch jetzt noch, etwa wie ein Kind, dem man von einer reichen Weihnachtssumme lauter nützliche Sachen kauft, die zu haben es ohnehin gewohnt war: etwa so —; Sie

[1] Das Haus Herbert Albertis, am Englischen Garten!

sehen, auf was für einer niederen unmündigen Stufe meine kapitalistischen Vorstellungen sich abspielen. Ich weiß, lieber Freund, Sie haben Nachsicht dafür, sonst ließe ich mich nicht in solchen naiven Zugeständnissen zu Ihnen gehen.

Der alles überwiegende Impuls ist nun mein Dank. Denn wenn ich einmal, enttäuscht, nicht recht begreife, so sind mir doch, ein über das andere Mal, die erfreulichen Überraschungen, die Sie mir eingerichtet haben, noch viel unbegreiflicher gewesen. Und wahrscheinlich handelt es sich auch diesmal um die erfreulichste, wenn ich es nur erst recht begriffen haben werde . . .

Auch ich kann, lieber Freund, vom eigentlich Persönlichen nichts erzählen; ich lebe mit angehaltenem Atem. Ihre Entdeckungen des Flämischen unterhalten in Ihnen, das fühle ich, Ihr wirklichstes und wirksamstes Wesen! Ich zweifle, ob ich etwas habe, was mich so mir selber fühlbar macht, meistens fühl ich das schrecklich Fremde, und mich, erstarrend, mitten in ihm.

Aufs herzlichste, lieber Freund,

     Ihr   Rilke

  München, Keferstraße 11, am 6. November 1915

Mein lieber Freund,

 der Guido Gezelle hat sich hier glücklich aus seinen beiden Hälften wieder zusammengefunden, danke;

ich war denselben Tag schon mit drei Sprachen umgegangen, so stürzt ich mich denn gleich in die vierte, las die ganze Einleitung, es ging ausgezeichnet —, bei den Gedichten allerdings verlangsamte sich mein Tempo und stockte und holperte immer mehr, und schließlich blieb ich stecken in jedem zweiten Wort. Sie schreiben, als ob es flämisch-deutsche Wörterbücher gäbe, hier sind solche Einrichtungen ganz unbekannt. So müssen Sie mir schon weiter beispringen und mir etwas Derartiges schicken lassen, Flämisch-Französisch wenigstens, was doch sicher existiert. Denn etwas näher kommen möchte ich dem Gezelle immerhin, obzwar diese Poesie etwas schwarz-silbern Pompe-funèbre-iges an sich hat —, so dacht ich, bis ich zu „Ik wandelde, ik wandelde" kam, da ging mir schon ein Schreck ins Gemüt, und ich fing an, die Sache ernster zu nehmen. Die Stellen vom auf- und zugehenden Wasser und der auf- und zugehenden Erde sind ungeheuer; dies will ich auf alle Fälle übersetzen, obs gelingt, läßt sich ja vorher nie versichern, doch müßts eigentlich in meiner Macht stehen, gerade dies. Kann ich recht schnell ein kleines Wörterbuch bekommen? denn mir ist heftig nach einem Versuch zumut...

Nur dies. Recht von Herzen Ihr

Rilke

München, Keferstraße 11, am 15. Februar 1916

... Um das Persönliche kurz nachzutragen: Seit dem 13. Dezember dort, erreichte ich endlich kurz vor der Einrückung, daß ich nicht nach Turnau mußte (schon das war sehr schwer zu erreichen!). Am vierten eingerückt, machte ich fast drei Wochen Dienst und Ausbildung in den Baracken mit; mein körperliches Nicht-mehr-Können fiel glücklicherweise zusammen mit einer neuen Reklamierung des Kriegsarchivs; in den letzten Januartagen wurde ich hin abkommandiert. Dort ist nun meine Lage (Bürostunden von neun bis drei) äußerlich bequemer und besser, aber wahrscheinlich unhaltbar, wenn es mir nicht gelingt, zu ganz mechanischen Abschreibe- oder Registrierarbeiten versetzt zu werden; denn der Dichtdienst, zu dem sich die Herren seit anderthalb Jahren geübt haben, ist mir völlig unmöglich. Ich mag ihn nicht beschreiben, er ist sehr dürftiger und zweideutiger Natur, und eine Abstellung alles Geistigen (wie das in der Kaserne der Fall war) scheint beneidenswert neben diesem schiefen und unverantwortlichen Mißbrauch schriftlicher Betätigung. Die Herren selbst nennen es „das Heldenfrisieren", lange graute ihnen, nun haben sie sich dazu überwunden und werfens aus dem Handgelenk. Es wird sicher viele Schwierigkeiten geben, — vor der Hand weiß man nicht, was mit mir anfangen, und hält mich in jenem unabsehlichen Müßiggang, der zu den stärksten militärischen Erfahrungen gehört. Verschüttung und Müdigkeit, wie sie in der Kasernenzeit über mich gekommen waren, sind durch die neue Einstellung begreiflicherweise nicht behoben; um drei komme ich aus dem Büro, esse, fahre in der Trambahn nach Hause (d. h. Parkhotel, Hopfner, Hietzing – Wien XIII.) und bin doch nicht imstande, dem kleinen Rest Tag ein eigenes Gepräg und einen eigenen Sinn zu geben. Dazu ist alles durch die Berge Fremdheit, die über mich gefallen sind, zu geröllig in mir. Ich schmecke, wenn ich mich einen Moment koste, nichts als Geduld, Geduld, in der nichts aufgelöst ist, pure, farblose Geduld.

Bis Mitte Januar wohnte ich bei meinen überaus hülfreichen und guten Freunden Taxis, ziehe wahrscheinlich auch nächstens wieder hin, aber fürs nächste noch Parkhotel...

Sie fragen nach meinen Arbeiten. Das ist fast das Ärgste, nein sicher, daß ich die vierzehn Tage vor der hiesigen Musterung, bei der dann das Los fiel, in einem rapiden Arbeitsanstieg war, einem Vorsturm von Arbeit, einzelne merkwürdige Gedichte, die Elegieen, alles stieg und strömte, und die Michelangelo-Vorräte vermehrten sich von Tag zu Tag in einer mich selbst unbeschreiblich übertreffenden Art. Ich habe nie vorher so starke und genaue und reine Übertragungen aufgeschrieben. Schon glaubte ich vor den freiesten Aussichten zu stehen, da fiel mir das dichte graue Militärtuch vors geklärte Gesicht...

Bei Lulu Albert sah ich gestern die Photographie des Familienbildes. Die Art, wie die Kinder gemalt sind, ist schlechthin köstlich, das Ganze leidet ein bißchen dadurch, daß bei dem Kopf Ihrer Frau ein anderes, mehr zeichnerisches Prinzip einsetzt, in das man sich vom Flächig-Leichten in Juttas prachtvoll gegebener Figur nicht ohne Verwirrung hineinfindet. Wie gerne hätte ich das Bild gesehen.

Lieber Freund, ich muß schließen; denn da nichts nachgesendet wurde, sind, mit dem Ihren, etwa siebzig Briefe hier auf meinem Schreibtisch zusammengekommen gewesen, und ich kann keinen zur Beantwortung mit über die Grenze nehmen, muß also hier noch einiges abmachen und bin rasch müde und nur zum Billigsten zu brauchen. Das fühlen Sie sicher auch aus diesem in jeder Weise auf Ihre Nachsicht angewiesenen Geschreibe. Der Herrin die freundschaftlichsten Grüße und Ihnen, lieber treuer Freund, das Herzlichste

Ihres arg bekümmerten

Rilke

München, Keferstraße 11, am 18. September 1916

Ach, lieber Freund, ach: nach den Ehren der Musik die Ehren des Stifts – und der arme „Cornet" liegt wieder wehrlos da auf dem Paradebett seines Ruhms: ach!

Auch von Breslau sind mir vor ein paar Wochen Zeichnungen angekündigt worden –, von René Beeh hat mir Dr. Hausenstein auch schon, in anderen Zusammenhängen, gesprochen; wenn ich an einzelne

Blätter denke, die ich von ihm gesehen habe, so scheinen mir diese vorliegenden nicht zu seinen interessantesten zu gehören; außer dem schon von Ihrer Frau ausgezeichneten Blatt (Cornet mit der Fahne) hätte ich höchstens noch eines hervorzuheben, den Akt am Baum, das eine von den Blättern gleichen Gegenstands, das in Empfindung und Ausdruck nicht ohne Stärke ist.

Die unvermutliche Nachricht, daß Sie wieder zu einem kleinen Urlaub eingetroffen seien, hätte mich fast nach Leipzig getrieben, wenn Ihre Frau nicht zugleich geschrieben hätte, daß Sie die Zeit zu einer Reise ausnutzen. Die Freude, Sie endlich einmal wiederzusehen, bleibt darüber also hinausgeschoben, dagegen unternehm ichs doch, Sie mit zwei Anliegen zu erreichen, die ich (gleich) mir vom Herzen gebracht haben würde...

Nach Nachrichten, die mir von da und dort hereinkommen, vermut ich, es sei doch eine Art Atemholens in jenen nicht ganz unter dem Kriege liegenden Gegenden möglich, jenes Atmen, im größeren Kreislauf, das gerade mir, wie Sie begreifen werden, nun schon fast zu lange versagt ist. Aber dies ist nur eine Nebenfrage vor der Hand. Sollte ich die böse Erfahrung machen, daß die beinahe sieben Monate der Ausschaltung mich so gründlich verstört haben, daß ich am Eignen nicht recht aufzuglühen vermag, so würde ein Wechsel des Ortes und der Aufgaben schließlich ein Ausweg sein, den ich freilich ziemlich gedemütigt antreten würde. Unter allen Möglichkeiten wäre dann auch die, nach Leipzig zu gehen und mich am Insel-Verlage nach meiner Fähigkeit zu verwenden: auch dies bitte ich Sie unter Übersicht zu halten, jetzt allerdings, ob ich gleich daran noch nicht wieder viel erreicht habe, schließt sich meine Hoffnung doch noch an dieses Pult an und an die drei Manuskriptfächer einer gewissen Schublade. —

Ihre liebe Frau hatte die Unvorsichtigkeit, mir die Neuerscheinungen der Insel namentlich aufzuführen, darunter ist wieder so manches Erwünschte und Schöne, und ich muß, so herausgefordert, die äußerste Erziehung anwenden, um im Wünschen nicht zu weit zu gehen; den Carossa, Yeats Erzählungen und Essays und den Briefwechsel Spinozas schreib ich indessen doch her, nach dem Grade ihrer Erwünschtheit; ich kann nicht anders. Aber auch dies: noch einmal den chronologischen Goethe: den meinigen hab ich in Wien bei jemandem, der mir viel Gutes erwiesen hat, zur Erinnerung zurückgelassen, eben weil er mir schon wirklich lieb und fast unentbehrlich geworden war.

Seit vorgestern bin ich nun im Besitz von Gundolfs großem „Goethe"; es ist gewissermaßen ein Lehrbuch, der Art seiner Behauptung nach, aber eines von wirklichem Übergewicht und von jener Genauigkeit und Lauterkeit im Geiste, die vielleicht das Wirkendste wird gewesen sein, was aus der Verpflichtung und Weihe des Georgeschen Gedichtes seine Gesetze hat.

Die schönen Seiten über die „Pandora" sind so ganz im Recht, wie überhaupt dieses Buch durch sein reines Rechthaben bedeutend ist, als Anregung zum Wieder- und Weiterlesen in Goethe unschätzbar...

Genug, lieber Freund, — hoffentlich bin ich Ihrer Urlaubsstimmung nicht zu schwer geworden mit meinen acht Seiten. Viele Grüße an Sie beide von

Ihrem freundschaftlichen

Rilke

München, Keferstraße 11, am 23. Oktober 1916

Mein lieber Freund,

täglich ist mir der große Umschlag zum Vorwurf, in dem Ihr Brief mit seinen schönen Beilagen nun schon tagelang unbedankt liegt —, ich muß schnell die Hindernisse herzählen: Besuche: mein junger Freund Thankmar Münchhausen, Husarenleutnant aus dem Felde, Weiningers aus Wien, Herr von Kühlmann und noch einige Durchreisende und Zugehörende dazu, schließlich eine geschwollene Backe, die mich nun, wie es scheint, in eine langwierige und schwierige Zahnbehandlung drängt, um so lästiger, als ich mich dafür nicht den überaus erprobten Händen meines guten Berliner Arztes überlassen durfte. So waren die Tage verbraucht, ohne daß ich, als höchstens für Augenblicke, an den Schreibtisch kam.

Nun hole ich aber in aller Intensität den Dank nach, den das Eintreffen des Geldes und darauf die beruhigende und versichernde Art Ihres guten Briefes in mir gestiftet hat. Ich danke Ihnen seit vielen Jahren und wiederhole mich doch nicht, weil Ihr verständiger Beistand selbst immer wieder neu ist und die Frische der unmittelbarsten Überzeugung hat.

Den Nachlaß Paula Beckers werde ich schon diese Woche in Durchsicht nehmen, es ist sehr viel da; sowie ich einigen Überblick gewinne, werde ich Ihnen über Art und Ausdehnung ihrer Aufzeichnungen berichten; jedenfalls bin ich herzlich froh, daß ich die ganze Arbeit unter das Zeichen des Inselschiffs stellen darf als unter einen guten Stern.

Als Sie mir voriges Jahr die „Kerkhof-Blommen" sandten, hab ich mit glücklichem Instinkt sehr bald eben diesen „Besuch am Grab" als das größeste Gedicht des ganzen Buches herausgefunden und auf der Stelle übersetzt, einige Strophen auslassend, die meinem Gehör nicht fügsam waren. Was ich damals bei dem unsicheren Übertragungsversuch feststellte, das gilt mir auch jetzt noch vor Ihrem zuverlässigeren Gelingen: daß die Sprachen einander zu nahe stehen, — es fehlt, von einer zur andern, die Distanz des Ausdrucks, und so hält sich die verdeutschte Form nicht ohne Unentschlossenheit zwischen den hüben und drüben angesiedelten Sprachen: der gemeinsame Nenner ist nicht da, über dem die Umrechnung rein dargestellt stünde, sondern man ist immer irgendwie auf beiden Seiten, mehr vermittelnd als stehend, in einer dem Kunstding nicht ganz gedeihlichen Situation.

Das breite Ausleben und Austönen, das von der Totenmaske ausgeht, hat nicht verfehlt, mir Eindruck zu machen; auch für Clara Rilke war diese Abbildung außerordentlich merkwürdig.

Wir stehen hier in der Erwartung Däublers, der schon am Freitag kommen sollte, nun aber für den kommenden Freitag seinen Leseabend angekündigt hat. In ihm ist, wenn ich ihn recht vermute, der Berg körperlich zum Propheten gekommen, es wird eine eigene Art haben, beide in einem wahrzunehmen . . .

Aufrichtig und dankbar, Ihr

Rilke

München, Keferstraße 11, am 13. April 1917

Mein lieber Freund,

seit Ostermontag will ich Ihnen schreiben, daß ich „das Bild" gesehen habe; nicht nur, daß es sehr ähnlich sein muß, um meine vielfache Erinnerung an die beiden herzlichen Kinder so zusammen zu nehmen und gewissermaßen fortzusetzen, es ist auch in seiner Art ein wirkliches Kinderbildnis, indem es das Reinerlebte des kindlichen Moments nicht so sehr in ein Dauern überführt, sondern die Darstellung darauf angelegt hat, daß es sich fortwährend aus sich selbst erneue: ich staunte, sooft ich hinsah, über die Frische, mit der das Bild sozusagen aus seinem Inneren nachwächst, vielleicht unterstützt die glücklich erfaßte Extremheit der beiden Temperamente dieses ins Wesen des Bildes eingemalte Bewegtsein, indem sich die eine Erscheinung gegen die andere immer aufs neue bestimmt und behauptet. Eigentlich meint man, es müsse die brennende Expansion der kleineren ganz andere Mittel verlangen als die Stille und Besinnlichkeit der in sich verzauberten älteren Schwester, aber der Gegensatz ist so groß, daß es schon wieder möglich war, ein Bild um sie zu schließen (wozu, gegenständlich, die gleichmäßige Gegenwart einiger Bücherreihen nicht wenig hülfreich war). Eine schöne Fügung ist es, daß nebenbei noch das sehr süße Einzelbildnis Juttas zustande gekommen ist; die Replik entspricht sowohl ihrem einsameren Wesen als ihrem schon so weit ins Selbständige hineinreichenden Alter; während sich Bettinas natürliche Geselligkeit in dem großen Geschwisterbilde völlig genugtut.

Ob ich gleich nach so langem Nicht-zu-Ihnen-selbst-Bezogensein manches mitzuteilen hätte, lieber Freund, so beschränk ich mich heute doch auf ein mindestes; zumal mir die Feder gerade in diesen Wochen, über äußeren und inneren Verhältnissen, wieder recht schwer und widerspenstig geworden ist.

... Und noch eines: trifft es sich, daß in dem Vorrat der Verlaine-Übersetzungen gute Versionen von Les Coquillages und von La lune blanche ... (mit dem Schluß „c'est l'heure exquise ...") vorliegen? Ein begabter junger Komponist, Werner Josten, fragte bei mir nach wirklich sangbaren deutschen Texten dieser von ihm vertonten Verse; die bekannteren Übertragungen der beiden Gedichte kennt er natürlich, kann sie aber nicht brauchen. Ich komme auf den Gedanken, ob die Insel ihm nicht schon jetzt Besseres zur Verfügung stellen könnte – während die Verlaine-Ausgabe im ganzen doch noch ruht.

Diese beiden Fragen, ohne Eile selbstverständlich und ohne größere Wichtigkeit, nebenbei.

Dagegen ganz in der Hauptsache: Dank für Vermeylen, Der Ewige Jude, und Grüße der Herrin; wie wohltuend und tröstlich wird es ihr sein, Sie gerade jetzt einige Wochen um sich zu haben! Wünschend, daß Ihnen diese häusliche und inseliche Zeit wohltue, bin ich, recht gehemmten Ausdrucks, aber immer im herzlich Gleichen

Ihr
Rilke

München, Keferstraße 11, am 15. April 1917

Lieber Freund,

unsere Briefe haben sich im gleichzeitigsten Einverständnis gekreuzt, so will ich Ihnen wenigstens, solange Sie noch in Leipzig sind, die guten Nachrichten und die liebe Zukehr des Ihrigen dankbar bestätigen.

Daß mich das Gedeihen der „Insel", weit über den erfreulichen Stand der eigenen Angelegenheiten hinaus, zu Herzen angeht, dafür muß ich nicht erst überzeugende Worte suchen: Sie trauns mir gar nicht anders zu. Möge nur Ihre verehrte Frau einen ausführlichen Teil dieses Bestehens und Wirkens des Verlages in so ungeheuerlicher Zeit ihrer Arbeit und Sachliebe zuschreiben und sich an diesem Bewußtsein genugtun. Es ist schlimm, daß in einem Augenblick, wo sie, nach so umsichtiger Tätigkeit, nichts als Ruhe würde verdient haben, die Leistung eines elementaren Schmerzes ihr ist aufgegeben worden. Vielleicht bringen Sie sie doch dazu, nächstens eine ländliche Erholung anzutreten, wenn nur erst die Jahreszeit, nach so viel verdrießlichen Winterrückfällen, sich zu einiger Zunahme und Stetigkeit entschließt.

Von mir möcht ich am liebsten erst aus besseren Zuständen berichten dürfen. Ich habe leider durch die schweren Monate hin recht behalten mit meiner Befürchtung, daß die Wiener Unterbrechung nicht so rasch sich würde überwinden lassen. Bei der fatalen Ähnlichkeit ihrer Verhältnisse mit jener schwersten Lebensschicht der Militärschule hat sie mir, wie ich erst recht gewahre, etwa das zugefügt, was ein Baum durchzumachen hätte, der sich für eine Weile umgekehrt fände, mit der Krone nach unten in das widerspenstige und arge Erdreich vergraben, aus dem er, vor einem Baumalter, unter der unsäglichsten Aufwendung ans Licht gewachsen war. Wozu immer noch hinzu zu wissen ist, daß diese Krone gerade im Augenblick damals des Vergrabenwerdens voll neuer Säfte stand, zu Blühen und Tragen bereit wie nicht seit lange ... Nun kennt man ja zum Glück die fast unbegrenzte Ausdauer und Erneuerung der Natur, aber man weiß auch, daß sie langsam und langwierig arbeitet –. So schreite ich auf den Wegen der Übersetzungen nur sehr langsam weiter, und die Versuche, die bei der Einrückung abgebrochenen eigensten Arbeiten fortzusetzen, haben nur ein qualvolles Nichtkönnen in die tägliche Erfahrung gerückt. Jene Bruchstellen sind hart und kalt geworden, und es fehlt die Wärme argloser Freudigkeit, sie aufzuschmelzen, und wie sollte nicht erst recht die so viel größere Bedingung zu dem Glück neuer Hervorbringungen dem enteigneten Gemüt unerreichbar sein!

Wie wünsch ich Ihnen, lieber Freund, die erleichterte Rückkehr an das Ihrige. Auch das Meine, obwohl ich ihm scheinbar nun nicht vorenthalten war diese ganze Zeit, wird erst bei heilender Welt sich wieder auf mich verlassen dürfen. Aber dann wird es ja für uns alle ein neuer, entschlossener, reiner Anfang sein ...

Sehr von Herzen

Ihr
zugetaner und dankbarer
Rilke

PS.: In Hofmannsthals Vortrag vorige Woche durfte ich Hans Carossa, der nach langer Zeit hierher kurz beurlaubt war, die Hand drücken. Kassner, der mir Grüße aufträgt, sehe ich ungefähr jede Woche.

München, Keferstraße 11, Villa Alberti,
am 5. Juli 1917

Mein lieber Freund,

so hat die eigentümliche Beunruhigung, die ich, während der letzten Woche, immer wieder auf die verehrte Insel-Herrin beziehen mußte, doch leider, leider recht gehabt. Ich bin sehr bestürzt, aber wenigstens im Moment erleichtert durch Ihre Versicherung, daß die Gefahr überstanden ist. Eine Genesung, wenn sie auch lang und langsam ist, eröffnet so viele neue und unvermutliche Beziehungen zum Dasein, daß sie immerhin zu einem köstlichen und ergiebigen Stück Leben werden kann, trotz aller Ausschaltung, die sie mit sich bringt. Bei dem unerschöpflichen Argen unserer Zeit wünschte man ja ohnehin oft, blind oder ohne alles Mitwissen zu sein. Ich bitte Sie, Ihrer lieben Frau viele herzlichste Grüße zu sagen und alle Wünsche für Besserung und geduldige Genesung . . .

Die Tage am Chiemsee haben mir körperlich wohlgetan, allerdings mir auch wieder bewiesen, daß jetzt keinerlei natürliches Wohltun bis ins Innere hinein zu wirken vermag. Was vermöchte dort das unaufhörliche Gewicht der Zeit aufzuwiegen? Wie schwer es gerade auf mein Gemüt und Wesen drückt und mir alles innere Eigentum entstellt, das werden Sie selber oft mit Sorge bedacht haben. Wenn ich meine fruchtbarsten Erinnerungen aufschlage —, ich weiß kaum eine, die nicht wie durchgestrichen und widerrufen wäre. Wozu alles Sinnvolle, wenn uns, gegen allen Sinn, ein allgemeines Irrsal bereitet war?

Noch eines, lieber Freund. Seien Sie nicht enttäuscht, wenn ich Ihnen keine Elegie für den Almanach schicke. Diese Gedichte müssen mein innerer Besitz bleiben dürfen, bis einmal der ganze Zusammenhang herausgestellt sein wird und wir ihn in einem zur Erscheinung bringen. Jede frühere Bekanntmachung müßte, glauben Sie mir, dieser Arbeit unrecht tun und, was das schlimmste wäre, meine innere Spannung zu ihr verringern ...

Seien Sie mir, lieber Freund,
> tröstlich und herzlich gegrüßt
> von Ihrem
>> Rilke

Gut Böckel bei Bieren, Kreis Herford, Westfalen,
am 10. August 1917

Mein lieber Freund,

die heutige Morgenpost, erwartet, wie sie's immer auf Gütern ist, hat mir Ihren Brief gebracht; ich gehe gleich daran, ihn zu beantworten.

Nach langem Bedenken und Zögern habe ichs im vergangenen Winter schließlich abgelehnt, den schriftlichen Nachlaß von Paula Becker herauszugeben; ja ich hatte sogar Frau Baurat Becker geraten, von einer Herausgabe überhaupt abzusehen. Die Gründe, die Sie nun von einer Zusage zurückhalten, haben auch für mich einiges Gewicht gehabt, wenn auch nicht das zuletzt entscheidende. Die Beurteilung jener noch lebenden Personen erscheint da als von einem so jugendlichen Menschen ausgesprochen, sie ist so leichthin, so lyrisch und vorläufig, daß sie doch mehr ein Beitrag zur Verfassung der Schreiberin selbst bleibt und gar nicht so weit kommt, Indiskretion zu sein. Wenn nur das Manuskript nun auch Dinge enthielte, die sozusagen auf der anderen Seite der Indiskretion liegen, jenseits von ihr, größere, reifere, ausgebildetere Urteile. Aber dazu kommt es nicht. Sei es, daß Aufzeichnungen der späteren Jahre beseitigt worden sind (vielleicht von Paula B. selbst), sei es, daß dieser Jahre zu wenige waren, um überhaupt neben der atemlos ansteigenden Arbeit irgend welchen Aussprachen Raum zu geben —: jedenfalls würden erst solche Beweise reiner Errungenschaften auch jene frühen Tagebücher und Briefe in das Licht und Gesetz des Lebens rücken, das am Schlusse unbeschreiblich viel mehr war, als dieser vorhandene Nachlaß irgend vermuten läßt. Dies ist mein Hauptgrund gegen seine Publikation: daß er eine, in ihrem schon zerstreuten, nie im ganzen gezeigten und beschriebenen Werk ohnehin nicht rein festgestellte Gestalt eher heruntersetzt als steigert; die schönsten Briefe waren die schon vor Jahren von Fräulein Gallwitz in der „Güldenkammer" veröffentlichten, — sie entwickeln einige Linien von Innigkeit, Lebensleutseligkeit, Freude und Melancholie und ziehen die damals schon starke

Dominante der Arbeit aus, aber, faßt man sie zusammen, so reichen sie nicht einmal hin, das Prélude dieses Daseins zu sein; denn wo ließen sie erkennen, daß dieses akkommodante Geschöpf, das der familialen Verständigung so nachgiebig und mitwirkend entgegenkommt, später, von der Leidenschaft seiner Aufgabe erfaßt, allem anderen absagend, Einsamkeit und Armut auf sich nehmen würde? Oder, von dieser Entwickelung des Menschen ganz abgesehen, wie dürfte man aus ihnen herauslesen, daß es sich hier um die Malerin, um den Künstler handelt, der mit zunehmender Entschlossenheit, nach den Einflüssen Cottets und Lucien Simons', die beschrieben werden, auch noch das Paris van Goghs, Gauguins, Cézannes, die Erscheinung Maillols, ja vielleicht Matisse und Henri Rousseau auf sich wirken ließ und in seinen immer kühneren Arbeiten der Nachfolge, die diese Künstler in Deutschland gefunden haben, bisweilen zuvorkam. Nein, von alledem enthalten die Papiere nichts, und so kann ich ihnen die Fähigkeit nicht zusprechen, für jene verhängnisvoll zerstörte Gestalt repräsentativ zu sein: welches doch allein eine Herausgabe intimerer Schriften zu rechtfertigen vermöchte...

In der herzlichsten Freundschaft

Ihr

Rilke

Berlin W 9, Hôtel Esplanade, am 9. Dezember 1917

Ach, bester Freund, nun reis ich wirklich genau in der Stunde, in der Sie ankommen, davon: ich kanns nicht mehr ändern, denn ich habe acht Tage auf meinen Schlafwagenplatz warten müssen und müßte nun bis zur nächsten Chance, wieder einen Platz zu bekommen, Tage um Tage ins Ungewisse zugeben. Das kann ich nicht mehr, zumal ich auch schon in München mich bestimmt und bindend angesagt habe. Und ohne Schlafwagen wag ich bei den Heizverhältnissen, da ich überdies nur Sommersachen mithabe, jetzt nicht zu reisen.

Muß Sie also versäumen, was mir herzlich antut, sowohl aus freundschaftlichen Gründen als auch, weil längst Zeit wäre, über vieles sich zu besprechen. Nun, vielleicht sind Sie jetzt öfter im Lande und, wie ich nun hoffen muß, auch einmal in München. Schreiben Sie mir bald ein kleines Wort. Meine Post erreicht mich noch ganz über Keferstraße 11; wo ich selber bleibe, wird sich zeigen.

Im allerherzlichsten Bedauern dieses Verfehlens (hätt ichs nur ein paar Tage früher gewußt!)

Ihr   Rilke

München, Hôtel Continental, Ottostraße,
am 28. Dezember 1917

Mein lieber Freund,

Ihr Brief erreichte mich gestern abend, gewissermaßen als Korrektur eines sonst ganz übersprungenen

Weihnachten; ich danke Ihnen umgehend für Ihre gute, mich so treu versichernde Freundschaft.

Daß Sie sich entschlossen haben, mein Monatsgeld, ab 1. Januar, um . . . zu erhöhen, ist eine in dieser Zeit gar nicht genug zu schätzende Hülfe. Dagegen verstehe ich nicht den Hinweis auf einen, in meiner Verrechnung nicht anzuführenden Betrag, den Sie, meine Bedürfnisse vorwissend, durch ein Diktat vom 8. oder 9. Dezember mir wollen zugewendet haben. Ein Brief dieses Datums ist nicht in meine Hände gekommen, der einzige Brief, den ich vor dem gestrigen, seit ich wieder in München bin, von Ihnen erhalten habe, war vom 15. Dezember. Er brachte zwar die erfreulichsten Mitteilungen über den Verkauf meiner Bücher, enthielt aber keine Bestimmung, die ich mit der Andeutung in Ihrem neuen Briefe, daß mein Weihnachtswunsch damit schon vorerfüllt worden sei, in Einklang bringen könnte; auch ist mir von der Insel in dieser Zeit kein außerordentlicher Betrag zugegangen. Hoffentlich handelt es sich nicht um einen Verlust – ich würde ja eine derartige Sendung, die mich überrascht hätte, sofort an Sie bestätigt haben.

Der andere Punkt Ihres Briefes vom 15. Dezember war jener Vorschlag, einige meiner zum Teil vergriffenen Übertragungen in einem eigenen Band, in der Art der anderen Gedichtbücher, zusammenzustellen; dieser Plan hätte von vornherein meinen Beifall, um so mehr, als sich alle die einzeln erschienenen Übersetzungen sehr gut in einem Bande vertragen würden.

Nur dieses für heute, lieber Freund. Die Jahresschwelle zu 1918 ist ja zunächst noch keine fühlbare, da wir uns im allgemeinen Kriegsraum bewegen, aus dem die Jahreszwischenwände fortgenommen sind; aber trotzdem dürfen wir einander, immer dringender verbunden, das eine wünschen, daß wir unter der neuen Jahreszahl in unser eigenstes Bauen und Wirken wieder eingesetzt werden und dann gewahren dürfen, daß wir nie besseren, reineren Willens waren.

In der dankbarsten Gesinnung und Freundschaft,
Ihr
Rilke

München, Hôtel Continental, Ottostraße,
am 29. Dezember 1917

Mein lieber Freund,

wenn ichs nicht inzwischen rascher telegraphisch tun kann (ich weiß nicht, wie leicht Privattelegramme an Feldpost-Adressen angenommen werden), so lassen Sie mich in dieser Nachschrift den meisten Inhalt meines gestrigen Briefes widerrufen, bis auf den Dank: den noch herzlicher und lebhafter zu wiederholen, habe ich den dringendsten Anlaß –: indem mich eben der Brief mit dem Datum des 8. Dezember und Ihre große Weihnachtsgabe erreicht hat. Die Sendung war, durch einen Irrtum, als „Unbestellbar" am Bahnpostamt hinterlegt, wo ich sie jetzt abgeholt habe. Nun faß ich, Ihren herzlichen Brief lesend, erst ganz auf, in wie mitwissender und sorgender Freundschaft mir dieses „Honorarium" zugedacht war. Schade, daß es nicht am Weihnachtsabend in meine Hände kam, in die diesmal recht bedrückt und einsam empfundene Obdachlosigkeit meines Hotelzimmers.

Nur dies, dem Gestrigen nacheilend – in herzlicher
Verbundenheit
Ihr
Rilke

München, Hôtel Continental, am 24. Januar 1918

Lieber Freund,

sind Sie wieder im Land? Ich wiederhole in der Adresse dieses Briefes genau die Angabe des Absenders jener kleinen Sendung, die mir so schön überraschend und erfreulich war. Gestern noch hatte ich Ihrer Frau geschrieben, daß die Linie meiner Teilnehmung an de Coster jedesmal an derselben Stelle einen gewissen Knick der Enttäuschung erfährt –, nun, ich muß mich zurücknehmen: denn dieses kleine von Ihnen vorgefundene, eingeformte und glücklich wiedergegebene Buch hat meine ganze ungebrochene Freude.

Dieser dreimalige Durchschnitt durch denselben Gegenstand, wie durch Stengel, Stempel und Fruchtknoten einer Blume, erweist die leichteste und sicherste Hand und das rein zuschauende Auge eines

Meisters. Wo der Knick einsetzen könnte (bei dem Wiederverschwinden der Zigeunerin), da ist auch schon das Ende da, und man sitzt voller Erlebnis bei dem sanft geschlossenen Büchlein. Dem Sie übrigens, nicht zuletzt durch Ihr Nachwort, die ganz und gar vollkommene Existenz gegeben haben.

Wenn ich Ihnen nun ganz besonders freudig danke, daß Sie mich unter die Besitzer dieses schön gefeierten Fundes auserwählt haben, so kommt (Ihnen gesteh ichs) die leichte Rührung dazu, die mich jedesmal streift, wo mein gelegentlich nachwachsendes — sozusagen noch lichtgrünes — Eigentum einen Zuschuß erfährt.

Herzlich zugetan,

Ihr Rilke

München, Ainmillerstraße 34 IV, am 3. Juli 1918

Lieber und guter Freund,

mein Nächstes wäre es gewesen, am Tage selbst, an dem Ihr Brief eintraf, Ihren herzlich empfangenen Gruß zu erwidern. Auswärtiger Besuch, wie er mich jetzt oft überfällt, hat dieses Bedürfnis über vier Tage hinausgeschoben, und darüber hab ich es wahrscheinlich verscherzt, Sie mit diesem noch „im Lande" zu erreichen. Nun werden Sie ja aber, wie ich mir von Ihren Zeilen eindringlichst versichern lasse, bald einen größeren Urlaub antreten, und daß dann ein Wiedersehen uns die größere Trennung und sparsame Brieflichkeit dieser Jahre entgelten soll, ist mir die seit langem freundlichste Aussicht. Lassen Sie uns das auf keinen Fall versäumen; sollte ich am Ende, um den beginnenden August, doch nicht in München sein, so müßten wir rechtzeitig einen anderen Begegnungsort verabreden.

Ich freue mich, mehr als ich sagen kann, von Ihrer Tätigkeit zu hören und von den schönen Plänen, die Sie beschäftigen; die Herrin hat mich, bei ihrem Hiersein, einiges davon voraussehen lassen. Sicher wird von Ihnen und von der „Insel" mehr zu sprechen sein als von mir; doch betrifft mich ja alles dort Bewegte so nahe, daß ich die Teilnahme daran fast wie eine eigene Tüchtigkeit zu genießen vermag —; freilich nicht als die eigenste.

Was diese selbst angeht, so sind die Verstörungen zu tief gegangen, als daß ich in einem Sicheren fortschreiten dürfte. Sie schreiben, das Weltbild, das äußere sowohl wie das innere, habe sich von Grund aus geändert. Was ich wahrnehme, mein lieber Freund, ist immer nur noch der heillose Abbruch des früheren, an dem ich auf meine Art um so tiefer beteiligt war, als es für mich in die offenste Zukunft überging. Je länger die wirrsälige Unterbrechung dauert, desto mehr sehe ich meine Aufgabe darin, das Gewesene fortzusetzen in reinster Unbeirrtheit und unerschöpflichem Erinnern; mögen die Bedingungen, aus denen ich mich gebildet habe, immerhin abgelaufen sein, ich meine ihren Auftrag so zeitlos verstanden zu haben, daß ich ihn auch jetzt noch als unverbrüchlich und endgültig betrachten kann.

Einen kleinen äußeren Fortschritt sehe ich, wenn ich mich nicht täuschen lasse, in der Gründung einer neuen eigenen Hausständigkeit. Ihre Frau hat grade noch das nachgewachsene Eigentum um mich herum stehen sehen; seither hat es sich im Gebrauche schon etwas erwärmt, wenn es mich freilich auch täglich empfinden läßt, daß damit keine Ansiedlung in München, sondern nur eine sehr transportable Schutzwelt gemeint sein kann, die ich bald aus der Zudringlichkeit des hiesigen Getriebes fort, in eine gegenständlichere Umgebung zu versetzen hoffe.

Meine Beiträge zum Almanach werde ich der Herrin und Prokuristin gegen die Mitte dieses Monats zum Vorschlag bringen; ich gedenke, einige Übersetzungen zu geben, vielleicht auch einmal wieder ein kleines Stück Prosa, wenn ichs über mich bringe, mich davon zu trennen.

Und nun, zum Schluß erst, fällt mir ein, daß ich Ihnen, schon vor etwa zehn Tagen, einen Namen in Erinnerung bringen wollte, der Sie gewiß auch schon beschäftigt hat: Charles-Louis Philippe. Sie wissen ohne Zweifel, daß im Fleischelschen Verlag vor dem Krieg die ersten Bände einer Gesamtausgabe erschienen sind, die dort sehr unangebracht sind und außerdem die Arbeit eines ganz unzulänglichen Übersetzers aufweisen. Vor kurzem war Herr Friedrich Burschell bei mir, und wir fanden uns in der Überzeugung, daß den Bänden Philippes im Deutschen früher oder später ein anderes Los müsse bereitet werden; Burschell selbst hat die wunderbaren, unvergleichlichen Lettres de Jeunesse übertragen, kennt das Œuvre Ch.-L. Ph.s sehr genau und würde sich auch, soweit seine Zeit das erlaubt (er steht seit vier Jahren als Offizier im Felde), der Übertragung anderer Bände zuwenden. Da ja nun, zum Glück, die Bücher in denjenigen Verlagen, in die sie nicht gehören, auch kein „Geschäft" bedeuten, so ließe sich beizeiten erwägen, ob der Verlag Fleischel, wenn man vorsichtig an ihn heranträte, nicht auf seine Rechte an Charles-Louis Philippe verzichten würde. Es wäre dann möglich, recht bald zwei, drei neue Bände zu bringen und die vorhandenen, nachdem sie einmal abgesetzt sind, in Umarbeitungen wieder aufzulegen.

Daß gerade bei Charles-Louis Philippe eine Gesamtausgabe ratsam sei, ließe sich mit mehreren Gründen rechtfertigen; der Insel-Verlag wäre vielleicht die geeignetste Stelle für sie und der rechte Anwalt eines Dichters, der, wie kein anderer, im französischen Geiste menschlich ergriffen war. Für eine zur Verständigung geneigte Welt wird das Zeugnis und Opfer gerade dieser Bücher bedeutend sein müssen.

Und damit leben Sie wohl, lieber Freund; ich grüße Sie in der alten Zugehörigkeit und Dankbarkeit

als Ihr

Rilke

München, Ainmillerstraße 34 IV, am 25. Juli 1918

Mein bester Freund,

ich habe mit meinem Danke zurückgehalten, um Ihnen unter einem für die beiden Zuwendungen zu danken, mit denen Ihre Sorgfalt mich freundschaftlich ausgestattet hat. Eben ist nun die reich zusammengestellte Kiste wohlbehalten bei mir eingetroffen; bedürfte meine haushälterische Befriedigung einer Unterlage, sie hätte sie reichlich in der sachgemäßen Bewunderung finden können, mit der meine gute „Rosa" den Inhalt dieser Sendung immer wieder anzuerkennen und zu loben eifrig war.

Was die andere, von Ihrem teilnehmendsten Bedenken zeugende Zusendung angeht, so ist sie, mit der Pünktlichkeit des Insel-Verlages, schon zwei Tage nach Ihrem Schreiben in Gestalt eines großen Geldbriefes hier angekommen. Ich hätte mir eine Weile einbilden können, in ihr die Erfüllung einer Bitte zu sehen; so benötigt war meine Lage über den ausnähmlichen Ausgaben der Einrichtung und über manchen Steigerungen des täglichen Lebens geworden; aber ich setze eine gewisse Freudigkeit darein, Sie nicht mit Bitten anzugehen, da ich ja weiß, wie sehr Sie das Meinige immer im ganzen in einem gleichmäßigen Betrachten halten, um es in seinen Schwankungen zu unterstützen.

Das Datum dieses Briefes ist so nahe an dem Ihres Fortgehens von Belgien, daß ich mich heute nun wirklich beeile, ihn abzusenden. Wie sehr freut es mich, daß Sie den bisherigen Posten nicht aufgeben, ohne die Aussicht auf eine noch weitere Tätigkeit, zu der man Sie sicher nicht beruft, ohne daß Sie für sie eine besondere Lust und Freude geäußert haben.

Nun wünsche ich Ihnen einige schöne Augusttage im häuslichen Kreise und freue mich, daß das Nächste, was mich von dort erreicht, die Ansage Ihrer Münchner Ankunft wird sein dürfen; denn es steht nun so ziemlich fest, daß ich um den zehnten August herum in meinem hiesigen Zuhause zu finden bin.

Die Beiträge für den Almanach sind vorige Woche abgegangen, und ich meine aus einem Telegramm der Herrin schließen zu dürfen, daß sie nicht unpassend sich einfügen, ob ich gleich nicht so reich auftreten konnte, wie ich eigentlich gewünscht hätte.

Auf baldiges Wiedersehen. Seien Sie mir, mein lieber Freund, in der vertraulichsten Dankbarkeit gegrüßt.

Ihr Rilke

Kippenberg hatte Rilke auf einer dienstlichen Reise nach der Schweiz in München besucht und zum ersten Mal nach vier Jahren wiedergesehen.

München, Ainmillerstraße 34 IV, am 24. September 1918

Mein lieber Freund,

aus meinem letzten Brief an die Herrin werden Sie ersehen haben, wie sehr ich gehofft hatte, Sie auf Ihrer Rückreise noch einmal hier zu begrüßen; wie überhaupt unser Wiedersehen mir den Wunsch nach einem ausführlicheren täglichen Beisammensein recht lebhaft angeregt hat. Die Aussicht des Turmzimmers, die Sie mich herzlich haben erkennen lassen, steht mir da für die späteren Wendungen des Winters viel erfüllend und überaus aufnehmend bevor.

Daß Sie mir nun durchaus zuratend über die Schweiz geschrieben haben, läßt mich zunächst hoffen, daß Ihr eigener dortiger Aufenthalt, wenn auch durch die Kürze anstrengend, so doch im ganzen Ihnen erfreulich war. Was mich angeht, so habe ich nur auf Ihre Meinung gewartet, um meinen Entschluß, soweit er nun an mir liegt, für fertig zu halten. Unser Konsul ist augenblicklich verreist, wird aber jeden Tag zurückerwartet; ich werde ihn dann ehestens aufsuchen und die äußere Seite meiner Abkömmlichkeit recht dringend in seine Hände empfehlen.

Der große monatliche Kredit, den Sie mir, lieber Freund, zur Verfügung stellen, gibt mir eine gewisse — ich gestehe es, recht wohltuende Beschwingung über die Sorgen hinüber, durch die ich von einer solchen Unternehmung abgeschnitten war. Wie viel freudiger allerdings würde ich diese beträchtlichen Summen daran wenden, mir die stille geschützte und dauerndere Zuflucht zu schaffen, die meinen jetzigen inneren Aufgaben genauer angemessen wäre. Der Gedanke an eine solche Veränderung treibt mich zu den unvermutetesten Versuchen: so war ich in der vorigen Woche in dem entlegenen Ansbach, wo ich mich sogar durch ein Inserat einführte, in dem, als wäre das das Natürlichste von der Welt, „eine stille Gartenwohnung oder ein Gartenpavillon" ausdrücklich ausgeschrieben war. — Nun mag wohl ein so seltener, einzig im Bedürfnis deutlicher Gegenstand lieber gefunden, als gesucht sein, der Moment ist noch nicht da, und ich gebe zu, daß die Schweizer Reise am Ende das Rechte sein möchte, in meiner anstehenden Immobilität zunächst wieder einmal einige Strömung hervorzurufen. Daß Sie so entschieden zuraten, klärt und fördert mein Gewissen dafür . . .

Der vorgestrige Tag hatte für mich eine feierliche Stunde: die Goethe-Ausgabe von 1840 traf ein, (vierzig schöne kleine Bändchen in den Pappbänden der Zeit), die ich von einer Baronin... gekauft hatte, und sie füllen genau die oberste Reihe meines Bücherschranks.

Viele herzliche und besonders dankbare Grüße
Ihres
Rilke

München, Ainmillerstraße 34 IV, am 2. Oktober 1918
Mein lieber Freund,

es war mir, bei der Werktätigkeit und Genauigkeit Ihrer Freundschaft, nicht überraschend, daß (vorige Woche) die verabredeten Bücher eintrafen . . .; aber eine herzliche Überraschung war es für mich, daß ich mir, Montagabend, bei Le Suires am Kaminfeuer ganz frische Leipziger Erinnerungen konnte erzählen lassen, in denen Ihr Haus, die treffliche Begrüßung, mit der Sie die Schweizer empfangen haben, das schön veranstaltete kleine Festin, ja sogar das „Turmzimmer" wesentlich und deutlich vorkamen. Das hat mir Wunsch und Beziehung zur Richterstraße wiederum sehr fühlbar vorgestellt.

Nun lassen Sie mich diesem rasch noch ein paar Bitten und Anmerkungen anschließen. Ihren Rat zunächst: In meinem Schreibtisch liegt der Bogen der Einkommensteuer-Erklärung. Da doch ein großer Teil meiner Einnahmen unregelmäßige und außergewöhnliche sind, weiß ich nicht recht, wie ich mich ordnungsgemäß, ohne dem Staat oder mir unrecht zu tun, einzuschätzen habe. Wenn es Ihnen, inmitten vieler Diktate, nicht lästig fällt, wäre ich Ihnen dankbar, wenn Sie mir in einem kürzesten Wort recht umgehend antworten ließen, welches jährliche Einkommen ich, nach Ihrer Meinung, in die Rubriken einzustellen hätte. Ich stehe solchen Bogen, wie Sie sich denken können, ziemlich hülflos gegenüber. Dies das eine, Dringende ...

Ich meine, daß dies alles war, womit ich Ihnen heute zu kommen hätte. Die Zahl der Grüße an Sie beide nehmen Sie so hoch als möglich an, wenn Sie nicht hinter meinem Impuls zurückbleiben wollen.

Von Herzen Ihr

Rilke

PS.: Mir wird erzählt, daß die Schillingsche Cornet-Komposition in Berlin schon mit großem Apparat zur Aufführung vorbereitet wird: wehe wehe –

München, Ainmillerstraße 34 IV, am 19. November 1918
Mein lieber Freund,

Ihr kurzes Diktat vom 14. d. M. hat mir die freudigste Erleichterung gebracht: denn was war es, Sie in diesem erschütterten Moment nicht bei der „Insel", außer Landes und in einem Gebiet zu wissen, das (wie man hier erzählte und wie Sie bestätigen) mehr als jedes andere von der Grippe heimgesucht sei. Ich bin wirklich glücklich, Sie zu Hause zu wissen.

Ihre Antwort an Schillings (die ich in der Beilage zurückgebe) ist mir natürlich recht; mein Bedenken war, aus einer Sache, die ich nicht billige, Nutzen zu ziehen. Aber vor der Tatsache ihrer Existenz besteht wohl Ihr genau geschäftlicher Standpunkt nicht mit Unrecht.

Hier ging das Gerücht, die „Insel" bereite eine neue große kritische Büchner-Ausgabe vor: woran ich fast zweifele, da doch die von Hausenstein so schön eingeleitete Edition nicht notwendig durch eine andere zu verdrängen wäre. Immerhin, auf jenes Gerücht baut sich eine Frage, die ich, unter einiger Befürwortung, weiterzuleiten versprochen habe. Ein Schüler des hiesigen Universitätsprofessors Dr. Strich hat sich sehr eingehend mit Büchner beschäftigt; es liegt von ihm eine größere Arbeit vor, die sich – nach der Meinung Professor Strichs – sehr eignen würde, in einer endgültigen Büchner-Ausgabe eine Stelle zu finden. Also: dürfte, vorausgesetzt, daß ein solcher

Plan besteht, der junge Philologe seine Arbeit der „Insel" vorlegen?...

Mein Aufbruch in die Schweiz ist auf Anfang Dezember verschoben, wenn die Reiseverhältnisse nicht einen weiteren Aufschub erfordern.

Herzlich und freundschaftlich,

Ihr

Rilke

München, Ainmillerstraße 34 IV, am 25. November 1918

Mein lieber Freund,

immer noch einmal Schillings! Hoffentlich zum letzten Mal. Ich kann Ihnen gar nicht sagen, wie widerwärtig mir diese Angelegenheit ist, bei der sich herausstellt, daß wir von vornherein einer C.schen Unternehmerlust ausgeliefert waren. Hab ich die Anwendung, die die Rezitatoren dem „Cornet" während des Krieges gegeben haben, schon immer für einen gegenständlichen Mißbrauch gehalten, so muß ich seine nun vorbereitete Ausbeutung durch die Herren C.-S. als etwas so durchaus Unzeitgemäßes ansehen, daß ich mich fast darüber beruhige: denn es ist kaum anzunehmen, daß die Konzertsäle in den jetzigen Verhältnissen zu Stätten des Triumphes für eine Darbietung werden, die, so wie sie gegeben sein wird, sicher zum Abgespieltesten des Krieges gehört. So sehr ich nun (das kann ich nicht verschweigen)

Ihren Standpunkt muß gelten lassen, ich werde den Stachel nicht los, daß wir aus einer uns widerwärtigen Unternehmung, nur weil wir sie nicht verhindern konnten, Anteil und Ertrag gewinnen sollen. So sag ich nicht „Gott segne den Cornet" und „Amen", sondern ich gräme mich.

Mit Freude und Spannung las ich von Ihrer Erwerbung des handschriftlichen Nachlasses Büchners; es ist keine kleine Sache, dieses Werk auf solcher Grundlage neu herauszugeben. (Den Strich-Schüler werde ich also veranlassen, sich der Insel mitzuteilen.) Neben dieser endgültigen Büchner-Ausgabe wird die Edition der Bücher von Charles-Louis Philippe nichts weniger Großes und Rühmliches bedeuten; mein Gefühl hat mir immer gesagt, daß Ihnen diese schöne Erwerbung gelingen wird, und nun beglückwünsche ich Sie dazu in der ganzen Überzeugung, die ich für diesen Dichter habe. Vorige Woche las ich „Mère et l'Enfant", in seinen ersten drei Kapiteln ein herrliches Buch! Friedrich Burschells Adresse heißt: München, Akademiestraße 7, Pension Romana...

Über den Termin der Schweizerreise berichte ich Ihnen noch; augenblicklich sind die Züge so ziemlich unbrauchbar.

Aufs allerherzlichste

Ihr

Rilke

München, Ainmillerstraße 34 IV, am 23. Januar 1919

Mein guter Freund,

die Abrechnung ist schon unterzeichnet und geht unverzüglich an Sie zurück.

Eben, beim Frühstück, mußte ich mir unwillkürlich sagen: wie anders könnte, rein verlegerisch-herkömmlich, so eine Mitteilung aussehen, — wie viel Sorge und Vorwurf könnte sie einem ins Haus tragen!

Nicht allein, daß Ihre Sachlichkeit milde ist, Sie ersparen mir durch Ihren Zusatz auch jede Befürchtung, die über dem verhältnismäßig hohen „Saldovortrag" bei mir hätte entstehen können.

Herzlichen Dank wie immer

Ihr

Rilke

München, Ainmillerstraße 34 IV, am 9. Februar 1919

Mein lieber und guter Freund,

lassen Sie mich gleich in der Stille des Sonntagmorgens auf Ihr eben eingetroffenes Diktat eingehen.

Am meisten Eindruck macht mir die Angelegenheit Charles-Louis Philippe, die ja leider bei der enormen Berechtigung, die Herr ... vorzuweisen hat, nicht so völlig, wie wir es planten, die unsere werden kann. Ich werde Herrn Burschell aufsuchen, und sowie die von Ihnen angekündigten zwei Manuskripte da sind, wird sich erweisen, ob eine Überarbeitung (zu der sich Burschell, wie ich hoffe, entschließen wird) eine ganz und gar verantwortliche Gestalt zu ergeben vermöchte.

Dafür (wie für so manches andere) ist es schön und förderlich, daß Sie sich uns für Ende Februar versprechen. Meine Freude über diese Aussicht ist so groß wie mein Bedürfnis, Sie, lieber Freund, wiederzusehen.

Das nächste, was ich nun zur Sprache bringe, ist Ihre Sorgfalt. Wie sollte ich nicht — erst recht nach dem „Saldovortrag" von neulich, — die guten Nachrichten über meine Honorarverhältnisse zu schätzen wissen. Die Erhöhung der Monatsraten wird mich instand setzen, wenn auch noch nicht gleich, so doch bei normaleren Zeiten, etwas zurückzulegen, was mir eine freundliche haushälterische Genugtuung wäre, für die ich in meinen Jahren anfange, Sinn zu bekommen ...

Was die Korrekturen angeht, so habe ich Regina Ullmanns Gedichte mir noch einmal recht aufmerksam gegenwärtig gemacht; ihre eigentümlich hartnäckige Existenz kam neulich zur unwiderleglichsten Wirkung, als sie es über sich vermochte, vor einem geladenen Kreise von etwa dreißig gut gewählten Menschen daraus vorzulesen. Man stand tatsächlich unter dem Eindruck, ein neues Metall des Geistes auf die innere Waage gelegt zu bekommen, fast bestürzt mußte man mit neuen Gewichten antworten —, und der da vor einem stand, zeigte auf erhobener

Stimme die Proben des Bergwerks, an das sein Leben, seit Kindheit, ehrlich und wörtlich gebunden war.

Das ist herrlich, lieber Freund, daß Sie daran gedacht haben, so viel mit Rodin Zusammenhängendes aus der Schweiz mitzubringen; ich gestehe, daß es mich freuen würde, alle drei Publikationen neben den Bogen in Betracht zu nehmen. Trotzdem halte ich es für wahrscheinlich, daß eine Ergänzung des Buches, in der auf das nun endgültig alleingelassene Werk hingewiesen und seine Verhältnisse dargestellt würden, ebenso wie die Bibliographie erst später sich wird durchsetzen lassen. Ich möchte ja einen solchen Abschluß nicht leicht nehmen: wer weiß, ob er sich nicht zu einem dritten Teil meines „Rodin" auswachsen würde?! Der Katalog der Schweizer Ausstellung (mit dessen Besorgung ich Züricher Freunde betraut habe) könnte höchstens — das hoffte ich — die Papstbüste oder sonst eine von den neuesten Porträtarbeiten zeigen, über die sich dann in der Anmerkung kurz berichten ließe.

Zum Schluß, lieber Freund, wird es Sie freuen, zu sehen (mit einem Aufblick über den Schreibtisch zeig ichs Ihnen) — daß vor mir der 36. Band meines Goethe vertraulich aufgeschlagen liegt: Die Metamorphose der Pflanzen: als die glückliche Beschäftigung meiner nun endlich vor jedem Ausgehen gesicherten Abende.

Wie jedes Mal, dankbar und zugetan,

     Ihr   Rilke

München, Ainmillerstraße 34 IV, am 22. Mai 1919
Mein lieber Freund,
eine von den vielen Undurchdringlichkeiten der Zeit hat uns nun auch praktisch wochenlang voneinander abgetrennt gehalten, und — verzeihen Sie — ich überschritt diese notgegebene Frist, wie ich sehe, wieder um Wochen:

Die Postsperre, äußerlich längst aufgehoben, hält in mir noch an; denn wer möchte nicht am liebsten schweigen über das, was der April uns hier hat erfahren lassen, aber auch über das andere, das mit Ein- und Übergriffen seit dem ersten Mai hier betätigt ist. „Gift" und „Gegengift"; aber die rechte tiefere Heilkunde kommt nirgends zur Anwendung, so wund auch der Moment sich eingesteht.

Rein häuslich und haushälterisch verstanden haben wir, dank der Umsicht meiner Rosa, wenig zu leiden gehabt, aber das Gemüt hat Schaden genommen; seit meiner langwierigen Erkältung bin ich auch gesundheitlich nicht so recht befestigt, mein Körper sehnt sich nach hülfreicher Veränderung, und alles Schwebende und Wachsame in mir ist unbeschreiblich bereit, ihm recht zu geben. So hab ich die Freundeshand, die sich mir gestern in einem Schweizer Telegramm wiederum anbot, mit einer zusagenden Antwort festgehalten. Durch den Lesezirkel Hottingen scheint die Einreise jetzt erreichbar, möglicherweise erfolgt die Erlaubnis schon in den nächsten Tagen, und so ginge ich dann über Zürich und Bern nach Nyon am Genfer See zu einer befreundeten Gräfin D., geb. Gräfin W., um eine Weile ihr stiller Gast zu bleiben. Ich verspreche mir viel von diesem Wechsel, dem ersten seit so viel erzwungen unbeweglichen Jahren, und Sie haben ja, als zuerst die Schweizer Aussicht auftauchte, ihr so gerne zugestimmt, daß ich sicher sein darf, auch jetzt nicht ohne Ihre freudige Zustimmung fortzugehen. Das einzige äußerst bedenkliche Hindernis wäre die Valuta: aber ich bin verpflichtet worden, nur das Dringendste umzuwechseln und mich sonst ganz auf die Gastlichkeit zu verlassen, die mir so vollkommen als möglich bereitet sein wird.

Im vorläufigen zweifle ich, ob ich, später, zurückkehrend, an der Münchner Ansiedlung festhalten werde; man hört und sieht nichts als Aufbruch, viele der Ansässigsten lösen ihre Häuser auf, die großen Umzugswagen übernachten da und dort vor den Haustoren; denn die meisten halten dafür, daß das harmlose München fortab eine arge und unruhige Stelle bleiben dürfte, und das, zu allem Unglück, nicht aus Temperament, sondern aus Trägheit der nun einmal angestoßenen Masse. Wer weiß, liebe Freunde, ob ich für den nächsten Herbst und Winter nicht Leipzig wähle: solches bewege ich oft in mir . . .

Auf das herzlichste und anhänglichste Grüße der Herrin und Ihnen.

      Ihr   Rilke

München, Ainmillerstraße 34 IV, am 3. Juni 1919
Mein lieber Freund,
es gehört für mich längst zu den vertrauten Zügen Ihrer Freundschaft, daß Sie den guten Nachrichten eine eigentümliche Natur zu geben wissen, als ob es gar nicht anders hätte kommen können; und nicht dies allein: sie werden jedesmal fällig in einem Augenblick, in dem sie die stärkste und glücklichste Erfüllung bewirken: so jetzt. Sie können sich vorstellen, wie sehr die Tatsachen Ihres Diktats vom 26. Mai mich in den Zurüstungen und Aussichten des Moments befreien und unterstützen ...

Den Plan meiner Übersiedlung nach Leipzig bei Ihnen so freudig aufgenommen zu sehen, stelle ich als weitere gute und zuverlässige Tatsache bei mir ein; die Bedenken, die etwa dagegen geltend gemacht werden können, werden Sie besser kennen und aussprechen als ich, und wir werden sie uns später aufzuzählen haben; vor der Hand halte ich mich ganz an das Freudige dieser schwebenden Aussicht.

Das Pfingstfest nähert sich sehr schnell inmitten der sich nachholenden Natur, und meine Paßangelegenheiten sind immer noch nicht ganz geordnet; so daß ich zweifle, ob ich noch vor den Feiertagen zum Antritt meiner Reise komme; hoffentlich ist hernach nicht die politische Lage so getürmt, daß ich vor unüberwindlicher Grenze umkehren muß.

Zum Schlusse noch der Hinweis auf einen Graphiker, der mir auf der neuen Ausstellung der hiesigen jüngeren „Sezession" günstig aufgefallen ist; er heißt: Karl Rössing, und der Katalog nennt Gmunden als seinen Wohnsitz. Ein Rahmen mit zwölf Münchhausen-Bildern läßt ihn als eminent buchhaft arbeitend erkennen; außerdem ist ein vorzügliches kleines Ölbild von ihm da. Der Name wäre zu merken.

Grüße Ihrem kleinen guten Garten und darin dem Rilke-Baum.

Aufs dankbarste Ihnen beiden zugetan, Ihr
             Rilke

    München, Ainmillerstraße 34 IV, am 6. Juni 1919
 Lieber Freund,
  da Sie, in Ihrem Diktat vom 2. Juni, Herrn Paul Zech und dem „Schatzbehalter" das Wort reden, so ist es selbstverständlich ein Ja, das ich Ihnen zu dieser Angelegenheit schreibe. Verfügen Sie alles nach Ihrem guten Ermessen.

 Seit heute scheint Aussicht, daß ich am Mittwoch nach Pfingsten reise. Nun sind noch viele Wege zu tun: wärens Wege! Meistens ist es ein Anstehen vor Türen und Tischen und Schaltern, lange Vormittage lang. Aber auch das geht vorüber.
           Ihr Rilke

     Genf, Hôtel Richemond, am 22. Juni 1919
 Wirklich, lieber Freund, Ihr guter Wunsch hat sich erfüllt: Ihr Brief hat mich nicht mehr in München angetroffen (sondern, gestern, hier). Ich nehme das zum

Zeichen, daß auch die anderen freundschaftlichen Wünsche, die Sie für meine Schweizer Zeit haben, in Erfüllung gehen möchten, einer nach dem andern.

Dank für Ihre immer günstigen Mitteilungen: ... die Ankündigung der neuen Auflagen –: wobei es mich besonders freut, daß auch der „Kentauer" wieder zu haben sein wird.

„Oybin": ist das jener Berg an der böhmischen Grenze? Ich kenne ihn gut; Ferien gabs dort einmal während meiner Gymnasialzeit. Schreiben Sie der Herrin meine vielen herzlichen Wünsche nach, möge die Erholung ihr recht leicht und unwillkürlich werden in der in ihrer Art einfachen und freigebigen Landschaft. (Goethe kannte, wenn ich nicht irre, den Oybin von geologischen Streifzügen her –.)

Über mein Hiersein kann ich mich noch nicht genauer aussprechen. Alles wird davon abhängen, ob mir einiger Aufenthalt bewilligt wird; mein Gesuch geht seinen Gang.

Ich selber strebe nach Bern für einige Tage. Von dort aus kehre ich möglicherweise noch einmal nach Zürich zurück, um eine kurze Kurzeit im Sanatorium Bircher zuzubringen. Das kleine Haus der Gräfin D. in Nyon ist augenblicklich noch voller Gäste und Besuch, inzwischen aber wird es stiller, und ich kann dann, in zehn oder vierzehn Tagen, schon mit einem kleinen Vorsprung von Erholung, dahin zurückkommen. So ungefähr wurde es gestern besprochen ...

Ein nächstes Mal hoff ich, Ihnen schon besser aus hiesigem Erlebnis schreiben zu können; nun ists nur erst Anpassung und Erwartung.

Der Ihre, sehr von Herzen,

Rilke

Bern, Palace Bellevue, am 7. Juli 1919

Mein lieber Freund,

von wo aus schrieb ich Ihnen zuletzt? Wars Nyon? War es Genf? —

(Genf, wenn ich nicht irre.)

Nun wars Bern, durch zehn Tage, und erwies sich als das, was ich nötig hatte, um in der Schweiz nicht nur die übliche Verschwörung von Hotels zu sehen, in die eine auffallende Landschaft ahnungslos (oder doch etwas ahnend?) verstrickt ist. Hier endlich ein Gesicht, ein Stadtgesicht, und, trotz aller Eingriffe, von welcher Abstammung und Beharrlichkeit! Diese Münster-Terrasse; diese freigebigen, in ein ständisches Bewußtsein gerückten Brunnen; diese Paläste an der Junkerngasse. Und diese wunderbar durchbluteten Wappen des alten Adels (in den Glasfenstern und unter den so schutzvoll vorgewölbten Hausdächern).

Glückliche Beziehungen zu einer der Berner Familien, die mit der ältesten und stärksten Geschichte der Stadt identisch ist, ermöglichen mir, mich zu dem allen eigentümlicher zu beziehen, wofür ich besonders dankbar bin in einem Land, das einen leicht mit Allgemeinheiten abfertigt.

Leider ist meine Zeit hier abgelaufen, ich gehe zu einer kleinen Kur nach Zürich, sollte mir aber (die Entscheidung ist noch nicht gefallen) ein längerer Aufenthalt bewilligt werden, so wird mich ja der Rückweg nach Nyon wieder hier durchführen, und ich freue mich schon jetzt darauf, als Wiedersehen zu erleben, was auf dieser Reise mein erstes, bereiteres Aufnehmen war.

Von den Menschen, die Ihnen hier vorgekommen sind, werden die meisten wohl nicht mehr in Bern zu finden sein; nur Vollmoeller ist gerade wieder, von Berlin her, aufgetaucht; ob Sie mit Hindenburgs in Berührung gekommen sind, erinnere ich nicht. Nostitzens waren in nächster Nähe, in Oberhofen bei der Gräfin Harrach, leider war ich damals noch in Genf und konnte sie nur mit Grüßen von ferne erreichen.

Es wird Sie freuen, zu hören, daß alle hiesigen Buchhandlungen ganze Stöße des „Rodin" ins Schaufenster legen; überall wird mir versichert, wie sehr er entbehrt gewesen ist. Dagegen fehlt überall der „Neuen Gedichte" erster Teil, und ich werde immerfort daraufhin angesprochen, so daß ich zuweilen von dem Getriebe um meine Bücher ganz betäubt bin.

Lieber Freund, ich habe daran gedacht, die Aufmerksamkeit irgendwie zu erwidern, die Sie mir durch die leihweise Zuwendung jener Rodin-Bücher erwiesen haben. Als Sie sie erwarben, wird der Ge-

danke an mich nicht ganz aus dem Spiel geblieben sein. So hab ich, in einem ähnlichen Gedanken, eine neue Veröffentlichung von Frans Masereel gekauft, die ich Ihnen heute sende, da sie mir Ihre Beachtung (und die Aufmerksamkeit des Insel-Verlages) in einem sehr hohen Maße zu verdienen scheint. Dieses autobiographische Livre d'heures offenbart eine Schlagfertigkeit und Unmittelbarkeit des Holzschneiders, wie sie kaum ein zweiter heute aufbringen wird. Einzelne Seiten sind von der bescheidensten Meisterschaft, großartig und selbstverständlich (Der Ritt durch die Prärie –), und dieses köstliche, volle, fruchtbare Erzählen des Flamen! (Gute Nachrichten der Herrin? – Wie sehr wünsche ich es!)
Ganz freundschaftlich und herzlich,

Ihr
Rilke

Nyon, L'Ermitage (Vaud), am 5. Oktober 1919

Mein lieber Freund,

... Die plötzlich dringend gewordene große Hülfe war mir ein Schrecken, zumal ich die Zurücklegung von drei Monatszahlungen als sehr angenehmen Hintergrund empfand hinter einer Zeit, die ja nicht, wie zuerst geplant war, unter einer anhaltenden Gastfreundschaft sich unterbringen läßt. Dies wäre nur möglich gewesen, wenn die Gräfin D. (wofür die größte Aussicht bestand) für viele Monate verreist wäre: in diesem Fall hätte die Ermitage mir, samt Dienerschaft und allen zum täglichen Leben Zugehörigen, zur Verfügung gestanden. Ihre Gegenwart dagegen bedeutet die Anwesenheit von nicht weniger als sechs Personen in den engsten Umständen, so daß mein Wohnen hier ungefähr dem des heiligen Alexis gleicht (Sie erinnern den wunderbaren Bericht in Goethes Schweizerreise –), ein Winkelchen unter der Treppe, kaum Schiffskojenraum, und nur für kürzere Aufenthalte erträglich. Auch diesmal wird meines Bleibens nicht lange sein; Zimmer zu ebener Erde sind mir überdies nie sehr bekömmlich, und die leider schon mürrische Jahreszeit wird das hiesige, selbst wenn man auf die Tröstung eines Kaminfeuers eingeht, bald unwohnlich, wo nicht unbewohnbar machen . . .

. . . Was nun aber die Rückkehr angeht, so dürfen Sie Ihre Münchner Reise nicht von ihr abhängig machen; es könnte doch sein, daß ich sie noch über einen oder zwei Monate hinausschiebe; fast alle Nachrichten aus München enthielten, mehr oder weniger ausgesprochen, den Rat, noch draußen zu bleiben, und ich folge ihm mit um so mehr eigenem Antrieb, als ich noch nicht jene Basis gesundheitlicher Sicherheit erreicht habe, auf der ich gerne möchte weiterbauen dürfen (wo immer es dann auch sei). Das zuletzt ausgestellte ärztliche Attest hat mir sogar eine Aufenthaltsbewilligung bis zum 31. Dezember eingebracht, – womit freilich nicht gesagt ist, daß ich diese verstattete Frist bis zuletzt ausnutzen werde. Sehr freundlich empfinde ichs, daß Sie Leipzig nicht für unmöglich halten, dieser Plan ist in mir immer lebhaft geblieben; allerdings hat das alte Haus in Soglio mit seinem kleinen alten Garten und dem wunderbaren (bescheidenen und doch so genau erfüllenden) Bibliotheksraum mir gezeigt, wie es für lange hinaus um mich herum aussehen sollte im besten, im vollkommensten Falle – dessen Günstigkeit ja aber nicht einmal gesucht werden kann: sie müßte schon aus voller Fügung, wie es ja zuweilen in meinem Leben geschah, gegeben und gewährt sein. Ich bin neugierig, ob mir die Schweiz noch einmal Verhältnisse von der jener auf Soglio einzurichten vermag: alles war dort wie ein Versprechen des Künftigen, wie die Probe eines Stoffes, aus dem man später ein ganzes Kleid bekommt, einen Mantel mit einer Kapuze, die unsichtbar macht.

Die Gräfin D. bedenkt auch freundschaftlich jede Möglichkeit einsamer und schützender Unterkunft für mich; meine Bedürfnisse sind jetzt so genau, daß schwer zu sagen ist, ob ich eigentlich viel oder wenig verlange; ein altes Haus, alte Dinge darin, eine Allee dazu, das ist zunächst ungeheuer viel –, aber im Gebrauch wärs dann schließlich ein weniges, genommen in der Bedeutung, als ob es nicht viel, sondern alles wäre.

In dankbarer Freundschaft, wie immer,

       Ihr   Rilke

Zürich, Hôtel Baur au Lac, am 2. Dezember 1919

Mein lieber Freund,

bisher hab ich Ihnen nur in meinem Telegramm sagen können, wie dankbar ich Ihrem aufmerksam erwogenen Rate war und wie vollkommen meine Zustimmung gewesen ist; ich nehme an, daß alles in der verabredeten Weise vollzogen worden ist, und werde nun hoffentlich bald auch die Sammlung haben, an ... verständigend mich mitzuteilen.

Ich rechne dabei aufs Tessin, wohin ich in den nächsten Tagen reise, dem Ruf einer Gastfreundschaft folgend, den ich (ich kanns nicht anders sagen) provoziert habe. Die Bachrachs (Frau Elvire, Mann und Tochter, früher in Brüssel: Sie kennen sie vermutlich –) besitzen seit April das schöne alte Castello San Materno überhalb Ascona; in dessen großem Garten soll ein Pavillon stehen, ganz abseits und still, in dem ich allein hausen soll, und Mme. Bachrach, von der ich einige sehr gute und sorgliche Briefe besitze, will sich dafür einsetzen, alle Störung von mir wegzuhalten (was, fürcht ich, den Asconesischen Ansiedlern gegenüber einigermaßen nötig sein möchte). Es ist ein Versuch, ein Wagnis –: glückt es nur einigermaßen, so soll mir diese Zuflucht in dem einen oder anderen Sinne (und womöglich in jedem) ergiebig werden. Ich habe nun schon in den letzten Wochen so viel Winter erlebt, daß ich mich freue, in Himmelsstriche zu kommen, wo die Milde noch

vorhält und (so darf man hoffen) nie ganz aufhört;
es könnte viel, mir jedesmal Günstiges, dort zusammenwirken. Hoffen Sie mit mir, lieber Freund.

Seit dem 27. Oktober (dem Tage meiner ersten Züricher Vorlesung; ich las in Zürich zweimal) war ich nun regelrecht en tournée: St. Gallen, Luzern, Basel, Bern und Winterthur kamen nacheinander an die Reihe, im ganzen sieben Abende. Alle gut, einige für alle Teile überraschend. Ich bin in ein merkwürdiges Verfahren gekommen, das am dichten, oft dürren, schwer zu penetrierenden Schweizer von der überzeugendsten Bewährung war. Ich brachte nicht einfach Gedichte, sondern ich setzte mit einer allgemeinen Einführung ein, die überall ungefähr die gleiche war, — während ich dem zweiten Teil des Abends eine dem jeweiligen Ort schmiegsam angepaßte, aus dem unmittelbarsten Stegreif erfundene Causerie voranstellte, die über verschiedene Gegenstände (in St. Gallen z. B. wars eine kleine Abhandlung über Regina Ullmann, in Basel brachte ich Bachofens bedeutenden Namen im unvermutlichsten Zusammenhang, in Winterthur zuletzt, wo vorzügliche Bilder gesammelt worden sind, stellte ich Cézanne in die Mitte meiner Betrachtung) zu meiner Arbeit zurückleitete und, ganz unmerklich, für diese so vorbereitend und aufklärend war, daß dann selbst sehr persönlich gestaltete und „schwere" Gedichte mit ungewöhnlicher Stärke aufgenommen wurden. Ja, ich scheute mich nicht, auch vor den einzelnen Gedichten jeweils kleine Plattformen der Verständigung zu schaffen; alles das lebendig, spontan, dem Moment ansehend, wessen er fähig sein möchte. Bei italienischen oder französischen Übersetzungen las ich erst den Text des Originals, was für die meist mehrsprachig orientierten Schweizer durchaus das richtige war. Dieser Arglosigkeit hab ichs wohl auch zu danken, daß, wie man mir erzählt, auch Genfer Blätter und vor allem die Gazette de Lausanne sich zustimmend mit meinen Leseabenden beschäftigt haben: ich selbst las, wie das meine Gewohnheit ist, keine Presse-Urteile...

Freunde hab ich mir viele und wertvolle erworben: in Basel besonders hat sich mir eines der schönsten angestauntesten Häuser (ein edles Burckhardtsches) mehr als gastfreundlich, freundschaftlich aufgetan und bleibt mir offen, aber einen geldlichen Ertrag erwarten Sie nicht, lieber Freund; die veranstaltenden Vereine sind teils neugegründet und arm, teils abstrus geizig, – das Leben war teuer überall, und die Termine lagen so weit auseinander, daß ich den Ertrag der einen Vorlesung bis zur nächsten ungefähr aufgelebt hatte –; auf Umwegen wird allerdings ein Ertrag sich einstellen, – denn die Buchhändler, wohin ich auch komme, sind ganz schwindlig vom Absatz meiner Bücher.

In Basel, wie ich Ihnen telegraphierte, fand ich das erste „Inselschiff", bekam es sogar in einer dortigen Buchhandlung von dem Geschäftsführer, Herrn

Schiller (aus Marbach stammend), geschenkt. Es macht mir Freude, so wie es ist, am liebsten ließe ich keine Nummer hinausgehen, ohne irgendwie an ihr betätigt gewesen zu sein. Die nächste wird indessen doch meiner Mitarbeit entbehren, denn der Dezember ist da, sie ist womöglich schon fertig, — und für mich waren diese Wochen zu unruhig, etwas niederzuschreiben; sie waren ja auch auf fortwährende, ununterbrochene Ausgabe gestellt; nicht durch die Vorträge allein; diese führten mir überall Menschen zu, und ich nahm es ernst, mich auch da nicht karg zu zeigen, soweit ein ernstliches Geben erwartet wurde.

Der Aufsatz „Ur-Geräusch" hat da und dort einen beschäftigt; viel Freude macht mir die starke Zustimmung von Adolf Koelsch, der sogar einen seiner Freunde, einen Techniker, zu einem Versuch zu bestimmen wünschte. Auch Heinrich Simon (von der Frankfurter Zeitung), der ja zu meinen Freunden gehört, ließ der Anregung allen Ernst zugute kommen und war nicht abgeneigt, die eigentümlich auffordernde Idee für unabsehlich fruchtbar zu halten, vom Moment an, da ihr eine glückliche Erschließung und Anwendung widerführe. Haben Sie von irgend einer Seite Ähnliches gehört? Bei dieser Sache steh ich ja nicht, wie bei meinen künstlerischen Hervorbringungen, außerhalb des Widerhalls, hier hab ich in den Wald gerufen: es töne mir nun heraus!

Sowie ich im Tessin bin, hoff ich mir eine Lesezeit zu eröffnen. Schicken Sie mir, was Ihnen ratsam scheint. Kassners „Gesicht und Zahl" erhielt ich noch nicht und konnte es nirgends bekommen; die Schweizer Buchhändler sind heillos schlecht versehen für Weihnachten; es fehlt ungefähr alles ...

Was mich angeht, so hab ich schon einige Mal die wunderbare Aksákowsche Chronik verschenkt, die das Weihnachtsbuch dieses Jahres sein müßte, ginge es mit dem Rechten zu; ich konnte sie dem Kurse nach billig bekommen. Aber ich möchte sie nun noch vier- oder fünfmal verschenken (auch an Ruth). Wollen Sie mir so viel Exemplare zusenden lassen, in Anbetracht des weiten Weges schon jetzt, und zwar an die nächste, hoffentlich gültig bleibende Adresse; nämlich: R. M. Rilke, bei Mme. Elvire Bachrach, Castello San Materno, Ascona, Tessin, Schweiz; später, wenn ich dort bekannter bin, wird, der Einfachheit halber, der Name der Frau Bachrach fortbleiben dürfen.

Damit, lieber und guter Freund, sind Sie auf dem laufenden meines Vorhabens und Treibens. Lassen Sie die Herrin an diesem Briefe teilhaben, und seien Sie mir auf das freundschaftlichste gegrüßt.

Ihr

Rilke

PS.: Wann erscheint der neue „Woyzek"? Ich bin sehr gespannt.

Locarno (Tessin), Schweiz, Grand Hôtel,
am 10. Dezember 1919

Mein lieber Freund,

unsere letzten Briefe (wie ich das schon rasch in einem Telegramm feststellte) haben sich gekreuzt, der meine war so ausführlich, wie die Umstände es zuließen – leider bringt die heutige Nachricht nicht die Bestätigung dessen, was ich mir von Ascona meinte erwarten zu dürfen.

Vor der Hand heißt es abwarten; mißglückt die Bachrachsche Unterkunft, so bleibe ich auf die Hotels angewiesen (hier oder in Brissago), und ich würde dann dasjenige wählen, das mir die meiste Stille und die günstigsten Bedingungen gewährt; mir ahnt ohnehin, daß das Wohnen in dem von wenig erträglichen Leuten besetzten und gleichsam durchtränkten Ascona gerade mir recht beschwerlich werden könnte, – zumal ich Zeit hatte wahrzunehmen, wie die Familie B. doch vielfältig in die dortigen Zusammenhänge einbezogen sei.

Natürlich hat mir diese empfindliche Enttäuschung (ich hoffte ja auf eine Art „Soglio" im südlichen Winter) den Gedanken der Rückkehr momentan nahegerückt. Doch mag ich, bei ruhigerer Erwägung, nicht voreilig auf ihn eingehen, gerade wenn ich die Verhältnisse in Deutschland, wie sie mir allenthalben geschildert worden sind, bedenke. Prinz Alexander Hohenlohe, mit dem ich, Sonntag wieder einmal, in Zürich ausführlich sprechen konnte, riet mir auch, die Wendung gegen das Frühjahr zu womöglich noch im Auslande abzuwarten, – und ich gestehe, daß das meinem eigenen Wunsche um so eher entspricht, als mir ein südlicher Winter noch niemals ganz nutzlos geblieben ist. Freilich war die Voraussetzung für ihn eine größere, private Geschütztheit und Zurückgezogenheit, – aber auch diese Zuversicht will ich mir noch nicht ganz widerrufen. Meine „Abende" haben mir fast überall geneigte und verständige Schweizer Freunde zugekehrt, einige von ihnen bedenken schon jetzt die ihnen wichtig gewordene Frage meiner Arbeitsruhe, – und wenn ich ihnen eines Tages mitteilen müßte, daß Ascona ganz versagt hat, so wird das ihren Eifer und die Erfindungen ihrer Freundschaft gewiß noch vermehren ...

Ihnen und dem ganzen vorweihnachtlichen Hause das Herzlichste

Ihres

Rilke

Locarno (Tessin), Pension Villa Muralto,
am 29. Dezember 1919

Lieber und guter Freund,

... Ordnung und Schutz! Liebe Freunde, wann wird mir das für meine größeren Aufgaben zuteil werden, und wo?! Einmal ein Jahr, fortgerückt aus allem zufälligen Zudrang und Verkehr, in ländlicher Stille, stetig, regelmäßig, unter täglicher Zusäglichkeit der näheren Umgebung! Ich kann versichern, mit jedem Tage erkenne ich besser, was ich brauche, aber die Bedingungen präzisieren sich auch immer mehr und möchten zum Schluß nicht mit sich handeln lassen. Sehen Sie Soglio! Sie habens damals gleich empfunden, eh ich noch davon berichtete, welchen Vorsprung es mir verlieh, von einem Tag zum anderen. Und dort wars erst nur der Raum und ein Gartenweg, vieles fehlte, die Einsamkeit, die richtige Versorgung – und trotzdem . . . ! (Drei kleine Bildchen mögen Ihnen meine Bibliothek und den alten Hausgarten vorstellen helfen!) . . .

Ein (zu meiner Schande) noch unbeantworteter Brief von Dr. Hünich sprach die Anregung aus, ich möchte dem Inselschiff jene allgemeine Einleitung zur Verfügung stellen, durch die ich den Anschluß an meine Abende meinte fördern zu sollen; ja, was auf meinen Blättern stand, das beschränkt sich auf ein paar groß hingeschriebene Schlagworte, und was sie, unter der Eingebung des anfordernden Moments, verband, das ist wieder entschwunden, und ich mag den Preis seiner Flüchtigkeit gerne entrichtet haben. Denn es freut mich grade, daß es vorläufig nur als geredetes Wort auftrat und als solches die ganze Spannung besaß, die so wesentlich anders ist, als die vorrätige Kraft im geschriebenen.

Auch auf den Aufsatz über die Aksákow-Chronik muß ich Sie, lieber Freund, noch warten lassen. Auf Soglio hätt ich ihn schreiben können (wäre der dortige

Sommer nur dreimal so lang gewesen!). Jetzt möcht ich am liebsten nicht darangehen, bevor ich nicht einmal wieder in meinem alten russischen Aksákow geblättert habe. Dann würde die Wärme so vieler alter Erinnerungen mit in die Arbeit hineinschlagen.

Daß mehrere Nummern des Inselschiffs hinausgehen ohne meine Beteiligung, tut mir freilich an. Die Abbildung der Hufschen Büste (für jenes bibliographische Heft) hab ich aus meinem Koffer herausgesucht; sie trägt Hufs Signatur, wird damit um so willkommener sein.

Und die „BibliothecaMundi"—: aber, lieber Freund, was bliebe da nicht alles zu besprechen und zu begrüßen. Das Turmzimmer macht sich dringend. Und ich glaube, erst dort wird für mich die ungeheuerliche „Zwischenzeit" beschlossen sein, die wir mit allen ihren Verhängnissen von jener rein besonnenen Stelle aus anbrechen sahen. Daß ich nun bald für ein paar Tage zuversichtlicher Gemeinsamkeit dort einziehen dürfte! Das ist einer meiner Wünsche, genau wie es der Ihrige ist, – wir sind einig; und sind es, guter getreulicher Freund, in so vielem, daß wir einander vieles wünschen dürfen. Denn das ist ja die Voraussetzung, daß man, gegenseitig hinüber wünschend, nicht irre und sich nicht betrüge. Wir dürfens darauf ankommen lassen.

In alter Freundschaft

Ihr

Rilke

PS.: Der Herrin, mit besonderen Grüßen, noch ein paar supplementäre kleine Bildchen, um der Seltenheit willen. Aufgenommen im Garten der Ermitage zu Nyon, Ende Oktober.

Venedig, Palazzo Valmarana à San Vio, am 1. Juli 1920

Mein lieber Freund,

was hab ich auf dem Herzen? Vieles. Vieles — —. Als nächstes aber dies, daß Sie doch niemals mein Schweigen, wie es jetzt so leicht sich ausbreitet, in Verdacht nähmen, als ob es eine Uneinigkeit zwischen uns bedeuten könnte —: niemals! Höchstens eine mit mir selbst. Und besser könnte ich auch wirklich die Brieflosigkeit der vergangenen Monate nicht kennzeichnen als mit dieser Versicherung.

Lieber Freund, es sieht höchst zwiespältig aus in mir: wie sehn ich mich in die Welt hinaus, unter die Gleichnisse, die ich von ihr zu empfangen gewohnt war, in fremdsprachige Gegenden, da mich niemand kennt und wo mir die Sprache, die eigene, wieder in steter Abhebung aufglänzt als Material meiner Arbeit. Andererseits ist das Wartezeithafte meines Schweizer Aufenthalts mir immer deutlicher geworden, und ich sehe ein, daß ich zunächst von diesem Sprungbrett noch nicht weiter ins Offene kann, sondern „zurück" muß —, wäre das Wohin nur gegebener und natürlicher, ich hätte mich nicht mit so viel Aufschüben eingelassen. Übrigens ist ja nicht einmal die Wiederkehr nach München möglich gewesen –: erst hier erreichte mich die Nachricht, daß der energische Einfluß eines Freundes (des Grafen Zech, jetzigen preußischen Geschäftsträgers) eine Aufenthaltsbewilligung für mich durchgesetzt hat. Inzwischen hab ich aber meine Wohnung einem Einmieter abgetreten, und so ist sie nur als Absteigquartier für mich benutzbar, auch wünsch ich ja nichts mehr, als einen Ort zu verlassen, der für mich für lange hinaus zu den Verhältnissen der Kriegsjahre zugehörig bleiben wird, der mir nie recht brauchbar war und noch zum Schluß es an supplementären Verleidungen nicht hat fehlen lassen.

Die Fürstenbergsche Zuflucht seh ich nicht so recht um mich verwirklicht; der Gedanke, neuen und von vornherein unbekannten Personen mich zu verpflichten, hat etwas Drückendes für mich, wie ich fortan jede Kräfteausgabe fürchte, die sich in Anpaßlichkeit an ein nicht genau Geeignetes vergeuden müßte. Könnte aber in dem jetzigen gedrängten Deutschland diejenige Stelle sich finden lassen, die ich im besten Gewissen, nicht aus Wählerei, nötig hätte?

Ich fuhr hier herunter, um die Fürstin Marie Taxis wiederzusehen: auch Lautschin hat ein kleines abseitiges Haus im Park, das immer bereit wäre, mich aufzunehmen; ich bat die Fürstin, es mir in Aussicht zu erhalten, obzwar in Böhmen, nicht anders als anderswo, alles von einem Tag zum anderen unerwartet verschiebbar geworden ist. Aber, offen gestanden, ich kann mir nicht denken, daß ich irgend einen gedeihlichen Entschluß faßte, ohne unser Wiedersehen und Wiedersprechen, nach welchem nun das Bedürfnis auf beiden Seiten so entsprechend geworden ist, daß die Fügung nicht zögern dürfte, diese unsere Gleichung zu lösen. Wann könnten Sie mich brauchen? . . .

Denken Sie, es ist der erste Schritt der Wiederanschließung an die bösen Bruchstellen, und daß dieser erste Versuch hier geschehen darf, in dem schönen Mazzanino des Palazzo Valmarana, das ich, seit dem Fortgehen der Fürstin, wieder allein bewohne, genau wie vor sieben Jahren! Seltsam, lieber Freund, nicht leicht, daß es Fortsetzung werde, keine Wiederholung! Noch ein paar Tage, dann reise ich zurück nach dem Schönenberg und warte dort Ihre Nachrichten ab oder schreibe wieder, falls ich rasch zu Entschlüssen komme. Der Herrin, Ihnen und dem ganzen Hause Freundschaftliches und Herzliches wie immer.

Ihr
Rilke

Genf, Les Bergues, am 21. August 1920

Mein lieber Freund,

die Zeit geht, ach, und der Sommer, der mir jedes Mal, wenn er da ist, so unentbehrlich scheint!

Wann schrieb ich Ihnen zuletzt? Aus Venedig? – Seither, Ende Juli, als mein Paß schon für die Grenze visiert war – –, mit einem Wort: ich konnte mich nicht trennen, ich bin noch einmal an die Anfangsorte meines Schweizer Jahres gereist – durch Nyon nach Genf. Für Genf gab ich mir vier Tage, vier-zehn sinds geworden – das Théâtre Pitoeff, und immer noch ein Anlaß, und die Landschaft, dieser helle See, die Gärten, die alten Bäume der großen Genfer „Campagnes" –. Nun ist aber bald aller Ausreden Ende. Heute fahr ich nach Bern, Ende des Monats bin ich noch einmal auf dem Schönenberg und in den ersten Septembertagen, wahrhaftig, München.

Sie wissen, was für Aussichten für meine Arbeit und Zurückgezogenheit bestehen: das kleine Haus im Schloßpark von Lautschin, – und daß auch, nahe Padua, in den schönen euganeïschen Hügeln, eine solche Zuflucht mir verstattet sein soll, das hab ich Ihnen wohl von Venedig aus erzählt. Aber was heißt alles Erzählen in Briefen und über Briefpausen? Wir habens nötig, einander mündlich zu sein, nicht wahr, und ich mag auch nichts bedenken oder gar beschließen, ehe ich weiß, was Sie mir vorbereiten und raten und wie Sie meinen Herbst und Winter etwa vorausgesehen haben. Ich möchte beide am gleichen Orte zubringen, möglichst ununterbrochen und – gebe Gott – ungestört. Gesammelt, tätig, innerlich.

Wenn möglich, schicken Sie mir noch ein Wort auf den Schönenberg, mit dem Sie mir die Rückkehr bestärken; daß sie mir in vieler Beziehung schwer fällt, werden Sie verstehen.

Gestern schrieb mir Frau v. d. Mühll, es seien auf dem Schönenberg inzwischen mehrere Insel-Sendungen eingetroffen, so umfänglich, daß sie sie nicht nachschicke: was mag das sein? Ich hoffe nun, es sind auch Nachrichten dabei von der Herrin und von Ihnen, von der Insel überhaupt; das ist immerhin ein Sicheres im Ungenauen: ich freue mich auf alles, was mit ihr und mit Ihnen zusammenhängt! Gute Sommertage, liebe Freunde.

Ihr

Rilke

Genf, Hôtel des Bergues, am Tage Allerheiligen 1920

Lieber Freund,

mein (auch mir recht empfindliches) Nichtvertretensein im Almanach, zusammen mit dem langen Ausbleiben aller Nachrichten, wird in Ihnen ein Gefühl der Abwesenheit unterhalten, wie es nie zwischen uns bestanden hat, und sooft Sie mich zu suchen im Geiste unternahmen, werden Sie (wenigstens schmeichl ich mir damit) nicht ohne Besorgtheit zu den ungewissen Vermutungen zurückgekehrt sein.

Aber auch ich (was nicht Ihre Schuld ist) glaubte mich die längste Zeit von Ihren Nachrichten verlassen, die ich von Tag zu Tag, als mir die Rückkehr bevorzustehen schien, erhoffte und erwartete. Nun fand ich, denken Sie, Ihren damaligen Brief erst vor etwa zehn Tagen auf dem Schönenberg; Erkrankung der mit den Nachsendungen betrauten Instanz verursachte ein Zurückbleiben eines ganzen Teiles meiner Korrespondenz –, ja eigentlich des wichtigsten; denn neben Ihrem Schreiben waren mehrere Insel-Sendungen da, Bücher von allen Seiten, und Briefe aus Deutschland, die alle einig waren in einer gewissen, schon fast ungläubigen Zuversicht zu meiner Rückkehr. Und ich statt dessen, lieber Freund (und hier ist der Grund, warum ich Ihnen nicht sofort, im Moment der eingesehnen Verspätung, antwortete –), ich statt dessen stand im Begriff, nach Paris zu gehen.

Lieber guter Freund, können Sie sich vorstellen, was alles dieser Schritt für mich bedeutete!? Er mußte getan sein, ich konnte (sah ich immer mehr) einfach nicht weiter ohne ihn, – denn nur durch diese Anrührung des Vergangenen und seiner plötzlichen und dann an so böser Luft veralteten Bruchstellen wußte ich zu erproben, ob die Kontinuität meines innersten Gefühls je wieder zu gewinnen sein möchte.

Und da sei's nun rasch versichert, mein Freund: ich habe acht unbeschreibliche Herbsttage in Paris gehabt, unbeschreibliche –, und weiß mich wieder. Zum Glück haben ja meine dortigen Verbindungen und die unzähligen Eindringlichkeiten, die mich erzogen und ausgebildet haben, ihren Grund nie im Persönlichen, Flexibeln und eigentlich Veränderlichen gehabt, vielmehr in der universellen Fruchtbarkeit, Tragkraft und Schwingung jenes Bodens, der eine alles überstehende Stadt trägt wie ein anderer eine wachstümliche angeborene Natur. Diesen Boden und die vibrierende Penetranz der Luft über ihm wieder zu erfahren, über seine Existenz und Erreichbarkeit beruhigt zu werden –, war meine Absicht und Hoffnung –, und ich bin mit so vollkommenen Sicherheiten zurückgekehrt, wie nur einer sie finden kann, der seine Anknüpfungen an die Dinge hat, deren Bewegung innen ist und darum zuverlässig und an jede reine Ausdauer übertragbar.

Die Verfassung, in der Sie mich nun sehen, ist die einer freudigen Satisfaktion, – ich darf vermuten, daß mir nun, bei einiger Zugunst der Verhältnisse, jene Fortsetzung meiner Arbeiten (und meines angehaltenen Gemüts) gelingen möchte, um die ich all die Zeit vergeblich bemüht gewesen bin. Was die Winterpläne angeht, so hat sich nun, kurz vor meiner Abreise nach Paris, eine Möglichkeit erkennen lassen, die, wenn ich einem eben eingetroffenen Telegramm glauben soll, dicht vor der Verwirklichung steht. Ich werde eine Gastfreundschaft ausnutzen dürfen, die viel Ähnlichkeit mit jener, seinerzeit, auf Duino besitzt, weniger großartig, aber von verwandter Stille und Sicherheit: das kleine alte Schlößchen Berg am Irchel (Kanton Zürich) wird mir nebst Domestiken und Heizung für die Wintermonate zur Verfügung stehen: ich ziehe, ungeduldig, meine Retraite zu beginnen, diese Zuflucht, wie mir scheint mit Recht, der böhmischen vor, die ohne Wagnis, weites Reisen und ein Zubehör neuer und vielfach unübersehbarer

Umstände nicht aufzunehmen wäre. Alles erwägend, habe ich Zutrauen und unmittelbare Freude zu dieser Unterkunft, mit der meine ausführlich gewordene Schweizer Zeit sich runden soll: und ich hoffe, ihr dort alle Ergebnisse innerlich abzuringen, die sie, mit immerhin viel Gutem, in mir vorbereitet haben mag. Nun fehlt mir zu diesem Antritt des Winters nur noch eine Wichtigkeit, guter Freund: Ihre Sanktion.

Ich überlasse mich der Empfindung, daß sie nicht ausbleiben wird, denn sosehr Sie mir, gefühlsmäßig, die Rückkehr anraten, Sie werden sich dem Eindruck nicht verschließen, daß die wunderbare Fügung, die sich mir mit Schloß Berg anbot, verdiente, bei so vagen Verhältnissen, in unmittelbaren Betracht genommen zu sein.

Eines ist arg und gereicht mir zur schlimmsten Entbehrung: daß unser Wiedersehen, dringend, wie es über mehrerem geworden ist, weiter hinausgeschoben bleibt. Indessen, ich werde nicht allzu weit sein von der Grenze, und da Sie sich Ihre Erholungsreise noch aufgespart haben, wer weiß, ob ich Sie nicht eines Tages in meinem Schlößchen erwarten darf?

Der Herrin wieder einmal zu schreiben, wird mir immer dringender; es wird bei dem nächsten ruhigeren Tage geschehen, – heute wollte ich Sie nur unterrichten, wie es um mich steht, und, soviel als tunlich, beruhigen. Ich hoffe, Haus und Kinder sind zufriedenstellend, gar nicht zu reden von der „Insel", die hoffentlich in jedem Gedeihen dem Willen entspricht, den

Sie an sie wenden. Wie vieles erführe, wüßte und teilte ich gern! Wirklich, ich bin viel, viel zu lange ausgeblieben!

Ich schließe, lieber Freund, und bitte Sie um die Güte Ihrer Zustimmung und um Ihr unvermindertes treues Zutrauen, das mir ganz unentbehrlich ist.

Ihr
Rilke

Schloß Berg am Irchel, Kanton Zürich,
am 17. November 1920

Mein lieber Freund,

die stillen Zahnräder griffen wunderbar ineinander: für den elften war meine Abreise von Genf angesetzt, noch ehe man mir gemeldet hatte, daß zum nächsten Tage alle Zimmer an Delegationen der S. d. N. vergeben seien; und, da ich eben zur Bahn zu gehen, am elften, mich anschickte, reichte man mir Ihren guten Brief.

Es kann Sie, mein Freund, nicht wirklich erstaunt haben, daß ich Ihre Sanktion erbat zu meinem neuen, den Winter bestimmenden Entschluß; die günstigste Lage wäre mir unbequem ohne Ihre sie mir zureichende Billigung; ja der Grad Ihrer Zustimmung ist für mich längst zu einem der Kennzeichen dessen geworden, worin ich recht habe –, und ich glaube, Sie geben es mir diesmal.

Pünktlich am zwölften bin ich auf meinem neuen

Lehen eingezogen: der erste Eindruck und alle folgenden sind von der Art, daß ich alle Bedingungen, bis ins kleinste und zufälligste, erfüllt sehe. Die Verhältnisse, die ich zuerst in Nyon und dann immer wieder zu finden hoffte, haben sich nun in eigentümlicher Gunst um mich herausgestellt —: wie gut ist es, die Wünsche langmütig zu wünschen und nicht zu datieren.

Freitag, noch ehe ich mit meinen Räumen ganz ins reine gekommen war, begann ich, Ihre Zimmer zu bedenken und einzurichten. Es bedarf nur, daß sie vorgeheizt werden: im übrigen ist alles bereit, Sie und die Herrin zu empfangen, und ich rechne so sehr darauf, Sie hier zu begrüßen, daß ich diesen Brief schon als vorläufig betrachte. Freilich tut es mir leid, daß ich Sie nur so kurz beherbergen kann, kaum daß Sie Zeit haben werden, von der langen umständlichen Reise auszuruhen. Am umständlichsten wird sie vielleicht am Ende sein, darauf muß ich Sie gleich vorbereiten. Ich wußte, daß Schloß Berg nicht eben leicht zu erreichen sei, und seine Abgelegenheit war mir recht. Nun aber haben gewisse Umstände meine Isolierung so vollkommen gemacht, daß ich selber den Bereich des Parkes nicht überschreiten darf: im Dorfe ist seit vierzehn Tagen die Maul- und Klauenseuche ausgebrochen, von der die Nachbarortschaften noch verschont geblieben sind; um die Verschleppung möglichst einzuschränken, ist der Verkehr unter genaue Überwachung gestellt. Meine Ankunft ging ohne

Schwierigkeit vor sich, da ich in einem befreundeten, alle Schranken passierenden Auto von Zürich herüberfuhr. Kommt man von dort oder von Winterthur mit dem Zuge an eine der anliegenderen kleinen Stationen, so muß man sich dort dem Postwagen anvertrauen oder etwa zu Fuß herüberwandern, eine kleine Strecke, auf der man dann freilich einer wiederholten Desinfizierung der Schuhe ausgesetzt ist. ... Dies mußte gleich alles eingestanden sein, und dazu sei versichert, daß das Haus selbst sein möglichstes tun wird, Sie die überstandenen Lästigkeiten rasch vergessen zu machen.

Ruth, der Sie von unserem wahrscheinlichen Wiedersehen geschrieben haben, hatte den herzlichen Einfall, sich Ihnen anzuschließen: ich hätte sie gerne eingeladen, mich zu besuchen, bin aber doch davon abgekommen: ihre Reise wäre ja eine noch beträchtlich größere und stünde dann wirklich in keinem rechten Verhältnis zu der Kürze des Aufenthalts. Es wird ihr dann am Ende auch noch nützlicher sein, anderes zugewendet zu bekommen. Was: dafür gibt mir der im Gedanken an den Geburtstag und an Weihnachten aufgestellte „Wunschzettel" mehreren Anhalt. Ich schreibe Ihnen am besten die betreffenden Stellen ihres Briefes heraus, daß wir sie beizeiten in Betracht nähmen ...

Hier die Abschrift aus Ruths Brief vom 4. November:
„... ich wünsche mir nämlich für diesen Winter verschiedene Stunden: Musik, Kunstgeschichte, fran-

zösische Konversation und auch noch Mathematik. — Und dann wünsche ich mir auch noch eine Nachhülfe zu meiner Wintergarderobe —, ich muß ja immerzu so viel haben! Wenn Du möchtest, kann ich Dir das einzelne ja aufzählen. In beiden Fällen werden ‚der Wohltätigkeit keine Grenzen gesetzt'! — Ob ich wohl nicht ein kleines monatliches Taschengeld bekommen könnte? Es braucht ja nicht viel zu sein, es ist nur so schön, auch mal ein klein bißchen Geld in der Hand zu haben, ohne daß man immer extra fragen muß."...

Soweit Ruth.

...Und schließe für diesmal, fortab in der herzlichsten Erwartung Ihrer Ansage. Nach München hab ich mein Ausbleiben gestern gemeldet; es fügt sich gut, daß Dr. ... anhaltend Geschmack an meiner Wohnung findet, ja sich sogar an meinem Schreibtische besser als anderswo gefällt. Nur für Rosa wird die Enttäuschung groß sein!

Immer im Gleichen, Guten

Ihr

Rilke

Schloß Berg am Irchel, Kanton Zürich (Schweiz),
am 27. November 1920

Mein lieber Freund,

in diesem Augenblick erreicht mich Ihr kurzer Brief vom vorgestrigen Tage: der Termin Ihres Herkommens, den Sie mir angeben, wird mir recht und lieb sein, wie jeder, zu dem Sie sich entschlössen –, der Besuch zum 2. und 3. Januar wäre mir die schönste Hervorhebung des beginnenden Jahrs, das mir so mit dem Besten begänne, was ich mir zu wünschen getraue...

Wenn es sich mit dem Gedräng des buchhändlerischen Advents vereinen läßt, so lassen Sie mir gelegentlich noch schreiben, wie weit Sie sich mein Eingehen auf Ruths Wünsche ausgedehnt denken. Wüßte ichs rechtzeitig, um ihr zu ihrem Geburtstag (dem 12. Dezember) ein Bestimmtes zubilligen zu können, so würde das natürlich zum Vergnügen ihres Festes ein ganz Entscheidendes beitragen.

Aber auch mir wächst unter der Hand ein Wunschzettel heran, dessen eine Nummer gleich angebracht sei.

In Königs bekannter „Literatur-Geschichte", die zufällig hier vorgefunden wurde und die ich, der Abbildungen wegen, durchsah, entdecke ich ein offenbar erst später dort eingerücktes Bild der Bettina, das mir die höchste Erfreuung gewährt... Katharina Elisabeth von Arnim (Bettina), geb. Brentano. Radierung von Ludwig Emil Grimm aus dem Jahre 1809.

Ihnen, dem Wissenden, hab ich damit schon mehr gesagt, als Sie bedürften. Das Blatt steht, natürlich, vor Ihrem Geiste, wenn Sie es nicht gar diesen Abend behäglich aus Ihren Schränken fördern. Nun hätt ichs gerne, falls es irgend im Handel vorkommt, –

aber ich hätte gerne zwei Exemplare davon, wodurch die Sache schwieriger wird. Bekäme ich nur eines, so würde ich, das versprach ich mir, dieses weitergeben an jemanden, den ich Bettinen unendlich gewonnen habe, – erst das zweite, falls es sich früher oder später fände, bliebe dann mein Eigentum. – Gehört dieser Wunsch zu den einigermaßen erfüllbaren?

Den beifolgenden Brief, den die Insel an mich weitergegeben hat, lassen Sie wohl am füglichsten von dort aus beantworten. Sie kennen meine Haltung zu Sammelwerken; sie ist, wenn nicht ganz besondere Gründe dawider vorliegen, eine durchaus versagende.

Und noch dieses, lieber Freund.

In Ihrer ersten Anfrage war von zwei bis drei Tagen die Rede. Lassen Sie doch, bitte, drei das mindeste Ausmaß Ihres hiesigen Besuches sein: jeder weitere sei Geschenk. So war, als ob ich jedes Mehr fürchtete, meine kargende Andeutung nicht aufzunehmen. Ich lebe nun, das ist wahr, da endlich alle Umstände für sie günstig zusammentreffen, in fast übertriebener Sorge um meine heile ununterbrochene Einsamkeit, aber wenn Sie beide sie dann auch momentan stören kommen, Sie tuns nur, um das Wesentliche in ihr zu bestärken.

Immer, aufs treueste,

Ihr

Rilke

Schloß Berg am Irchel, Kanton Zürich (Schweiz),
am 8. Dezember 1920

Mein lieber Freund,

zum Glück konnten Sie die so sehr besorgliche Nachricht Ihres Briefes auch schon mit der weit darüber hinaus erfreuenden aufheben, daß der Zustand der Herrin auf dem gradesten Wege der Besserung sei. So eil ich mich nun, ihr die Konvaleszenz recht stetig und heiter zu wünschen, im leichtesten Fortschritt auf Weihnachten zu, wo sie dann durch ein strahlendes Fest bestätigt sein möchte.

Aber nun gleich auch (da ich ihn diesmal aus einer Klammer nehmen durfte) das freundschaftlichste Gedenken zum 12. Dezember!

Der andere Zusammenhang, in dem Sie dieses Datums gütig gedachten, sei nun auch gleich zur Sprache gebracht. Die Briefe gehen lange bis Bremen, und unsere allseitige Klausur verlangsamt jedesmal auch noch ihren Abgang. Daher hab ich Ruths Geburtstagsbrief schon gestern der Post übergeben, und da Ihr Schreiben, zusäglich in allem, eben eingetroffen war, so konnte ich ihr gleich mitteilen, daß die Wünsche, in einigem Ausmaße, erfüllt werden würden: zu Weihnachten.

Die Vorfreude dieser Erfüllung mache zunächst die Geburtstagsgabe aus, — sie wird Ruth nicht gering scheinen, und der Abstand zu dem dann alles ausführenden Fest ist nicht allzu lang. — So würd ich

Sie also bitten, bester Freund, meiner Tochter zum Weihnachtsfest die entsprechenden Beträge zuzuwenden, deren Festsetzung ich am liebsten Ihrem Ermessen überließe. Mir fehlt jeder Maßstab, um etwa zu bestimmen, was, bei der jetzigen geringen Valenz des deutschen Geldes, für Ruths Benötigungen ausreichend wäre. Es handelt sich, wie Sie erinnern werden, um diverse Unterrichtsstunden (nämlich Musik, Kunstgeschichte, französische Konversation und Mathematik), ferner um Nachhülfe für die Wintergarderobe und schließlich um jenes kleine monatliche Taschengeld, das ich mir – unter den gegenwärtigen Verhältnissen – mit hundert Mark nicht zu hoch angesetzt denke. Oder doch? Erwägen und bestimmen Sie, lieber Freund, Sie haben in jedem Falle meine Vollmächte dazu; soweit ich ein Regulativ angeben soll – es versteht sich von selbst, daß ich, soviel meine Lage dem günstig ist, nicht karg sein möchte, gerade in diesen Verfügungen. – Es genügt, wenn Sie mir gelegentlich schreiben lassen, wie Sie die Sache eingerichtet haben, – wenn nur die Beiträge am 24. richtig in Fischerhude sind, das wäre die Hauptsache. Ich hatte Ruth schon neulich, um sie über das Nicht-mit-Herreisen zu trösten, in Aussicht gestellt, das Reisegeld würde ihr besser sonst irgendwie zustatten kommen: das etwa wäre also bei einer gewissen schönen Abrundung noch mit einzubeziehen...

Schloß Berg besitzt zu allem, was es wohnlich

macht, jene gute, stille Erwartung unserer Januartage!

Mit allem Herzlichsten

der Ihrige

Rilke

Schloß Berg am Irchel, Kanton Zürich, Schweiz,
am 15. Dezember 1920

Mein lieber Freund,

den herzlichsten Dank für Ihre weitgefaßten Festsetzungen, die es mir nun ermöglichen, Ruth ein reichliches, ganz und gar erfüllendes Weihnachten zuzusagen. – Wir sind also, was diese gute Sache angeht, im besten Einverständnis.

Die Herrin möge sich schonen und pflegen. Ich würde ihr längst geschrieben haben, aber meine Briefaufarbeitung, nach so viel Monaten der Vernachlässigung, ist die umständlichste und vielfältigste; ich werde ihr, wenn sie hier ist, meine Briefliste vorführen, die zum Glück nun schon gestreift ist von lauter Durchgestrichenheit. Aber kaum meine ich mich „durchgefressen", kommt wieder ein gräßlich dichter Posttag vor mich zu liegen, und die unselige Rosa schickt mir dann wieder auf einmal ganze Postnester nach, die sie seit dem September hat sich füllen und ausbauen lassen.

Eine ganz große Freude und Rührung wurde mir, genau an meinem Geburtstage, durch das Rundschau-

Heft (November) mit der Erzählung von Regina Ullmann. Ich meine mich nicht zu irren, wenn ich hier, wo sie zum ersten Mal einen weiteren Zusammenhang rein und wählend beherrscht, den Sieg erkenne, in dem sie einen großen Teil ihrer fruchtbaren und elementaren Hemmnisse sich so tief unterworfen hat, daß sie von nun ab ihr werden Dienstbarkeit und Gehorsam nicht verweigern können. Mir wurde klar, daß ich auf diesen Moment gewartet habe, sooft ich ihr persönliches Schicksal und seine in der Kunst erworbenen Ausgleiche bedachte, – und ich bin wohl der Einzige, der fähig wäre, ganz zu begreifen, welcher Weg da zurückgelegt worden ist, von einer nie ein einziges Stück weit unbeladen Schreitenden!

Im herzlichsten, immer, und
           dankbarsten Gefühl,
                          Ihr
                              Rilke

        Schloß Berg am Irchel, Kanton Zürich, Schweiz,
                am 19. Dezember 1920 (Sonntag)

Mein lieber Freund,

wirklich, ich wüßte nicht, wie ich es anstellen sollte, Ihnen nicht sofort für die große Sendung zu danken, die gestern bei mir eingetroffen ist; sie hat die ganze rechte obere Ecke meines hiesigen alten Bücherschrankes auf das schönste möbliert –, und wenn es mir durch die Monate ein Vages war, was die „Pandora" und die „Bibliotheca Mundi" eigentlich bedeuten möchten, so ist diese Lücke meines Bewußtseins und meiner Teilnehmung durch die sich so ausdrücklich gebenden Bände vollständig ausgefüllt! Dieses heitere Winterblühn in dem großen Pandora-Beet und die stattlichen vier Bände der Welt-Bücherei bezeugen die stetige und immer gleich freudige Tätigkeit in der Insel. Wollte doch jeder und jede Werkstatt, die noch unter dem Schutt der letzten Jahre darniederliegt, sich an diesem lebhaft auferstehlichen Geiste unserer fruchtbaren „Insel" ein Beispiel nehmen.

Ich habe gleich gestern abend im Russkij Párnass mich ergangen, – heute die Suppléments der Fleurs du mal durchgesehen, – und das ist erst ein Vorgefühl alles dessen, was mir dieser ausgedehnte Besitz zu empfinden verstatten wird! Nehmen Sie, mein lieber und verehrter Freund, diesen vorläufigen Dank vor dem künftig sich in mir erlebenden, für dessen (nicht immer aussprechliches) Aufkommen der schöne, vielfältige Vorrat sorgen wird...

Und damit, lieber Freund, nochmals das Beste und Herzlichste an die Großen und Nicht-mehr-gar-Kleinen zum weihnachtlichen Fest!

Getreulich und dankbar

Ihr

Rilke

Am 23. und 24. Januar war Kippenberg bei Rilke in Berg.

Schloß Berg am Irchel, Kanton Zürich, Schweiz,
am 7. Februar 1921

Mein lieber Freund,

ich zähle immer wieder: es sind, weiß Gott, genau 14 Tage seit jenem unserem Vormittag am Kaminfeuer – die Zeit geht, und noch hab ich Ihnen nicht gesagt, wie bestärkend und mir zutuend Ihr guter Besuch in mir nachgewirkt hat: die guten Nachrichten waren es ja nicht allein, – aber daß hinter ihnen überall dieses starke Vertrauen stand, das Sie in mich setzen, – das hat unseren wenigen gemeinsamen Stunden ein stilles In-mir-Vorhalten gesichert. Wie wenige es gewesen sind – ich begreife nicht, daß ich nicht die Überredung hatte, Sie noch mindestens einen Tag länger festzuhalten! Wie vieles wäre noch zur Sprache gekommen; durch zwei oder drei Tage hin erlebte ich immer weiter den Eintritt von noch Ihnen Mitteilbarem, – bis ich dergleichen Nachzüglerisches mit einem Ruck abstellen mußte, um nicht fortwährend vor dem Vorwurf zu stehen, Sie so knapp nur beherbergt zu haben. – Aber, daß Sie hier gewesen sind, freundschaftlich, und das Meinige mir im weitesten und vertraulichsten Sinne bestätigend, hat mir Berg erst vollzählig gemacht und zu einem nun in jeder Weise beruhigten Gebrauch; durch die kleine Gastgebung, die ich ausüben durfte, hat sich der momentane Besitz sehr gesteigert, er ist sozusagen ins Blühen gekommen –, und als ich neulich in der kleinen Kalesche... an die Bahn brachte, beruhigte ich mich auch darüber, daß ich Ihnen kein allzu unwirtliches Gefährt zugemutet hatte. Der hohe Sitz hatte im Gegenteil etwas hier Einheimisches und brachte landschaftliche Ausblicke mit sich, die von keiner anderen Situation aus sich landestümlicher und natürlicher würden ergeben haben. Nur bedauere ichs, Ihnen, für den Rückweg, die Post eingeräumt zu haben statt des gleichen kleinen Gespanns, in dem die Fahrt sicher erfreulicher gewesen wäre!

In Gedanken hab ich oft gewünscht, es möchte der weitere Abschnitt Ihrer Schweizer Unternehmung zu ebenso gutem Ende gebracht worden sein, bis zum Zusammentreffen mit der Herrin und den geplanten Tagen in ... (?) und Amorbach. Lassen Sie mich darüber ein kleines Diktat recht bald lesen, lieber Freund ...

Nur so viel heute, lieber Freund, im herzlichsten neu unterstützten Gedenken

Ihr

Rilke

Schloß Berg am Irchel, Kanton Zürich [Februar 1921]

Lieber Freund,

da kommt auch schon das Heftchen mit dem wunderlich gefundenen Nachlaß des Grafen C. W., in einer Ihnen und der Herrin zugedachten Abschrift. Nur verbindet sich die Bitte damit, eine Schreibmaschinenkopie nebst vier Durchschlägen herstellen zu lassen: ließe sich das noch im Februar machen?! Eine Maschinenabschrift möchte dann auch im Insel-Archiv deponiert bleiben, da ich die mir zurückkommenden fortgeben werde.

F. Hardekopf, an den ich Regina Ullmanns wunderbare Erzählung „Von einem alten Wirtshausschild" geschickt hatte, berichtet mir eben: die — so ausgezeichnete — Novelle von R. U. habe ihn „mit Bewunderung und Angst erfüllt". Er legt einen Auszug aus der Vossischen Zeitung bei, aus dem ich ersehe, daß man Reginas Lesung dort mit Respekt aufgenommen hat und ohne wesentlichen Widerstand gegen ihre feierliche reine Einwirkung. —

Viele Grüße!

Ihr

R.

Schloß Berg am Irchel, Kanton Zürich, Schweiz,
am 23. Februar 1921

Mein lieber Freund,

dieses — Inliegende — wird nun, hoff ich, der letzte Beitrag zu den Bedrängnissen in der Ainmillerstraße sein; ich erspare Ihnen einen vorhergehenden Brief, der auf eine „Beschlagnahmung" Bezug hatte, die ja also, zum Glück, nicht angeordnet worden ist...

Indessen ist, zwischen meinem vorigen Briefe und dem heutigen, ein solcher Reichtum schöner Insel-

Bücher bei mir eingetroffen, daß ich nicht einmal mit einer einfachen Bestätigung, geschweige mit dem Danke nachzukommen vermag.

Es ist alles in der ersten, zweiten oder schon nicht mehr gezählten Freude aufgeschlagen worden; richtig aufgenommen wurde aber bisher nur die schöne Sammlung der Diotima-Briefe. Eine gewisse Apprehension der Preisgegebenheit lag mir, daß ich es gestehe, nicht ferne: vor diesen Dokumenten indessen kommt man zu der glücklichen Vermutung, daß Indiskretion nichts anderes als eine Unzulänglichkeit sein könne, ein Ungenaues. Denn hier ist ein Zustand persönlichsten Erlebens so rein ausgemessen, daß man mehr in das Glück des Ausdrucks einbezogen wird, als in das intime Erleiden, das sich in ihm erhalten hat. Aber wie sehr auch die Sprache um das Jahr 1800 herum noch biegsam und dem zartesten und eigentümlichsten Bedürfnis anwendbar war! Seite 19 unten: „Ich kann nicht mehr schreiben, denn meine Augen nehmen die Rührung zu sehr an." (Wer hätte dergleichen heute noch zu seiner Verfügung!)

Hier kommt die Jahreszeit immer weiter ihrem Datum zuvor, — was mir eine fast unliebsame Ablenkung bedeutet; aber ich meine, nun, über dem Abnehmen des Mondes, wird die Atmosphäre sich noch einmal winterlich zusammenziehen –, und auch die Seuche in Flaach nimmt wieder zu, — so daß meine Klausur nächstens wieder in allen Umständen Beistand finden dürfte.

Manchmal, während ich am Kamin sitze, fällt mir ein, daß Sie ja alles hier kennen, und das bestärkt auf das intimste das Bewußtsein meiner bergischen Häuslichkeit.

Viele Grüße, lieber Freund,

Ihres

Rilke

Schloß Berg am Irchel, Kanton Zürich, Schweiz,
am 25. März 1921

Mein lieber Freund,

vor allem also Dank für die Sorgen der Münchener Übersiedelung —, es wird keine kleine Bemühung geworden sein für den Beauftragten: wollen Sie ihn, bitte, meine besondere Dankbarkeit wissen lassen; Rosa war beauftragt, ihm nach Tunlichkeit beizustehen! ...

Und nun: Lernet. Lieberes konnte mir gar nicht widerfahren, als daß Sie mir, nach ihm fragend, entgegenkamen.

Die Sache steht nun so. Sein Manuskript wird dieser Tage bei mir eintreffen, es geht dann ohne Aufenthalt weiter an die „Insel". Eine frühere Fassung des großen „Kanzonnair", die seit Oktober 1919 (!) in München lag, ist mir erst vor vierzehn Tagen zugekommen; diese aber mag der Verfasser jetzt nicht mehr gelten lassen. Zur Vorbereitung und Einführung möchte es immerhin dienlich sein, wenn ich

Ihnen den jenem Manuskript seinerzeit beigegebenen Brief des Herrn Lernet (in der Beilage) mitsende, ebenso sein neuestes Schreiben[1], das gestern, eine Post nach dem Ihrigen, bei mir eintraf. Wenn Sie aus beiden Briefen das Mittel ziehen, so werden Sie nicht verfehlen, sich die Lektüre der Verse zu erleichtern, die dann einige Tage später in Ihre Hände kommen sollen.

Ich möchte aber noch ein übriges tun.

Da ich ja die Hoffnung hatte (die mir erst jetzt durch die Nachrichten der Herrin zerstört worden ist), Sie beide auf dem Hinwege nach Sizilien oder bei der Rückkehr von dort im Bergischen zu empfangen, ja zu herbergen –, so war es meine Absicht, Ihnen einige der Lernetschen Verse dann vorzulesen: ich bin mit gewissen Stücken nun seit Jahren vertraut und durfte mir zutrauen, Ihnen diese in jedem Falle merkwürdigen Gedichte in ihrer Eigentümlichkeit vorzubringen. Das ist nun leider nicht möglich. Da ich aber meine Schrift gewissermaßen für ein Äquivalent meiner Stimme zu halten geneigt bin, so habe ich mich zu einigen Abschriften entschlossen, die, als Proben neben dem älteren Lernetschen Brief, so ziemlich das Ganze vertreten dürften.

Die „Himmelfahrt Henochs", die (nach dem viersprachigen Sonett) ungefähr am Anfang der Sammlung steht, war das erste Gedicht, das ich, wenigstens

---

[1] Das kleinere.

fragmentarisch, von dem jungen Dichter erhielt, der es mir 1917, wenn ich nicht irre, aus Rußland, aus dem Kriege, schickte, in den er, wie er selber (vierte Seite des großen Briefes) schreibt, „fast als Kind" eingetreten war. Sie können sich vorstellen, daß ich, diese Verse ein über das andere Mal laut lesend, sehr aufhorchte und um das Schicksal ihres Verfassers recht besorgt war, da er mir darüber nicht anders als lieb und fast vertraulich werden konnte. Indessen war mir, aus mehreren Gründen, ein Antworten damals nicht möglich; die Wiederanknüpfung gelang auf Umwegen erst viel später (denn inzwischen waren ja die Feldpostadressen ungültig geworden).

Alexander Lernet ist, sozusagen, mein Landsmann. Wenn ich diesen Begriff in seinem mir ältesten Sinne nehme, in jenem unserer kärntner Herkunft; so freut es ihn denn auch manchmal, das Rilkesche Wappen betrachten zu gehen, das, unter denen der kärntnischen Standesherren, die Halle des Klagenfurter Stadthauses auch heute noch schmückt. — Seine Familie indessen führt ihre Abstammung auf die Grafen von Vienne zurück und weit in deren Sagen hinein; so möchte es nicht unberechtigt sein, wenn er in seinen Gedichten das Auftauchen von Bluterinnerungen viel eher erkennen möchte, als eine eigentlich literarische Bemühung, welche ja leicht als Manier erscheinen müßte in ihrem seltsam antiquierten und oft antiquarischen sich Treu- und In-sich-beschlossen-Bleiben.

Es ist mir nun sehr, sehr lieb, daß, auf der anderen Seite, Hermann Bahr für Lernets Begabung bei Ihnen eingetreten ist; denn gewiß sieht er in diesen Hervorbringungen noch ganz andere Werte: daß sie mir reizvoll sein müssen — am meisten dort, wo ich nicht „Schule gemacht" habe — werden Sie leicht verstehen, — aber Lernets Zuwendung zu mir, der mir oft versicherte, es genüge ihm, wenn diese Verse für mich existieren, — hat mich keinen Moment das vergessen lassen, was sich gegen seine Arbeiten in jedem Augenblick vorbringen läßt. Die Monotonie des „Kanzonnair" scheint, wenn man ihn zuerst durchblättert, enorm —, je mehr aber das Auge sich an den Goldgrund gewöhnt, an dieses Gold-vor-Gold seines Gefühls, desto vieltöniger wird, innerhalb des Goldenen, die Abwandlung der Erscheinungen. Es ist viel Leben in diesen Gebilden, sehr verwandeltes, sehr verzaubertes und vor allem nicht wieder zurückzubildendes Leben —: sie sind, dieser Vorwurf wird von oberflächlichen Lesern leicht vorgebracht werden, keineswegs ästhetisierende Literatur. — Und noch eines: es überlebt viel altes Österreich in ihnen, in dieser großen Rühmung der Antenati, diesem unermüdlichen goldenen Stammbaum eines Wundertäters.

Und damit, lieber Freund, überlasse ich alles in Ihr gutes gerechtes Aufnehmen und Erwägen.

Wie immer
Ihr
Rilke

PS.: Ich sende dieses alles an die „Herrin", damit sie, falls Sie verreist sein sollten, sich zunächst einfinde und vertraut mache!

Etoy, Le Prieuré, Canton de Vaud, Schweiz,
am letzten Mai 1921

Mein lieber Freund,

den Brief der Herrin, kurz vor Pfingsten, noch in Marienbad geschrieben, empfing ich nicht mehr auf Schloß Berg; ungefähr da sie ihn schrieb, war ich (im Auto meiner guten Züricher Freunde) hier herunter gereist — noch einmal an den — in dieser Jahreszeit wirklich herrlichen — Genfer See; Veränderungen machen mir immer Eindruck, und nun vollends diese: Berg zu verlassen für immer! Es war an die sechs Monate mein gewesen, für jeden anderen eine lange Frist; ich aber hatte mich für ein Leben dort eingelassen, und, gemessen an diesem Maß der Ansässigkeit, zieht sichs zum Traumrahmen einer Nacht zusammen, was mir dort, so unvergleichlich zusäglich, gewährt war. Auch schien ich mir gerade nur den Vorraum meiner Innerlichkeit durchschritten zu haben und hätte nun eintreten können... Was hilfts, um so eifriger habe ich nun alle fürsorglichen Freunde in Tätigkeit gesetzt, mir zu einem nächsten „Berg" zu verhelfen, dessen Ende und Ablauf möglichst von mir selber abhängt und wo ich, wie ich mich jetzt erprobt habe, einige Jahre der Einsamkeit sehr in

Ehren halten würde, wenn es nur einigermaßen, in seinen Bedingungen, dem entspräche, was das kleine Schlößchen am Irchel mir, wie ein Selbstverständliches, zuzuwenden bis zuletzt nicht aufhörte –. Man sucht, man gibt sich Mühe: Böhmen, Württemberg und sogar die alte Urheimat der Rilke, Kärnten, ist in Betracht gezogen –, und ab und zu laufen aus einer dieser Gegenden Nachrichten ein, die mindestens eine gewisse Zuversicht in mir hinhalten.

Was Etoy angeht – so bin ich damit in der Gegend, etwas überhalb Morges, – die Sie mir zuerst anrieten, als Sie mir, im Jahre 1918, einen Schweizer Aufenthalt nahelegten; ja ich habe jetzt manchmal die Empfindung, genau in dem Hause zu sein, das Sie mir damals gewünscht haben, als Sie von „kleinen Pensionen" schrieben, die sich etwa entdecken ließen, wenn man, von Morges aus, sich in den gefälligen Umgebungen umsähe. „Le Prieuré", ursprünglich eine Augustinerpropstei des 13. Jahrhunderts, ist ein kleines starkes Haus, dessen Besitzerin einzelne Pensionäre aufnimmt, die in dem Wunsche nach Stille übereinstimmen; und obgleich das Haus mit seinen zwei Stockwerken über sechs Fenster Front nicht hinausreicht und auch der Garten nicht sehr weitläufig ist, so stören und berühren die fünf oder sechs hierher zurückgezogenen Menschen einander doch so wenig, daß ich meine Hausgenossen kaum noch bemerkt habe. Soweit wars das Rechte, geeignet zu einer sanften Entwöhnung aus den bergischen Verhältnissen und Vergünstigungen. — Mein Nächstes, soweit ich sehe, ist nun, hier die Fürstin Taxis abzuwarten, die ich zuerst noch in Berg hoffte empfangen zu dürfen, was mir viel Freude bereitet hätte. Mit ihr meine Pläne und Absichten betrachten zu können, wird meine Entschlüsse gewiß fördern —, so viel meine ich schon jetzt sagen zu können, daß ich einen (voraussichtlich späteren) Teil des Sommers in Böhmen zubringen werde, das mir diesmal, nicht zuletzt durch die Nähe von Leipzig, ein vielfach erwünschtes Ziel bedeutet...

Aber nicht mehr für heute: diese nüchternen Seiten wollten nichts anderes, als Sie wieder ins „Laufende" meines Lebens versetzen...

Ob sich etwas von dem am Kamin zu Berg Angemerkten inzwischen zur Verwirklichung ansetzt: etwa die Aufzeichnungen Hans Stokars, des Pilgers? —

Viele Grüße, liebe Freunde, dem ganzen Haus, dem Garten, „meinem" Baum und der Insel.

Wie immer

    von Herzen

        Ihr

          Rilke

   Rolle, Hôtel de la Tête Noire, am 10. Juni 1921

Mein guter und lieber Freund,

Sie schreiben mir wieder einen Ihrer so rein bestärkenden Briefe —, und es ist fast das Schönste daran, daß ich eine Ablehnung meines aufrichtig ausgesprochenen Wunsches (ich wußte das ganz deutlich im Lesen) als einen nicht minder großen Beweis Ihrer Fürsorge würde empfunden haben.

Indessen versetzt mich natürlich die verantwortete und bedachte Zusage in die froheste Stimmung . . .

Ich schreibe, lieber Freund, am Schreibtische der Fürstin Taxis im Hôtel de la Tête Noire in Rolle (einem hübschen kleinen Städtchen, sauber und adrett wie ein gut gezogenes Stubenmädchen). So wird nur eine knappe Mitteilung des heute Nötigsten daraus, aber so viel Zeit nehm ich mir immerhin, Ihnen zu versichern, wie sehr es mich erfreut, daß Sie mit dem böhmischen Bade und seinem Erfolg zufrieden bleiben.

Was die neuen Erscheinungen der tätig-regen Insel angeht, so kann ich mir keinen Ort und keine Lage denken, wo ich das, was Sie mir daraus zuwenden mögen, nicht mit Eifer und lebhaftester Aufnehmung empfinge: für solche Sendungen wie für alles Briefliche gälte weiter die Etoy-Adresse, Le Prieuré d'Etoy –, die Fürstin auch war gestern entzückt von dem kleinen alten Haus und seinem jetzt verschwenderischen Rosengarten: es ist ein freundlicher, jede gute Empfindung erwidernder Ort.

Sehr gespannt bin ich, wie Sie denken können, auf das neue „Stunden-Buch", den ersten Druck der Insel-Presse! Dabei fällt mir ein: ich werde mir ein Exemplar dieser kostbaren Edition auszubitten haben, für eine bestimmte Person in Amerika, die mir, ganz unerwartet, sehr bedeutende Dienste erwiesen hat, und der ich mich (wohl mir, daß ichs imstande bin) gern monumental dankbar erweisen würde.

Und noch eines: meine Beziehung zu dem jungen Kärntner Dichter Alexander Lernet, für den auch Hermann Bahr bei Ihnen eingetreten ist, bestätigt und befestigt sich immer schöner im brieflichen Austausch; gestern sprach ich mit der Fürstin über einzelne Stücke seines großen „Kanzonnairs". Darf ich gestehen, daß es lange kein Buch gegeben hat, von dem ich so herzlich wünsche, daß sich die Insel, unter Gebrauch ihrer Goldwaage, dazu entschlösse!

Wie schön, daß Hans Stokar, der Pilger, Gnade gefunden hat.

Nur dieses heute, lieber Freund, man wird gleich zum Frühstück läuten.

Das Herzlichste der Herrin!

Dankbar und herzlich erfreut, recht im Ganzen,

Ihr

Rilke

Le Prieuré d'Etoy, Canton de Vaud, Schweiz,
am 23. Juni 1921 [Donnerstag]

Mein lieber Freund,

am Montag erreichte mich ein sehr glücklicher Brief Alexander Lernets –, und auch ich bin, wie Sie denken können, herzlich froh, daß dem großen Kanzonnair jener Grad von Wirklichkeit zugestanden worden ist, den ihm die Aufnahme in die „Insel" für alle Zeiten gewährt.

So sparsam ich sonst mit dergleichen Erlaubnis bin, inzwischen wird auch noch eine andere Sendung bei Ihnen eingetroffen sein, die eine Berufung auf mich mit sich bringen durfte: die „Stances" des Jean Moréas in der Übertragung des Barons Ungern-Sternberg. — Über die Arbeit Rolf von Ungerns, an der ich, während ihres Entstehens, einigen beratenden Anteil haben konnte von Zeit zu Zeit, meine ich mich schon gegen die Herrin ausgesprochen zu haben: sie ist sehr gewissenhaft und gleichmäßig gut. Ich betone das „Gleichmäßig"; denn wie ich auch gegen den Übersetzer gelegentlich geäußert habe, es ließe sich eine größere dichterische Annäherung an einzelne dieser meisterhaften Stanzen denken; wenn Baron Ungern diese nicht erreicht hat, so ist es sein Vorteil, daß er den einmal angenommenen Abstand für das ganze Werk einzuhalten gewußt hat, so daß es gewissermaßen in einer einzigen parallelen Ebene deutsch gespiegelt erscheint. Die Übertragung, so wie sie jetzt vorliegt, wird gewiß die einzige und endgültige deutsche Version des Hauptwerkes von Moréas bleiben, unabhängig davon, ob sich später der oder jener an einzelnen Stanzen, unter Umständen glänzender, versuchen mag. Sie ist würdig, wo es ihr gelingt, genau zu sein, und unterstützt, von ihrer

Seite her, den Geist der Gedichte, wo sie zu Freiheiten sich genötigt sah.

Was den Dichter selbst angeht, Moréas, so ist er unbedingt einer der repräsentativen Gestalten des neuen Frankreich und gerade in den „Stances" von bleibender, vielleicht immer noch zunehmender Bedeutung. Indem er den Prunk einer ganzen „Schule" in einem einfachen, fast lapidaren Sinne auf seine wesentlichen Werte zusammenzog, gelang es ihm, unvergleichliche Ausdrücke zu gewinnen für den endgültigen Stolz, für die Kühnheit eines am Ende wieder einfach gewordenen Herzens; er entdeckte etwas wie das Raccourci des Reichtums, und sein Hochmut ist zum Schlusse natürlich wie der Stolz eines alten Baumes oder die Überhebung im Kontur eines Felsens.

Nur so viel heute, lieber Freund, zu der Sendung Ungern-Sternbergs, unverbindlich, als kleine Anmerkung. — Ich freue mich auf die nächsten Nachrichten und Sendungen der „Insel" und grüße Sie beide in alter Freundschaft als

Ihr
Rilke

PS.: Ich fahre heute ins Valais, ein kleines Haus besichtigen, das zu vermieten ist, bin aber in zwei Tagen wieder in Etoy zurück.

Château de Muzot sur Sierre, Valais,
am 17. August 1921

Mein lieber Freund,

dieses nur als Vorläufer eines richtigen Briefes, Sie endlich wieder einmal zu grüßen — Sie beide! — und zu sagen, wie groß, ja feierlich meine Freude an dem großen „Stunden-Buch" ist, immer, täglich, seit es eintraf. Der erste Eindruck ließ eigentlich keine Steigerung zu, und doch hat das vor etwa zehn Tagen nachgekommene, besondere Exemplar, das Sie so großmütig für mich herstellen ließen, meinem Bewußtsein von dem nun endgültigen Dasein dieses Buches noch ein Unbeschreibliches hinzugefügt.

Muß ich sagen, wie sehr dankbar ich mich Ihnen nahe gefühlt habe?

Vielfältigste Unsicherheiten, die Not, Entschlüsse zu fassen, während die Übertriebenheit des Sommers ebensosehr die innere wie die äußere Beweglichkeit einschränkte —, hat meine lange Schweigsamkeit verschuldet; vor der Hand bin ich Herr dieses merkwürdigen alten Herrenturms im Wallis, landläufig „Château de Muzot" genannt, und durch diese Ansässigkeit auf neue Weise an dieses Rhonetal angeschlossen, dieses unter allen Tälern großartigste, das mir zuerst durch seine Verwandtschaften mit Spanien und mit der Provence im vergangenen Herbste anziehend geworden war. Wer hätte damals geahnt, daß ich eine Weile hier einheimischer hausen sollte! Es kam sehr unvermutet dazu, und zuerst nahms den Anschein an, als sollte das alte starke und etwas rüde Muzot die Zuflucht meines nächsten Winters werden; es daraufhin zu erproben, zog ich her. Nun kommt es wohl dazu nicht (es ist Hier-Wohnen nicht viel anders, als stäke man in einer Rüstung) — aber die Wahrscheinlichkeit wächst mit jedem Tag, daß mir doch noch ein Schweizer Winter, im Kanton Zürich in Verhältnissen, die die auf Berg sehr verwandt fortsetzen würden, durch die Freunde geschaffen würde. Das wäre am Ende die beste Kontinuität? — Dieses nur vorläufig, mein lieber Freund, denn noch, bis ich jenen Ort selber gesehen habe, hält sich alles in Frage und Schwebe.

Sehen Sie zunächst dieses alte Muzot; (aber die Karte tut ihm nicht recht genug, es ist sowohl merkwürdiger als reizvoller).

Wie immer alles Gute und Herzliche
Ihres
Rilke

Château de Muzot sur Sierre, Valais,
am 25. November 1921

Mein lieber Freund,

es ist kaum acht Tage her, daß ich dieses Muzot mein nennen darf, in dem Sinne endlich, daß Vorbereitung und Aneignung überstanden sind und ich es als ein verhältnismäßig Fertiges in Gebrauch nehmen dürfte; diese Vollendung ist aber erst wirklich da, sobald Sie von ihr wissen und Ihren wachsamen und freundschaftlichen Blick über diesem neuen Winter halten wie über jenem vorigen: damit erst wird alles in einem verläßlichen Gefühle brauchbar. Tun Sie's also, lieber Freund, und geben Sie mir, nicht ohne daß die Herrin daran teilhabe, ein kleines Zeichen Ihrer Gutheißung und Zustimmung.

Um nun das beruhigte Hiesige in meinem Sinne, gefaßt und gut, aufzunehmen, muß ich Ihren Blick zuerst davon abwenden — dorthin, woher mir Ablenkung kommt (und jeden Augenblick noch neu hinzukommen kann): nach der „Bredenau". Sie werden von allem, was dort geschehen ist, hinreichend unterrichtet sein ...

Ruths Verlöbnis soll möglichst rasch zur Verheiratung führen. Die kürzlich ausgesandte Anzeige hat Sie das Namentliche dieser Begebenheit lesen lassen, Ruth kommt, es ist merkwürdig genug, in die alte vogtländische Heimat ihrer Großmutter Westhoff, geborenen Hartung, deren Großneffe Carl Sieber ist. Dieser, augenblicklich Referendar, scheint in solcher Verwendung zu stehen, daß die jungen Leute auf seinem elterlichen Gut werden wohnen bleiben dürfen; man wird ihnen auf einem ehemaligen Vorwerke des Gutes, auf Alt-Jocketa, einen Teil eines alten Wohnhauses einrichten, das Ruth, mit seinen niederen altmodischen Zimmern, hinter großen alten Kastanienbäumen, schon recht erwartend anzuheimeln scheint. Mag der junge Mann auch mehrere Jahre in seiner Tätigkeit bleiben, schließlich wird er doch wohl, wie ich mir vorstelle, den Besitz und die Verwaltung des Rittergutes Liebau (das seit seines Großvaters Zeit der Familie Sieber gehört) antreten, — und Ruth wird inzwischen, von Alt-Jocketa aus, Gelegenheit gehabt haben, sich in die Bestimmungen einer Gutsfrau hineinzufinden; ich gestehe, daß ich ihr im stillen immer eine ähnliche Lage gewünscht habe, weil ich glaube, daß sie in keiner anderen (etwa städtischen) sich gleich angemessen und ursprünglich hätte anwenden können. Übrigens hab ich ihr, schon als sie sich zuerst in ihrem Wiegenkörbchen aufrichtete, ihr frühes Heiraten an den Schultern, die sich so fraulich rundeten, angesehen, so daß sie mich mit ihrem zeitigen Entschluß nicht eigentlich überraschen konnte. — Das alles ist also im ganzen zu begrüßen und als ein Willkommenes zu behandeln, das alle menschliche Zuversicht verdient.

Ich begreife nun auch, daß Ruth — wie aus einem Briefe, den ich gestern von ihr empfing, mehr als bisher hervorgeht, — recht ungeduldig ist, den Termin ihrer Hochzeit festgesetzt zu sehen, — und mindestens nicht gehemmt sein möchte in den Vorbereitungen, die diesem Ziele zuführen. Hier stehen wir, mein lieber guter Freund, vor der Geldfrage, wieder einmal; ich zögere nicht, sie Ihnen vorzustellen, ja ich meine fast, Sie, als der unermüdliche Verwalter, werden auch in dieser Richtung nicht ohne eine gewisse Voraussicht geblieben sein, seit Sie so Entscheidendes sich schürzen sahen.

Nun ist — vollends unter den heutigen Verhältnissen — an das, was man „Aussteuer" nennt, nicht zu denken, immerhin hat Ruth recht, wenn sie erwartet, daß ich ihr nun für diejenigen Anschaffungen und Einrichtungen, die, dem Gebrauche nach, von ihr mitgebracht werden sollten, gewisse Beträge, nach Kräften, zur Verfügung stellen würde. Ich möchte dies rasch und, wie Sie sich denken werden, in einem großmütigen Sinne tun, — natürlich im Einklang mit eben diesen „Kräften", deren billige und vorsichtige Abschätzung ich ganz, lieber Freund, ganz in Ihr Urteil, in Ihren Beschluß verlege. Was können wir also, nach bestem Ermessen, an dieser Wendung für Ruth tun?? — Bedenken Sie's, lieber Freund, nicht wahr? und tun Sie einen ersten Schritt zur Ausführung des Beschlossenen, sowie er sich eben tun läßt: Ruth bleibt nämlich bis Mitte Dezember in Liebau, Rittergut Liebau, Post Jocketa im Vogtlande, und so wär es schön, wenn sie während dieser Wochen selbst übersehen könnte, was von ihr aus für das künftige Wohnen sich beisteuern und besorgen ließe. (Möbel werden ihr ja leider vor der Hand von keiner Seite zufallen: meine Münchener, an die ich einen Moment gedacht hab, muß ich durchaus, im Interesse meiner eigenen — hoffentlich baldigen — Installierung behalten; nicht ein Stück davon wäre entbehrlich!)

Das gute Mädchen sieht natürlich nicht ohne Sorge meinen Möglichkeiten entgegen; sie muß ja darauf gefaßt sein, daß diese recht begrenzte sein werden, —

und ihre Erwartung wird wohl auch noch dadurch zu einer unsicheren, daß sie, was ihr völlig ungewohnt war, während der letzten Monate ihre körperliche Gleichmäßigkeit ziemlich verloren hatte . . .

Soviel, mein guter Freund, über das Familiale. Welches Glück, sag ich mir oft, daß ich das so im ganzen und einzelnen vertrauend vor Sie bringen darf, im sichersten und getrostesten Bewußtsein, Sie hinreichend unterrichtet und erfahren zu wissen, um gerecht damit umzugehen, und von jener tieferen Einsicht erfüllt, die selbst im zur Verworrenheit Neigenden noch das Gesetz aufzudecken weiß, das mit meiner besten Leistung im Einklang steht!

So fortan, lieber Freund, im dauerndsten Vertrauen!

. . . Ein Folgendes wäre die Sache des mir, wie Sie wissen, nahestehenden Prinzen Alexander zu Hohenlohe. Ich sehe den alternden Mann, der nun seit Jahren, im Bann seiner Krankheiten und seiner Lähmung, das fast absterbende Dasein eines kleinen Hotelzimmers, geistig bewegt, ohne die mindeste Beklagung erträgt —, sooft ich nach Zürich komme, ausführlich und gern und unterhalte auch sonst die gegenseitig erfreulichste Verbindung mit ihm.

Nun bin ich nicht ganz unschuldig daran, daß er dabei geblieben ist, seine Erinnerungen aufzuschreiben, eine Arbeit, die nun langsam ihrem Ende entgegen geht. Er wünscht sehr, sein Manuskript der Insel vorzulegen, was er mir schon oft mündlich versichert hat und wozu ich jetzt (aus seinem letzten

Brief) die bezüglichen Stellen abschreibe (Beilage). Indem ich das alles vorbringe, übersehe ich nicht, daß Ihnen die politische Einstellung Alexander Hohenlohes während der letzten Jahre konträr, zuweilen vermutlich geradezu ärgernisgebend gewesen sein möchte. Demgegenüber bleibt zu berücksichtigen, daß es die konsequente, höchst uneigennützige Haltung eines Mannes war, der nicht anders konnte, wollte er vor sich selber rein wahrhaftig sein. Und daneben: daß diese nun abgeschlossenen Aufzeichnungen nicht auf politische Notenzeilen geschrieben sind. Vielmehr wird es sich um ganz Persönliches handeln, Jugend und Kindheit auf dem Hintergrunde der verschiedensten Umgebungen; Rußland, wo der Fürst Chlodwig ja die ausgedehnten Besitzungen der Wittgenstein, von seiner Frau her, besaß, die der Prinz Alexander seinerzeit verwaltet hat und nicht ohne von dem dortigen Leben (über dem sich wohl die russische Erbschaft in seiner Natur herausstellte) auf das merkwürdigste festgehalten und verwandelt zu sein: so sehr, daß in gewissen Jahren davon die Rede war, ob er nicht, sich dort naturalisierend, dieses ausgedehnte mütterliche Erbtum dauernd behalten sollte. Werki und Buda und die anderen russischen Besitzungen, von denen ja auch in den Memoiren des Reichskanzlers oft geschildert ist, wie sehr sie ihn anzogen, sind eine zweite Heimat des Prinzen Alexander gewesen, und er wird wohl viel Erinnernswertes aus dieser nun auch völlig vergangenen Welt herübergerettet haben. – Daß er dem Bande zahlreiche Abbildungen mitzugeben gedenkt, würde ja wohl an sich kein Hindernis bedeuten. Da die Prinzessin (eine geborene Fürstin von Tricase-Molitenco) Italienerin ist und aus ihrer ersten Ehe einen Sohn mitgebracht hat, den jetzigen Fürsten zu Solms-Braunfels –, so mehren sich auch von da aus die Schauplätze der Handlungen und Beziehungen. – Ob sich ein solcher Band etwa in die Memoiren-Bibliothek einreihen würde oder außerhalb für sich im Insel-Rahmen möglich wäre? – Erwägen Sie auch das gelegentlich, lieber Freund, zu allem näheren und weiteren Übrigen. (Und natürlich ohne jede Rücksicht darauf, daß ich die Sache vortrage; ich habe, das versteht sich von selbst, dem Prinzen nie ein Eingehen der Insel auch nur in die entfernteste Aussicht gerückt; jedes Nein steht Ihnen frei!)

Genug, genug, – nicht wahr? Ich seh mich um, auf dieser 21. Seite! Dafür hab ich mir, besonders in den ersten dieses Briefes, alle Nebel, die seit Monaten vor meinen Augen schwankten, zu Boden geschrieben und sehe nun, unendlich befreit, diese immer noch so reinen Himmel des Wallis, die immer noch, Tag und Nacht, wie Sommerhimmel sind; nur daß die Räume dazwischen kühler geworden sind und die Erde aufgehört hat, an ihrem Glanz so hingerissen teilzunehmen.

Sieht man Sie einmal hier, mein lieber Freund? Die Herrin ließ es fast hoffen. (Aber die Valuta!) –

Es ist nicht Berg; vieles, was dort selbstverständlich war, fehlt — so vor allem das — unersetzbare — Leni! Dafür ists hier ein Land aus lauter Schöpfung, und dieses alte starke Haus, genau so groß, daß ichs ganz mit den Bewegungen meines Tagwerks ausfülle.

Auf Wiedersehen in Muzot, bald oder später! Dankbar wie immer und je,

Ihr

Rilke

Château de Muzot sur Sierre, Valais,
am 11. Dezember 1921

Mein herzlich lieber Freund und Berater, Ihr Brief kam heute, Sonntag, eben — ich kann ihm, denk ich, gleich, innerhalb weniger Worte diesmal, dankbar und zustimmend sein; denn Sie beraten mich so rein, mir selber so verständlich und faßlich, so aus meinem eigenen Gemüt und Herzen heraus, daß es ein leichtes ist, mit Ihnen einig zu sein. Hier: ich bins.

So, wie Sie mirs nun vorstellen, kann ichs, mein ich, durchaus verantworten, daß wir Ruths Wünschen am weitesten entgegenkommen ... Wird es doch eine dauernde Freude sein, zu wissen, daß man an dieser wesentlichen Wendung das letzte Mögliche für sie getan hat. Sie hat mir inzwischen schon geschrieben, wie gut Ihre Unterredung war, und daß sie nun große Erwartung auf meine Zustimmung setze; ich telegraphiere ihr zu ihrem morgigen Geburtstag, daß ich mich in diesem, freudig zusagenden Sinne vor Ihnen, lieber Freund, erklärt habe. — Ich darfs, denn: auf der einen Seite versichern Sie mir, daß diese Ausgabe durch neue Auflagen meiner Bücher sich wieder, verhältnismäßig bald, ersetzen könne — und andererseits darf ich Sie, zu meiner Freude, in bezug auf die übrigen Bedenken Ihrer Sorgfalt so ziemlich beruhigen.

... Durch ein Wunder, das groß zu nennen schon erlaubt sein muß, ist es mir ja vergönnt, auf Muzot bis auf weiteres wiederum Gast zu sein (wovon ein Näheres nächstens bei Ihrem Hiersein). Daß es mir natürlich erwünscht wäre, innerhalb dieser Gastfreundschaft durch ein kleines persönliches „Taschengeld", wie im Vorjahr auf Berg, mir einige Beweglichkeit zu schaffen, mag ich nicht leugnen. Doch würde ich dergleichen Anfrage bei Ihnen erst vorbringen, wenn der Kurs der Mark ungefähr den Stand wiedererreicht haben würde, in dem er sich zur Zeit Ihrer letzten Überweisungen hinhielt. Vor der Hand geht es auch so, muß gehen, ja es hat vielleicht sein Günstiges, wenn es mir an Mitteln fehlt, mich auch nur für einen Tag aus meinem alten Turm zu entfernen, in dem eingehalten zu sein ja nun meinen Bedürfnissen und Aufgaben am genauesten entspricht.

Und da wär ich nun bei denen, bei den Aufgaben. Die größte ist so durchaus von der Gnade abhängig, daß ich über ihre Erfüllbarkeit nichts zu versichern wage; aber es fehlt mir ja auch nicht an anderen, verhältnismäßig in meine Macht gerückten. Am genugtuendsten wärs, wir gewährten uns die „Gesamtausgabe", wenn es gilt, einen gewissen, wenigstens vorläufigen Abschluß der Michelangelo-Übertragungen zu feiern, um vielleicht diesen Band gleich noch mit in sie einzustellen. Es wird sich in den nächsten Monaten gewiß erkennen lassen, wie weit mindestens dieses Ziel noch entfernt ist (— von dem anderen, unendlich eigentümlicheren gar nicht zu reden).

Aber so oder so: wenn Sie den Augenblick für eine Gesamtausgabe gekommen meinen, so sehen Sie mich aufs beste bereit, an dieser schönen Verwirklichung mitzuarbeiten. Wie sollte ich, lieber Freund, nicht auch dies ganz Ihrer Voraussicht überlassen, in der sich mein ganzes Leben nun seit Jahren still bewährt? Wir wollen also, sobald es mir vergönnt ist, Sie auf Muzot zu empfangen, auch diesen Plan sorgfältig durchsprechen, nicht ohne eine gewisse würdige Behaglichkeit, die ihm durchaus zukommt.

Nun wär mir, soweit Sie's absehen können, nur dieses lieb: zu wissen, welches Datum Sie Ihrem Herkommen setzen mögen. Wenn es nicht ein recht nahes sein kann, so würde ich Ihnen fast nahelegen, es an den Rand des Frühjahrs zu schieben, weil mir doch sehr danach zumute wäre, während einiger Monate, wie es einst auf Duino der Fall war, ohne eine einzige Wendung nach außen der Einkehr zu gehören, blindlings und ununterbrochen nur ihr.

Da Sie aber Ihres beabsichtigten Besuchs als eines „einigermaßen nahen" erwähnen, so bitte ich Sie, trotz der obigen Anmerkung, ihm keinen Aufschub anzutun, falls er nächstens fällig werden könnte. Ich weiß zu gut, wie schwierig und selten Ihres Abkommens ist, der Wunsch meinerseits nach einer ruhigen vielfältigen Aussprache, ja allein schon die bloße Freude auf ein Wiedersehen mit Ihnen, ist zu groß, als daß ich es auf mich nehmen wollte, einen Aufschub ins Ungewisse zu verursachen, wo doch alles zum Gegenteil drängt. In der Tat käme es ja der Ruhe meines Winters eindringlich zugut, wenn wir in einigen Stunden freundschaftlichen Gesprächs, bald und sozusagen noch vor ihm, alles das behandeln könnten, was der schriftlichen Verständigung, selbst in einigen zwanzig Briefseiten, widerstrebt...

(Keine Geographie:) Wo „oben" ist Königsfeld? Nun, vielleicht schreibt mir die Herrin einmal, dann erfahr ichs, und erfahr – hoffentlich – Günstiges und Erfreuendes dazu.

Ganz von Herzen, lieber Freund,

dankbar und froh der Ihre

Rilke

Château de Muzot sur Sierre, Valais, am 19. Dezember 1921

Mein lieber Freund,

im Besitze Ihres Briefes vom 15. Dezember, erwidere ich in erster Linie Ihre guten Wünsche für die bevorstehenden Festtage. Nehmen Sie alle meinigen mit nach Königsfeld, von wo ich in der vergangenen Woche Nachrichten hatte, die mir eine gute, ja behagliche Verfassung der Herrin anzeigen. Ich vertraue also, daß Ihnen das liebe treue Fest, zusammen mit den Kindern, die Stunden freudiger Erfüllung bereiten wird, die ihm eigentümlich sind.

Um so besser, wenn Ihre Reise nicht allein um meinetwillen ans Ende des Winters aufgeschoben bleibt, sondern wenn dieser spätere Termin auch das Schöne mit sich brächte, Ihnen die hiesige Landschaft und die Umgebungen des Genfer Sees, ausführlicher und an glückliche Erinnerungen anschließend, neu anzueignen. So bliebe das also der Plan unseres Wiedersehens. Ich will aber trotzdem nochmals betonen, daß, wenn sich dann, im Laufe Ihrer Arbeiten, doch noch ein anderer, früherer Zeitpunkt als geeigneter zur Unterbrechung herausstellen sollte —, die Befürchtung, mich zu stören, kein Hindernis Ihres Kommens bilden dürfte, wann immer es auch sei. — Unser Wiedersehen ist schließlich immer im Recht, und zeigte es sich dann, daß ich grade ganz tief ins Bergwerk eingefahren sei, so empfinge ich Ihren vertrauten, auch dorthin gehörigen Besuch eben im Stollen Soundso, bei der Grubenlampe!...

Alles Herzlichste, lieber Freund,

Ihr

Rilke

Château de Muzot sur Sierre (Valais), Schweiz,
am 27. Januar 1922

Mein lieber Freund,

was meine Antwort diesmal an Kürze sündigen wird, möchte sie wenigstens durch Raschheit ausgleichen: ich springe gleich in das heut Eingetroffene ein und meine mich nicht zu übereilen, wenn ich auch schon zu den Satzproben, die vor mir liegen, ein Persönliches, Unmaßgebliches erwidere. Mit der Schrift wäre ich auf den ersten Blick einverstanden; gegen das längliche Format dagegen macht sich ein gewisser Widerspruch in mir geltend, den ich nur eben aussprechen, kaum zu erklären wüßte. Der Gedicht-Seite käme es noch eher zustatten, aber, ich weiß nicht, die Prosa macht es mir langwierig; auch hat es etwas gesucht Besonderes, so lang zu sein, es ist wie eine Literatur für Windhunde (wofür sich zu bedanken mein Wappenhund dann ja allerdings Anlaß hätte). Lachen Sie mich aus, lieber Freund, es geht mir irgendwie gegen die Natur, wenn ichs schon so wichtig aussprechen soll. Darf ich Sie an meine Freude über die Ausmaße des „Malte" erinnern und an meinen alten (vor 1914 bei Ihnen eingelegten) Wunsch, daß ich eine Gesamtausgabe am liebsten diesem Format sich bequemen sähe. Ich gestehe, es ist immer noch an dem. Die Schrift würde ausgezeichnet auch in diesem Terrain gedeihen, und, nebenbei, meine Leidenschaft für stärkere Rücken würde bei kleineren Seiten um so besser befriedigt werden. — Ich sage das alles in jener vollständigen Aufrichtigkeit, die ich nicht einmal die „gewohnte" nennen möchte, frisch freut es mich jedes Mal, sie, vor Ihnen, lieber Freund, anzuwenden. Nehmen Sie's nur als eine Stimme neben den anderen, die Sie zur Beratung zulassen ...

Daß Sie Ihrer Mutter den achtzigsten Geburtstag nächstens werden bereiten dürfen, gehört zu den Gnaden des Lebens – und wird für mich ein Anlaß sein, alles, was meine alte Freundschaft immer für Sie bereit hat, in ein hinwirkendes Ferngefühl treulich zusammen zu fassen.

Aufs herzlichste, lieber und guter Freund,

Ihr

Rilke

Château de Muzot sur Sierre (Valais), Schweiz,
am Abend (spät) des neunten Februar [1922]

Mein lieber Freund,

spät, und ob ich gleich kaum mehr die Feder halten kann, nach einigen Tagen ungeheuern Gehorsams im Geiste –, es muß ..., Ihnen muß es noch heute, jetzt noch, eh ich zu schlafen versuche, gesagt sein:

ich bin überm Berg!

Endlich! Die „Elegien" sind da. Und können heuer (oder wann sonst es Ihnen recht sein mag,) erscheinen. Neun große, vom Umfang etwa der Ihnen schon bekannten; und dann ein zweiter Teil, zu ihrem Umkreis Gehöriges, das ich „Fragmentarisches" nennen will, einzelne Gedichte, den größeren verwandt, durch Zeit und Anklang.

So.

Lieber Freund, jetzt erst werd ich atmen und, gefaßt, an Handliches gehen. Denn dieses war überlebensgroß –, ich habe gestöhnt in diesen Tagen und Nächten, wie damals in Duino, – aber, selbst nach jenem Ringen dort –, ich habe nicht gewußt, daß ein solcher Sturm aus Geist und Herz über einen kommen kann! Daß mans übersteht! daß mans übersteht.

Genug, es ist da.

Ich bin hinausgegangen, in den kalten Mondschein und habe das kleine Muzot gestreichelt wie ein großes Tier –, die alten Mauern, die mirs gewährt haben. Und das zerstörte Duino.

Das Ganze soll heißen:

Die Duineser Elegien.

Man wird sich an den Namen gewöhnen. Denk ich. Und: mein lieber Freund: dies, daß S i e mirs gewährt haben, mirs geduldet haben: z e h n Jahre! Dank! Und immer geglaubt: D a n k !

Daß Sie dies (Sie und die Herrin) begrüße, wenn Sie vom Geburtstag, dem hohen, Ihrer Mutter zurückkehren.

Ihr

Rilke

Château de Muzot sur Sierre (Valais), Schweiz,
am 15. Februar 1922

Mein lieber Freund,

Ihr Brief, am 1. Februar geschrieben und mit dem Poststempel des 2. abgegangen, muß eigene Schicksale gehabt haben: denn er kommt erst eben, heute — zugleich mit Ihrem guten telegraphischen Zuruf — bei mir an. (Seine Haltung aber ist korrekt und verschwiegen, es ist ihm nicht anzusehen, wo er so lange gewesen sein möchte. Offenbar hat man ihn dort überaus respektiert und geschont.)

Was nun seinen Inhalt angeht, lieber Freund, so bin ich bestürzt, mit meinen neulich ausgesprochenen Bemerkungen quer durch Ihre lange Voraussicht und Vorbereitung gefahren zu sein. Und kann doch meine Abneigung gar nicht recht begründen; denn es handelt sich da, dem Format gegenüber, um Sympathie und Antipathie, um zuletzt doch nicht Erklärliches. Ich könnte höchstens, was aber die Sache nicht besser macht, anführen, daß mir auch die breiten Gesichter im ganzen lieber seien, als die langen ...

Indessen, so schön es wäre, wenn wir, bei der Gesamtausgabe, überall strotzten von Einklang und Übereinstimmung, so widerstrebt es mir doch ganz und gar, bei weitem von Ihnen Vorgesehnes durch Gefühlsopposition zu vereiteln und Ihnen eine lange Mühe, die Sie abgeschlossen glaubten, von neuem in die tätigen Tage zu stellen. Dies zu tun, würde mich mehr bekümmern als alles. Ich halte es auch für möglich, daß ich dem Bande gegenüber anders empfinden würde, als vor der einzelnen Seite. Hat nicht, z. B., der Insel-Shakespeare (den ich doch sehr schön finde) die gleichen Ausmaße? – Handeln Sie also, lieber Freund, nach Ihrer besseren Erfahrung, ich gehe mit, schlimmsten Falles bekehren Sie mich eben...

Ja, lieber Freund, Ihre Wünsche hab ich ganz ins Herz genommen! In einem großen Nachsturm sind noch zwei Elegieen hinzu entstanden –, eigentlich die, die mich nun am meisten beschenken und beglücken, von einer herrlichen Bildung und in der gewaltigsten Herkunft beruhend.

Was für ein Segen, an den ich lange nicht mehr gewöhnt war. – Endlich ist das Nachholen im Herzen getan –, und ich bin endlich wieder Zeitgenosse meiner selbst!

Nun, hoff ich, kommen Sie bald ins Wallis, — denn mir ists ganz ungeduldig, Ihnen, lieber Freund, unsern neuen großen Besitz zu zeigen –, mehr: ihn mit Ihnen zu teilen!

Ist die Herrin wohlauf? Ich hoffs! Ihnen beiden alles Gute, Dankbare aus bestärktem Gemüt

Ihr

Rilke

Château de Muzot sur Sierre (Valais), Schweiz,
am 23. Februar 1922

Der Anlaß, ja, mein lieber herzlicher Freund, neulich war mir so groß, daß es mich nicht einmal wunderte, Ihre seltne eigene Schrift zu sehen –, und was Sie mir in ihr zu Hause schrieben, war mir mich ganz ergreifend –, also (wie schon die Sprache selbst damit meint) völlig nah. Ich danke Ihnen, daß Sie meinen seit lange größesten Fortschritt so mit mir teilen –: mögen uns alle solchen Schritte immer die gute alte Gemeinsamkeit neu erfahren und feiern lassen.

Nun sehe ich aus Ihrem Briefe, daß Sie, lieber Freund, die Handschrift der „Elegien" schon jetzt erwarten; eigentlich, in der schönen, nun so vollkommen frohen Aussicht Ihres doch schon nahe absehbaren Besuchs auf Muzot, gedachte ich, Ihnen das Manuskript von hier mitzugeben; es hätte dies den Vorteil gehabt, daß Sie die neuen Elegieen – so wie ihrer Zeit die zwei frühen – zuerst aus meinem Vorlesen würden aufgenommen haben. Wenn Sie es aber vorziehen, die Blätter schon eher dort zu haben (etwa um noch vor Ihrer Reise Verfügungen zu treffen in bezug auf die Papier- und Druckfragen des künftigen Buches), so läßt sich auch das leicht und gerne einrichten. Die vorliegenden Reinschriften der sechs neuen Elegieen, können, mit den schon vorhandenen Abschriften der vier ersten zusammen, sehr gut, so wie sie sind, als Druckvorlage dienen; es bliebe da nichts mehr zu besorgen. – Was mich noch eine Weile beschäftigen könnte, wäre höchstens die bedenkliche Zusammenstellung jenes zweiten Teils, den ich, wie Sie schon wissen, „Fragmentarisches" zu überschreiben beabsichtige. An und für sich dürften die vollendeten zehn großen Gedichte freilich auch allein hinausgehen, wenn auch der Band dann eben kein sehr starker würde. Es wäre nicht so sehr, um ihm ein volleres Ansehen zu geben, daß ich die Anfügung jenes anderen Teils befürworten wollte —; aber diese Gedichte, den Elegieen verwandt und ihnen durchaus zeitgenössisch, blieben sonst für immer zurück. Um so mehr, als ich mir eigentlich für später bloße Ansammlungen von Gedichten, die man von Zeit zu Zeit zusammennähme, ohne daß ein gemeinsamer Impuls an ihrem Ursprung steht, kaum mehr vorstellen mag.

Hier wäre nun diesmal, unter jenem Abschnitt des „Fragmentarischen", zum Teil solches, das gewissermaßen schon vor der Entstehung, infolge unvermeidlicher Erschütterungen des ganzen Daseins, zerbrochen war und nur in Stücken herausgestellt werden konnte, — anderes, das zwar heil zustande kam, aber dann unterbrochen blieb: es würden in beiden Fällen nur solche Arbeiten vor meinem Urteil bestehen, die auch in ihren Bruchflächen noch Ausdruck sind, Gestaltung, Ding... Die meisten dieser (nicht sehr zahlreichen) Arbeiten sind übrigens im Lauf der Jahre an vorläufigen Orten im Druck erschienen; es wird sehr wenige darunter geben, die Sie nicht wiedererkennen würden. Die Auswahl gedenke ich auf jeden Fall zu besorgen, jetzt in den nächsten Wochen, um sie dann, mit dem übrigen, bei Ihnen in Vorschlag zu stellen.

Aber (nun kommt der Text zu der beiliegenden Überraschung, die Sie vielleicht schon in der Hand werden erwogen haben); ja: hier ist, in der Tat, noch ein anderes Manuskript, das gleichfalls für abgeschlossen gelten dürfte! Wie beim Entstehen der ersten Elegieen auf Duino nach- und vorbewegte Nebenstunden das „Marienleben" ergeben haben, so ist auch diesmal, gleichzeitig mit dem Empordrängen der großen Gedichte, ein kleiner Zusammenhang mitaufsteigender Arbeiten mir, gewissermaßen als das Natürliche des Überflusses, hinzugeschenkt worden. Diese Sonette an Orpheus, die ich schon heute der Herrin und Ihnen vorlegen kann. Sie haben sich (ich merkte es mehr und mehr während der Arbeit) leicht an die entschwundene Gestalt der jungen Wera Knoop angeschlossen, obgleich nur zwei Sonette — immer das vorletzte in beiden Teilen (also XXV und XXVIII) — wörtlich in diesen Bezug eintreten; viele umschweben ihn —, und so möchte der untere Titel verstattet, ja für ein fremderes Verstehenwollen oft hülfreich sein. Die Herrin, eben erst ins Eigene heimgekehrt, wird viel dort neu Aufzunehmendes vorgefunden haben: so gelten die beiliegenden Worte, mit denen ich dieses Manuskript ihr noch ganz besonders anempfehle, für keinen bestimmten Zeitpunkt. Früher oder später wird die Stunde von selber kommen, da Sie beide stillere Abende diesen Sonetten werden zuwenden mögen. Die mehr sorgfältige als schöne Abschrift wollte vor allem genau und deutlich sein, im Hinblick auf eine eventuelle spätere Drucklegung.

Was für ein langer Brief! Dabei hatte ich mir vorgesetzt, kurz zu sein, schon mit Rücksicht auf die Postanhäufung, die Sie gewiß noch nicht ganz ausgeglichen haben; was ich aber hoffe, für ganz überwunden halten zu dürfen, das wäre die leichte Grippe, von der Sie schrieben: diese sei, wünsch ich, nebst allem Nach- und Nebengeräusch vollständig verschwunden!

Immer, lieber und guter Freund,

Ihr

Rilke

(Mit einem Brief an die Herrin und dem Manuskript der Sonette an Orpheus.)

Château de Muzot sur Sierre, Valais (Suisse),
am 13. März, gegen Abend [1922]

Meine lieben Freunde,

heute nur dieses Blättchen, rasch, Ihnen beiden zu freudiger Nachricht und Antwort! Fast würd ich Ihr Kommen nun noch näher gewünscht haben – ungeduldig, mich in so vielem und vor allem im Schönsten mitzuteilen –, aber nun muß mirs genug sein und ist mir zu Herzen gut und viel, daß Sie's ansetzen und ankünden – Sie und die Herrin! Im Mai also! – Wenn meine Landschaft, rings um Muzot, so weiter drängt, so müßte sie dann fähig sein, Sie schon in glücklichster Entfaltung zu empfangen . . .

Was Ruth angeht, so danke ich für Ihre Sorgfalt und größtmöglichste Verfügung. Ich hatte einem guten Impuls nachgegeben, da ich Ihnen, gleich nach dem Eintreffen von Ruths Brief, mein Telegramm schickte: so befanden wir uns schon im Einvernehmen im Augenblick, da Ihre Anfrage den Weg zu mir anzutreten meinte.

Aber, lieber Freund, wirklich? Jutta, die kleine Jutta, konfirmiert am ersten Aprilsonntage! Es scheint mir kaum glaublich (Daß nun auch Ihre Kinder anfangen sollten, sich so zu beeilen;) und macht mir kenntlich, wie sehr lange ich nicht im Turmzimmer gewesen bin. Wie schön, liebe Freunde, wie schön wird es für mich sein, mich wieder dort zu fühlen, fast wie zum ersten Mal, wie wenn ein erstes Mal voll unbeschreiblichen Wiedererkennens ist und überall zutrifft. Seien Sie gewiß, diesmal gibts, einigermaßen absehbar, einen Gegenbesuch; wenn Sie nur erst den schönen Anfang machen kommen . . .

Den Druck von 10000 „Stundenbüchern" hatte ich schon, Ihrem Schreiben zuvor, aus dem Inselschiff erfahren; diesem mir auch sonst vielfach erfreulichen Februarheft. — Alfred Mombert! Sie wissen, daß, in meiner Jugend, „Die Schöpfung" und besonders „Der Glühende" mir von großem Einfluß gewesen sind. Es ist wunderbar, daß dieses in seiner Unbeirrtheit und konzentrischen Einheit so großartig kreisende Werk schon jetzt so sagbar gerühmt werden konnte, wie dies dem Benndorfschen Aufsatze und insbesondere dem von Rudolf Pannwitz gelingt.

Noch eines, zum Schluß. Der Ihrem Briefe mitgegebene, bei der Insel eingelangte Brief erwies sich als erfreuende, ja ergreifende Beigabe; ein junger Mensch, der sich seit drei Jahren dagegen wehrte, ihn zu schreiben, schrieb ihn nun endlich doch, neunzehnjährig. Und datierte ihn mit dem gleichen Tage, an dem, von hier, meine Anzeige der vollendeten Elegieen an Sie abging (dem 12. Februar)! Und es berührt mich, als hätte er schon diese, die Duineser Elegieen gemeint, wenn er von sich und einigen ihm nahen Gleichaltrigen versichert:

„Unaufhörlich wachsen wir bei der Arbeit, Ihre Furchtbarkeiten durch Ihre Tröstlichkeiten zu überstehen." Er konnte nicht ahnen, wie sehr ich gerade dieser Aufnehmung unwillkürlich entgegenkomme, indem jenes „Furchtbare" und dieses „Tröstliche" in meiner reiferen Leistung immer näher zusammenrücken, ja in mehr als einer Elegie mögen beide schon eines geworden sein, ein Einziges: das Wesentliche.

Damit schließe ich für heute, liebe Freunde an der Richterstraße, und grüße Sie beide, schon in Vorfreude.

Ihr

Rilke

Château de Muzot sur Sierre, Valais, am 26. Juni 1922

Mein lieber guter Freund,

Sie verlängern mir immer noch meine Vorfreude, aber zum Glück (durch das kleine Wort vom 21.) ziehen Sie ihr nun doch einen absehbaren Kontur gegen die Freude zu: möge sich alles plangemäß und glücklich auf Muzot zu vollziehen lassen, und besonders möge in dem Wohlbefinden der Herrin kein Hindernis der guten Reiseausführung mehr aufkommen.

Wie Sie beide hier erwartet sind, das wissen Sie längst! Inzwischen traf vorgestern Ihr Diktat zu einem italienischen „Cornet" ein; der Herr (dessen Namensbestandteile einen italienischen Sieg über Jugoslawien reizvoll illustrieren) wird sich eine Weile gedulden müssen. Denn ich habe ja so etwas wie eine italienische Übersetzerin — und frühlings 1914 (Sie werden sich dessen vielleicht erinnern) hielt ich mich, von Venedig kommend, eigens in Mailand auf, um mir ihre Version, gerade auch des „Cornet", vorlesen zu lassen. Ich denke, es war keine schlechte Arbeit, und so scheint es mir angemessen, daß ich — vorausgesetzt, daß die Adresse sich findet — erst bei jenem Fräulein anfrage, was aus ihrem Manuskript geworden ist, und ob sie daran denke, es öffentlich geltend zu machen. Sie hätte doch, in jedem Falle, ein Vorrecht darauf...

Wie gut, wie gut, daß alles übrige sichere Aussicht

hat (sichere! lieber Freund), mündlich zwischen uns vorzukommen.

Das Allerherzlichste!

Ihr Rilke

Vom 21. bis 24. Juli 1922 waren Anton und Katharina Kippenberg bei Rilke in Muzot.

Château de Muzot sur Sierre [Valais], Schweiz,
am 11. August 1922

Mein sehr lieber Freund,

zu Beginn dieser Woche fing ich an, mich zu beunruhigen, daß noch keine Nachricht gekommen war, mir Ihre gute Heimkehr anzuzeigen. Seit gestern aber finde ich mich im Besitz dieser guten Versicherung, und Ihre lieben Zeilen bezeugen mir, daß ich dem Ausbleiben Ihres Briefes die rechte Auslegung gegeben hatte: es fiel mir nicht schwer, mir den überhäuften Schreibtisch vorzustellen, der Sie nach solcher Abwesenheit erwarten mußte.

Daß, lieber Freund, diese Abwesenheit – leider nur zu einem kleinen Teil – Ihr Hiersein bedeuten durfte: davon bin ich noch freudig und dankbar erfüllt! Wenn Sie, Ihre und der Herrin Tage auf Muzot zusammenfassend, so Schönes und Gültiges als deren Inhalt und Gewinn buchen und behalten, so lassen Sie mich dagegen wiederholen, daß unser Beisammensein mir ein Fest und (soweit dergleichen noch zwischen uns zu bestärken ist) eine herzhafte Befestigung ergeben hat, Tag für Tag und Stunde um Stunde.

Und nun, kaum heimgekehrt, lassen Sie mich schon teilnehmen an den gleich in tätiger Treue begonnenen „Verwirklichungen" der Elegieen und des Orpheus! . . .

Aufs herzlichste, lieber guter Freund,

Ihr

Rilke

Château de Muzot sur Sierre (Valais), Schweiz,
am 3. März 1923

Mein lieber Freund,

Sie machen den großmütigsten Gebrauch von der vollkommenen Güte Ihrer Freundschaft, wenn Sie mein langes Schweigen, wie Sie sagen, ehren; es ist mir selber längst viel zu lang geworden, und ich werfe mir auch jetzt noch vor, daß ich es nicht einmal unterbrochen habe, um Ihnen für das große weihnachtliche Büchergeschenk zu danken, das so schön als vielfältig war und mir Wochen, ja den ganzen Winter mit einem herzlichen — Insel-Bewußtsein ausgestattet hat. Ich weiß selber nicht, wie es zu so viel Schweigen kommen konnte (meine Neigung zur Einkehr in diesen winterlichen Monaten ist nicht Erklärung und Entschuldigung genug); aber ich darf, erwidernd, versichern, daß auch meine Gedanken sehr viel bei Ihnen gewesen sind, liebe und werte Freunde —, ja vielleicht hat die fortwährende Erwartung guter Nachrichten über das Befinden der Herrin dazu beigetragen, mich schweigsam zu halten; mein erstes Wort zu Ihnen sollte eines der Freude sein dürfen. Und ist es also diesmal: der freudigsten und zuversichtlichsten Teilnehmung. Langsam gehen wir auf die bessere Jahreszeit zu (und auch sonst vielleicht, wenn auch noch langsamer, auf Besseres —), und so müßte alles zusammenwirken, der verehrten genesenden Freundin die Geduld und den Mut der langen Leidenszeit mit lauter milden Belohnungen zu entgelten.

Daß Ihre Arbeit, lieber Freund, unter allen Komplikationen dieses Winters, zu einer im Technischen und Materiellen ringenden werden mußte, hab ich oft mit Sorge vermutet; es ist ja kein Ort so entrückt (auch mein Muzot nicht), daß man nicht die Bedrängnisse und Beängstigungen empfände, die denen der bösesten Kriegszeit verhängnisvoll ähnlich sehen...; durch Wochen war mir das alles so unmittelbar zusetzend, daß ich sogar den Schlaf verlor, auf den ich mich ja meistens verlassen kann —, und auch sonst haben mir körperliche und nervöse Übelstände manche Hemmung bereitet den Winter über, der, obwohl jeder einzelne Tag fast zu rasch vorüberging, als solcher, als Winter, mir doch nun bald endlos scheint. Ich bin froh, daß ich von diesen Monaten völliger und ununterbrochener Zurückgezogenheit nicht so Entscheidendes verlangen mußte, wie von den entsprechenden vor einem Jahr —, immerhin hat meine Energie soweit durchgehalten, und das Vorbild des vorigen Winters, in diesen gleichen Verhältnissen, hat mich unendlich ermutigt.

Fast ein ganzes Buch schöner (und mir sehr lieber) Übertragungen liegt abgeschlossen vor.

Und nun kündigen Sie mir die, in Ihrer getreuen Sorgfalt völlig verwirklichten Ergebnisse der größeren Arbeitszeit an: muß ich sagen, wie bewegt und dankbar ich diese Bücher aufnehmen und erkennen werde? Ich freue mich, zu wissen, daß das zuerst vollendete schon auf mich zu unterwegs ist.

Nur dieses für heute, meine lieben Freunde, damit wir gegenseitig einander wieder festgestellt hätten. Seit Sie Muzot so aufmerksam erlebt haben, ist mir, als könnt ich Sie mit ein paar Andeutungen an alles Hiesige anschließen.

Immer, ganz von Herzen,

Ihr

Rilke

Auch Frida, die treu durchgehalten hat, nur leider im April endgültig nach Hause muß, empfiehlt sich zu Gnaden.

Château de Muzot sur Sierre (Valais), Schweiz,
am 7. April 1923

Mein lieber und guter Freund,

die Ostern, durch das herrlichste Wetter begünstigt, haben mir endlich den Besuch Werner Reinharts gebracht, meines Gastfreundes und „Lehensherrn", der nun zum ersten Mal, seit es ihm gehört, Muzot wiedersehen und recht eigentlich erst in Besitz nehmen kann. Über dieser beträchtlichen und erfreulichen Abhaltung blieb die Beantwortung Ihrer lieben Zeilen (vom 24. März) bis heute aufgeschoben . . .

Frida Baumgartner hat mich nun gestern wirklich, schweren Herzens, verlassen. Die Getreue und Angepaßte rechnete Sie, beide, so sehr zu Muzot hinzu, daß sie mir, ganz zuletzt, noch auftrug, bei Ihnen empfohlen zu sein.

Auf Wiedersehen, lieber Freund, liebe Freunde!

Ihr

Rilke

Château de Muzot sur Sierre (Valais), Schweiz,
[Mai 1923]

Mein lieber Freund,

die Besuche des vorigen Jahrs wiederholen sich ungefähr in den gleichen Folgen und Abständen, – ich werde das Gefühl nicht los, daß auch der Ihre, zu seiner Zeit, wieder vorkommen müsse!

Eben habe ich – durch acht Tage diesmal – die Fürstin Taxis mit ihrer ältesten Enkelin hier gehabt, schöne Tage, in denen nur eines gefehlt hat, das Eintreffen des ersten Exemplars der „Elegien": das wäre eine liebe Fügung gewesen, hätte ichs der Fürstin auf Muzot selbst überreichen dürfen. Wenigstens konnt ichs ihr für nächstens ankündigen. Und es war schön, ihr, die eine so große Aufnehmung für mich hat durch die Jahre hin und mit jedem Jahr eine noch tiefere und vollkommenere —, die Übertragungen aus dem letzten Winter vorzulesen.

Lieber Freund, ich denke viel an Sie, besonders auch an die liebe Herrin, von der (gute) Nachrichten zu haben mich sehr verlangt; können Sie mir bald (wenn nicht sie selbst es tut) ein paar schreiben? ...

Meinen Besuchen las ich viel aus dem „Kanzonnair": zu jedermanns Erstaunen und unter mancher Bewunderung; Lernet hat ja, im Vergleich zum früheren Manuskript, so vieles eingefügt, daß mir selbst manche (sehr schöne) Stücke ganz neu waren.

Bitte, berichten Sie der Herrin, daß die Würzkräutlein alle, in zwei langen Beeten, gepflanzt und ausgesäet sind; es ist noch manches ganz Altväterische dazugekommen, z. B.: Koriander!

Viele, alle herzlichsten Grüße, liebe Freunde,
Ihres
Rilke

Château de Muzot sur Sierre (Valais), Schweiz,
am St.-Peter-und-Pauls-Tag 1923

Mein lieber Freund,

Sie wissen schon aus meinem Telegramm, daß ich Ihren guten Brief, der am 29. Mai diktiert war, erst etwa drei Wochen später las: ich hatte mir keine Post nachschicken lassen auf eine Reise nach Zürich, die ganz durch ärztliche und zahnärztliche Behandlungen bedingt gewesen ist und von der ich nicht voraussah, daß sie so lange dauern würde. Seither sind wieder acht Tage der Abwesenheit vergangen (über erfreulicheren Anlässen diesmal), und schon morgen lasse ich Muzot noch einmal im Stich, um, die Anwesenheit des Wunderlyschen Autos ausnutzend, eine kleine Fahrt ins Waadtland anzutreten.

In dieser kurzen ansässigen Pause bleibt mir nicht Zeit, die viele angesammelte Post durchzusehen; dafür will ich Ihnen beiden, liebe Freunde, doch mindestens gesagt haben, wie außerordentlich schön ich die zwei (oder drei, wenn man die auf Japanpapier besonders zählt) Ausgaben der „Elegien" verwirklicht finde. Gestalt und Einband sind ein Ganzes, in seiner ungesuchten, aber gewählten Vollendung einfach Vollkommenes! Weit entfernt, ungeduldig oder gar (wie Sie meinen) ungehalten gewesen zu sein über die Verzögerung des Erscheinens, danke ich Ihnen erst recht, daß Sie so viel Zeit, Mühe und Erwägung an das Gelingen eines Bandes wenden wollten, der Sie und die Insel nun ebenso lobt, wie er die Elegieen, die er enthält, ehrt und feiert! Ich bin Ihnen und der Herrin gegenüber voll freudigsten Dankes!...

Um gleich bei den Büchern zu bleiben, so freue ich mich, daß Sie auf den Plan der Gesamtausgabe zu sprechen kommen; ich habe ab und zu das voriges Jahr, bei Ihrem hiesigen Besuche aufgestellte Inhaltsverzeichnis der sechs Bände wieder in die Hand bekommen, und jedes Mal schien mir die darin vorgesehne Verteilung die schönste und glücklichste. Sie wissen, daß ich immer an dem Wunsche festgehalten habe, es möchte kein zu großes Format für diese einheitliche Edition gewählt werden; so stimme ich Ihrem nun ausgesprochenen Vorschlag, das Format der Vorzugsausgabe des „Malte Laurids Brigge" anzunehmen, freudig zu; die Notwendigkeit, ab und zu eine längere Gedichtzeile umzubrechen, erscheint mir allerdings als das „kleinere Übel", gemessen an der mir unlieben Vorstellung größerer unhandlicher Bände. Gelingt es vollends, das schlichte sympathische Papier der (gewöhnlichen) ersten Brigge-Ausgabe aufzutreiben, so sehen Sie mich ganz im glücklichsten Einverständnis.

Bei Ihrem heurigen Besuche auf Muzot werden Sie mich vielleicht schon einen Anfang der schönen Verwirklichung sehen lassen, die uns beiden (uns dreien, die Herrin eingerechnet) einen bedeutenden Abschnitt des im schönsten Einklang Erreichten bezeichnen wird. Was den Termin Ihres Kommens betrifft, so wäre nur etwa der August und Anfang des September auszuschalten, da es möglich wäre, daß ich mich in dieser Zeit einer Kur oder Behandlung, an einem noch nicht festgestellten Orte, unterziehen müßte. Es tröstet mich bei dieser nicht sehr erfreulichen Aussicht, daß auch Kassner, zu ähnlichen Zwecken, wie es scheint —, sich wird in die

Schweiz schicken lassen; vielleicht können wir dann unsere ärztlich bestimmten Schicksale irgendwie vereinen . . .

Auf die guten Briefe Ihrer Frau kann ich erst wieder bei meiner nächsten Rückkehr eingehen, das, bitte, versprechen Sie ihr, und seien Sie, an die verehrte Freundin, mit dem Allerherzlichsten beauftragt. Auch Ihnen dann bald wieder ein mehreres.

Immer, getreu und dankbar,

Ihr
Rilke

Château de Muzot sur Sierre (Valais), Schweiz,
am 20. Juli 1923

Mein guter Freund,

erst am Sonntag bin ich wieder nach Muzot heraufgezogen, Ihre beiden Briefe vom 3. und 7. Juli auf meinem Tische vorfindend; ich beantworte heute vor allem den zweiten und muß dabei bedauern, daß ich, da es sich darin um eine Anfrage handelt, nicht rascher erwidern konnte.

In der Tat, ich habe Herrn von Klenau seinerzeit (als er mich, 1916 oder 1917, in München aufsuchen kam) auch eine Art Zustimmung zur Vertonung des „Cornet" zugestanden, nicht erinnernd, daß die Pászthorysche Melodramatisierung (die mir ja nie recht sympathisch gewesen ist) eine Art Monopol besitze; lagen doch, selbst damals schon, außer jener, zwei oder drei andere Kompositionen vor, die sich ab und zu bemerkbar machten, indem sie bei Ihnen oder bei mir um Berechtigung rangen. Klenau, ob ich gleich keine Musik von ihm kenne, ist mir persönlich sympathisch, und so überraschte er mich in einer gewissen Nachgiebigkeit. Ich wäre bestürzt, wenn das nun komplikative Folgen hätte –, aber fürsorglich wie immer, beruhigen Sie mich gleich, indem Sie eine solche Ausschließlichkeit für unnötig erklären. Sie ist es insofern, als die höchst eigenmächtigen Musiker ja meistens erst die bereits vollzogene Vertonung herausforderlich eingestehen, so daß man ihnen jeweils das Maul erst verbände, wenn sie es übervoll haben . . .

Von den Empfängern der mit Namen ausgezeichneten Exemplare der „Elegien" haben schon mehrere sich zu ihrem, schön begriffenen Besitze bekannt; aber ich glaube, ich selbst bin immer noch der Allerbeschenkteste durch die vollkommene Vollendung, die Sie, liebe Freunde, diesem nun völlig Bestehenden gegeben haben. Mein Dank währt immer wieder aus der tiefen Wurzel nach.

Für Ihre inzwischen wohl schon angetretenen Erholungstage in Thüringen alles, alles Gute: mein Gedenken wird dort oft mit Ihnen sein.

    Ganz von Herzen,
          Ihr
            Rilke

Kuranstalt Schöneck bei Beckenried, am Vierwaldstätter See,
den 11. September 1923

Mein guter Freund,

nicht die Briefanlage allein, auch die überraschte Freude an der anderen Beilage Ihres gütigen Briefs hätte mich verpflichtet, am gleichen Tage zu antworten: indessen hatte sich gerade eine Art Krise, vielleicht als Reaktion auf die ersten Kurwochen, in mir zusammengezogen, so daß ich zur mindesten Leistung unfähig war. Heute geht es etwas besser, und so beeile ich mich, den brauchbaren Moment, auf Sie zu, auszunutzen...

Meine Rückkehr nach Muzot steht noch nicht fest; da meine Fortschritte, was Gesundheit angeht, so zögernde sind und die hiesige Anstalt so zeitig schließt, daß ich knapp vier Kurwochen werde gehabt haben, – so wäre es möglich, daß ich mich, gegen den 20. noch nach Schloß Malans zu meinem Freunde Baron Salis für einige Wochen zurückzöge, die dann einer Art Nachkur entsprächen. Dies wäre um so ratsamer, als ich am 1. Oktober wieder die Wirtschafterin wechseln muß. (Ich kam mit 49 (!) Kilogramm Körpergewicht hier an, welche Minderwertigkeit, außer durch mein Mißbehagen, zu einem Teil durch die für mich immer ungenießbarere Küche meiner jetzigen Versorgerin verschuldet war... hier beschloß ich dann, mich durchaus von ihr zu trennen, und schicke ihr – ohne noch über den Ersatz versichert zu sein – die Kündigung zum 15.) Nun aber, da Sie mir als einen Ihrer Termine den 10. Oktober nennen, ists freilich mein Wunsch und meine Ambition, bis dahin auf Muzot zu sein: Sie und die Herrin versäumen, wäre mehr als eine verlorene Weinlese ...

Der alte „Cornet" hat mich gerührt, und Ihre liebe Inschrift eignet mir ihn – auf einer höheren Ebene gewissermaßen – zu. Ich hatte das kleine Buch so lange nicht mehr gekannt, daß es dem Wiedersehen an Bewegung (fast möcht ich sagen: auf beiden Seiten) nicht gefehlt hat ...

Alles Herzliche und Dankbare,
  werte und liebe Freunde!
    Ihr
      Rilke

    Château de Muzot sur Sierre, Valais,
      am 21. November 1923

Mein guter Freund,

meine Freude an den „Elegien" (in der zweiten Ausgabe) und so manches andere haben Sie eben erfahren aus dem Briefe, der Ihnen und der Herrin gemeinsam zugedacht ist. Nun noch einiges Persönliche, nach der geschäftlichen Seite zu.

Der Dank vor allem, daß Sie im stillen die Einnahmen Clara Rilkes auf einen anderen Maßstab umgestellt haben, mit gütigster Rücksicht gerade in dem Augenblick, als Ruth ihr Kind erwartete. Sie wissen sicher, daß mich inzwischen das Ereignis des 2. November zum Großvater eines gesunden Mädchens gemacht hat, der kleinen Christine Sieber.

Ich möchte bei weitem fürsehen, ob es mir möglich wäre, für Tochter und Enkelin eine Weihnachtsgabe vorzubereiten? Ließen die schwierigen und absurden Umstände es zu, daß wir je fünfzig Schweizer Franken zu diesem Zwecke beiseite legten?

Selbst wenn, was ich gleich betone, ich selber auch, auf Weihnachten zu, mit einem gewissen Anspruch kommen müßte? Mein „Taschengeld" ist wieder so ziemlich erschöpft, und es wäre mir vom fühlbarsten Beistand, wenn Sie mich, bei der gleichen Stelle wie im vorigen Sommer, wieder mit einem Betrag (der Ihrem Ermessen überlassen bleibt) akkreditieren könnten. Indessen will ich gleich versichern, daß die erste Bitte, die zugunsten von Ruth und der kleinen Christine, mir noch wichtiger ist, als der mich selbst betreffende Bedarf; Sie werden in beiden Fällen, das weiß ich, einsichtig und freundschaftlich entscheiden.

Wie bin ich glücklich, lieber Freund, daß wenigstens die Ihrem Herzen am nächsten anliegenden Sorgen wieder durch ein Gegengewicht berechtigter Hoffnungen erleichtert und bewegt werden konnten. Schlimm genug, daß alles Allgemeine im Argen und Ärgsten bleibt; selbst hier, an entlegener und dem unmittelbarsten Angriff entrückter Stelle, macht das Bewußtsein einer heillos verstörten und hin- und hergeschleuderten Welt unheimliche Fortschritte. Ich bewundere die Ruhe und Gleichmäßigkeit, mit der die Insel ihre Aufgaben durchsetzt, und sage mir immer, daß es Ihre gläubige und freudige Kraft ist, die dergleichen ermöglicht.

Das Inselschiff, unter seinem blauen Stern, scheint so ruhige und reine Fahrt zu haben auf dem Titel des Almanachs 1924. Es beruhigt ordentlich, ihm zuzusehen!

Immer im Gleichen, Getreuen

Ihr

Rilke

Château de Muzot sur Sierre, Valais,
am 28. November 1923

Mein lieber Freund,

ich schreibe Ihnen sofort, wie sehr mich Ihre guten, gütigen und in allen Punkten zusagenden Zeilen gefreut und für meinen Winter beruhigt haben: nun darf ich ihn guten Mutes beginnen.

Und wann immer, sei es Januar und März, Ihr Weg Sie auf Muzot zuführt: es wird die sicherste und erwünschteste Freude dieses Winters sein, Sie beide hier zu haben. Ob ich Sie dann mit weiter begleite, wird von der Arbeit abhängen, die mich mehr oder weniger in meine Mauern binden soll. Zunächst, was kann ich anderes wünschen, als daß sie mich fasse und festhalte, damit diese dritte Klausur nicht zu sehr hinter dem Auftrag und Vollzug der beiden früheren zurückbleibe. Aber wie es auch kommt, es soll mir recht sein...

Ganz herzlich, liebe gute Freunde,
Ihr
Rilke

Val-Mont sur Territet (Vaud), am 1. Januar 1924

Mein guter Freund,

da ich zum ersten Mal das neue Datum schreibe, sei's an Sie, und indem ich es gebrauche im Sinn der schönsten und wichtigsten Wünsche: möge dieses heute begonnene 1924 zu einem guten Jahre werden für die Herrin, für Sie, für Jutta und Bettina und für die Insel! Lassen Sie uns mit Zuversicht die neue Zahl über uns halten, daß sie sich an uns und schließlich im Weiten und Allgemeinen bewähre!

Es war um Weihnachten diesmal wirklich kein Ende mit schönen Büchern, die von Ihnen her eintrafen; drei vor allem haben mir große Freude gemacht und wurden zum unmittelbaren Zubehör der Weihnachtsfeier. Ihr so liebevoll übertragener Timmermans (den ich noch in der Weihnachtsnacht las), der Chodowiecki – der köstlich ist – und das von Behrisch geschriebene Annetten-Buch, das sich mit allem Zauber seiner Handschriftlichkeit einem anvertraut. Ich danke Ihnen für alles und jedes, in dieser großen und mir so herzlich angemessenen Auswahl!

Aber Sie deuten mit einem Fragezeichen nach der Adresse zurück über diesem Blatt. Ja (leider!) hat mein Gefühl, daß Schöneck mit einem „Fortsetzung folgt" geschlossen habe, nicht getrogen; ich hatte so ungefähr seit dem 15. Dezember eine böse Zeit, und da sie böser und böser wurde und ich nicht mehr wußte, wie die Übelstände lindern oder ertragen, begab ich mich am 28. hierher, als dem nächsten Sanatorium, das für Darmleiden in Betracht kommt, und werde nun hier untersucht und beobachtet. Ich hoffe indessen, bald nach Muzot zurück zu dürfen; denn auf eine längere Behandlung und Kur kann ich mich jetzt schlecht einlassen, wo's um die so ersehnte Ordnung und Arbeit meines Winters geht. Ich will nur wissen, woran ich bin, wenn die Ärzte einigermaßen fähig wären, das zu erkennen und zu formulieren; durch so viel Jahre bin ich mit meinen Zufällen fertig geworden in steter Vertraulichkeit mit meiner Natur! Es verwirrt mich unendlich, fremden Beistand einbeziehen zu müssen, der vor der Hand nicht einmal einer ist; denn die Wurzel des Übels will sich nicht finden lassen, und so tastet man an seinen Erscheinungen entlang, ohne ihm wesentlich beizukommen.

Ein Glück, daß die Schweizerische Kreditanstalt mit jenem Guthaben für mich ausgestattet war, — so konnte ich mich rühren, als es gar nicht mehr anders gehen wollte! Aber ich war empört, Muzot verlassen zu müssen, wo alles so gut und still im Gange war; die gute Frida weinte, und ich war, weiß Gott, nicht weit davon. Nun heißts Geduld, Geduld und nochmals Geduld. Man hätte ein neues Jahr besser anfangen können, aber kaum lehrreicher.

Denken Sie beide an mich, liebe Freunde, und wünschen Sie mir, daß ich bald heimkehren könne.

Alles Herzlichste

Ihr Rilke

Val-Mont sur Territet (Vaud),
am 13. Januar 1924 (Sonntag)

Mein guter Freund,

ein paar Worte rasch, Ihnen zu sagen, wie sehr Ihr Beistand und Ihre Fürsorge mir hier wohltun und helfen! Ihre Fürsorge, die so weit geht, daß Sie mir einen Arzt schicken wollten! Nein, das ist, zum Glück, nicht nötig; ich habe hier einen ausgezeichneten Arzt gefunden, der mir (soviel sich voraussehen läßt) ein dauernder Rater bleiben wird, da das Bild meines Zustandes, das sich in ihm entwickelt, diejenige Einsicht zu erlauben scheint, die sich immer weiter wird hülfreich anwenden lassen. Für diesmal jedenfalls haben wir in den vierzehn Tagen mehr erreicht, als er selber erwartet hat, objektiv geht es gut, und das subjektiv-empfindbare Gleichgewicht wird hinter diesem Erreichten nicht lange zurückbleiben können. Schon hat sich mein großes Schlafbedürfnis eingestellt, für mich immer der beste Beweis, daß meine Natur die Herstellung akzeptiert und auf ihre Art in die Mitarbeit daran eintritt. Zu unserer beiderseitigen Sicherheit und Beruhigung haben wir Donnerstag eine Röntgenaufnahme gemacht, durch welche die organische Normalität des anfälligen Gebiets festgestellt werden konnte. Dies alles, lieber Freund, berichte ich rasch als Beitrag zu Ihrer Beruhigung... Geht alles, wie wir hoffen, so ist es nicht ausgeschlossen, daß ich schon am Ausgang der morgen beginnenden Woche nach Hause zurückkehren kann. Wie werde ich mich freuen, Ihnen den Abschluß dieses fatalen Intermezzos zu melden, das nun aber, wie wir hoffen dürfen, in lauter Nutzen und Bestärkung ausgehen wird...

Genug, lieber Freund.

In aller Zuversicht und Dankbarkeit

Ihr

Rilke

Château de Muzot sur Sierre (Valais), Schweiz,
am Sankt-Josephs-Tag 1924

Mein guter Freund,

der Frühling fängt, in meiner inneren Überlieferung, nicht mit dem Kalenderdatum an, von dem uns noch zwei Tage trennen, sondern immer mit dem 19., meines Vaters Namenstag: der in der Kindheit zugleich auch – fast regelmäßig – zum Geburtstag eines Schnupfens wurde; denn zur Feier des Tages hatte man einen neuen Anzug an, und dem Frühling zuliebe, sträubte man sich, den nicht ebenso neuen Überzieher darüber zu ziehen...; man ging ohne Mantel hinaus in die eigentümlich schwankende Luft, im bloßen Anzug, „blank", wie man damals in Österreich sagte –, und das wollte dann natürlich bezahlt sein.

Kurz, da der Frühling heute für mich beginnt (in welcher Überzeugung mich das Wallis, nach lang anhaltendem hartem Winter, noch nicht genug unterstützt), schreib ich Ihnen einen kleinen Gruß, der bewegt ist von der Zuversicht, daß wir uns in dieser Jahreszeit wiedersehen werden. Denn dabei bleibt es doch, nicht wahr?

Nun wüßte ich gerne schon jetzt ungefähr Ihre Einteilung, um die meine[1] vorbereiten zu können. Ich will mich nämlich im April, wenn es geht, ein wenig rühren: sei es, daß ich rasch an den Lago Maggiore fahre oder gar Entschluß und Mut aufbringe, die Provence wiederzusehen und, nach dieser Seite hin, bis ans Meer vorzudringen. Für diese letztere Absicht läge die meiste Neigung vor, und ein freundlicher Anlaß käme ihr von außen entgegen: Frau Wunderly, mit ihrem Sohn, ist gegenwärtig in Tunis. Es hätte einen Sinn, sie (wozu sie mich sehr ein-

---

[1] Was ich da für mich plane, ist nur ein Entwurf, eine leichteste Möglichkeit; und ich muß nicht erst sagen, daß Ihr Kommen, an dessen Terminen nicht gerückt werden soll, allem, was ich planen könnte, vorgeht!

geladen hat) am 14. April in Marseille zu empfangen und langsam mit den Freunden die Provence heraufzureisen. Mein Wiedersehen mit den vorlängst geliebten Orten (besonders mit Avignon) käme dann zugleich den Begleitern zustatten –, eines zum anderen, und die Jahreszeit dazu: es wäre ein glückliches Unternehmen ...

... An diesem 22. feiert man nun, in Liebau, die Taufe meiner Enkelin Christine; von dort, aus Alt-Jocketa, kam vor einigen Wochen die gute Nachricht, daß Carl Sieber die Juristerei aufgibt, um, ich vermute – mit seinem Bruder zusammen –, das elterliche Gut zu übernehmen. Ruth begrüßt die Wendung mit Freude, und es scheint mir, in der Tat, ein erfreulicher Entschluß zu sein; so bleiben sie beide an der guten Erde befestigt: wer sich an die halten kann, der hat doch einige Aussicht, wiedergehalten zu sein. Und die Gesundheit und einfache Lebensfreude der beiden – der drei guten Menschen – wird sich in dieser tätigen und stetigen Ländlichkeit herzhaft befestigen.

Ich habe neulich um noch einige weitere Exemplare der „Elegien" und der „Sonette" gebeten[1], ob ich gleich sicher bin, schon weit über die mir zukommende Zahl ausgegeben zu haben. Indessen, Sie werden meine Freigebigkeit verstehen: ich habe so lange kein Buch zu verteilen gehabt! ...

---

[1] Eben eingetroffen: Dank!

Und damit genug für heute, im Vertrauen auf ein, wie ich hoffe, recht nahes Wiedersehen.
Wie immer, ganz herzlich, Ihr
                                    Rilke

Vom 25. bis 28. April 1924 besuchten Anton und Katharina Kippenberg Rilke in Muzot.

Muzot, am 12. Mai 1924
Mein guter Freund,
unsere Briefe haben sich gekreuzt; ich danke Ihnen für die getreuen Sicherheiten des Ihrigen, aus dem hervorging, wie Sie sofort, in herzlicher Sorgfalt, an die Ausführung unserer Verabredungen gegangen waren; meine arme Mutter hat mir schon, voller Staunen und Rührung, den Eingang des sie überraschenden Geburtstagsgeschenks gemeldet. Ich freue mich um so mehr, daß wir ihr dieses Beistehen bereiten konnten, als sie ihre Kur in Karlsbad unterbrechen mußte, um der schweren und hülflosen Aufgabe willen, ihre eigene uralte Mutter sterben zu sehen.

Gleich darauf kam auf Muzot ein weiterer Beweis Ihrer vollziehenden Fürsorge an. Die zwei Bände von „Tausendundein Nächten", und dieses liebevolle Dornburg-Buch, das ich mit Ergriffenheit und Erbauung durchgelesen habe. Die Gravüren und Zeichnungen (meistens Rühmlichkeiten der Sammlung Kippenberg) beleben den schönsten Begriff der Baulichkeiten und der Landschaft, mit denen Sie sich nun nächstens, verdientermaßen, noch viel näher umgeben sollen. Wo aber steht jenes mächtige Gedicht mit den Zeilen:

> „aber die Kraft besteht
> bis zum Mittelpunkt der Erde . . . "

?

Vorgestern erhielt ich den beiliegenden Brief von Ludwig Hardt; ich habe ihm versprochen, ihn bei Ihnen zu befürworten. Denn ob ich gleich unserer erneuten Vereinbarung, alle Sammelbücher, Anthologieen usw. mit Abweisungen zu bedenken, recht froh bin, so wäre hier doch die Möglichkeit einer Ausnahme in Erwägung zu ziehen. Diese Sammlung von Vortragsstücken hätte mehr Sinn und Prinzip als so manches Sammelbuch, und es ist auch klar, daß es dabei auf eine Art Vollzähligkeit ankäme. Ludwig Hardt ist mir immer als der ernst-zu-nehmendste unter allen „Rezitatoren" genannt und geschildert worden, und ich unterhalte durch die Jahre freundliche und zustimmende Beziehungen zu ihm. Von mir aus stünde also einer Zusage nichts im Wege, die sich dann auch auf den Abdruck des Gedichts „Requiem auf einen Knaben" erstrecken dürfte, das wir später in unsere Gesamtausgabe aufnehmen wollten. Dies wären meine Gründe für eine Zustimmung: aber es bleibt ganz Ihnen überlassen, ob Sie sie für gut und ausreichend halten mögen. Für alle Fälle habe ich Herrn Hardt empfohlen, Ihnen ein Verzeichnis derjenigen meiner Gedichte, die sein Repertoire ausmachen und also für den Vortragsband in Betracht kämen, vorzulegen.

Dies für heute, lieber Freund ...
Recht von Herzen
Ihr
Rilke

Und nun haben Sie sogar, im feinsten Gehör und Gedächtnis, daran gedacht, mir den abwesenden „Pallieter" zu ersetzen!

DER REISENDE
Auf einer Reise geschrieben, für den aus unerschöpflichem Vertrauen mitwirkenden Freund so vieler Jahre, Wege und Wandlungen

Wie sind sie klein in der Landschaft, die beiden,
die sich gegenseitig mit dem bekleiden,
das sie mit zärtlichen Händen weben;
und der Zug, der nicht Zeit hat, zu unterscheiden,
wirft einen Wind von Meineiden
über diese unendlichen Leben.
Ach, das Vorbei, das Vorbei der zahllosen Züge,
und die Wiesen wie widerrufen;
Abschiede streifen die Straßen und Stufen,
wo noch eben in heiler Genüge
Menschen sich halten. Wer sie doch größer
machte mindestens wie die Gebäude,
diese einander Freude-Einflößer,
diese offenen Opfer der Freude.

Kenn ich sie nicht, diese innig Beschwingten,
die von den plötzlich unbedingten
Herzen in endlose Räume gerissen,
schweben —,
oder die eben
von der gemeinsamen Wasserscheide
niedergleiten ins Weiche der Täler?
War ich nicht immer ihr leiser Erzähler?
Bin ich nicht einer? Bin ich nicht beide?
Bin ich nicht täglich ihr Aufstehn zum Ganzen,
ihr unsäglich reines Beginnen
und das kleine Beginnen mitten im Tanzen,
das sie vergessen?

Laßt uns an ihnen langsam ermessen,
was ein Grab ist, ein Grab in der Erde,
und die Beschwerde dessen,
was unterm Fuß war, nun überm Herzen für immer.
Schlimmer kann es nicht kommen. Aber auch an den
                                              bangen
Gräbern fahren die Züge vorüber,
und über des Lebens
stehn unbefangen
an zitternden Fenstern.
Nach welchen Klimaten
ziehn wir im Reisen? Wer gibt uns den Wink?
Woher wissen wir, daß die Stete verging,
und lassen uns plötzlich weiterweisen
von Ding zu Ding?

Wer wirft unser Herz vor uns her, und wir jagen
dieses köstliche Herz, das wir nur in der Kindheit er-
                                                    tragen,
das uns seither trug.
(Aber wer war ihm Flug genug?)

Wir sehn sie die Landschaft, die rascheren hohen
Herzen, die uns im Schwung übertrafen,
diese Landschaft aus trüben und frohen
Blicken und Schlafen.
Wie mag sie den freien
Herzen erscheinen, die sich entzweien
von unserem Zögern . . .
                        Wie sehn sie die Häuser,
wie jene Gräber und wie die zu kleinen
Gestalten der Liebenden, abseits, —
wie aber die Bücher, die von dem Winde der
                                            Sehnsucht
aufgeschlagenen Bücher der Einsamen?

Muzot, vor dem 22. Mai 1924

Mein lieber steter Freund,
  was bin ich froh, daß ich nun kaum die Zahl oder
Unzahl der Briefe vermehren muß, die zu diesem
(wie es der Gebrauch will) betonteren Festtag Ihnen
zudrängen; daß ich mich vielmehr, um das meiste zu
sagen, auf ein kürzlichstes Wiedersehen und alle seine
Verläßlichkeiten berufen darf.

Was ich Ihnen, in den Momenten größten gegenseitigen Vertrauens und freudigsten Einverstehens, in so vielen Jahren gewünscht habe, ohnehin wortlos: heute, da Sie dies lesen, sei es alles, wortlos, von mir zu Ihnen in seinem Recht!

Was sich etwa ausdrücken ließe:

es möge jedes in Haus und Beruf und in dem reinen Umkreis Ihrer Neigung und Verpflichtung liebevoll Geleistete einen Augenblick in Ihrem Bewußtsein sich geltend machen, so daß Sie unwillkürlich darin ausruhen, aufruhen; und wenn dann in so feierlich bestelltem Heut der Wunsch sich erregt, ein so vielfältig Begonnenes morgen fortzusetzen, so mögen Sie, Freund des immer ausgebildeteren Maßes, in der Kraft dieses Wunsches zugleich noch die Ungeduld der Jugend erkennen und die großmütig gelassene Besinnung der reiferen Jahre.

Soweit das Sagbare; das andere mag zwischen uns in Gebrauch und Schwebe bleiben. In Gebrauch und Schwebe halte sich auch, die mich Ihnen unbeschreiblich verbindet, meine Dankbarkeit.

Es hieße, mein guter Freund, ein solches Gefühl in seinem Gange unterbrechen, versuchte ich, es plötzlich mit Worten zu kennzeichnen. Dulden Sie aber, Lieber, Getreuer, dulden Sie, daß seine Strömung Ihnen ein einfaches Heft zuträgt – keine Zueignung, nichts durch die „Gelegenheit" Hervorgerufenes oder Bestimmtes; immerhin ein in diesem Jahr, dem Ihres fünfzigsten Geburtstags, Aufgeschriebenes.

Sie kennen längst diese Eigenheit meiner Natur, ab und zu auf einen früheren Ton zurückzugreifen; solche Rückfälle führen das, was wir zwischen uns im Vertrauen das Werk nennen mögen, kaum weiter, und sie bereiten dem, dem sie widerfahren, eine gewisse Befremdung und Verlegenheit. Da ich neulich diese Entwürfe aus zwei Winterabenden wieder durchsah, war ich nahe daran, sie zu vernichten; dann aber schien mir, als könnten sie – wenn einem – dem Freunde sich zugekehrt erweisen. Ihm, der so oft, über einem menschlich oder bürgerlich dringenden Anlaß, zu rascher Teilnehmung aufgerufen und angestrengt war, sei hier vielleicht ein Spielplatz, eine Erholungsstunde seiner Teilnahme vorbereitet.

Und zum Schluß noch dies: mein lieber Kippenberg, der Sie so geübt sind, mir beiständig zu sein, verwenden Sie nun auch dies mir zum Beistande, daß Sie mir ein Jahr voraus sind, und geben Sie mir ein Beispiel, wie man diese Wendung über das Fünfzigste hinaus, in einem zusammenfassenden und fortschreitenden Sinne, sich zu eigen mache. Lassen Sie mich in diesem Begriffe, eh ichs dann selber versuche, Ihr Schüler sein.

In aller Herzensgegenwart

Ihr

Rilke

Anton Kippenberg
in Freundschaft
zugewendet zum 22. Mai 1924

PRÉLUDE

Warum, auf einmal, seh ich die gerahmte
Parkquelle unterm Ulmendach?
Das Wasser in dem alten Rande ahmte
dem Hintergrund in Bildnissen nach.

Es zog mich hin. Sah ich vielleicht davor
die Möglichkeit des sanftesten Ovals?
War es die Hoffnung eines Kaschmirschals,
die ich ans Blätterspiegelbild verlor?

Wer weiß es jetzt, da Jugend nicht mehr täuscht?
Wie viele Griffe in das Leere
hat reines Wasser wunderbar verkeuscht
und glänzt noch jetzt herauf, daß es den Traum
                            vermehre.

I

Nichts blieb so schön. Ich war damals zu klein.
Ein Nachmittag. Sie wollten plötzlich tanzen
und rollten rasch den alten Teppich ein.
(Was für ein Schimmer liegt noch auf dem Ganzen.)

Sie tanzten dann. Man sah nur sie allein.
Und manches Mal verlor man sie sogar,

weil ihr Geruch die Welt geworden war,
in der man unterging. Ich war zu klein.

Wann aber war ich jemals groß genug,
um solchen Duftes Herr zu sein?
Um aus dem unbeschreiblichen Bezug
herauszufallen wie ein Stein? —

Nein, dies blieb schön! Ihr blumiger Geruch
in diesem Gartensaal an jenem Tag.
Wie ist er heil. Nie kam ein Widerspruch.
Wie ist er mein. Unendlicher Ertrag.

Dies ist Besitz: daß uns vorüberflog
die Möglichkeit des Glücks. Nein, nicht einmal.
Unmöglichkeit sogar; nur ein Vermuten,
daß dieser Sommer, dieser Gartensaal, —
daß die Musik hinklingender Minuten
unschuldig war, da sie uns rein betrog.

Du, schon Erwachsene, wie denk ich Dein.
Nicht mehr wie einst, als ein bestürztes Kind,
nun, beinah wie ein Gott, in seiner Freude.
Wenn solche Stunden unvergänglich sind,
was dürfte dann das Leben für Gebäude
in uns errichten aus Geruch und Schein.

Alles ist mir lieb, die Sommersprossen
und die Spange, die den Ärmel schloß;
oh, wie unerhört und unverflossen
blieb die Süßigkeit, drin nichts verdroß.

Taumelnd stand ich, in mir hingerissen
von des eignen Herzens Überfluß,
in den kleinen Fingern, halb zerbissen,
eine Blüte des Konvolvulus. –

Oh, wie will das Leben übersteigern,
was es damals, schon verblüht, beging,
als es von dem eigenen Verweigern
wie von Gartenmauern niederhing.

Nein, ich vergesse Dich nicht.
        was ich auch werde,
liebliches zeitiges Licht,
        Erstling der Erde.

Alles, was Du versprachst,
        hat sie gehalten,
Seit Du das Herz mir erbrachst
        ohne Gewalten.

Flüchtigste frühste Figur,
        die ich gewahrte:
nur weil ich Stärke erfuhr,
        rühm ich das Zarte.

Daß ich die Früchte beschrieb,
kams vielleicht durch Dein Bücken
zum Erdbeerbeet;

und wenn keine Blume in mir vergeht,
ist es vielleicht, weil Freude Dich trieb,
eine zu pflücken?

Ich weiß, wie Du liefst,
und plötzlich, Du Atemlose,
warst Du wartend mir zugewandt.
Ich saß bei Dir, da Du schliefst;
Deine linke Hand
lag wie eine Rose.

Entging ich je Deinem frühen Bereich?
Bist Du mir nicht auf allen Wegen
noch immer voraus und überlegen;
wann werden wir gleich?

Du warst so recht, daß nicht einmal die Mode
an Deinem Kleide mich beirrt.
Wie mir Dein Flüchten gehört ... Wird
es hinschwinden in meinem Tode?

Oder warf ich in die Natur,
als meines Untergangs Widerlegung
Deinen Einfluß zurück? Die lange Erregung
auf Deiner Spur?

Auch dies ist möglich: zu sagen: Nein.
Und stolz bei den Knaben zu bleiben;
statt eines Mädchens Widerschein
in sich zu übertreiben.

Sind die Jünglinge später vergleichbar
einer so sanften Gewalt?
Ach, auch der Freund bleibt im Hinterhalt,
rein unerreichbar.

Übe Dich schweigend am Zarten und Harten.
Manche, die Dir leise begegnen,
werden Dich segnen wider Erwarten.
Werden Dich segnen.

II

Wie geschah es? Es gelang zu lieben,
da noch in der Schule nichts gelang!
Das Unendliche bleibt unbeschrieben
zwischen Auf- und Niedergang.

Heimlich hat es sich in dem vollzogen,
dessen Mund nicht mündig war;
doch das Herz beging den großen Bogen
um das namenlose Liebesjahr.

Was war Mahlzeit, Schule, Ballspiel, Strafe,
was war Wachen, was war Schlaf?
da in jäh geordneter Oktave
aller Zukunft Klang zusammentraf.

Oh, so war es damals schon genossen,
und das Herz nahm überhand, —
während noch das Leben unentschlossen
um die Knabenspiele stand.

Damals ward ihm Übermaß gegeben,
damals schon entschied sich sein Gewinn;
ihn zu messen, später, war das Leben, –
ihn zu fassen, reichte hin.

Denn der Gott, der Partnerin verschwiegen,
fühlte sich in diesem Kinde ganz,
da er in des Knaben Unterliegen
gründete das Überstehn des Manns.

Muzot sur Sierre (Valais), Schweiz, am 28. Mai 1924

Mein lieber Freund,

... Clara Rilke hat mir viel von ihren Arbeiten erzählt, mir auch Abbildungen vorgelegt (besonders bedeutend war mir die, aus dem Gedächtnis und aus zusammenfassender innerer Erfahrung, so seltsam gültig gestaltete Schuler-Büste); am meisten aber ließ ich mir von Ruth berichten und von Christinchen, und wir haben uns in den einfachsten und elementarsten Übungen der Großelterlichkeit gegenseitig nach Kräften unterstützt und gefördert.

Daß auch dies nicht vergessen sei, lieber Freund: am 22. haben wir immer wieder Ihrer gedacht; am Nachmittag wollte Clara Rilke Ihnen noch ein Telegramm schicken, und am Abend dann, im Bellevue, zog ich Sie völlig in unseren kleinen Kreis. Da ja, für die Gästezeit, das alte Eis meiner Alkohollosigkeit gebrochen ist, benutzte ich es sofort und ließ eine halbe Flasche Pommery hineinstellen, die wir, zu Ihren Ehren und Freuden, recht lebhaft austranken.

Clara Rilke war, muß ich noch nachtragen, sehr gerührt, daß Sie es, trotz Abhaltung, noch ermöglicht hatten, sie in Leipzig zu sehen; sie tut ja alles immer noch etwas aus dem Stegreif, aber hinter den unzusammenhängenden Entschließungen entwickelt sich in ihr doch, mehr und mehr, eine verläßliche Konstante, in der nach und nach die getrennten und unterbrochenen Elemente ihrer Natur sich – hofft man – so zusammenfinden dürften, daß sie ihr jeweils zur Verfügung stehen ...

Herr Ludwig Hardt ist also, nehm ich an, durch den Insel-Verlag unterrichtet worden, daß wir ihn gewähren lassen; sehr dankbar, wenn Sie mir diese Verständigung abnehmen: denn, durch meine Besuche beschäftigt und zerstreut, hab ich seit zehn Tagen meine Post anstehen lassen, und sie hat, in drei Stößen, eine beträchtliche Höhe erreicht auf dem Schreibtisch.

Nur dies, mein guter Freund,
 ganz von Herzen Ihnen zugetan,
  Ihr
   Rilke

Muzot, am 9. Juni 1924

Mein guter Freund,

es ist nicht schwer, sich vorzustellen, wie viele Bedankungen Sie nach allen Seiten auszusenden haben:

da muß ichs Ihnen fast zum Vorwurf machen, daß Sie mir so viele Blätter eigenhändig geschrieben haben! Aber ich fühle, Sie haben nicht gemerkt, im freundschaftlich beschäftigten Schreiben, wie ein Blatt zum andern kam, und daß Sie sie am Ende nicht noch einmal lesen mochten, hat diesen Zeilen eine Einmaligkeit und Unmittelbarkeit mitgegeben, die beinah ans Mündliche heranreichte, so daß ich einen Augenblick den Eindruck hatte, mit Ihnen zu sein, als ich den Brief (im eigentümlich klaren, aufgeräumten Schatten des Pfingstsonntagmorgens) unter meinen Kastanien las. Das kleine geschäftliche Diktat kam mit der gleichen Post herauf...

Daß auch mir der plötzliche Tod Albert Kösters nahe geht, versuchte schon neulich, in den paar raschen Zeilen an die Herrin, zu Worte zu kommen. Wie wird dieser große Verlust seltsam mit den Erinnerungen Ihres Festes verbunden bleiben. Wenn wir aber dies vor allem wünschen müssen, die Toten nicht zu verlieren, so muß es schließlich, in den unabsehlichen Ordnungen des Bewußtseins, zum Troste ausschlagen, von einem nahesten Freunde, kurz ehe er dem gewohnteren Umgang entzogen ward, so festlich gesteigerte Beweise seiner Neigung und Teilnehmung empfangen zu haben.

Ganz von Herzen, mein lieber Freund,

Ihr

Rilke

Hotel Hof Ragaz, Ragaz, am 19. Juli 1924

Mein guter Freund,

seit mich, es wird ein Monat her sein, Frau Wunderly mit ihrem Auto an der Grenze des Wallis abgeholt hat, um mich, von Bex aus, langsam auf noch unbekannten Wegen, am Neuenburger See entlang, bis nach Bern zu bringen, von wo aus ich Ragaz aufsuchte, die guten Tage (programmgemäß) in Besitz nehmend, die hier dem Wiedersehen mit der Fürstin Taxis und dem Fürsten gewidmet waren –, seit ich dann, über dieses Rendezvous hinaus, allein in dem behaglichen alten Bad zu bleiben, mich noch einen Tag um den anderen gewähren ließ, – kurz, seit alledem: hat meine Feder (von unerwarteten dringenden Übungen abgesehen) Ferien gehabt ...

Wenn nun hier meine Feder ausgeschaltet war, so bin ich doch der Arbeit nicht durchaus entfremdet gewesen; ich habe, die Abende über, mein Valéry-Manuskript in eine präzise Schreibmaschine diktiert, aus der es, druckfertig, zu Ihnen reisen wird, wenn nicht von hier aus, so bestimmt von Meilen, wohin ich in der nächsten Woche weitergehe.

Darüber hinaus ist mein Sommer noch nicht abgesteckt. Und der Ihrige, liebe Freunde? Lassen Sie mich gelegentlich, durch ein kleines Wort, an seinen Gegebenheiten teilhaben: und möchten es, eine nach der anderen, günstige sein.

Wie immer, von Herzen,

Ihr   Rilke

PS.: Die etwas angestrengte Zerstreutheit dieses Briefes wird erklärlich, wenn Sie wissen, daß hinter mir im Salon drei uralte Damen, sehr laut, die Genealogieen von Genfer Familien behandelten, ein Thema, das nicht ohne Interesse für mich war, so daß ich mich, Ohren und Hand weit voneinander, im Raume aufgeteilt fand wie in einem kubistischen Bild von vor zehn Jahren!

Château de Muzot sur Sierre, Valais, am 4. August 1924

Mein lieber Freund,
    seit gestern abend auf Muzot!
Meine (unbegleitete) Sendung von Meilen – das Valéry-Manuskript, das nun in Ihren Händen ist, – müßte sich mit dem guten Brief gekreuzt haben, den ich dort von Ihnen empfing. Wie er mich im ganzen und einzelnen (ganz besonders durch die Stelle, die die Herrin betrifft!) freuen konnte, muß ich Ihnen nicht eigens versichern. Das vielfältige Mosaik Ihres Sommers scheint nicht einmal unter seiner wetterlichen Unfreundlichkeit zu leiden; ich sehe aus Ihren Daten, daß jeder der lieben Hausgenossen Ihres kleinen Kreises zu seinem besonderen Rechte kommt im Verlaufe Ihres Programms und zu einer durchaus für ihn eigentümlichen Ferialität. Troll (den ich ganz besonders begrüße!) wird nicht verfehlen, sowie er sich in den Zugehörigkeiten orientiert hat, diese vergnügten Vereinzelungen immer wieder in seinem teilnehmenden

Bewußtsein zusammen zu fassen und, soweit er nicht in sie einbezogen wird, jede neue Heimkehr mit dem Gewürz seiner Freude überwedeln.

Meine Pläne weisen bei weitem nicht so viel Abwechslung auf, immerhin auch sie sind heuer nicht ohne Beweglichkeit. Ich werde kaum weit über die Mitte dieses Monats in meinem Turm bleiben, indem dann eine Begegnung mit einer Freundin meines vor zwei Jahren in Wien verstorbenen Vetters Kutschera – in Flims – verabredet ist, bei welcher Gelegenheit ich endlich Näheres über die letzten Monate des armen Kranken zu erfahren hoffe. Flims ist nur ein paar Stunden von Ragaz entfernt, so daß der Weg dorthin damit schon fast getan sein wird. Zur Sicherheit soll auch noch ein kurzer Aufenthalt bei meinem Arzt in Valmont in diese Reise einbezogen sein. Um die Weinlese-Zeit gedenk ich dann, dem Eigentümer von Muzot hier (zum ersten Mal im Turme selbst) ein paar Tage der Gastlichkeit zu bereiten, um, mit Beginn des Oktober, nach Paris aufzubrechen...

Kleidung, Wäsche und alles übrige hab ich in Bern und Zürich nach Bedarf ergänzt, nur eine Anschaffung hätte den Anschein einer gewissen Leichtsinnigkeit: aber sie bereitet mir, seit ich nun zurück bin und sie an ihrer Stelle erproben konnte, die schönste Befriedigung, die ich genau genieße, während ich Ihnen schreibe: ein kleiner alter Boukharateppich, mit viel Glück in Lausanne gefunden, hat die schadhafte indische Matte ersetzt, die Sie viel-

leicht an ihrem Platze vor dem Kanapee in meinem
Arbeitszimmer ungefähr erinnern werden. Sonst ist
alles im Gleichen auf Muzot, von der guten Frida
leider abgesehen, die Erholung heuer sehr nötig hat
und für die ich einen (wenigstens vorläufigen) Ersatz
suchen mußte, den wir nun erproben.

Ganz von Herzen, mein guter Freund,

Ihr

Rilke

Das Beiliegende, das mir durch die Kräfte seiner
Beschwörung merkwürdig ist, entstand in Ragaz.

Château de Muzot sur Sierre (Valais),
am 17. September 1924

Mein lieber Freund,

seit gestern abend von einer kleinen Reise zurück,
die mich nach Nyon, Genf und Lausanne geführt
hat, eil ich, mich wiederum mit einigem Geschäftlichen (und, angesichts der hier angesammelten Post,
nur kurz) bei Ihnen einzustellen.

Unter den vielen hier wartenden Briefen war der
in Abschrift beiliegende von Mr. Gaston Gallimard:
es muß ein Versehen oder ein Verlust vorliegen, denn,
wie Sie sehen, ist kein Schreiben der „Insel" dort
eingetroffen. Es wäre schön, wenn wir diese Sache
bald zum Abschluß brächten, vielleicht, daß meine
persönliche Intervention nächstens ein übriges tun
kann, die Angelegenheit in einer für beide Teile an-

genehmen Form zu ordnen: denn ich denke, sehr ernstlich diesmal, an einen Pariser Aufenthalt für einen Teil des Oktober und vielleicht, da man einen schönen Herbst verspricht, in den November hinein. Ich habe sogar, zugunsten dieses Planes, auf eine Fortsetzung meines Ragazer Aufenthalts verzichtet –, trotzdem ist nicht sehr viel zurückgelegt, da dieses Jahr eine ganze Reihe persönlicher Anschaffungen unvermeidlich waren.

Wollen Sie nun, lieber Freund und Sachwalter, beizeiten übersehen, was sich dafür tun ließe, damit ich mir einen nicht zu eingeschränkten und ängstlichen Aufenthalt in Paris erlauben könnte. Mir wärs am beruhigendsten, Sie schlügen mir eine feste Mensualität für diese beiden Monate vor –: geben Sie mir, sobald es geht, eine kurze Nachricht darüber, im Anschluß an ein paar Nachrichten über Ihrer aller Ergehen.

Das diesmal beiliegende Gedicht sollte eigentlich zum Goethe-Tag bei Ihnen sein: denn daß ich es eines Abends aufschrieb, war der Ausdruck einer besonderen inneren Feier.

Ganz von Herzen der Ihre

Rilke

[Anlage]

Schon bricht das Glück, verhalten viel zu lang,
höher hervor und überfüllt die Wiese;
der Sommer fühlt schon, der sich streckt, der Riese,
im alten Nußbaum seiner Jugend Drang.

Die leichten Blüten waren bald verstreut,
das ernstre Grün tritt handelnd in die Bäume,
und, rund um sie, wie wölbten sich die Räume,
und wieviel morgen war von heut zu heut.

Im Mai 1924

                        Val-Mont sur Territet, p. Glion,
                                  am 5. Dezember 1924

Mein guter Freund,

trotzdem ich (leider!) nicht zu Hause bin in meinem Turm (noch, leider, in Paris), hat mich Ihr freundschaftliches Telegramm noch gestern an dem Tage erreicht, dem es zugefühlt war. Dank! Es hat mir das Bewußtsein Ihrer treuen Nähe so ausdrücklich und sicher in die Ausschaltung hereingespiegelt, die mir nun (seit vierzehn Tagen) wieder – mit Val-Mont – diktiert ist. Statt Paris, wohin ich mich, seit dem 15. Oktober, immer wieder mindestens im Aufbruch glaubte, kam lauter Ungutes, eines nach dem andern. Aufschübe und Hinderungen jeglicher Art; eine schmerzhafte und umständliche Zahnbehandlung in Bern durch zehn Tage, die schließlich das Allgemeinbefinden so beeinträchtigte, daß ich mich wieder in die Hände meines Arztes ausliefern mußte, in denen ich zunächst geborgen bin, wie man es nur irgend sein kann in schlechteren Tagen. Was weiter wird, seh ich nicht genau ab, vor der Hand. Es ist für Paris reichlich spät geworden, der Jahreszeit nach, trotzdem ist es nicht unmöglich, daß ich von hier doch noch dorthin aufbreche: der Arzt erwartet sich Gutes von einem Wechsel und sähe es nicht gern, wenn ich in die strenge, winterlich gesteigerte Einsamkeit meines Turms zurückkehre. Aber wir müssen nun sehen, ob ich, auf der anderen Seite, den Zumutungen von Paris, das ja im Winter auch beträchtliche Übelstände hat, ohne Übergang gewachsen bin. —

Sie erfahren, liebe Freunde, meine Beschlüsse...

Carossa schickte mir eben sein schönes „Rumänisches Tagebuch"; ich lese es vor in stillen Abendstunden, wenns nicht der Insel-Almanach ist, den ich vor mir habe: den Lawrenceschen Aufsatz hab ich wieder und wieder vorgelesen; seltsam, er enthält Sätze, die ich, beinahe wörtlich gleich, in meinen Anmerkungen weiß.

Das Schreiben strengt mich an. Sie wissen und fühlen mich, liebe Freunde,

Ihren
Rilke

Val-Mont p. Glion (Vaud), am 20. Dezember 1924

Mein guter Freund,

es war meine herzlichste Absicht, auf Weihnachten zu, den lieben Brief der Herrin aufmerksam zu beantworten und mich Ihnen darüber hinaus mitzuteilen —, nun aber bin ich seit zehn Tagen wieder weniger wohl gewesen, und überdies macht sich auf

Val-Mont fühlbar, wie sehr der Geist des Hauses dem Schreiben ungünstig ist: die Patienten stehen gehorsam unter seinem Einfluß, und so scheint es, als ob jede Zeile wider die Strömungen des Tages zu leisten wäre. Außerdem künden sich gerade meine besseren Momente durch eine im ganzen Wesen sich entspannende Müdigkeit an, und alles in meiner Natur fordert mich auf, dieser impulsiven Trägheit nachzugeben.

So bleibe ich, liebe Freunde, auf ein kleines Zeichen beschränkt, das Ihnen mein Hinüberdenken und -fühlen eben nur anzeigen kann; daß Ihr Gedenken mich weihnachtlich finden wird, ist mir eine vertraute Gewißheit.

Wahrscheinlich werden Sie, in geübter Sorgfalt, wieder ein paar Bücher für mich ausgewählt haben, die nachträglich in Muzot zu finden ich mich jetzt schon vorfreue. Darf (wenn ich einen Wunsch äußern soll) auch Schaeffers „Prisma" dabei sein? . . .

Der Arzt bestärkt mich immer noch in meinem Pariser Plan; daß ich ohne andere Eindrücke von hier nach Muzot in die vollkommene Abgeschiedenheit zurückkehre, wäre ihm unlieb, und auch mir scheint es nicht das Rechte zu sein: ich muß mir von irgend einer neuen äußeren Anhöhe her ein Gefäll ins Innere schaffen, um dort wieder mit einigem Rauschen anzukommen. Für Paris kommt das meiste zusammen: Valéry hält ein paar Menschen für mich bereit, mit denen ich mich gerne berühren würde –, und im übrigen durfte ich es ja Paris immer überlassen, mich, wie es eben kommt, zu bestärken und zu bereichern. Im stillen hätte ich vor, wenn der Januar witterlich günstig wird, ans südfranzösische Meer zu gehen, vielleicht in Valérys Heimat, dorthin, wo das Urbild des herrlichen „Cimetière Marin" zu finden ist (dessen Korrektur ich eben hier gelesen habe: entzückt von dem schönen Satz und der schönen Type unserer Valéry-Ausgabe!) . . .

Das Schreib-Mäßlein, das kleine, ist voll; es läutet zum Essen. Ich schließe, lieber Freund, und bin in der herzlichen Erwartung Ihrer Nachrichten.

Immer, von Herzen, Ihr

Rilke

Val-Mont, Glion, am 26. Dezember 1924

Mein lieber Freund,

es sind so viele Weihnachtsbücher von Ihnen bei mir eingetroffen, daß ich die Fülle Ihrer guten und schönen Geschenke noch gar nicht übersehe: ich kann Ihnen heute nur sagen, daß ich besonders beglückt bin, daß Sie daran denken mochten, mir aus der kleinen Auflage des Erbachschen Silhouettenbuches eines der herrlichen Exemplare zuzuwenden: es war die große Freude gestern meines Weihnachtsfeiertags, mich an der Klarheit und Gebärdigkeit dieser Scherenschnitte zu entzücken. Welche meisterhafte Verwirklichung ist da aus den vereinigten Sorgfalten, die Sie jedesmal Ihren Plänen zu gesellen und zu unterwerfen wissen, hervorgegangen!

Und Stifters „Alt-Wien", (– das übrigens auf das vollkommenste ergänzt wurde durch zwei große, mit vielen Abbildungen versehne Publikationen Dr. Tietzes, mit denen Wiener Freunde mich überrascht haben.) ...

Jedenfalls schließe ich noch eine fünfte Woche hier ab und werde dann, Montag, sehen, wozu ich mich fähig fühle.

Danke für alles Getreue und Freundschaftliche, auch für die Aussendung der Bücher an Frl. Baumgartner und den „trefflichen Polen", der mir, in bester Absicht, allerhand polnische Unannehmlichkeiten bereitet.

Und der Herrin Grüße und Dank für ihren guten Brief.[1]

Wie immer, dankbar, Ihr

Rilke

Hôtel Foyot, 33, rue de Tournon, Paris VI.,
am 3. Februar 1925

Meine lieben Freunde,

seit ich hier bin, d. h. seit ungefähr drei Wochen, will ich mich Ihnen in Paris melden; aber selbst wenn mein Tisch und Zimmer gefälliger wären –, ich kann

---

[1] Den ich, wie sie mir erlaubt hat, zunächst „unsichtbar", aber „fühlbar" beantworte!

nicht ans Schreiben denken, von den kleinen Rohrpostworten abgesehen, die die zahlreichen, ja fast zahllosen hiesigen Begegnungen einleiten und lenken. Denn diesmal (als Kontrast zu der langen Abgeschiedenheit im Wallis) lag mir daran, Menschen zu sehen und Beziehungen fortzusetzen —, und schon bin ich in der Lage des Zauberlehrlings, den das leichthin Begonnene mit zunehmendem Gehorsam übermag. Da fährt mir heute der Schrecken durchs Gemüt, Sie könnten (das Datum ist mir nicht gegenwärtig) nach Ägypten aufbrechen, ohne meine Wünsche für jedes Gelingen dieser bedeutenden Reise mitzunehmen und ohne daß wir uns gegenseitig vorher über unsern Augenblick verständigt haben. So schreibe ich auf der Stelle, liebe Freunde.

Erzählen bleibe für später, wenn das Hiesige wird einigermaßen übersehbar geworden sein; vor der Hand treibt es mich von einem ins andere und oft in vieles zugleich oder über jedes Abzuschätzende hinaus, und ich lasse, diesmal, die mächtige Strömung gewähren. Das Leben hat auch hier viel an Leichtigkeit verloren; es ist voller Reizungen und staut sich jeden Augenblick an irgend einem Zuviel; dabei ist es unheimlich unhandlich und von der erschreckendsten Teuerung. Reich zu sein für ein paar Monate, hätte mir manches erleichtert, und es ist ein rechtes Mißgeschick, daß ich mich finanziell vorher in Val-Mont so unverhältnismäßig erschöpft habe. Trotzdem, ich hoffe, wir könnens einrichten, daß ich bis in den März hinein hier aushalte. Und nun, rasch, ein paar Bitten. Es liegt mir sehr am Herzen, Kassner hier bekannt zu machen; seine alten Freunde halten ihn im lebhaftesten und schätzendsten Angedenken, wissen aber wenig von seiner bedeutenden Produktion aus dem letzten Jahrzehnt. Darf ich seine wichtigsten Bücher (einschließlich des „Dilettantismus" und der „Elemente der menschlichen Größe") her erbitten, zugleich mit einigen Exemplaren meiner „Sonette" und der „Elegien"? Sobald wie möglich...

Ich muß schließen! Erreicht Sie dies noch, so bitte ich um eine Zeile von Ihnen oder der Herrin, mindestens die Daten Ihrer Reise und Ihr Ergehen betreffend.

Ganz von Herzen

Ihr

Rilke

Hôtel Foyot, 33, rue de Tournon, Paris VI., am 12. Februar 1925

Mein lieber Freund,

es war eine rechte Wohltat für mich, daß mein Brief Sie noch inmitten der „Insel" vorgefunden hat, und ich danke Ihnen für alles tätige Einsehen in meine Angelegenheiten, das Sie sofort, aus der Fülle Ihrer freundschaftlichen Bereitschaft, mir erwiesen haben. Die Kreditanstalt hat mir bereits den außerordentlichen Zuwachs meines Kontos gemeldet, und ich bin froh, fürs nächste über einige Mittel zu verfügen, die mir das Hiesige etwas bequemer mir anzueignen erlauben. Es ist übrigens (muß ich richtigstellen) nicht so, daß Paris sich in seinem Wesentlichen könnte verändert haben. Die Bedingungen seiner Größe scheinen so gründliche und ständige zu sein, daß aus ihnen immer wieder ein Äußerstes und Unübertreffliches, wie aus der Wurzel, hervorgeht, und ich erkenne fortwährend, was mir vor Zeiten beseligend und bestürzend war, und erlebe davor eine in nichts verminderte Überwältigung. Höchstens ist die Strömung, die dieses Wesentliche überzieht, dichter, rücksichtsloser, hastiger geworden (: aber unter ihr schont sich nur um so heimlicher die überlebende Natur dieser unvergleichlichen Stadt). Wenn ich, für Stunden ab und zu, die Veränderung zugeben muß, so ists, weil ich diesmal selbst gelegentlich in dieser oberflächlichen Strömung treibe –, aber wie gern sondere ich mich aus ihr aus, um zu dem anderen Paris zu gehören, das immer noch das Paris Villons ist oder Charles-Louis Philippes, das Paris Gérard de Nervals und Baudelaires, das vollzählige Paris, das, in der unendlichen Geistigkeit seines Raumes, alle Erbschaften antritt und alle Schwingungen sich einbezieht: die einzige Stadt, die eine Landschaft des Lebens und Todes werden konnte unter der unerschöpflichen Zustimmung ihrer großmütigen und leichten Himmel.

Ihr Datum, mein lieber Freund, drängt mich, und so nehm ich mich, für ein folgendes Blatt, rasch zum Nötigsten zusammen.

Das Buch von Edouard Schneider über Eleonora Duse lag, in der Tat, seit seinem Erscheinen auf meinem Tisch; lesen konnte ich es erst jetzt, und das hat sogar meinen Brief um zwei Tage verzögert. Ich glaube, ich darf Ihnen raten, eine Übersetzung dieses Buches mit dem Inselschiff auszuzeichnen. Nicht als ob Mr. Schneider (den ich vielleicht dieser Tage bei der Duchesse de Clermont treffen werde) sich fähig erwiesen hätte, ein bleibendes Bild der großen und schmerzhaften Gestalt zu entwerfen; er kannte seine Maße und hat sich so viel nirgends zugetraut. Auch schwankte jeder, den die längst zerstörte Frau in den letzten Jahren in den Bereich ihrer verzweifelten und dabei so opfernden Freundschaft einbezog, zwischen dem Zuviel an Einzelheiten ihres unmittelbaren Leidwesens und jenem anderen plötzlichen Zuviel oder Zugroß, zu dem sich ihre Erscheinung unvermutet, vor dem nahe Teilnehmenden, fort- und zusammenhob, unübersehbar in der jugendlichen Vereinfachung ihres eben noch lastenden und beengenden Konturs. Daß alle Schwere bei ihr, von einem Moment zum anderen, in den vollkommensten spielendsten Ausdruck dieser Schwere umschlagen konnte, war das eigentümliche unvergeßliche Wunder ihrer Not. Davon, wie von anderen Wandlungen ihres bildenden Gemüts, spricht E. Schneider mit überzeugender

Einsicht. Vor der Hand möchte nirgends ein so reichliches und ergreifendes Zeugnis für Eleonora Duse angeboten sein, wie das wahrhaftige Buch dieses Freundes aus spätester Zeit es zu gewähren versucht. Und bis auf weiteres wird dieses Buch maßgebend bleiben für jene Gestalt, die eindeutiger, als je eine Schauspielerin war, aus den Vorwänden der Dichter und denen ihres Schicksals, immer als die Gleiche, hervortrat . . .

Masereel traf ich einmal in der Untergrundbahn und verließ ihn mit dem Versprechen, ihn aufzusuchen; wohnte er nicht am anderen äußersten Rande von Paris, so wäre es längst zur Ausführung gekommen. Nun eifert mich Ihr Auftrag an, den Besuch in meinen kleinen Wochenplan einzuzeichnen...

Und zum Schluß, liebe liebe Freunde, meine Reisewünsche für die bevorstehende große Unternehmung. Da sie auf eigenen Erinnerungen aufruhen, haben sie den Vorzug, nicht ganz ungenau zu sein, wie, der Temperatur nach, die Freundschaft sie präzisiert, mit der ich Sie immer begleite.

Ihr
Rilke

Noch: Hôtel Foyot, 33, rue de Tournon, Paris VI.,
am 7. Mai 1925

Mein lieber Freund,

ich fürchte, wir stehen zueinander in einem Verhältnis der Abwartung gegenseitig, das noch länger auszuwachsen droht, wenn ich ihm nicht ein Maß setze: Sie erwarten vielleicht die Anzeige meiner Heimkehr nach Muzot, und, was mich angeht, so darf ich sagen, daß ich mich seit Wochen darauf freue, Ihre und der Herrin Rückkehr aus so weiten Unternehmungen, im befriedigendsten und glücklichsten Sinne, bestätigt zu erhalten. Und so warten wir zu. Oder aber es hält Sie einfach die vorgefundene Unmenge der Arbeit ab, mir das erwünschte gute Zeichen zu geben, — wie ich, meinerseits, abgehalten war, mich Ihnen geltend zu machen durch eine Reihe schlimmer Wochen, die an eine an sich kurze und glimpfliche Grippe angeschlossen waren; wie das so geht mit dieser vieldeutigen Krankheit: da sie überwunden schien, trat erst die eigentliche Störung ein, ein Sich-in-sich-nicht-Zurechtfinden, eine Leere und Unwegsamkeit im Gemüt, ein Nichtdenkenmögen, eine unerklärliche Unlust, die alles einbezog, was man vornehmen wollte, und in der besonders dem Lesen und Schreiben der Reiz und die Leichtigkeit völlig benommen schien. Ohne diese vorübergehende Erkrankung, die in ihren Folgen noch nicht ganz ausgeglichen ist, wäre ich wohl längst in meinem Turm (ich hatte mir Ostern als äußersten Termin, nach immer weiterer Nachgiebigkeit im Verlängern des hiesigen Aufenthalts, vorgesetzt gehabt) — nun wollte ich nicht mit Schlechtem hier abgeschlossen haben, und der (wenn auch mühsam und zögernd) zunehmende Frühling schien mir Grund genug zu noch einigem Verweilen unter den unversehens stattlich gewordenen Bäumen meines vertrauten und immer noch und immer wieder wunderbaren Luxembourg.

Nach dieser Einleitung, lieber Freund, durch die Fragen und Besorgtheit um Ihrer beider Ergehen sich immerfort vordrängen wollten, lassen Sie mich bis auf weiteres (vielleicht, wie ich am liebsten hoffen möchte) wieder, auf Muzot, Mündliches!, alles Mitteilbare überschlagen, um auf einiges Geschäftliche zu kommen.

Mein Hiersein hat mir erlaubt, die von Maurice Betz begonnene Übersetzung des „Malte L. Brigge" einigermaßen zu überwachen: sie wird, wenn wir sie so abschließen, wie sie bisher sich entwickelt hat, einen verhältnismäßig genauen Gegenwert darstellen. Nun tut mir Edmond Jaloux die Ehre an, mein Buch als erstes einer Serie ausländischer Prosa in dem Verlage von Émile-Paul, schon im Oktober, publizieren zu wollen. Herausgeber und Verlag (der eine und der andre namhaft und Ihnen gewiß nicht unbekannt) haben mir das beste Entgegenkommen bewiesen und mich gebeten, die Insel zu veranlassen, ihre Vorschläge in betreff der geschäftlichen Seite dieser Angelegenheit sobald wie möglich an den hiesigen Verlag mitzuteilen. Mein großer Wunsch ist nun, daß wir, in diesem Falle, den geschäftlichen Vorteil nicht in den Vordergrund rücken (ich bin Edmond Jaloux in vieler Weise freundschaftlich verpflichtet), sondern eine entgegenkommendste Proposition machen, die Émile-

Paul ohne weiteres zu akzeptieren vermöchten; Sie
verstehen mich recht: ich meine natürlich nicht eine
Abmachung, die uns zum Schaden ausgeht, aber ein
Freundlichstes und Annehmbarstes: mir liegt viel an
dieser französischen Edition, auf die meine hiesigen
Freunde mit Spannung und Aufmerksamkeit warten.
Sie tun mir den herzlichsten Dienst, wenn Sie alle
Erschwerungen aus diesen Verhandlungen ausschließen . . .

Ein anderes:

Unter dem Protektorat der Fürstin Gaëtani-Bassiano erscheint hier seit einem Jahr etwa eine sehr
schöne Vierteljahrszeitschrift: Paul Valéry, Leon-Paul
Fargues und Valéry Larbaud zeichnen als Herausgeber, ich selbst werde ab und zu, wie schon im zweiten Heft, mit einigen französisch geschriebenen Beiträgen vertreten sein. Die bisherigen drei sehr schönen
Hefte werden der Insel schon vor einigen Wochen
während Ihrer Abwesenheit zugegangen sein: es ist
nicht schwer, sich vor ihnen ein Urteil zu bilden über
den Wert dieser sehr besonderen und doch nicht unangenehm exklusiven Publikation, in der große Werte
des deutschen Schrifttums immer rein aufgezeigt sein
werden: bisher Büchner, Meister Eckhart – nächstens: Hölderlin. Nun wünscht die Fürstin (die, nebenbei, eine große Freundin und Leserin der Bücher des
Insel-Verlages ist,) im Auslande Stellen einzurichten,
durch die Bezug und Abonnierung ihrer Zeitschrift
außerhalb Frankreichs erleichtert wird. Große Ver-

lage in England und Italien haben diese Kommission für „Commerce" (Titel der Zeitschrift: in seinem Doppelsinn von Umgang und Handel) bereits übernommen. Die Fürstin Bassiano bat mich, bei Ihnen anzufragen, ob der Insel-Verlag sich geneigt fände, diese Vermittelung für Deutschland zu übernehmen: eine Anzeige im „Inselschiff" würde sicher genügen, die Interessierbaren auf diese große Revue aufmerksam zu machen, an der Kessler und Hofmannsthal lebhaften Anteil zeigten und versprachen. Auch darüber, lieber Freund, wäre mir eine baldige Äußerung willkommen: ich, persönlich, wünsche, im Interesse des schönen Unternehmens sehr, sie möchte zustimmend ausfallen.

Schließlich: da sehr viele meiner hiesigen neugewonnenen Freunde das Deutsche in sich nach Kräften wieder aktualisieren (die zahlreichen wenigstens, die es als Kinder oder in ihrer Jugend gekonnt haben), so würde ich gerne vor dem Fortgehen noch einige meiner Bücher hier in freundlichen Händen zurücklassen...

Und Kassners neues Buch (über dessen Zueignung ich mich unendlich gefreut habe) in zwei Exemplaren, oder besser drei! Es ist eines meiner liebsten Ergebnisse in Paris, seine Erinnerung, die bei seinen alten Freunden hoch in Ehren steht, aufgefrischt und weiter ausgebreitet zu haben. Man liest ihn, und ganz besonders der Kreis um „Commerce" ist für ihn entschlossen und eingenommen.

Genug, lieber Freund, liebe Freunde!...
Ganz von Herzen der Ihre

Rilke

Hôtel Foyot, 33, rue de Tournon, Paris VI.,
am 26. Mai 1925

Mein lieber Freund,

Sie wieder einmal (in Ihrem Briefe vom 11. Mai) so ausführlich bei mir ankommen zu sehen, war mir die allerschönste Freude. Freilich, die großen Bogen haben, besonders was das Persönliche angeht, lauter Fragen in mir aufgeweckt, die ich, kurz bei Feder und im Interesse Ihres Beschäftigtseins, unterdrücken muß, ja, um so lieber unterdrücke, als damit Ihrem Nach-Muzot-Kommen ein Grund mehr vorbehalten bleibt!

Könnten wir doch auch über die Fragen der Gesamtausgabe, ehe sie in Angriff genommen wird, uns erst noch mündlich unterhalten! Ich notiere heute nur zwei Bedenken, vorläufig. Das unmittelbare Nebeneinander meiner jugendlichen Vor-Prosa (die noch keine war) in den „Geschichten vom Lieben Gott" und des „M. L. Brigge" sagt mir wenig zu – (wird sich aber, seh ich ein, kaum ändern lassen).

Ebenso verdrießlich ist die Verdrängung des Rodin unter die Übertragungen –, und ob dort überhaupt Raum bleibt für den ganzen Rodin-Text, wenn die Michelangelo-Gedichte ihren Platz in dem geplanten Bande erst eingenommen haben? Ich meine, seinerzeit, von München aus, eine Abschrift dieser Übertragungen im sichern Schranke der „Insel" deponiert zu haben; es ist kaum etwas seither hinzugekommen. Wenn Sie also das betreffende Paket hervorholen lassen und öffnen, so werden Sie sich ungefähr ein Maß abnehmen können für die Seiten, die für Michelangelo in Betracht kämen. Schade, daß man nicht den Rodin zwischen die „Geschichten vom Lieben Gott" und den „Malte" stellen kann: (so war es, scheint mir, in jenem ersten Verteilungsentwurf, den Sie auf Muzot skizzierten, vorgesehen); denn die Rodin-Monographie stellt in der Tat, was die Entwickelung meiner Prosa angeht, den Übergang dar zwischen jenen beiden anderen größeren Prosaarbeiten. Ließe sich nicht, wenn wir von Prosafragmenten ausgehen, der 4. Band doch noch aus diesen drei Elementen zusammenstellen?

Über die Zusammenstellung von Band I, II, III besteht kaum ein Zweifel; und es wird, sowie ich mich auf Muzot finde, mein erstes sein, die neuesten Gedichte und Versfragmente für den 2. Band zu ordnen. Im übrigen sind wir ja wohl einig darüber, dieser schönen und großen Zusammenstellung eine Sorgfalt und Überlegung zuzuwenden, die sich durch Eile nicht beeinträchtigen läßt. Mag die Ausgabe, wenn die Sitte es so verlangt, an jenes Datum des nächsten 4. Dezember, dem Vorwand und Namen nach, angeschlossen bleiben, um so besser, wenn sie sich etwas verspätet und nicht dazu beiträgt, einen Abschnitt zu betonen, von dem Sie sich denken können, wie sehr es nach meinem Geschmack wäre, ihn übersehen und übergangen zu wissen.

Sie kennen, lieber Freund, diesen „Geschmack" so gut, daß Sie sofort erraten haben, daß ich mich auch der Betonung entzogen haben würde, die durch meine Anwesenheit bei dem großen Bankett des „Pen-Klubs" auf meinen Namen nebenbei mit gefallen wäre. Wie ich Ihnen telegraphisch mitteilte, hatte ich bereits refüsiert, ehe ich die „Wichtigkeit" und den Umfang dieses Kongresses kannte. Als ich seine Prätentionen erfuhr, lobte ich meinen guten Entschluß und wiederholte den nochmals Einladenden gegenüber meine Ablehnung. Von einer „Vertretung" der Tschechoslowakei war bei alledem niemals die Rede gewesen. Allerdings hatten hiesige Zeitungen die Namen der Eingeladenen nach ihren Ursprungsländern angeführt, wogegen ja nichts einzuwenden ist. Das gab wohl die Basis ab für jene bösartige Notiz, die an Ungenauigkeiten nichts zu wünschen übrig ließ: der Einladende, z. B., war kein Amerikaner, sondern der große englische Romancier Galsworthy; Paul Valéry war durch viele Jahre, bis zu dessen Tode, Privatsekretär des Mr. Lebey, Direktors der Agence-Havas, nicht aber „Schriftleiter" dieser Agence, etc....

Im übrigen, ohne jedes Recht, sie je zu vertreten, habe ich gegen die Tschechoslowakei nichts einzuwenden, und wenn man mich, dem Ursprung nach, dorthin rangiert, so verhalt ich mich still und höflich dieser Tatsache gegenüber, die ja immerhin an dem Kompositen meines Wesens ihren Anteil haben mag.

... Die Dose konnte ich der verehrten Freundin damals nicht mehr bestätigen: als sie hier eintraf, waren Sie schon unterwegs und ich ohne eine Ihrige Adresse. Später war sie schon so sehr Eigentum, daß ich ihr Angekommensein nicht mehr zur Sprache brachte. Sie gehörte hier (und das wird ihr immer angerechnet bleiben) zu den wenigen Dingen, die mich bedeuten halfen gegen die Gleichgültigkeit des Hotelzimmers.

Alles Gute und Dankbare, liebe Freunde.
Wie immer, Ihnen beiden der gleiche

Rilke

Hôtel Foyot, 33, rue de Tournon, Paris VI.,
am 20. Juni 1925

Mein lieber Freund,

es ist Ihnen gewiß nicht leicht, eine so lange Nachlässigkeit mit mir zu vertragen; auch drückt sie mich sehr, diese Verspätung, mit der ich Ihnen den guten Brief vom 29. Mai bestätige, der mir, wie ich das von allen Ihren Nachrichten gewohnt bin, in jeder Weise beiständig und bestärkend war. Ich will, was längst beantwortet sein sollte, nicht noch um ein paar Zeilen aufschieben, die mit Gründen und Entschuldigungen anzufüllen wären: daß ich noch in Paris bin, faßt diese Abhaltungen zusammen, und ich empfehle sie Ihrer Nachsicht, en bloc.

Die nun aufgestellte Liste, die, wie die ursprüngliche Skizzierung, eine Verteilung auf sechs Bände vorsieht, scheint mir sehr glücklich angelegt: sie hat meine ganze Zustimmung, und die Verwirklichung unserer Gesamtausgabe tritt mit ihr, nun auch für mich, in das Gesichtsfeld des Nächsten und Übernächsten.

Unter den Gründen meines Briefschweigens während der letzten Wochen ist einer anzuführen, der in unser gemeinsames Guthaben gehört: ich habe mit dem jungen Übersetzer des „M. L. Brigge" seine abgeschlossene Übertragung Zeile für Zeile durchgesehen, so daß ich nun für die Genauigkeit und Gültigkeit der französischen Version einstehen kann. Diese sollte, wie ich Ihnen schrieb, bei Émile-Paul Frères im Oktober erscheinen. In Ihrem vorletzten Brief war davon die Rede, daß Sie, meiner Bitte entsprechend, die entgegenkommendsten Vorschläge an den französischen Verlag haben schreiben lassen: unbegreiflicher Weise ist dieser Brief dort nie eingetroffen: darf ich Sie bitten, so rasch als möglich, sein Duplikat an M. M. Émile-Paul Frères gelangen zu lassen, damit das Erscheinen dieses nun druckfertigen Bandes keine Verzögerung erleidet. Übersetzer und Herausgeber haben mir eine Bereitschaft und Freundlichkeit erwiesen, hinter der ich ungern zurückbliebe.

Verschiedene Zeitschriften bereiten, wie ich höre, ausführlichere Artikel vor, die zugleich mit der französischen Edition des „Malte" erscheinen sollen. Eine sympathische Revue „Les Cahiers du Mois" (an der mein Übersetzer, Maurice Betz, als Redaktionssekretär beteiligt ist) kündigt ein ganzes Heft an, das meinen Namen trägt. Der Titel dieses vorbereiteten Heftes lautet: Reconnaissance à Rilke. Der junge Betz bittet mich, ihm für dieses Heft meine Hülfe zu leihen; da in Frankreich noch wenig von meinen Arbeiten bekannt geworden ist, hiesige Stimmen über sie also noch spärlich sind, läge ihm, vor allem, daran, die verschiedenen Broschüren und Artikel zu kennen, die, in deutscher Sprache und auswärts ihres Bereichs, von meinen Büchern angeregt worden sind. Sie wissen, lieber Freund, daß ich nichts dergleichen bei mir ansammele. Es fragt sich nun, ob das Archiv der Insel die Großmütigkeit hätte, meinem jungen Freund und Mitarbeiter eine Auswahl aus diesen Drucksachen (befristet) zur Verfügung zu stellen. Ich, in jedem Falle, befürworte aufs dringendste diese Möglichkeit und meine, für den sorgfältigsten Gebrauch des etwa Anvertrauten und für seine genaue Rückgabe mich verbürgen zu können.

Und da ist dann noch diese dritte Sache, die mir am Herzen liegt: die Vertretung des „Commerce" durch die „Insel". Sie werden die drei ersten Hefte inzwischen erhalten haben; ihr Wert und ihre Bedeutung zeigt sich deutlich genug, aber man muß die hiesigen Verhältnisse näher kennen, um zu verstehen, eine wie unvergleichlich besondere Stellung diese Publikation unter den französischen Revuen einnimmt. Inzwischen hat, wie mir die Fürstin Bassiano gestern sagte, auch Hofmannsthal ihr lebhaft geraten, die „Insel" für die auswärtigen Beziehungen, die die Zeitschrift sich zu schaffen geeignet wäre, zu gewinnen: er sähe, schrieb er der Fürstin, keinen anderen Vermittler, der die Eignung hätte, diese Hefte, über Frankreich hinaus, denjenigen Kreisen zuzuleiten, in denen sie wirksam und willkommen wären. So stelle ich also auch hinter diese Frage ein supplementäres Fragezeichen und bitte Sie um eine gelegentliche Äußerung...

Damit schließ ich heut, lieber Freund; mit allem übrigen hat sich auch der Dank verspätet, den ich Ihnen, gleich, für die prompte Regelung meiner finanziellen Ansprüche hätte schreiben mögen. Ich bin nun im Besitz zweier Anzüge von Meisterhand; und ob sie gleich, gewissermaßen, „signiert" sind, so gereichen sie mir doch zur bequemsten und behaglichsten Wohnung....

Von Herzen dankbar,

liebe Freunde,
der Ihre
Rilke

Château de Muzot sur Sierre (Valais),
am 12. September 1925

Mein lieber Freund,

ich kann nicht sagen, wie oft ich gelitten habe unter diesem fortgesetzten Ausbleiben bei Ihnen, aber ich bin, Sie wissen es, nicht der Mann der kleinen Winke und Zeichen; einer wirklichen Mitteilung, wie sie zwischen uns gebräuchlich ist, stand leider alles im Weg: meine eigene Unschlüssigkeit von einer Woche zur anderen, die vielfältigen Hemmungen, denen ich ausgesetzt bin, von der Gesundheit her sowohl als auch von seiten der eindringlichsten Einwirkungen von außen. — Alles in allem: ich werde dieses Jahr, 1925, zu den schlimmsten rechnen, die ich seit den Heimsuchungen der Kindheit erinnern kann, wie jenes hat es mich bis in meine physischen Grundlagen erschüttert und, wer weiß, verändert, und hat mit den Kindheitsnöten irgend eine innerste Unentrinnbarkeit gemein, die dadurch noch fühlbarer wird, daß man das Leben nicht mehr vor sich hat. Nur soviel, lieber Freund; Sie sollen nur einsichtig verstehen, daß ich nicht aus Zerstreuung und Leichtmut in dieses anstehende Schweigen geraten war. Unter andern Umständen hätten weder Ihr guter Brief, noch die Anforderungen eines Almanach-Beitrags unerwidert bleiben können. Da es sich um die Herrin und um Sie handelt und um die ganze Atmosphäre Ihrer Freundschaft, darf ich um nachsichtige Behandlung alles dieses Versagens bitten, ohne ganz unbescheiden zu sein.

Zusammenfassend: ich verließ Paris (endlich!) am 18. August; machte kurzen Aufenthalt in kleinen Städten im Burgundischen, war am 24. in Sierre, nur einen Tag indessen, da mich eine dringende Verpflichtung an den Lago Maggiore und nach Mailand nötigte. Zum 1. September wieder zurück, empfing ich hier meinen Haus- und Turmherrn, mit dem verschiedene Veränderungen baulicher Art vereinbart wurden, die auf Muzot noch diesen Herbst sollten ausgeführt werden. Seit der Abreise Werner Reinharts zögere ich mit der meinigen: denn ich gedachte, die Spätsaison auszunutzen für eine kurze Kur in Ragaz, dessen Bäder ich voriges Jahr zu spät versucht hatte, um aus ihnen den Vorteil zu ziehn, den ich ihrem Einfluß zuzumuten einigen Grund habe. Andererseits: das endlich Nachhausegekommensein hält mich fest, zusammen mit der plötzlich eingefallnen Kälte. — Und doch rät mir ein fast physisches Zureden, dem Winter mit jenen Bädern zuvor zu kommen . . .

Alles Gute aus freundschaftlichstem Herzen.

Ihr

Rilke

Château de Muzot sur Sierre (Valais),
am 28. Oktober 1925

Mein lieber Freund,

ich schreibe umgehend! Wie oft mir, in so langen Monaten, eine Nachricht von Ihnen gefehlt hat, ich könnts nicht nachzählen. Aber freilich, auch ich bin ja ausgeblieben, Zeit um Zeit.

Nun muß ich der..... Neugier und Un..... bescheidenheit des „Querschnitt" fast dankbar sein, da mir Ihre Zeilen daraus fällig geworden sind. Mir ist das Brodeln in dieser Garküche „Querschnitt" (oft, zum Glück, ist mir ihr Geruch nicht vorgekommen) so zuwider, daß ich mich in keiner Sprache dort gemein machen möchte. Bitte, finden Sie den Vorwand einer genauen und endgültigen Ablehnung.

Der kleine Band „Vergers" wird also wirklich (eben erhielt ich den Kontrakt) vorbereitet (in den Editions der N.R.F.). Ursprünglich plante man, ihn gleichzeitig mit der Übertragung des „Malte" (auf die ich mich, propre und klar, wie sie nun dasteht, freuen darf) an den Tag zu geben, aber nun werden sich die Verse hinter der anderen Publikation etwas verspäten. Mein Manuskript (in Paris immer noch weiter angewachsen) war schließlich zu stark geworden für die Kollektion „Une Œuvre, un Portrait": so überließ ich es Freunden, eine neue Auswahl zu treffen, un surchoix, wie man bei Datteln sagt. Diese Verse haben sich aus einer tiefen Lebensschicht so unbedingt und fertig heraufgehoben, alles war da reines Geschenk und Überraschung für mich, die Entstehung, die Vorliebe der französischen Freunde dafür und, schließlich, der unerwartete Antrag Gallimards. Die „Quatrains Valaisans" bilden den Kern des Bandes, aber wie vieles hat sich nun um diese Anfänge angesetzt.

Über alle Dinge, Lebens und der Arbeit, ein nächstes Mal. Ich bin erst seit kaum vierzehn Tagen wieder auf Muzot und leider immer wenig wohl!
In ältester Treue, lieber Freund,

Ihr

Rilke

(Alles Liebe, Herzlichste der Herrin!)

Château de Muzot sur Sierre (Valais),
am 2. November 1925

Mein lieber Freund,

so hat mich also der Allerheiligentag mit der vorliegenden Erscheinung der Valéry-Übertragungen beschenkt: der Band ist, wie das in Anbetracht der ihn erwägenden und leistenden Kräfte nicht anders werden konnte, in jeder Weise ausgezeichnet. Das einzige, was mir, als ein Versehen, auffiel, ist das Fehlen des Akzents im Namen: Valéry; ein Mangel, der sich, mitten in der aufmerksamsten Sorgfalt, dort eingenistet hat, wo ihn auch noch der prüfendste Blick bis zuletzt übersehen konnte! ...

Die beiden ersten Exemplare, die mir zugedacht waren, mußten sofort weitergegeben sein; denn Paul Valéry hatte, weiß Gott, wie das möglich war, unseren Band schon in Paris gesehen –, und ich befürchtete, daß nicht ein Gleiches oder noch Vorwegnehmenderes für Werner Reinhart zutreffe, der, von der Widmung nichts ahnend, wahrscheinlich seinen

Buchhändler längst mit der Bestellung des angekündigten Buches beschäftigt hat. . . .
Aufs herzlichste, lieber Freund,

Ihr

Rilke

Château de Muzot sur Sierre (Valais),
am 17. November 1925

Mein guter Freund,

ich übertrete rasch oder, besser, überspringe mit beiden Füßen das Verbot einer „Danksagung", um Ihnen zu sagen, daß ich aus Ihren „Worten" (bei der Eröffnung der Goethe-Ausstellung gesprochen) nicht allein ein Bewußtsein Ihrer Gegenwart mir unmittelbar gewonnen habe, sondern auch mich wieder instand gesetzt sah, meine eigene Ergriffenheit durch Gestalt und Werk unseres Größesten mit den reinsten Maßen meines Herzens nachzumessen. Sie vergessen, hoff ich, nie, daß ich Ihnen, lieber Freund, Ihrem Einfluß, Ihrer mit Ihnen erwachsenen Überzeugung und nicht zuletzt Ihren Sammlungen, den späten, aber noch rechtzeitigen Anschluß an die beherrschende Erscheinung verdanke, die als Ihr Lebensregent über Wagnis und Glück Ihres ausgebreiteten Gelingens steht. Nun, da Sie, zum ersten Mal, der Öffentlichkeit Ihr angelegenstes, am wärmsten gehegtes Werk zugänglich machen wollten, empfind ich, rückwirkend, den fast zärtlichen Vorzug, als Gast

Ihres Hauses und einbezogener Freund, so manchmal ins Besondere einer Erwerbung, in den eigentümlich lebendigen Zuwachs eingeführt gewesen zu sein. Und nun, da andere, da alle, die kommen wollten, an diese über und über bestellte Tafel des Anschauens und Einsehens, zu diesem rein einheimischen, von wieviel Gärten und Wildnissen bedienten Tisch eingeladen sind –, nun erkenn ich Sie, den großmütigen Gastgeber, an Ihrem stillen gewährenden Zurücktreten; und ich vermute dahinter die Rührung, die es Ihnen mag bereitet haben, so viele und vielfältige Beweise ihres verschwiegensten Dienens im Bereiche der bleibenden Wirklichkeit anerkannt und angestaunt und schon wirkend zu sehn. Glauben Sie mir, lieber Freund, ich feiere mit Ihnen diese Maturität Ihrer Sammlungen; ihre Reife hindert sie nicht, sich nun mit Behagen zu ergänzen, wo der Wink einer glücklichen Fügung (es müßte allerdings schon eine vom seltensten Range sein) dazu auffordern mag.

Heute wollte ich Ihnen nur dieses sagen, so wie es mich erfüllte. Ein nächstes Mal von Persönlichem, (auf das leider im ganzen der Schatten eines ständigen Unwohlseins fällt, das sich, in alles eingreifend, doch nie so bestimmt zu erkennen gibt, daß man Mittel der Abhülfe präzisieren dürfte).

Der Herrin und Ihnen alles Anhängliche
in alter Freundschaft!
Ihr
Rilke

Château de Muzot sur Sierre (Valais),
am 28. November 1925

Mein lieber Freund,

ich muß mich heute rasch mit einigem Geschäftlichen einstellen, in erster Reihe, was die Valéry-Übertragungen angeht: Sie haben mir die, als Äußerstes, erbetenen zwölf Exemplare zugestanden —, nun aber erweist es sich, daß ich (teils infolge Valérys Aufnahme in die Académie Française: welches Ereignis ich meinerseits dadurch feiern möchte, daß ich einige ihm und mir gemeinsame Freunde, die auf meiner ursprünglichen Liste schon früher vorvermerkt waren, nun doch bedenke . . .) — daß ich also doch noch einige zehn Exemplare mehr werde aussenden müssen. Die neulich eingetroffenen sind schon fast alle verteilt. Darf ich Sie also bitten, zu veranlassen, daß mir noch etwa zehn weitere zukommen? . . .

Es geht merkwürdig mit den Valéry-Gedichten: sie sind in Frankreich, ob sie doch gewiß nicht zu der leichteren Lyrik gehören, selbst bei denen, die sonst Mühe haben, zum Gedicht zu kommen oder sich in dieser Bemühung überhaupt nicht erst versuchen, merkwürdig lebhaft wahr-genommen worden, wenn nicht immer im Sinn, so doch nach dem Gewicht ihres spezifischen Wertes. Und wenn ich einzelnen Briefen glauben soll, so scheint es meinen Übertragungen nicht unähnlich zu gehen, sie werden, über alle Schwierigkeit hinüber, scheint es, verstanden und gebraucht. Gedichte wie „Aurore" und „Palme"

z. B. wirken in ihrer ganzen angewandten Magie. — Auch deshalb, weil das Geben hier einmal einem bestimmteren Nehmen entspricht, möcht ich im Aussenden gegen die, die vermutlich nur warten, nicht zu sparsam sein ...

Ihr
Rilke

Château de Muzot sur Sierre (Valais),
am 5. Dezember 1925

Katharina und Anton,
liebe Freunde!

Daß Sie beide meinen stillen entlegenen Festtag, als die ihm in mitwissender und fürsorglicher Weise Nächsten, so treu und herztätig mitbegehen wollten:

Das war ein großer und schönster Teil meiner unwillkürlichen Feier.

Ein paar Tage zuvor hatte ich in einem älteren Taschenheft einige Verse entdeckt, vergeßne —, die lagen grade noch mitten auf dem Stehpult, als gestern Ihr Telegramm eintraf. Ich schreibe sie Euch ab, denn das wünsch ich mir ungefähr, daß diese (hier, auf Muzot, errungene) Verfassung, die sie ausdrücken, immer gültiger und dauernder die meine bleiben möchte.

Mit tausend dankbaren Freundesgrüßen

Euer
Rilke

Neigung: wahrhaftes Wort. Daß wir j e d e empfänden,
nicht nur die neue, die uns ein Herz noch ver-
schweigt;
wenn sich ein Hügel langsam mit sanften Geländen
zu der empfänglichen Wiese neigt:
sei uns auch dieses u n s e r. Sei uns vermehrlich.
Oder des Vogels reichlicher Flug
schenke uns Herzraum, mache uns Zukunft entbehrlich.
Alles ist Überfluß. Denn genug
war es schon damals, als uns die Kindheit bestürzte
mit unendlichem Dasein. Damals schon
war es zuviel. Wie sollten wir jemals Verkürzte
oder Betrogene sein: wir, mit jeglichem Lohn
schon Überlohnten ...

Château de Muzot sur Sierre (Valais),
am 7. Dezember 1925

Mein lieber, mein guter Freund Kippenberg,

mein Telegramm hat es Ihnen gesagt, wie sehr Sie beide in den Tag, den man mir feiern wollte, einbezogen gewesen sind, von seiner ersten Stunde an. Sie haben ihn mir tatsächlich eröffnet, indem ein großer Korb schönster Zyklamen mich, da ich zum Frühstück ins Eßzimmer hinunterkam, förmlich überwältigte, auf die tiefe Fensterbank hingestellt, in die reine Wintersonne, eine rosa Insel der Freude! Er kam, auf eine mir erst ganz unbegreifliche Weise, von Ihnen: Ihre Doppelkarte dabei entdeckend und zugleich erfahrend, das „Bellevue" habe ihn eben heraufgeschickt, stürzte ich an meinen Kaffee: denn ich dachte, den Anfang eines Augenblicks, ich könnte Sie, hinuntereilend, in einer halben Stunde dort, in Sierre, umarmen. Aber da lagen, neben der Tasse, Stöße von Briefen und gleich schon Ihre Schrift, die dann, leider, die Distanz wieder herstellte, um mich Ihrer treuen Gegenwart anders zu versichern.

Es ist, mein lieber Freund, der Wert eines solchen Tages, wenn man ein paar Wünsche empfangen darf, die mit den eigenen inneren Erwünschungen, dem Impuls und der Richtung nach, übereinstimmen. Wie sehr Ihre Wünsche und die der Herrin zu dieser seltenen Gruppe gehören, muß ich Ihnen nicht erst nachweisen. Würden wir es ohne diese Gültigkeit des Einverstehens zu solchen Rückblicken gebracht haben, wie diese, in die Sie mich (wie durch das gewisse Löchlein des Festtags-Federstiels) hineinschauen ließen: 25 Jahre Insel-Zusammenhangs und 20 Jahre persönlichen gegenseitigen Vertrauens –: ich verweilte dankbar und aufmerksam vor diesen Perspektiven, und es fehlte den tiefen Ansichten im imaginären Federstiel, vors Licht gehalten, nicht an deutlichen und lieben Einzelheiten, an die ein Bestes und Bleibendstes unverbrüchlich angeschlossen war.

Am gleichen 4. noch empfing ich Ihre übrigen Sendungen: das „Inselschiff" vor allem, das, so reich bewimpelt und beladen, diesmal unter meiner Flagge fährt —, die erbetenen Valéry-Bände (samt Bertram) und das kleine Wort, das meine geschäftlichen Anfragen so rasch berücksichtigen und erfüllen kam. So tätig und lebendig, wie Sie ihm immer erwidern, kann mein Vertrauen nie zur bloßen Gewohnheit werden: es ist immer ein neuer Akt, die jüngste Bewegung eines im ganzen groß gewordenen Gefühls. Eines Grundgefühls, lieber Freund, liebe Freunde, und, schwer oder leicht, wie es das Leben mit sich bringen mag, überlasse ich mich der Tragkraft Ihrer Freundschaft.

Ihr

Rilke

PS.: Ich habe noch bei weitem nicht alles Eingetroffene durchgesehen; ein größerer Korb, der einmal für eine unserer Apfelernten war angeschafft worden, füllt sich noch immer weiter mit Briefschaften und Telegrammen; ich werde nur den kleinsten Teil erwidern können. Aufgefallen ist mir, mit zahlreichen Unterschriften ausgestattet, ein großes Schreiben des „German Department" der Universität Edinburg.

Château de Muzot sur Sierre (Valais),
am 11. Dezember 1925

Mein lieber Freund,

ich habe mir eine Großmütigkeit zuschulden kommen lassen, die ich Ihnen, obgleich dieser Akt in seinen Folgen die „Insel" nur vorübergehend berührt, sofort berichten möchte:

Im Anschluß an meinen Geburtstag, da man ihn mir nun mal, auch hier im Orte selbst, nicht unbetont lassen wollte, habe ich, in so feierlicher Art herausgefordert, der Versuchung nicht widerstanden, den auf diesen Tag ausgeübten Nachdruck irgendwie weiterzugeben. Meine nächste Nachbarin, Sainte-Anne, hat die Folgen zu tragen: sie wird es demnächst, zu ihrem Vorteil, ziemlich unruhig haben in ihrem kleinen benachbarten Heiligtum.

Sie kennen Muzot. Sie erinnern die gegenüber, etwas überhalb, im Weingeländ, gelegene weiße Kapelle, die 1780 von einem Nicolas Im. Winkelried erbaut und bestiftet worden ist. Die Familie, in Ventliône noch bestehend, völlig verarmt, kann seit Jahren nichts mehr zugunsten des ihr noch gehörigen ländlichen Oratoriums tun: es verfällt mehr und mehr, und schon vor drei Jahren haben wir vergeblich auf den Besuch des Bischofs von Sion gewartet, dem gemeldet worden war, Sainte-Anne könne ihn, ihrer zerschlagenen Fenster wegen, nicht empfangen. Seit jener Zeit bewahren wir den mächtigen Schlüssel der Kapellentür, den uns die gute Frau Winkelried anvertraut hat, als sie vernahm, daß Muzot wieder bewohnt werde.

Kurz und gut, dies ist endlich geschehen: ich habe 1000 Franken zur Restaurierung der Kapelle ausgegeben; die Arbeiten sollen sofort in Angriff genommen werden, Dach und Fenster in erster Linie, damit der heurige so harte Winter die Schäden nicht inzwischen vergrößere.

Aber erschrecken Sie nicht, lieber fürsorgender Freund, und strafen Sie mich nicht für einen scheinbaren Leichtsinn; trotz meiner seit lange bestehenden Neigung, die nachbarliche Kapelle zu retten, würde ich eine solche Zuwendung nicht gewagt haben, wenn nicht, von 1926 an, mein Verfügungsrecht über die in Wien verwaltete Erbschaft begänne ...

Wenn Sie also, lieber Freund, kein Bedenken tragen gegen das hier kurz Vorgestellte, so bitte ich Sie, mir diese leihweisen tausend Francs auch noch bei der Schweizerischen Credit-Anstalt, im Bereich meines Kontos, zugänglich zu machen.

Sie werden gewiß verstehen, wie ich mich freue, in diesen mir so hülfreich gewesenen Umgebungen ein Bleibendes und Fortwirkendes ins Werk zu setzen, zugunsten aller der stillen Beter, die dem alten kleinen Kapellchen anhänglich geblieben sind, Kerzen an seiner Fensterschwelle anzündend und, trotz aller Armut, den Opferstock nicht vergessend.

Wie immer, lieber Freund,

Ihr

Rilke

Val-Mont p. Glion sur Territet (Vaud),
am 8. Januar 1926

Mein lieber guter Freund,

heute vor einem Jahr, genau auf den Tag, aus dem gleichen Zimmer, hab ich von hier den Sprung nach Paris gewagt –, diesmal wird mir Val-Mont nicht so elastisch sein, es sei denn zum Absprung nach innen, auf eine neue feste Stelle meiner so unsicher gewordenen Natur. Ich hatte das Gefühl, durch Wochen schon, in einer großen Krisis zu sein –, Dr. Haemmerli (der mich ja nun schon im dritten Jahr kennt und behandelt) kam gleich in den ersten Tagen zu derselben Auffassung, und nun heißt es darüber hinaus und einen guten eigenen heilen Boden gewinnen, und wärs nur zwei Fußbreit, darauf sich stehn läßt.

Mein Telegramm hat Ihnen alles das schon im kürzesten angedeutet. Inzwischen hab ich, zum dritten Mal, ein Jahr in Val-Mont begonnen –, im stillen der Freunde gedenkend und es ihnen als ein günstiges, das gute ältere fortsetzendes zugewünscht!

Sie haben mir, lieber Freund (auch das versuchte mein Telegramm schon zu rühmen), mit der „Italienischen Reise" ein wirklich ganz großes, ein unerschöpfliches Geschenk gemacht; ich habe sie nun freilich nicht hier, – aber das köstliche und liebevolle Buch bereichert mir mein Muzot auf eine eigene Art...

Der Ausfall der Kälte (ob er sich ja gleich rächen wird) tut mir sehr wohl; ich gehe jeden Tag ein bis zwei Stunden aus —, mir fällt ein, daß Sie ja auch diese Wege kennen!...
Nur dieses, lieber Freund,
    liebe gute Freunde!
                                Ihr
                                    Rilke

Val-Mont p. Glion, am 11. März 1926

Mein guter Freund,

... Heute nur noch eine Bitte, die ich längst bei Ihnen vorbringen wollte: könnten Sie mir einmal ein Exemplar der „Sonette an Orpheus" und vielleicht auch eines der „Elegien" mit weißen Blättern, die gut Tinte vertragen, nicht „fließen", durchschlagen lassen, dergestalt, daß zwischen je zwei Textseiten ein freies Blatt eingeschoben erscheint? Die Lust wandelt mich an, ab und zu kurze Kommentare, zu meinem eigenen Gebrauch und zum Nutzen einiger Freunde, den schwierigeren Gedichten beizuordnen; das wäre eine merkwürdige Arbeit, bei der ich mir über die Stellung dieser Verse innerhalb meiner eigenen inneren Proportionen eigentümlich Rechenschaft geben müßte. Kommt es nun dazu oder nicht, in jedem Fall wärs mir lieb, die beiden Bücher, ganz besonders die „Sonette", auf diese Weise meiner gelegentlichen Neigung vorbereitet zu finden. (Ohne Eile, natürlich!)

Nur dieses, lieber Freund.

Ich hoffe, die Herrin hat nächstens eine Feder auf mich zu, wobei ich dann erführe, wie es Ihnen allen ergeht seit der schwedischen Reise und was die „Insel" dem Frühling vorbereitet.

Der Ihre, herzlichst:

Rilke

Val-Mont par Glion sur Territet (Vaud), Schweiz,
am 28. März 1926

Mein lieber Freund,

Ihr guter, mir alles Nötiggewordene so herzlich zusagender Brief vom 25. März schließt über dem Worte „Palmarum": Sie haben wunderbar gezielt; er hat mich heute, am Palmsonntag, als erste und einzige Post erreicht...

Wir stecken hier im widerwärtigsten Winterrückschlag; nur die Vogelstimmen, die's besser wissen, ignorieren ihn eindringlich.

In der Beilage wieder eine der üblichen Landplagen. Bitte, lassen Sie, gelegentlich, nach Ihrem guten Ermessen erwidern; wenn ich recht erinnere, so hat es schon mehrmals Schwierigkeiten gegeben, wegen der Veröffentlichung früherer Partituren; es existieren ja wohl vier oder fünf, davon mehrere gedruckte? Und Sie wissen, wie wenig Rührung ich empfinde über dieser Zutunlichkeit der Musik zu meinen, sich selbst genügenden Anlässen.

Alles immer Dankbare, Gute, Herzliche

Ihres

Rilke

Val-Mont par Glion sur Territet (Vaud), Schweiz,
am 22. April 1926

Mein lieber Freund,

meine Weitergabe Ihrer interessanten Vorschläge an Paul Valéry hat mir einen Brief seiner Hand eingetragen, der am 17. abends hier eintraf. Ich kopiere daraus alle die Angelegenheit angehenden Zeilen ... Man sieht, wie sehr Valéry von unserer schönen Gedichtausgabe beeindruckt war: er hofft, den „Teste" und den „Leonardo" zunächst in solchen Editionen „à tirage limité" erscheinen zu sehen, und vielleicht entspräche das Ihren Absichten. Ich habe, was „à la Méthode de Léonard de Vinci" angeht, immer bedauert, diese außerordentliche Prosa nach Erschöpfung der Urausgabe im Allgemeinen des Variété-Bandes gewissermaßen verschwinden zu sehen –, und was den „Teste" betrifft, so müßte diese erste Zusammenfassung der drei in Frankreich noch nicht verbundenen Stücke nicht ohne eine gewisse Feierlichkeit ins Werk gesetzt werden. Das bliebe also jedenfalls zu erwägen. Wir hätten dann also, außer den schon vorliegenden „Gedichten", die sofort verfügbaren Übersetzungen des Monsieur Teste und des Lionardo und dazu, als in Vorbereitung zu betrachten, die beiden Dialoge „Eupalinos". Von den übrigen Schriften stünde die wunderbare Einführung zum Adonis des La Fontaine an erster Stelle des zu Berücksichtigenden. Sie gäbe am Ende ein Insel-Bücherei-Bändchen, es sei denn, man entschlösse sich, sie, sehr kostbar und großmütig, mit einer Übertragung des „Adonis" zusammen auszugeben. Die wunderbare „Jeune Parque" halte ich bis auf weiteres noch für unübertragbar: (möchte uns jemand vom Gegenteil überzeugen!). Aber über alles das wird ja von Fall zu Fall zu verhandeln sein. Für mich denke ich, soweit voraus zu denken verstattet ist, an die Narcisse-Fragmente, wenn die einmal, samt den dazu gehörigen Anmerkungen, vorliegen werden. –

Ich war vorige Woche wegen eines argen gefährlichen Kaminschadens nach Muzot berufen, brachte etwa drei Stunden dort zu und fand, lieber Freund, auf meinem Stehpult den sorgfältigst von Ihnen erfüllten Wunsch: „Elegien" und „Orpheus" mit den freien Blättern durchschlagen und im anregendsten Frühlings-Einband. Wie danken für so genaue, das Bedürfnis übertreffende Erfüllung!

Von der Herrin hatte ich gestern einen größeren Brief, vom Weißen Hirschen datiert. Sie hat die Gedichte der Veronika Erdmann in ihrer eigensten Stärke aufgefaßt, und ich bin sehr froh, in betreff dieser Dichtung von so großem Eigengewicht, mit der Herrin, die wägsam urteilt, verständigt zu sein. Sie schreibt mir freilich, daß Gedichte, verlegerisch genommen, ihre schlechte Zeit haben in Deutschland; diese sollten vielleicht trotzdem festgehalten sein, denn ihre Zeit wird kommen...

Alles Herzliche in alter Freundschaft.

Ihr

Rilke

Val-Mont par Glion sur Territet (Vaud), Schweiz,
am 25. Mai 1926

Mein guter Freund,

... Ich gehe von hier zunächst nach Sierre: die dortigen Reparaturen (durch einen im letzten Augenblick verhüteten Kaminbrand bedingt) machen meine Aufsicht nötig; das Haus ist unwirtlich, solange die Handwerker darin die Oberhand behalten, um so empfangender der Garten. Meine Rosen, gesund und stark, fangen an, selbständig zu sein, und sehen schon nahezu aus wie Kinder, die nun groß genug sind, die Sorge für ihre Eltern zu übernehmen. Dürfte ich leben von dem, was sie an Freude und Fülle verdienen!

Wenn meine Gesundheit es zuläßt, möchte ich im Juni noch den mehreren Rufen nach Italien folgen, die, mit freundschaftlicher Beharrlichkeit von Mailand, von Venedig aus, nicht aufhören, mich zu erreichen. Einer davon (die „Rotonda") trifft mich mit besonderer Eindringlichkeit; vielleicht gelingt es mir, diese kleine Reise über die nahe Grenze zu verwirklichen. Meinen Paß laß ich in jedem Fall dieser Tage mit den nötigen Visa ausstatten.

Was darüber hinaus geschieht, wird von den Plänen der Fürstin Marie Taxis abhängen, die ich in diesem Jahre keinesfalls versäumen möchte: entweder werde ich die Freude haben, sie wieder auf Muzot zu empfangen, oder, sollte es an dem sein, daß die Ärzte auch heuer die kleine Saison in Ragaz der Fürstin nicht erlassen mögen, würde ich mein möglichstes tun, ihr dort, während ihrer Kurzeit, Gesellschaft zu leisten: das eine oder andere dürfte die ersten Juliwochen ausfüllen. Und unser Wiedersehen, lieber Freund?

Dem geschäftlichen Fehlschlag gegenüber, den unsere schöne Valéry-Ausgabe zu ertragen hat, bedauere ich es fast, daß wir nicht eher eine gewöhnliche und zugängliche Ausgabe an den Tag gebracht haben; aus Briefen und sonstigen Stimmen bestätigt sich mir beständig, daß das Interesse für den außerordentlichen Dichter überall im Zunehmen ist und bis in jene Kreise hinüberspielt, in denen man sonst für Lyrik gleichgültig bleibt. Um so besser, wenn die weiteren Übertragungen in „einfachen Ausgaben" vorliegen werden. Auch Valéry kennt die Insel hinreichend, um zu begreifen, daß diese „sehr schön" sein können. Indessen darf ich vielleicht aus dem Mißerfolg insofern Nutzen ziehen, als ich noch eine Anzahl Exemplare für mich beanspruchen dürfte: das würde mich instand setzen, meine kleine Versendungsliste, die ich, nach rechts und links schenkend, übertreten habe, doch noch programmgemäß, bis ins letzte, zu erledigen.

In der Beilage ein paar Zeilen, Samstag in Vevey aufgeschrieben: der Herrin, für ihre private Sammlung oder zugunsten des nächsten Almanachs (falls sie diese Stufe der Gültigkeit erreichen sollten).

Einen Gruß dem Rilke-Baum.

Alles Herzliche, Gute, Getreue.

Ihr
Rilke

Château de Muzot sur Sierre (Valais), Schweiz,
am 9. Juni 1926

Noch eh ich Zeit habe, mein lieber Freund, es auszusprechen, hat Ihnen das gewohnte Muzot-Papier gesagt, daß ich wieder zu Hause bin: seit dem Fronleichnamstag; zwar noch im Bellevue wohnend, denn die oberen zwei Etagen meines Hauses sind unbewohnbar, infolge der im Gang befindlichen Reparaturen, die meine Gegenwart nun hoffentlich zu rascherem Fortgang wird anhalten können.

Schon am zweiten Tage meines Hierseins hat mich Ihr guter Brief erreicht, nach der Rückkehr von Weimar geschrieben; ich hatte mir vorgeworfen gehabt,

Ihnen von dem Vorhaben um „Hypathia" nicht vorbereitend erzählt zu haben; schließlich aber zweifelte ich nicht, daß dieses Ereignis von selbst seine Fühler nach Ihnen würde ausgestreckt haben: und so wars also auch! Ich bin glücklich über den reichlichen und sympathischen Erfolg: Roffredo Gaëtani ist ein Mensch von der reinsten Art, einer, in dem wirklich die Herkunft sich lohnt; den Charme der Fürstin haben Sie selbst erkannt. Was sie durch „Commerce" für die Dichtung tut und auf einer anderen Seite für die junge Malerei unternimmt, hat, in dieser Stete und Stille, kaum seinesgleichen.

Eine gewisse finanzielle Besorgnis (ich kann es nicht verhehlen) nimmt, guter Für- und Vorsorger, bei mir zu: weder die erbetene „vierte Woche" (im Val-Mont-Ausmaß) noch das Junigeld sind mir bisher von der Credit-Anstalt angezeigt worden. Wahrscheinlich haben Sie (was mir Ihr Schreiben ja auch andeuten kam) Ihren Tisch so überhäuft gefunden, daß diese Angelegenheit zurückblieb. Um dieses kostspielige Val-Mont (das ich mir, wie es auch kommt, nie mehr gestatten werde) einigermaßen mit Würde verlassen zu können, mußte ich die merkwürdigsten Transaktionen vornehmen. Denn auch die Trinkgeldfrage war, im Verlauf von fünfundeinhalb Monaten Pflege und Verpflegtheit, zu einem besonderen mathematischen Problem angewachsen. Ich atme auf, im Normalen zu sein, und seh meine Blumen an, für die Gott wunderbar gesorgt hat dieses

Jahr (was natürlich deren Feinde nicht schlafen läßt). Aber es entspannt mir doch das ängstliche Gemüt, zu sehen, wie billig und großartig zugleich die Natur ihre Geschöpfe verköstigt. Und selbst wenn meine Rabatten nicht ganz entfernt sind, in gewissen Wochen ein Rosen-Sanatorium zu sein, mit XeX-Bädern und soundso viel Anwendungen jeden Tag, wie billig schonen sich bei mir diese köstlichen Wesen in ihren rosa Peignoirs und ihren roten Sommerroben. Und der Walliser Busch mit den gelbroten ungefüllten Blüten steht in Juniflammen über und über!

   Ihr, mein lieber Freund,
     von Herzen Ihr
          Rilke

    Château de Muzot sur Sierre (Valais), Schweiz,
            am 10. Juni 1926

 Mein lieber Freund,

nur diesen raschesten Nachtrag zum Gestrigen: es geht so geisterhaft großartig zu zwischen uns, daß jedes Mal, wenn ich mich bei Ihnen über ein finanzielles Ausbleiben beklage, die nächste Post schon meine Beklagung aufheben kommt (so daß ich mich schäme, sie überhaupt, voreilig, ins Wirkliche versetzt zu haben!). Eben nämlich kündigt mir die Credit-Anstalt, über Val-Mont, unter dem Datum des 8., mein Ausgestattetsein mit ... Franken an: womit alles in Ordnung und Beruhigtheit sich befriedigt!

Vielen Dank und nochmals alles Getreue, gestern
Versicherte
               Ihres
                         Rilke

              Hôtel Savoy, Ouchy-Lausanne,
                 am 1. September 1926

Mein guter Freund,

es ist mir gar nicht recht, schon die erste Post, die Sie, übermorgen, heimkehrend, auf Ihrem Tische aufgehäuft finden werden, durch ein Meiniges, sogar Geschäftliches, obendrein Dringendes, zu vermehren...

Aber ich muß mir, erstens, einige Beweglichkeit erhalten können (jetzt und auch nach meiner Rückkehr dorthin), und, zweitens, bin ich auf der Suche nach einer für vier bis sechs Wochen verfügbaren Sekretärin, mit der ich nun (nach den günstigen Diktat-Erfahrungen von vor zwei Jahren) in einem Zuge die Übersetzung der beiden Eupalinos-Dialoge zu beenden hoffe...

Wenn ich von erwünschter Beweglichkeit rede, so hat das zunächst eine aktuellste Bedeutung insofern, als ich augenblicklich von Valéry nur durch die Breite des Sees getrennt bin: er ist, für noch etwa zehn bis vierzehn Tage, in der Gegend von Thonon im Savoyischen, und ich würde ihn dort um so lieber wiedersehen, als unser Beisammensein auf dem Lande sich ruhiger und ständiger gestalten könnte, als das je im Gedräng der Verabredungen, in Paris, möglich war.

Am liebsten würde ich ein paar Tage am andern Ufer in seiner Nähe zubringen . . .

Ich schließe, mein guter Freund; wie Sie sich vorstellen können, mit dem Wunsch, daß die endlich entschiedene Sommerlichkeit dieser jüngsten Wochen Ihnen und den Ihrigen an der See noch recht nachhaltig möchte zustatten gekommen sein.

Wenn Sie mich ganz und gar beruhigen wollen (und können), so adressieren Sie mir hierher (sowie dieser Brief Sie erreicht hat und Ihre Verfügungen übersehbar sind) eine knappe telegraphische Nachricht: besonders im Interesse meiner Thonon-Reise, die wegen der Begrenzung des Aufenthalts Paul Valérys im savoyischen Gegenüber keinen langen Aufschub vertrüge.

Sie wissen, daß ich eben vor der Abreise nach Ragaz Valérys große „Narziß"-Fragmente übertragen habe; keine Übertragung hat mich bisher mehr beglückt als die dieser großen Gedichtstücke −; das Ergebnis erscheint mir überaus rein und gesichert, voll des ungezwungensten Gelingens. Vor ein paar Tagen erst, im Vorlesen vor Freunden, hat mich meine Arbeit, aus diesem „Drüben", in dem sich ein Geleistetes selbständig niederläßt, zustimmend angesehen.

Verzeihen Sie mir meine Länge. Ihre Übung im Aufnehmen von Schriftlichkeiten wird Sie befähigt haben, in diesen Seiten das Dringende wahrzunehmen, ohne sich über dem aufzuhalten, was mit einiger Muße bedacht werden dürfte; aber eben daß diese

Muße möglich sei, meinte ich, Ihnen schon jetzt eine Gesamtansicht meiner Lage vorlegen zu sollen.

Aufrichtig und ganz herzlich

Ihr
alter Freund
Rilke

Hôtel Bellevue, Sierre, am 27. Oktober 1926

Mein guter Freund,

die Zeilen Ihrer freundschaftlichen Besorgnis haben mich in einem Augenblick erreicht, da ich mich Ihrem Wohltun gerne überlassen mochte: so gut mir Ragaz gewesen ist (wo ich mich unter dem Einfluß von Umgebung und Bädern endlich wieder einmal nach gewohnteren Maßen fühlen und gebärden durfte), so gut auch noch Lausanne war im Anschluß an die Ragazer Wochen —, so viel Heimsuchung mußte ich mir gleich nach meiner Rückkehr hierher gefallen lassen.

Die Verletzung durch einen tief eingedrungenen Rosendorn setzte meine linke Hand für Wochen außer Gebrauch, gleich darauf wurde auch die Anwendung der rechten, infolge einer schwierigen und schmerzhaften Nagelinfektion erschwert: beide Hände staken zehn Tage lang in teilweisen Verbänden; kaum daß diese Übelstände überstanden waren, holte ich mir in Sion, wo sie, scheints, umgeht, eine fiebrige Darmgrippe, mit der ich nun, seit nächstens vierzehn Tagen, sehr geschwächt, zu Bett liege. Muzot ist zu hart, als daß ich mir je erlauben durfte, oben wirklich krank zu sein; schon um der verbundenen Hände willen war ich ins Bellevue heruntergezogen, so daß die andere Unzukömmlichkeit mich dann einfach hier zu Bett brachte.

Alles das, mein guter Freund, nährt die Entschlüsse, die ich Ihnen schon von Lausanne aus vorankünden kam: ich bin fest entschlossen, Muzot für diesen Winter abzuschließen, um irgendwohin ans Meer zu ziehen (voraussichtlich nach St-Cyr sur Mer, in die Gegend von Toulon) . . . Trotz aller Hindernisse hab ich die Übersetzungen der beiden großen Valéry-Dialoge, „Eupalinos" und „L'Âme et la Danse", in diesen Wochen zum Abschluß gebracht; ebenso liegen die schönen (drei) Narziß-Fragmente fertig vor, die für sich ein Ganzes bilden; und eine dritte kleinere Übertragung Valéryscher Prosa: ich bin hinter meinem Pensum nicht zurückgeblieben.

Gaspara Stampa (die ich immer noch, teilweise wenigstens, zu übertragen hoffe) ist eine Venezianerin (der terra ferma), Zeitgenossin der Louize Labé, die um 1550 an den Grafen Collaltino Collalto eine Reihe von Briefen und besonders Gedichten gerichtet hat, die ihrem Namen das reinste Bestehen zusichern. In den älteren Enzyklopädieen finden sich sicher die erwünschbaren Daten über sie; alte Ausgaben ihrer Gedichte sind nicht schwer zu finden; auch existiert (leider nicht mehr in meinem Besitz) ein biographisch und textkritisch begleiteter Neudruck ihrer Sonette und ihres Epistolärs.

Mit besonderer Freude, lieber Freund, notiere ich, für den November, die Aussicht eines Wiedersehens: ich meine, Sie werden mich, bis um die Mitte des nächsten Monats oder selbst später, noch, da oder dort, in der Schweiz finden: Abschlüsse, Anschaffungen und eine neue, wie ich befürchte, recht ausführliche zahnärztliche Behandlung dürften mich nicht so rasch der erwünschten Ausreise überlassen. Auch möchte ich alles tun, um unsere Begegnung in meine Verfügungen, so geräumig wie möglich, einzustellen.

Leben Sie wohl, mein guter alter Freund, und der Herrin das Herzlichste und Schönste!

Ihr

Rilke

PS.: Almanach und Inselschiff leisten mir gute tröstliche Gesellschaft.

Hôtel Château-Bellevue, Sierre (Valais),
am 15. November 1926

Mein guter Freund,

wie soll ich Ihnen danken, daß Sie meinen jüngsten Brief so, im Sinne seiner reinsten Aufrichtigkeit, aufnehmen mochten! Nach Ihrer Art haben Sie auch gleich aus der Bereitschaft der unbedingtesten Teilnehmung heraus gehandelt; dafür genügt nicht die geübteste Freundschaft allein: ein stetes Nachwachsen der wohlwollendsten Kräfte aus der Wurzel dieser Freundschaft ist die Voraussetzung eines solchen Beistands: ich muß Ihnen nicht sagen, welche Bedeutung er im Augenblick für mich annimmt. Dank für Telegramm und Brief! ...

Traurig scheint es mir, mein lieber Freund, daß ich, sozusagen, zwischen Ihrer beider Besuchen, Ihrem und dem der Herrin, werde zu wählen haben: am liebsten hätte ich Sie beide endlich wiedergesehen! Natürlich wird mir der Besuch der Herrin eine größeste Freude sein. Nur dürfte er sich nicht zu bald ansagen, denn noch bin ich in völlig vermindertem Zustand. Hörte gestern übrigens von mehreren an der Grippe erkrankten Freunden, deren Zustand dem meinen ungefähr parallel verläuft, was mich trösten könnte über die Unpersönlichkeit dieses langsamen und mühsamen Ablaufs, der von dem Betroffenen nichts anderes als ein vorsichtiges Abwarten zu fordern scheint. Hoffentlich sind Sie, lieber getreuer Freund, wenn Sie dieses lesen, recht erholt aus Ihrem Wiesbadener Urlaub heimgekehrt.

Immer im herzlich Gleichen, Ihr

Rilke

PS.: In der Beilage eine kleine Übertragung, die ich, vom Bett aus, in fähigeren Stunden diktiert habe!

ANMERKUNGEN UND BIBLIOGRAPHIE

ANMERKUNGEN

Die Zahlen bezeichnen die Seiten des Textes

15. Liebenswürdiges Schreiben: Kippenberg hatte Rilke in einem Briefe vom 7. November 1906 im Anschluß an eine Anzeige im Buchhändler-Börsenblatt geschrieben, wie sehr der Insel-Verlag Wert darauf lege, auch seine künftigen Bücher zu verlegen.
Anderer Verlag: Axel Juncker Verlag.
Kleines, vor sieben Jahren entstandenes Buch: „Die Weise von Liebe und Tod des Cornets Christoph Rilke", Berlin, Axel Juncker [1906].

16. Stunden-Buch: „Das Stunden-Buch", Leipzig, im Insel-Verlag 1905, in einer Auflage von 500 numerierten Exemplaren. (Das erste Buch überhaupt, das Kippenberg für den Insel-Verlag annahm.)
Rodinbuch: „Auguste Rodin", Berlin, Julius Bard [1903].
Stunden-Buch: 2. Auflage in 1000 Exemplaren.

17. Neues Prosabuch: „Die Aufzeichnungen des Malte Laurids Brigge."
Briefe der Schwester Marianna: Die Briefe der Marianna Alcoforado, unter dem Titel „Portugiesische Briefe" im Insel-Verlag zu Leipzig, 1913.

18. Neue Auflage: des „Stunden-Buches".

19. Jahrbuch: Der Insel-Almanach für 1908, darin S. 66—69 „Die fünf Briefe der Schwester Marianna Alcofo-

rado" von Rainer Maria Rilke und S. 69—71 drei Gedichte („Das Karussell", „Abisag", „Der Panther") von Rainer Maria Rilke.

25. Browning-Übertragungen: Elizabeth Barrett-Browning, „Sonette nach dem Portugiesischen" (Übertragen durch Rainer Maria Rilke, im Insel-Verlag zu Leipzig 1908).

27. Der Titel Neue Gedichte: den Kippenberg vorgeschlagen hatte („Neue Gedichte" von Rainer Maria Rilke, Leipzig, im Insel-Verlag MCMVII).

32. Gastfreundschaft: bei Frau Alice Faehndrich geb. Freiin von Nordeck zur Rabenau.

33. Erster Vertrag: mit Bonz & Co. in Stuttgart über „Am Leben hin", Novellen und Skizzen von Rainer Maria Rilke, 1898, und „Zwei Prager Geschichten" von Rainer Maria Rilke, 1899. Der Vertrag band Rilke auch in bezug auf künftige Prosabücher, es sei denn, daß ihm die Vorräte der beiden Bücher abgekauft würden.

35. Arbeit über Cézanne: nicht geschrieben.
Der Neuen Gedichte zweiter Band: „Der Neuen Gedichte anderer Teil" (Leipzig, im Insel-Verlag MCMVIII).
Die weiße Fürstin im Pan: „Pan", 5. Jahrg. 1899, Heft 4, S. 199—203.

37. Zwei meiner früheren Bücher: „Die Letzten", Berlin, Axel Juncker, 1902, und das „Buch der Bilder", Berlin, Axel Juncker [1902].
Zwei kleine Bücher: „Traumgekrönt." Neue Gedichte von René Maria Rilke, Leipzig, Verlag von P. Friesenhahn, 1897, und „Advent" von Rainer Maria Rilke, Leipzig, P. Friesenhahn, 1898.

39. Manuskript: für „Der Neuen Gedichte anderer Teil".

40. Widmungsfrage: der „Neuen Gedichte" an Rodin.
Entwurf zu einer Zueignung: er lautet (nach dem von

Rilke der Handschrift der Gedichte beigefügten Entwurf):
«Auguste Rodin, cher grand ami, mes meilleurs efforts sont
enfermés dans une langue qui n'est pas la vôtre. Je vous donne
ce livre que vous ne lirez point. En y inscrivant votre nom
glorieux, j'avoue mon éducation vers un travail intense et
sincère que je dois à votre immense exemple. Rainer Maria
Rilke. Paris, en Septembre 1908.»

42. Mir zur Feier: Gedichte von Rainer Maria Rilke, Berlin, bei Georg Heinrich Meyer [1899].

44. Requiem: Für eine Freundin (Paula Becker-Modersohn).

45. Unser neues Buch: „Der Neuen Gedichte anderer Teil."
Requiem für den Grafen Wolf von Kalckreuth: Graf Wolf Kalckreuth hatte sich zu Beginn seiner Dienstzeit als Einj.-Freiw. am 9. Oktober 1906 erschossen; er hatte mittags zu seinen Kameraden gesagt, er hoffe, am Abend mit Sokrates und Plato lustwandeln zu können. Im Insel-Verlag waren von ihm 1906 die Übertragungen ausgewählter Gedichte von Paul Verlaine, 1907 eine Übertragung aus Baudelaires „Blumen des Bösen" erschienen; seine Gedichte aus dem Nachlaß veröffentlichte 1908 gleichfalls der Insel-Verlag.

46. Neues Buch: „Der Neuen Gedichte anderer Teil."

51. M. z. F.: „Mir zur Feier", s. Anm. zu S. 42.

53. Geschenke: Neue Bücher des Insel-Verlages.

57. Absage: zu einer neuen Auflage des „Cornet" (der Vertrag mit Juncker lautete auf eine „einmalige Auflage von 300 Exemplaren").

58. Bonz: die im Bonzschen Verlage erschienenen Bücher (s. Anm. zu S. 33) wurden im März 1909 vom Insel-Verlag erworben.

59. Gräfin Kalckreuth: Mutter des Grafen Wolf von Kalckreuth.

60. **Beiliegender Brief:** von Will Vesper, der um die Erlaubnis zur Aufnahme einiger Rilkescher Gedichte in den zweiten Band der „Ernte" gebeten hatte.

62. **Malte Laurids Brigge:** ein Bruchstück daraus war in der „Neuen Rundschau", der Freien Bühne 20. Jahrg., März 1909, Heft 3, S. 410—416, erschienen.

64. **J. Bithell:** wollte Rilkesche Gedichte in englischer Übertragung in eine Anthologie aufnehmen.

69. **Graf Kessler:** Harry Graf Kessler.

76. **Jutta:** Tochter Kippenbergs.
Glorreicher Eisenschrank: er war bei einem Einbruch im Insel-Verlag erbrochen worden. Da das Manuskript des „Malte Laurids Brigge" sich darin befand, hatte Kippenberg Rilke darüber beruhigt.

77. **Hohes Lied und Rübezahl:** Verlagswerke des Insel-Verlages.

84. **Goethesche Verse:**
> Und wenn mich am Tag die Ferne
> blauer Berge sehnlich zieht,
> nachts das Übermaß der Sterne
> prächtig mir zu Häupten glüht —
> alle Tag und alle Nächte
> rühm ich so des Menschen Los;
> denkt er ewig sich ins rechte,
> ist er ewig schön und groß.

Kippenberg hatte dieses Gedicht in Leipzig Rilke vorgelesen, und Rilke hatte um eine Abschrift gebeten.

87. **Den 1. Juni:** der Geburtstag von Katharina Kippenberg.

90. **Ersten Teil der Neuen Gedichte durchsehen:** für eine neue Auflage.
Exlibris: erhalten in einem Probedruck im Rilke-Archiv.

93. Jacobsen: Verzicht auf die Übersetzung der Gedichte (Übertragungen von Jacobsen-Gedichten, unter anderen eines Teils der Gurre-Lieder, als Manuskripte 541—549 im Rilke-Archiv).

97. Knoops: Baron Johann und Baronin May Knoop.

101. Fürstin Taxis: Fürstin Marie von Thurn und Taxis-Hohenlohe (ihre „Erinnerungen an Rainer Maria Rilke" München, R. Oldenbourg, 1932).

106. Der Kentauer: Rilkes Übertragung von Maurice de Guérins „Kentauer".

107. Ersch und Gruber: Enzyklopädie, die Rilke in Paris gekauft hatte und sehr liebte.

109. Dr. Buchwald: damals Mitarbeiter des Insel-Verlages.

114. Bettina: jüngste Tochter Kippenbergs.
Erleichterungen: unter anderem hatte Kippenberg Rilke davon Mitteilung gemacht, daß auf seine Anregung sich vier Freunde Rilkes: Karl von der Heydt, Rudolf Kassner, Graf Harry Kessler und er selbst, bereit erklärt hätten, für die Jahre 1912, 1913 und 1914 Rilke einen Jahresbeitrag über die ihm vom Insel-Verlag zukommenden Honorare und sonstigen außerordentlichen Zahlungen hinaus zur Verfügung zu stellen.

115. Mappenabende: die Betrachtung von Weimarer Ansichten und Porträts aus der Sammlung Kippenberg in Leipzig.
Gebsattel: Emil Freiherr von Gebsattel.

116. Gustchenbriefe: Goethes Briefe an Auguste zu Stolberg. Die Originalausgabe las Rilke in Leipzig und hatte den Wunsch, sie zu besitzen.
Turmzimmer: im Hause Richterstraße 27 bei Kippenbergs,

wo Rilke „Die Aufzeichnungen des Malte Laurids Brigge"
redigierte und vollendete.

119. **Übertragung von Verhaerens Rembrandt:**
die Kippenberg Rilke nahegelegt hatte.

120. **Marie Madeleine:** „Die Liebe der Magdalena."
„**Schöne Seele**": Bekenntnisse, Schriften und Briefe der
Susanna Katharina von Klettenberg, Leipzig, im Insel-Verlag 1911.

122. **Kentauern:** die Exemplare des „Kentauer" der
auf der Ernst-Ludwig-Presse in Darmstadt für den Insel-Verlag
gedruckten Ausgabe.

123. **Glorreiche neue Erwerbung:** die erste Ausgabe des „Werther" mit dem Namenszug von Gustchen
Stolberg.

Ganz alter Plan: Vogeler hatte Kippenberg bei einem
Besuch in Leipzig den Vorschlag gemacht, die zehn Marienlieder Rilkes mit Zeichnungen von ihm in einer besonderen
Ausgabe herauszugeben.

Vogelers Manuskriptbuch: Von Rainer Maria Rilke geschrieben: „In und nach Worpswede. Verse für meinen lieben
Heinrich Vogeler. Rainer Maria Rilke. Herbst 1900. Haus-Segen, anno 99." — Die Rilkesche Handschrift ist, wie leider
auch die Briefe Rilkes an Vogeler, verschollen (Abschrift im
Rilke-Archiv).

Verkündigung über den Hirten: Ges. W. II, S. 304.

Rast auf der Flucht: Ges. W. II, S. 308.

Verkündigung: Weihnachtsbeilage zur „Bohemia", Prag,
25. Dez. 1901.

Die heiligen drei Könige: Ges. W. II, S. 74. (Insel,
1. Jahrg., März 1900, Nr. 6, S. 346.)

Mädchenlieder aus Mir zur Feier: Von den Mädchen,
Ges. W. II, S. 14.

124. **Magnifikat:** Ges. W. III, S. 160.

125. Arbeiten, die in festen Händen sind: handschriftliche Gedichte, die Rilke Freunden gesandt hatte.
Christusvisionen: entstanden 1897, Mskr. 84—90 im Rilke-Archiv.

126. Fünfzig-Pfennig-Bücher: die Insel-Bücherei; von ihrer bevorstehenden Begründung und von seiner Absicht, sie mit dem „Cornet" als Nr. 1 zu eröffnen, hatte Kippenberg Rilke Mitteilung gemacht.

127. Diese für ihn entstandenen Verse...herauszugeben — also das S. 123 erwähnte Manuskriptbuch.

128. „Erste Gedichte": Kippenberg hatte bei Rilke angeregt, eine Auswahl aus seinen frühesten Gedichten unter diesem Titel erscheinen zu lassen.
Vertrag über den Cornet: Das Verlagsrecht hatte der Insel-Verlag inzwischen von Axel Juncker erworben.

133. Abschriften des Marienlebens: Durch Vogelers ursprünglichen Plan, zehn Marienlieder zu illustrieren, angeregt, hatte Rilke das neue Marienleben geschrieben. Die Handschrift sandte er mit einer Widmung im Januar 1912 aus Duino an Katharina Kippenberg.

134. Böses Beispiel: Kippenberg hatte Rilke ein Manuskript von Gedichten gesandt, „in dem die äußere Rilke-Nachahmung ins letzte getrieben" sei.

135. Verhaeren: Verhaeren war am 6. März 1912 zusammen mit Henry van de Velde bei Kippenbergs zu Besuch gewesen.
Wiener: Wiener war ausnahmsweise die Aufnahme von Rilkeschen Gedichten in eine Anthologie erlaubt worden.

136. Rilke-Baum: ein weißer Flieder, der Rilke während seines Wohnens bei Kippenbergs im Januar 1910 erfreute und der dann in den Garten gepflanzt wurde. Katharina Kippenberg sandte alljährlich im Frühjahr einen blühenden Zweig des Baumes an Rilke.

137. „Rodin" in Ihre Hände: aus dem Verlag Bard.
Elegie: Fürstin Taxis hatte die erste Elegie Kippenberg in Wien vorgelesen.

139. Vorrat guter Nachrichten: über notwendige neue Auflagen, besonders vom „Cornet", von dem in drei Wochen 8000 Stück verkauft worden waren.
Vorschlag: in Sils Maria mit Katharina und Anton Kippenberg zusammen zu sein.

141. Gustgenbriefe: die damals erschienene Ausgabe in der Insel-Bücherei, Nr. 10.
B. d. B.: Buch der Bilder, das in den Insel-Verlag übergegangen war.

145. Ausweg in der Angelegenheit des Marienlebens: Vogelers ursprünglicher Plan, die alten Mariengedichte Rilkes zu illustrieren, wurde nicht ausgeführt (siehe S. 133). Er schlug nun vor, das neue „Marienleben", von dem der Insel-Verlag ihm eine Abschrift gesandt hatte, mit Bildern von seiner Hand in einer besonderen Ausgabe herauszugeben. Auch mit diesen Bildern konnte Rilke sich nicht befreunden (siehe S. 147), und die Ausgabe unterblieb.

146. Schöne Ausgabe vom Buch der Bilder: die auf der Ernst-Ludwig-Presse in Darmstadt gedruckte Ausgabe.

147. Das ... Marienleben ... Heinrich Vogeler widmen: „Das Marienleben" erschien bald darauf als Nr. 43 der „Insel-Bücherei". Die Widmung lautete: „Heinrich Vogeler dankbar für alten und neuen Anlaß zu diesen Versen."

153. Museumsdirektor: Anspielung auf eine scherzhafte Umschreibung des Wortes Sammler in einem von einer Auktion geschriebenen Kippenbergschen Brief.

155. In Sevilla getaner Fund: eine alte spanische Ausgabe von „Hermann und Dorothea".

161. Sammlung der Deutschen Erzähler: herausgegeben von Hugo von Hofmannsthal, im Insel-Verlag 1912.

Kolossales Werk Ricarda Huchs: „Der große Krieg in Deutschland", im Insel-Verlag 1912—1914.

166. Jene Hefte: die von Hegner herausgegebenen „Neuen Blätter"; Hegner hatte gebeten, einige Gedichte aus dem „Marienleben" abdrucken zu dürfen; sie erschienen im 5. und 6. Heft der Zweiten Folge.

172. Am 14. Mai 1913 war Kippenberg mit Rilke bei Rodin in Meudon, später auch im Atelier in der Rue de Varenne.

174. Abschriften der Sonette der Louize Labé und der Portugiesischen Briefe: beides hatte Rilke Kippenberg in Paris vorgelesen Rilke gab Kippenberg die Manuskripte nach Leipzig mit.

175. „Wunderhorn": die dreibändige Faksimileausgabe des Insel-Verlages 1910.

177. Stück am Kleinen Theater: die „Weiße Fürstin", jetzt Ges. W. I, S. 365—401. Auch das „Tägliche Leben" hatte der Insel-Verlag aus dem Langenschen Verlag erworben. Damit waren alle bisher erschienenen Werke Rainer Maria Rilkes im Insel-Verlag vereinigt mit Ausnahme der Worpsweder Monographie, die, „halb aus Freude, halb aus Fron" geschrieben, Rainer Maria Rilke als seinem eigentlichen Werke nicht zugehörig empfand und daher auch von der Gesamtausgabe ausschloß.

178. Der Grimm: das von Rilke sehr geliebte Wörterbuch, von dem der Insel-Verlag ein Exemplar als Geschenk für Rilke besorgt hatte.

181. „Katzenzeiten": Rilke nannte die Zeit, als sein Erstlingsbuch „Leben und Lieder" bei Kattentidt erschien, scherzhaft die Katzenzeit.

182. Van Oostsche Abbildungen und Titel im Cladel-Buch: bezieht sich auf Werke, denen Abbildungen für die neue Ausgabe der Rodin-Monographie entnommen wurden.

183. Steindorff: der Leipziger Ägyptologe, den Rilke in Leipzig kennen lernte.

184. Ziegelroth: Arzt im Sanatorium Krummhübel.

187. Dr. Bergemann: damals Mitarbeiter des Insel-Verlages.

198. Camera-Work: das Rodinheft dieser amerikanischen Zeitschrift.
Herslebsches Stammbuch: Faksimileausgabe des Insel-Verlages 1913.

204. Die Gedichte von Gerhard Ouckama Knoop erschienen dann 1914 im Insel-Verlag.

207. Katalog der Sammlung Kippenberg: im Insel-Verlag 1913.

208. Kleist: Heinrich von Kleist, „Sämtliche Werke und Briefe", im Insel-Verlag 1908—1911.

211. Caroline: „Briefe aus der Frühromantik", im Insel-Verlag 1913.

213. Herr Keller: Mitarbeiter des Insel-Verlages.
Zwanzig Bände: der Insel-Bücherei.

217. Mr. Dornach: ein Kunstphotograph in Paris, bei dem Kippenberg Verlaine-Photographieen bestellt hatte.

218. Gerücht: Pierrotstücke aus dem 18. Jahrhundert seien von einem französischen Dichter aufgefunden und von Rilke übersetzt worden. Das Manuskript habe Rilke einer Münchner Dame gesandt.

219. Grimm und Turmzimmer: „...wie gern würde ich Grimms Wörterbuch, das Sie gewiß nicht ohne Neid und mit dem Gefühl, daß es besser bei Ihnen am Platze sei, bei Gide neulich gesehen haben, Ihnen senden. Aber wenn ich es täte, so gäbe ich damit unsere besten Waffen aus der Hand. Der Grimm ist ja ein Magnet, der Sie ins Turmzimmer ziehen

soll, und nur dort, dort aber auch gewiß, wird er Ihnen übergeben werden." Kippenberg an Rilke.

221. Demuth: Der Verleger von Regina Ullmanns „Feldpredigt".

223. Busoni: Entwurf einer neuen Ästhetik der Tonkunst, Insel-Bücherei Nr. 202.
Van de Velde: „Amo", Insel-Bücherei Nr. 3.

225. Bedeutender Vorschlag: Kippenberg hatte Rilke, „auch auf die Gefahr hin, daß er darüber lächeln werde", zu einem Buch über die ägyptische Plastik angeregt.

226. Reflexe: Erzählung Rilkes, „Deutsche Arbeit", 1. Jahrg. 1902, Heft 5, S. 401—409, jetzt: Erzählungen und Skizzen aus der Frühzeit, S. 437—453.

227. Bedenken: gegen Rilkes Mitarbeit an den von Franz Blei herausgegebenen „Weißen Blättern" und dem von Kurt Szafransky und Kurt Tucholsky herausgegebenen „Orion".
Veröffentlichung in den „Weißen Blättern": „Puppen" von Rainer Maria Rilke, Jahrg. 1, März 1914, Nr. 7, S. 635 bis 642, jetzt Ges. W. IV, S. 265—277.

234. Fioretti: „Die Blümlein des heiligen Franziskus von Assisi", im Insel-Verlag 1911.

237. Angelegenheit peinlichster Überraschung: Es handelte sich um eine große, Rilke nur mittelbar betreffende Taktlosigkeit, über deren Natur Rilke in einem „beschwörenden Diktat" aufgeklärt wurde.

241. Stauffenberg: Baron Stauffenberg, Münchner Arzt.

242. Jener kurze Brief: mit der Nachricht, daß ein Unbekannter — unbekannt Gebliebener — Rilke letztwillig 20000 Kronen vermacht habe.
Meine in Paris verlorenen Briefschaften: Rilkes gesamtes Mobiliar samt Bibliothek und Kisten mit Büchern

und Manuskripten war in Paris versteigert und in alle Winde zerstreut worden. Einige dieser Kisten hatten Freunde gerettet und gaben sie Rilke nach beendetem Kriege zurück. Alle Bemühungen Rilkes und Kippenbergs, durch Vermittlung ausländischer Freunde die Auktion zu verhindern, waren erfolglos.

244. Aktion: Sie hatte keinen Erfolg.

250. Brockhausscher Vorschlag: des Musikverlegers Max Brockhaus in Leipzig, den „Cornet" mit der Musik des Herrn von Paszthory drucken zu dürfen. Kippenberg befürwortete den Vorschlag und riet Rilke, auf eine Entschädigung zu verzichten.

253. Guido Gezelle: Kippenberg hatte Rilke aus Flandern die „Kerkhofblommen" von Guido Gezelle gesandt und ihm nahegelegt, sie zu übertragen. Im Rilke-Archiv (Mskr. 552) Übertragung (Entwurf) von Guido Gezelle, Bezoek bij 't Graf aus den „Kerkhofblommen", 8. Druck, Amsterdam 1887, S. 34—36.

258. Besuch am Grab: s. Anm. zu S. 253.
Ihr zuverlässigeres Gelingen: Kippenbergs Übertragung, erschienen in der Kriegszeitung für die IV. Armee, später im Insel-Almanach 1917.

259. Das Bild: ein zweites von Lulu Albert-Lazard gemaltes Bild.

262. Militärschule: September 1886 bis September 1890 St. Pölten, September 1890 bis April 1891 Mähr.-Weißkirchen.

264. Beunruhigung: Katharina Kippenberg war schwer erkrankt.

271. Kleine Sendung: Charles De Coster: „Die Zigeuner, wieder aufgefunden, übertragen und zum Druck gegeben von Anton Kippenberg. Gedruckt 1917 zu Gent in 100 Exemplaren".

274. Prokuristin: Katharina Kippenberg war für den Insel-Verlag Prokura erteilt worden.

276. Reich zusammengestellte Kiste: mit Bettwäsche und anderem Leinenzeug, die Katharina Kippenberg Rilke gesandt hatte.
Rosa: Rilkes Haushälterin.

277. Rückreise: Bei dieser Gelegenheit übergab Rilke Kippenberg das Manuskript der vorliegenden Fragmente der „Duineser Elegien" mit der Bemerkung, er werde sie wohl nie vollenden, wünsche aber, daß die Fragmente in Kippenbergs Händen aufbewahrt blieben.

280. Schweizer: eine Anzahl von Schweizer Musikern und Komponisten, die im Gewandhaus ein Konzert gegeben hatten.

282. Ausbeutung: eine Aufführung des „Cornet" als Melodram, die am 21. November in Berlin stattgefunden hatte.

300. Ur-Geräusch: in „Das Inselschiff", 1. Jahrg. Heft 1, Oktober 1919, S. 14—20.

301. Aksákowsche Chronik: „S. T. Aksákows Familienchronik", im Insel-Verlag zu Leipzig 1919.

304. Einleitung zu Rilkes Vorlesungen in der Schweiz: Vorrede zu einer Vorlesung aus eigenen Dichtungen vor dem Lesezirkel Hottingen in Zürich als Mskr. 293/94 im Rilke-Archiv.

305. Hufsche Büste: Büste Rilkes von Fritz Huf im Museum zu Winterthur.
Bibliotheca Mundi: neues Unternehmen des Insel-Verlages, Bücher in ihrer Ursprache enthaltend.

306. Kleine Bildchen: drei Photographieen von Rilke.

307. Fürstenbergsche Zuflucht: der Fürst Egon Fürstenberg hatte auf Katharina Kippenbergs Veranlassung Rilke ein kleines Haus in einem Park zum Wohnen zur Verfügung gestellt.

309. Schönenberg: bei Pratteln, Baselland.

322. Rundschau-Heft mit der Erzählung von Regina Ullmann: „Von einem alten Wirtshausschild", Novemberheft 1920.

326. Nachlaß des Grafen C. W.: Rainer Maria Rilke erzählte Kippenberg in Schloß Berg ein seltsames Erlebnis. Er habe eines Abends beim Auskleiden Verse vor sich hin gesprochen, unter anderen:
> Berge ruhn, von Sternen überprächtigt;
> aber auch in ihnen flimmert Zeit,
> ach, in meinem wilden Herzen nächtigt
> obdachlos die Unvergänglichkeit,

und sich erstaunt gesagt: Diese pathetischen Verse sind doch nicht von dir! Ein wenig beunruhigt, habe er sich wieder angekleidet und sich an den Kamin gesetzt. Plötzlich habe er auf dem Stuhl ihm gegenüber einen altmodisch gekleideten Herrn erblickt, der habe ihm aus einer alten vergilbten Handschrift Gedichte vorgelesen, in denen die Verse vorgekommen seien, die Rilke vor sich hin gesprochen habe. Diese Verse habe er dann nachgeschrieben. Es sind die „Gedichte des Grafen C.W.". Eines dieser Gedichte („In Karnak wars") ist im Insel-Almanach auf das Jahr 1923 ohne Nennung des Dichters abgedruckt worden. Schon vorher, im Insel-Almanach auf das Jahr 1917, hatte Rilke ein Gedicht, das seiner Art ferner lag, „Die winterlichen Stanzen", jetzt Ges. W. III, S. 400, anonym drucken lassen.

328. Diotima-Briefe: „Die Briefe der Diotima an Hölderlin", im Insel-Verlag 1921.

329. Münchener Übersiedlung: Kippenberg hatte Rilkes Möbel nach Leipzig bringen lassen.
Kanzonnair: Alexander Lernet-Holenia: „Kanzonnair", im Insel-Verlag 1923.

331. Kärntner Herkunft: über die Abstammung Rilkes siehe in: Carl Sieber „René Rilke", im Insel-Verlag 1932.

337. Die Aufzeichnungen Hans Stokars des Pilgers: eine bekannte schweizerische Lebenschronik aus dem 16. Jahrhundert. — Rilke hatte Kippenberg in Schloß Berg zu einer Neuausgabe geraten.

339. Kleines Haus im Valais: Château de Muzot.

350. Gesamtausgabe: die Kippenberg Rilke vorgeschlagen hatte.
Das andere unendlich eigentümliche: die Duineser Elegien.

353. Satzproben: für die Gesamtausgabe.

356. Telegraphischer Zuruf: zur Vollendung der Elegieen.

357. Anlaß: die Vollendung der Elegieen.

360. Wera Knoop: die früh verstorbene Tochter Gerhard Ouckama Knoops.

362. Alfred Mombert: „Die Schöpfung", im Insel-Verlag 1921, und „Der Glühende", im Insel-Verlag 1921.

363. Benndorfscher Aufsatz: Friedrich Kurt Benndorf. Ein Vorspruch zum Werke Momberts am 50. Geburtstage des Dichters, und Rudolf Pannwitz: Momberts Äon-Drama: „Das Inselschiff" 3. Jahrg., 1922, 3. Heft, S. 97—109.
Junger Mensch: war nicht festzustellen.

368. Übertragungen: Valéryscher Dichtungen.

369. Frida Baumgartner: Rilkes treue Wirtschafterin auf Muzot.

376. Der alte „Cornet": Kippenberg hatte Rilke ein Exemplar der ersten, im Verlag von Axel Juncker 1906 erschienenen Ausgabe gesandt, die Rilke selbst nicht mehr besaß.

379. Timmermans: „Das Triptychon von den Heiligen Drei Königen." Übertragen von Anton Kippenberg, im Insel-Verlag 1923.

Chodowiecki: „Die Reise nach Danzig", im Insel-Verlag 1923.
Behrischs Annetten-Buch: Die 1923 im Insel-Verlag erschienene Faksimileausgabe der von Behrisch geschriebenen Liedersammlung des Leipziger Studenten Goethe.
Rilke und Kippenberg hatten bei ihrem Zusammensein in Muzot den Plan der Gesamtausgabe endgültig festgelegt. Rilke sagte, daß es in jedem Sinne eine Gesamtausgabe sei. Es würde wohl gelegentlich noch einmal ein Gedicht oder die eine oder andere Übertragung entstehen, aber mit den Elegieen sei sein eigentliches Werk abgeschlossen. Was ihm zu sagen aufgegeben sei, habe er gesagt.

385. Dornburg-Buch: Schriften der Goethe-Gesellschaft, Bd. 36.

387. Der Reisende: gedruckt in Navigare Necesse Est, eine Festgabe für Anton Kippenberg zum 22. Mai MCMXXIV.

397. Schuler-Büste: der Philosoph Alfred Schuler.

398. Ludwig Hardt: wollte Gedichte in sein Vortragsbuch aufnehmen.

399. Albert Köster: der Leipziger Gelehrte; ein naher Freund des Kippenbergschen Hauses.

401. Valéry-Manuskript: Rilkes Übertragung der Gedichte.

403. Das Beiliegende: Rilkes Gedicht „Totenmahl".

406. Carossa: „Rumänisches Tagebuch", im Insel-Verlag 1924.
Lawrencescher Aufsatz: „Religiös sein", Insel-Almanach auf das Jahr 1925, S. 15–25.

407. Schaeffers Prisma: Albrecht Schaeffer, „Das Prisma", im Insel-Verlag 1924.

408. Erbachsches Silhouettenbuch: „Gräflich Erbachsches Silhouettenbuch", Faksimileausgabe des Insel-Verlages 1923.

409. Stifters „Alt-Wien": „Aus dem alten Wien", im Insel-Verlag 1924.

411. Kassner: „Der Dilettantismus": in der Sammlung „Die Gesellschaft", 34. Bd., Rütten und Loening 1910, und „Von den Elementen der menschlichen Größe", Insel-Verlag 1911.

413. Edouard Schneider, „Eleonora Duse", im Insel-Verlag 1926.

418. Kassners neues Buch: „Die Verwandlungen", im Insel-Verlag 1925.

421. Bankett des Pen-Klubs: Kippenberg hatte Rilke von der Teilnahme an dem Kongreß abgeraten.

423. Junger Übersetzer des Malte Laurids Brigge: Maurice Betz.

425. Gelegentliche Äußerung: Kippenberg antwortete Rilke, daß er aus näher angeführten Gründen die Vertretung des „Commerce" nicht übernehmen könnte.

428. Unbescheidenheit des Querschnitts: er hatte den Insel-Verlag gebeten, französische Gedichte Rilkes veröffentlichen zu dürfen. Kippenberg hatte Rilke zur Ablehnung geraten.
Vergers: Rainer Maria Rilke, Vergers suivis des Quatrains Valaisans, Paris, Éditions de la Nouvelle Revue Française, 1926.

429. Valéry-Übertragungen: Die Vorzugsausgabe, für den Insel-Verlag gedruckt auf der Cranach-Presse in Weimar.

430. Worte, bei der Eröffnung der Goethe-Ausstellung gesprochen: Worte, anläßlich der Ausstellung der Sammlung Kippenberg im Leipziger Kunstverein gesprochen und als Privatdruck gedruckt.

438. Strafen Sie mich nicht: Kippenberg antwortete telegraphisch: „Absolvo te, mi fili, aber gehe hin und sündige hinfort nicht mehr."
Erbschaft: Von Rilkes Neffen Oswald von Kutschera.

439. **Italienische Reise**: Die große mit den Zeichnungen Goethes und seiner Kunstgenossen versehene Ausgabe des Insel-Verlages 1912.

447. „**Hypathia**": Oper von Roffredo Gaëtani, deren Uraufführung im Weimarer National-Theater stattgefunden hatte.

448. **Feinde der Blumen**: die Rosen seines Gartens pflegte Rilke mit großer Liebe. Über die zu bekämpfenden „Feinde" — Insekten mancherlei Art — sprach er gern.

450. **Tage in Valérys Nähe zubringen**: dazu kam es. Rilke sandte Kippenberg Aufnahmen, die die beiden Dichter zeigen.

454. **Eine kleine Übertragung**: von Valéry, „Tante Berthe". Die Übertragung war Rilkes letzte Arbeit.

VERZEICHNIS

*der zu Rilkes Lebzeiten im Insel-Verlag
zu Leipzig erschienenen Buchausgaben
und Zeitschriftenbeiträge*

„Vom lieben Gott und Anderes": im Insel-Verlag bei Schuster & Löffler, Berlin und Leipzig, Weihnachten 1900; 1904 unter dem Titel „Geschichten vom lieben Gott" neu aufgelegt.

„Das Stunden-Buch": Vorzugsausgabe in 500 Exemplaren. Gedruckt in der Offizin von W. Drugulin im Jahre 1905; 1907 als allgemeine Ausgabe neu aufgelegt; 1921 gedruckt als erster Druck der Insel-Presse in 440 Exemplaren.

„Neue Gedichte": im Jahre MCMVII.

„Der Neuen Gedichte anderer Teil": im Jahre MCMVIII.

„Die frühen Gedichte": im Jahre MCMIX.

„Requiem": Vorzugsausgabe in 500 Exemplaren. Gedruckt in der Offizin von W. Drugulin im Jahre 1909; 1912 als allgemeine Ausgabe neu aufgelegt.

„Die Aufzeichnungen des Malte Laurids Brigge": im Jahre 1910 (außer der gewöhnlichen wurde eine Vorzugsausgabe auf Insel-Bütten-Papier in 50 Exemplaren gedruckt).

„Die Weise von Liebe und Tod des Cornets Christoph Rilke": im Jahre 1912 — Insel-Bücherei Nr. 1.

„Auguste Rodin": im Jahre 1913.

„Erste Gedichte": im Jahre MCMXIII.

„Das Marienleben": im Jahre 1913 — Insel-Bücherei Nr. 43 (außer der gewöhnlichen wurde eine Vorzugsausgabe in 200 Exemplaren gedruckt).

„Das Buch der Bilder": Vorzugsausgabe in 300 Exemplaren. Gedruckt auf der Ernst-Ludwig-Presse, Darmstadt, im Jahre 1913 — und eine neue allgemeine Ausgabe im gleichen Jahr.

„Die Sonette an Orpheus": im Jahre 1923 (außer der gewöhnlichen wurde eine Vorzugsausgabe in 300 Exemplaren gedruckt).

„Duineser Elegien": Vorzugsausgabe, gedruckt von Gebr. Klingspor in Offenbach a. M., in 300 Exemplaren im Jahre 1923 — im gleichen Jahr allgemeine Ausgabe.

„Gesammelte Werke": Bd. I—VI im Jahre MCMXXVII.

Übertragungen

Elizabeth Barrett-Browning, Sonette nach dem Portugiesischen: im Jahre 1908 — Insel-Bücherei Nr. 252.

Maurice de Guérin, Der Kentaur: Vorzugsausgabe, gedruckt auf der Ernst-Ludwig-Presse in Darmstadt, in 300 Exemplaren; zweite, allgemeine Auflage im Jahre 1919.

Die Liebe der Magdalena: im Jahre 1912.

Portugiesische Briefe, Die Briefe der Marianna Alcoforado: im Jahre 1913 — Insel-Bücherei Nr. 74.

André Gide, Die Rückkehr des verlorenen Sohnes: im Jahre 1914 — Insel-Bücherei Nr. 143.

Die vierundzwanzig Sonette der Louize Labé: im Jahre 1918 — Insel-Bücherei Nr. 222.

Paul Valéry, Gedichte: Vorzugsausgabe, Handdruck der Cranach-Presse, in 450 Exemplaren, im Jahre MCMXXV.

In der „Insel"

1. Jahrg. Nr. 6, März 1900, S. 346–349: Die heiligen drei Könige (Gedicht).

Im Insel-Almanach

1907, S. 81–86: Aus dem „Buche von der Armut und vom Tode".

1908, S. 66–69: „Die fünf Briefe der Schwester Marianna Alcoforado".

S. 69–71: Drei Gedichte (Das Karussell, Abisag, Der Panther).

1909, S. 117–118: Aus Elizabeth Brownings Sonetten nach dem Portugiesischen.

S. 124–126: Drei Gedichte (Vor-Ostern in Neapel, Die Greisin, Die Flamingos).

1910, S. 147–154: Aus den Aufzeichnungen des Malte Laurids Brigge. Fragment.

1911, S. 53–63: Aus den Aufzeichnungen des Malte Laurids Brigge.

1912, S. 60–62: Drei neue Gedichte (Städtische Sommernacht, Gebet für die Irren und Sträflinge, Endymion).

1913, S. 22–26: Vier Gedichte aus dem Marienleben.

1914, S. 45–47: Zwei Gedichte (Christi Höllenfahrt, Emmaus).

1915, S. 14–19: Fünf Gesänge August 1914.

1917, S. 16–17: Winterliche Stanzen. Von * * *.

S. 45: Paul Verlaine: Agnus Dei. Übertragung.

S. 89–95: Michelangelo-Übertragungen.

1918, S. 43–45: Drei Gedichte (Der Tod Moses, Die große Nacht, Witwe).

S. 69–71: Louize Labé: Drei Sonette. Übertragung.

1919, S. 40–43: Erlebnis.

S. 149–150: Zwei Gedichte (Der Tod, Narziß).

S. 150—153: Comtesse de Noailles: Les vivants et les morts. Übertragung.

1923, S. 62—63: Zwei Gedichte (Bestürz mich, Musik..., Ausgesetzt auf den Bergen des Herzens...).

S. 113—116: Aus den Gedichten des Grafen C. W. (Anonym).

S. 186: Immer wieder, ob wir der Liebe Landschaft auch kennen... (Gedicht).

1924, S. 181—182: Zwei Gedichte (Ex voto, Tränenkrüglein).

1925, S. 105—107: Fünf Gedichte (Vorfrühling, Spaziergang, Eros, Der Magier, Vergänglichkeit).

Im Inselschiff

1. Jahrg., Heft 1, Oktober 1919, S. 14—20: Ur-geräusch.

1. Jahrg., Heft 5, Juni 1920, S. 220—221: Stéphane Mallarmé, Éventail de Mademoiselle Mallarmé. Übertragung.

2. Jahrg., Heft 4, April 1921, S. 165—166: Charles Baudelaire: Les Plaintes d'un Icare. Übertragung.

2. Jahrg., Heft 5, Juni 1921, S. 220—232: Der Totengräber (Novelle).

S. 232: Schlußstück (Gedicht).

2. Jahrg., Heft 6, August 1921, S. 280—281: Petrarka, Zwei Sonette. Übertragung.

3. Jahrg., Heft 1, Oktober 1921, S. 13—16: Michelangelo-Übertragungen.

3. Jahrg., Heft 2, Dezember 1921, S. 55—56: Der Geist Ariel (Gedicht).

3. Jahrg., Heft 4, April 1922, S. 174—175: Stéphane Mallarmé, Tombeau. Übertragung.

3. Jahrg., Heft 6, August 1922, S. 241—245: Aus den Sonetten an Orpheus.

4. Jahrg., Heft 1, Weihnachten 1922, S. 18—22: Faksimile der fünften (vierten) Duineser Elegie.

4.Jahrg., Heft 3, Johanni 1923, S.137—139: Michelangelo, Fragment. Übertragung.

6. Jahrg., Heft 1, Weihnachten 1924, S. 14—19: Paul Valéry, Drei Gedichte. Übertragung.

7. Jahrg., Heft 1, Weihnachten 1925, S. 12—13: Verkündigung über den Hirten (Nachdruck).
S. 77: Singe die Gärten, mein Herz (Nachdruck aus den Sonetten an Orpheus).

7. Jahrg., Heft 4, Herbst 1926, S. 312—313: Hymnus auf den heiligen Franz (Nachdruck aus dem Stunden-Buch).

8. Jahrg., Heft 1, Weihnachten 1926, S. 1—3: Paul Valéry, Fragment zum Narziß. Übertragung.

6. bis 8. Tausend
Gedruckt von Spamer
in Leipzig

Druck:
Customized Business Services GmbH
im Auftrag der KNV-Gruppe
Ferdinand-Jühlke-Str. 7
99095 Erfurt